国家精品课程系列教材
GUOJIA JINGPIN KECHENG XILIE JIAOCAI

U0854409

学校德育原理

戚万学　唐汉卫◎主　编

北京师范大学出版集团
BEIJING NORMAL UNIVERSITY PUBLISHING GROUP
北京师范大学出版社

图书在版编目（CIP）数据

学校德育原理/戚万学，唐汉卫主编．—北京：北京师范大学出版社，2012.3（2026.1 重印）

（国家精品课程系列教材）

ISBN 978-7-303-14144-9

Ⅰ.①学…　Ⅱ.①戚…　②唐…　Ⅲ.①学校教育：德育—高等学校—教材　Ⅳ.①G41

中国版本图书馆 CIP 数据核字（2012）第 018648 号

出版发行：北京师范大学出版社 https://www.bnupg.com
　　　　　北京市西城区新街口外大街 12-3 号
　　　　　邮政编码：100088
印　　刷：北京天泽润科贸有限公司
经　　销：全国新华书店
开　　本：730 mm×980 mm　1/16
印　　张：20.75
字　　数：380 千字
版　　次：2012 年 3 月第 1 版
印　　次：2026 年 1 月第 11 次印刷
定　　价：39.00 元

策划编辑：郭兴举　　　　责任编辑：谢　影
美术编辑：焦　丽　　　　装帧设计：乘风破浪工作室
责任校对：陈　民　　　　责任印制：马　洁

前言

党的二十大报告提出“加快建设教育强国”、“育人的根本在于立德”等重要论断，如何立德，就是高校《德育原理》课程所要探讨的内容。这本《学校德育原理》教材，是国家级精品课程《德育原理》课程建设的重要成果，主要由《德育原理》国家级教学团队的成员编著完成，集中表达了我们对“立德”的认识和思考。出版一本富有特色的、实用的教材，不仅是课程建设的实际需要，也是我们这支教学团队多年的心愿。

随着经济社会的快速发展，学校德育理论和实践所面临的问题也如雨后春笋般地涌现出来，编写能够及时反映德育学科的最新研究成果和学术进展的教材，既是立德树人的现实要求，也是高校《德育原理》教学的迫切需求。我们编写的这本《学校德育原理》便是适应这一需要，基于多年的教学实践，立足学科前沿，结合自己的研究心得整理而成。近年来，高校《德育原理》相关教材的撰写确实取得了一些可喜的突破，既构建了本学科的总体框架，又积极吸纳国内外德育研究的新成果，在风格和在体例也呈现出多元发展的态势。但是，集中体现学校德育的特点，以“学校”为主线，全面系统地研究、阐述学校德育的基本原理、构成要素，主要问题的教材并不多见，希望我们这本《学校德育原理》对德育研究和高校课程教材建设能有所帮助。

鉴于意在集中体现学校德育的特点及要求，本教材并非完全按照德育的学科体系来编撰，而是围绕学校德育工作者需要了解的主要或基本的理论与实践问题展开讨论，并力图实现既便于教又便于学的目的。本书有这样几个特点：一是坚持以马克思主义为指导，对学校德育的基本理论问题进行了全面系统的研究和论述。首先讨论了学校德育的本质、特点与功能，其次介绍了学校德育的历史发展及其理论基础，进而阐释了学校德育的目的、主体、课程、模式、方法与策略，最后探讨了学校德育的社会环境。二是反映当代德育基本理论和研究的新进展。本书吸收了国内外德育理论研究的最新成果，并从德育现代化的角度对一些重要的德育理论问题进行了分析讨论，丰富了学校德育的研究内容，体现了本书的专业性、前沿性和动态性；三是积极体现编者的研究心得及对一些德育理论问题的独特观点。本书并不限于对既有的各种理论观点进行必要的评介，而是尽量融入编者自身在相关问题上的体验和感悟，从理论上开拓出新的专业视景。另外，在撰写过程中，我们尽可能地引用相关领域的最新著述或结论，希望在内容上能反映出国内外德育研究的新趋势和新成果。

本书由戚万学教授统筹，集体研讨、共同协作完成。具体写作分工如下：唐爱民，第一章、第四章；冯永刚，第二章；唐汉卫，第三章第一节、第八章第三节；刘丙元，第三章第二节、第六章；张洪高，第五章；张香兰，第七章；李燕，第八章第一、二节；徐湘荷，第九章。

本书在撰写过程中参考了大量国内外相关的文献资料，在此向原作者们致谢。

在编撰过程中，我们得到了北京师范大学出版社领导同志的关心和支持，策划编辑郭兴举博士、责任责编谢影同志对书稿提出了诸多宝贵的修改意见与建议，对此我们深表谢意。

因学识及精力所限，书中定有不少纰缪，恳请同行和读者批评指正。

编者

目　录

第一章　学校德育的本质、特点与功能

唐爱民

【本章提要】

学校德育是促进学生的道德发展、推进全面发展的素质教育和社会道德进步的重要组成部分。学习德育理论，应首先对学校德育的本质、特点与功能等基本问题有一个较为全面的理解。本章主要讨论三个问题：从道德与道德教育、道德教育与学校德育、学校德育的内涵诸方面梳理学校德育的本质；从学校德育与全面发展教育体系中其他诸育的关系，学校德育与家庭德育、社会德育的关系以及学校德育的作用与限度诸方面阐释学校德育的特点；从学校德育的个体性功能和社会性功能两个方面推究学校德育的功能。

学校德育是全面发展教育体系中的重要组成部分，是整个学校教育中带有价值性、精神性和灵魂性的活动领域。当代中国，伴随着社会变革与教育改革的不断深入，社会道德建设的任务和学校道德教育的使命日益繁重和紧迫。加强并改进学校德育正日益成为制约社会进步和素质教育实效的关键因素。而由于德育是关涉人的价值选择、精神成长、生活品质、行为规范的特殊领域，这就决定了德育所特有的复杂性和困难性。要认识学校德育的特殊性，发挥德育自身的价值及其对整个教育改革的价值导向作用，实现德育的新作为，就必须对学校德育的本质、特点与功能等基本问题有一个全面的理解。

第一节　学校德育的本质

学校德育的本质问题，是涉及德育的基本内涵或德育“是其所是”之本义的最基本的范畴，是直接影响人们的德育认识及德育实践的最核心的前提问题。任何学校德育理论都必须对此作出自己的判断，申明自身的态度。这里，我们拟首先对道德的本质及其与道德教育的内源关系作一初步阐释，然后循此对道德教育与学校德育的关系作出分析，最后提出我们对学校德育内涵的理解。

一、道德与道德教育

在最本质的意义上，德育就是道德教育（moral education），就是培育人的德性与德行的教育；就学校德育而言，德育乃培育学生的道德品质和道德行为的教育。在其本体意义上，德育之“德”乃指道德，“‘德’即‘道德’为历史形成的含义，沿用已达几千年之久。”① 而要理解道德教育就必须首先把握道德的本质内涵。

在中国文化中，“道”的原义为路，所谓“履道坦坦。”（《周易·履》）“道，所行道也。”（《说文解字》）后引申为事物发展或社会运行的规则、规律等义（即道理）。“德”原义为“悳”，即“直心为德”，含有名词与动词之双重含义。作为名词，指人的德性、节操，儒家传统道德的“五伦”“五常”即为此意；作为动词，则指人的品行、践行。《礼记·乐记》中的“礼乐皆得，谓之有德；德者，德也”以及《说文解字》中的“得，行有所得也”和“悳，外得于人，内得于己也；从直，从心”等皆为此意。这里的“得”不是认识上的得，而是践履上的得，即习得、获得，亦即根据客观规律或社会规范而行动的实践活动（即道德品质）。“德”的获得依据是“道”，即“循道而得”。“道者人之所蹈，德者人之所得。”② 换言之，“德”是“道”的内植或内化，基于此，人便由个体上升为主体，人的精神也由实体转化为主体。“‘德’的本性是个体内在的伦理普遍性，其精神哲学意义是对个体偶然性与个别性的扬弃，达到‘一个人的心即所有人的心’的‘良心’，所谓‘同心同德’。以‘德’的内在普遍性处理人与人间的利益关系即所谓‘得’的关系，便形成现实的伦理关系与道德生活，由此伦理道德获得精神的现实性。”③ 道为德之源，德为道之行；道高于德。合起来，道德④乃指社会生活中通过社会舆论和个体良心维持的调节人与人之间利益关系的行为准则。这种行为准则就社会层面而言，表现为各种相对稳定

---

① 陈桂生：《中国德育问题》，福建教育出版社2006年版，第5页。

② 《黄石公三略·下略》（卷三）。

③ 樊浩：《现代道德教育的“精神”问题》，《教育研究》2009年第9期。

④ 在中国传统文化中，道与德是分别单独使用的，并存在层次差别。道德一词最早见于《周易·说卦》：“观变于阴阳而立卦，发挥于刚柔而生爻，和顺道德而理于义，穷理尽性以至于命。”这里的道、德也仍然是各含其义；荀子在《劝学》篇中提出的“故学至乎礼而止矣，夫是之谓道德之极。”似乎已接近一个固定范畴（即现代意义上的品德之义）。参见黄济：《教育哲学通论》，山西教育出版社2009年版，第76页。

或群体认同的习俗和规范（即公德）；就个体层面而言，则是人相对稳定、一贯的德性与人格的表征（即私德），它是人之为人的内在规定性。由于道德是调节人与人之间利益关系的行为准则，故而道德教育必须指向学生的行为，引导学生按照一定的道德标准来规范自己的行为，自觉地形成良好的行为习惯。

道德的本质是人类主体精神的自律。建构道德主体“有精神的德性”是道德教育的根本目的和价值指向。“现代中国道德发展和道德教育的关键问题，根本上是‘精神问题’——不仅仅是一般意义上的精神世界、精神文明问题，而且是更为深刻、更为突出的‘精神缺场’问题。面对现代主义冲击下理性对精神的僭越，中国道德教育必须凝聚为一个口号：捍卫与蓬勃精神！”① 这就必须将道德视为人的内在精神品质，突出道德的内化与实践精神，强调自得于心与自我修养。唯此，方能把握道德的实质，以取得道德教育的实效。那种将道德教育囿于培养学生获得机械而琐碎的行为习惯的做法，只能导致学生产生华而不实、逢迎乖巧、虚伪做作的程式化的道德或行为的伪善，从而根本无益于道德教育之于学生精神卓越、人格挺立的建构功效的发挥。“现代道德教育试图以‘得’劝‘德’，而不是以‘德’谋‘得’，因而在学校道德教育中走入了诸如‘道德银行’之类的道德功利主义的误区。”② 这是学校道德教育尤其需要摒弃的错误观念。

二、道德教育与学校德育

道德教育与学校德育是一种相互交错、互为促进的复杂关系。一方面，道德教育是整个社会无可推卸的责任，学生的道德发展也需诉诸形式多样、生动活泼的社会活动，但就正处于青少年时期的学生而言，其道德发展的主要途径仍然是学校德育；另一方面，学校德育应明确自己的主题与活动范围，将学生的道德发展视为学校德育的基础任务与核心目标。

(一) 学校德育是道德教育的主要领域与渠道

教育是一种自始至终充盈着道德韵味的事业，它以指向学生的道德发展和人格完善为终极目的。对基础教育而言，尤为如此。诚如美国学者帕森斯的论点：“对于小学生，最重要的挑战不是针对他的智力，而是针对他

---

① 樊浩：《现代道德教育的“精神”问题》，《教育研究》2009年第9期。

② 樊浩：《现代道德教育的“精神”问题》，《教育研究》2009年第9期。

的‘道德’和能力。”① 儿童对知识的兴趣、对教师的尊重、良好的学习与生活习惯、与同学间的和睦相处以及相互体谅、诚信合作等道德素养的形成，不仅直接关乎学习的成效，而且也关涉其未来公民职责的承担。这些道德品质的获得，需要教育特别是德育的有力援助和有效支持。

众所周知，道德建设是一项复杂而系统的事业。学校、家庭、社会都承担着个体的道德发展和社会的道德进步之神圣职责。伦理学、社会学、心理学、教育学等学科也都在为时代的道德建设贡献着自己的智慧。而且，个体的道德发展，可以通过多种途径、多种形式进行，学校教育、家庭教育、社区活动、生产实践等都是学生道德成长的渠道。此外，在个体一生的发展中，道德完善是贯穿其整个生命历程的事情。“人的整个一生都需要不断地受教育……需要持续的、真正的、即涉及人在其道德品格方面的教育。”② 个人的一切生命活动、生活交往、社会实践都会引发其道德反思与道德建构，从而具有道德发展的作用。因而，学校德育对学生道德发展的作用是不自足的、有限的（关于学校德育的作用限度拟在第二节中具体阐述）。然而，如同人的认知发展需要教育的支援与裨益一样，人的道德发展若要摆脱自发性、随机性、偶然性的缺弊，也须求助于教育的运筹、谋划与安排。这就是学校德育的崇高使命。人的道德品质的形成与发展是在社会生活与交往中经自发到自觉的学习过程而实现的，它不是某种天赋的结果或神祇的恩赐，也非自然形成。自觉的道德学习需要某种较为稳定的机构、内容、方法的援助。学校德育即是这样一种在儿童道德发展与品德成长的人生关键时期提供价值、精神的援助与引导的教育机构。

学校德育是处在青少年时期学生道德发展的主要领域、主要载体。学生的道德成长与进步，就其在学校生活的境域看，主要依凭于学校德育。学校是受社会委托对学生施加有目的、有计划的教育影响的权威机构。“作为有目的、有计划的教育机构，学校对学生的影响具有‘系统性’与‘可控性’；作为权威的教育机构，学校对学生的影响具有社会界定性。”③ 在此方面，涂尔干的论断极具代表性：“与道德教育主要属于家庭的管辖范围

① 张人杰主编：《国外教育社会学基本文选（下）》，华东师范大学出版社 1989 年版，第 513 页。

② ［德］O.F. 博尔诺夫著，李其龙等译：《教育人类学》，华东师范大学出版社 1999 年版，第 38 页。

③ 吴康宁：《教育社会学》，人民教育出版社 1998 年版，第 224 页。

这种非常流行的观念相反，我断定，学校在儿童道德发展中所负有的任务，能够而且应该成为最重要的工作。”① 学校教育必须十分明确自身对学生道德发展的主导地位与主渠道作用。一切轻易放弃道德教育职责的教育都因缺乏价值的引导和灵魂的根基而丧失教育的真义。在此，回味一下雅斯贝尔斯的忠告是很有必要的。“教育，不能没有虔敬之心，否则最多只是一种劝学的态度，对终极价值和绝对真理的虔敬是一切教育的本质，缺失对‘绝对’的热情，人就不能生存，或者人就活得不像一个人，一切就变得没有意义。”② 没有意义的教育，又如何能担当起培塑学生卓越道德品质的崇高使命呢？

当然，确认学校德育在道德教育中的主渠道作用并不意味着学校德育是个体道德发展的唯一渠道，学校德育之主导作用的发挥需要家庭教育、社会教育的协同与配合。关于学校德育与家庭德育、社会德育关系的详细阐述，将在讨论学校德育的特点时予以专门分析。

（二）道德教育是学校德育的基础性内容与核心目标

学校德育的根本任务在于，通过专门的德育课程与教学、其他学科课程的渗透与融合、显性的道德教化与隐性的价值引导、直接的道德教学与间接的道德教育等形式，促进学生实现个体道德的社会化。然而，这一繁杂而艰巨任务的完成，既需要学校德育的责任意识，又需要学校德育的主题意识。这就是：应将学生的道德发展和道德教育作为自己的主要任务，将道德教育作为学校德育的基础性内容与核心目标。“相对于长期以来由于教育管理体制上的分割和‘五育’划分导致道德教育在整个学校教育中的错位，今天我们有必要重申：道德教育是学校教育的灵魂。”③ 在大德育观念盛行的当下，明确这一点具有特别重要的现实意义。

长期以来，人们习惯于对德育范畴作模糊处理和任意表述的态度，致使德育突破了自身的边界与承载，其本体意义被遮蔽了。漫无边际、纷乱杂陈的德育观，使人们夸大了其应指与能指，造成了德育功能的居高不下，德育神话与低质低效长期处于紧张的矛盾中。学校德育承担了过于沉重的

---

① ［法］爱弥尔·涂尔干著，陈光金等译：《道德教育》，上海人民出版社2006年版，第18页。

② ［德］雅斯贝尔斯著，邹进译：《什么是教育》，三联书店1991年版，第44页。

③ 朱小蔓，其东：《关于学校道德教育的思考》，《中国教育学刊》2004年第10期。

负担，使得本已过高的德育期望不断攀升，许多本不属于其范畴的内容都以“德育”的旗号进入教育领域，学校德育的精力被分散到广阔的领域，而发展学生道德品质的分内职责却受到了削弱、损害。这造成了一个怪诞的逻辑：一方面，德育无所不包，涵盖了学校生活的一切；另一方面，学生对其的态度却是疲于应付、糊弄了事，教师则例行公事，德育课形同虚设，缺乏基本的生机活力。德育的泛化带来的是德育的无力与无效。学校德育必须明确自己的主题，紧紧围绕着与“道德教育”这一安身立命的“根”，树立道德教育的根基与核心意识，用道德教育来统摄大德育中其他成分的活动，摒弃那种包罗万象、包打天下、无所不能的幼稚观念，实现道德教育这一核心范畴的转换和本体论范畴的确立。① 因为，当今的学校德育愈益认识到，“要它预先绝对控制全部人类生活，是有些勉为其难了”。②

三、学校德育的内涵

德育是关涉教育的价值指向和个体的德性发展的特殊的精神实践活动，是整个学校教育的灵魂与旨归。然而，关于德育内涵的理解在学术界却存在很大分歧，③ 而德育究竟包含哪些内容更是纷争无终，这直接影响着德育实践的运行与效果。这种情形在我国似乎尤甚。

（一）对学校德育概念泛化现象的反思

在中国，德育是最具争议因而也是最富歧义的概念之一。在不同层次的理论叙述中，无论是其内涵还是外延，德育概念都相当宽泛，所涵盖的内容高度发散。人们习惯于将政治教育、思想教育、道德教育、法制教育、心理教育以至人生观、价值观、世界观等教育统统添上德育的名分或标签，甚至将日常规范、劳动、军事、人口、环保、社会实践、青春期教育等也归属德育的范畴（谓之大德育），致使德育外延不断膨胀。德育范畴因其外延的不断膨胀正在变成“大杂烩”，“只要有一个新的教育内容不属于智育、体育、美育，似乎就肯定应归到德育的名下，甚至被认为是德育改革的新

① 唐爱民：《道德教育范畴论审理——德育范畴论初探》，山东师范大学2006年博士学位论文，第81-86页。

② ［法］居友著，余涌译：《无义务无制裁的道德概论》，中国社会科学出版社1994年版，第143页。

③ 在西方，不同的国家对德育的理解存在差异，有的称之为伦理规范教育、价值教育，有的称之为公民教育、品格教育、社会性教育，有的则直接用宗教教育来代替。

举措。”[1] 然而，如此庞杂的内容，并未在教育实践中提高德育的实效；相反，德育概念的泛化却带来了诸多危害。无所不包的德育内容体系将非道德范畴外在地赋予“德育”意义，带来了一系列负面影响：在理论上，人们混淆了德育与教育的边界，将非道德范畴上升到道德的层次，用“大德育”代替对道德教育的专门思考；将目标、内容、过程极不相同的政治、思想、心理、法制等教育等同于道德教育，或用道德教育来裁量其他形式的教育，致使有关德育的理论各行其是，缺乏基本的公度性。在实践上，学校德育缺少以一贯之的核心内涵与运作理念，“把不同性质的问题归于一类，统称‘德育问题’，无助于对学生作出恰如其分的评价，亦不足以预防或纠正实践中混淆问题性质的偏向。”[2] 德育功能期望居高不下，学校德育承担了过于沉重的负担，超负荷运转，而作为德育基础与核心的道德教育却受到了冷遇；学生在庞杂的德育要求中无所适从，只好将德育目标理论化、虚无化、自我化，而具体的道德修养的功夫则被放逐了；学校德育的投入与效率落差甚大。

德育概念的泛化及其带来的危害业已引起了人们的反思与不满。人们认识到，“无度无序的德育功能观带来的是泛化因而是无力的德育实践。德育要做一切事，然而它又做不了一切事，其结果可能是一事无成。所以‘泛德育’亦是一种‘非德育’。”[3] “德性是多样的，即使一个人试图集中关注其中最重要的德性，但如果每一种德性都至少得到部分开发的话，那么把精力分散到如此广阔的领域，则必然会损害这一事业。”[4] 鉴于德育概念的极度泛化及其带来的理论与实践的危害，因而需要对其予以合理界定，将德育的本质与功能保持在一个合理的范围之内。这既是德育理论建设的需要，也是德育实践改革的必然。

道德教育是学校德育最基础、最核心的成分，是学校德育最根本的任务。随着人们对学校德育实效性问题的反思及其对德育本质认识的深化，将学校德育回归到道德教育的层面，正在成为人们的一种共识。也就是说，唯有将学校德育限定在道德教育而非一切社会意识教育的框架内才能对学

① 檀传宝：《信仰教育与道德教育》，教育科学出版社1999年版，第121页。

② 陈桂生：《中国德育问题》，福建教育出版社2006年版，第6页。

③ 檀传宝：《学校道德教育原理》，教育科学出版社2000年版，第27页。

④ ［法］爱弥尔·涂尔干著，陈光金等译：《道德教育》，上海人民出版社2001年版，第23页。

生的品德发展发挥其能够发挥的作用，强人所难地将其他社会意识的教育成分附加到德育实践的序列，只能削弱学校德育的成效。

（二）学校德育的内涵

我们认为，一个合理的德育概念应该由教育的一般属性和道德的特殊属性两部分构成。即是说，要揭示德育概念的本质，需首先在教育的框架内来把握，将其视为教育的合理内容并在教育的意义上来理解；其次，还应合理分析它与其他各育的本质区别。就前者而言，必须将德育视为教育的组成部分，使其符合教育的本质规定性——教育是人类特殊的精神一实践活动，缺少了这种精神建构与价值引导，教育就没有灵魂，而脱离教育视域的德育也就无法称其为德育，至多是一种日常的道德生活；就后者而言，必须明确，德育与其他各育相比具有自身的特殊性：如与智育相比，它虽然要以认知作基础，但它解决的并非事实性认知，而是价值性认知，它回答“应该是什么”和“可能是什么”的问题；与体育相比，德育虽然要培养学生践行道德的行为习惯，但它追求的不是动作的完善与优美；与美育相比，德育虽然要培养学生健康、积极、向上的道德情感，但它不是单纯的情感问题；与劳动技术教育相比，德育所指向的是培养精神与人格方面的“有道德的人”，而非具有娴熟的技术或操作技能的人。一言以蔽之，德育是一个价值问题，是体现并规定学校教育价值指向性的特殊的精神实践活动。

对德育概念的把握，不能仅限于事实性分析（德育是什么），还应进行必要的价值性分析（德育应该是什么）。也就是说，德育不仅仅体现为对现实社会与现实生活的适应性，而且也必然体现着对个体的个性发展和社会发展的某种超越性。德育的指导思想不应囿于适应论（对社会的适应）和服务论（对政治与经济的服膺），不能一味顺从现有的社会发展、政治与经济发展的现状与要求，而是在适应中超越，通过对现实社会生活的把握的基础上体现出自身的主动性、选择性、超前性。学校德育的任务绝非是对某些“支配性道德”的传授，诚如德国当代著名哲学家博尔诺夫所言：“我们之所以反对支配性道德，是因为这种道德对人所提出的要求只能阻碍个人创造力的自由发展。”① 当下，德育尤其应该超越经济至上的认识论窠臼，超越物质主义、功利主义的时代症候，超越对社会发展的机械适应论。

① ［德］O. F. 博尔诺夫著，李其龙等译：《教育人类学》，华东师范大学出版社1999年版，第4页。

毕竟，道德的本质不在于它是一种外在于人的规则，而在于它是人自我完善、自我肯定、自我发展的内在需要，在于人性的自我超越与自我升华，在于精神道义对物质功利的超越，在于可能世界与可能生活对现实世界与现实生活的超越，在于启发主体的道德信念与人格建构对知性化德育、课堂化德育的超越。

基于如上分析，可将学校德育作这样的理解：所谓学校德育乃是教育者依据教育对象品德生成的规律，将社会道德规范内化为教育对象的品德并引导其外化为道德实践，以实现其道德人格的自主建构和价值引导的教育活动。简言之，学校德育就是培养学生道德品质的教育，即通过培养学生的道德认识与判断能力、道德情感与态度、道德动机与实践，以提高其人性境界、精神涵养与做人品性的教育。这应当是学校德育“是其所是”的本体含义。

第二节　学校德育的特点

要理解学校德育的本质，除了明确其内涵之外，还应当进一步揭示其特点。而所谓特点，乃是一事物不同于他事物所独有的或专门的规定性。因而，要探讨学校德育的特点必须从分析德育与其他诸育的区别入手，同时还要分析学校德育与家庭德育、社会德育的关系以及学校德育的作用及其限度，方能使学校德育的特点彰显出来。

一、学校德育与全面发展教育体系中其他教育类型的关系

德育是学校全部教育活动的灵魂、归宿与价值指向，它不是学校教育的唯一任务，却是其最高的追求。无道德规约的认知、审美、体魄的发展是不具有教育意义的。在中国传统文化中，德育一直居于学校教育的统帅地位，统摄着其他各种教育活动，所谓“学则三代共之，皆所以明人伦也。”①《大学》开宗明义将教育的职责框定为“大学之道，在明明德，在亲民，在止于至善”。《中庸》则旗帜鲜明地提出：“天命之谓性，率性之谓道，修道之谓教。”“学校之中惟以成德为事，而才能之异，或有长于礼乐，长于政教，长于水土播植者，则就其成德而因使益精其能于学校之中。”②

① 《孟子·滕文公上》。

② 《传习录中·答顾东桥书》。

到了近代，随着制度化、体系化教育的形成，实施德、智、体、美之全面发展的教育成为人们的共识，德育①不再处于唯一的至尊地位，但德育的价值指向、精神奠基作用并未消解，而是在与各育的交融、渗透中彰显着自身的价值。那么，在全面发展的教育体系中，德育与其他各育究竟存在何种关系？

（一）学校德育与其他各育的区别

与其他各育相比，德育有其自身的独特性。这种独特性决定了德育与其他各育的差别性。这种差别性表现在：

（1）在目标指向上，德育与其他各育存在差别。如与智育相比，德育主要以形成和发展学生优良的品德结构为旨趣，侧重于解决善与恶、利与害、信与不信、愿与不愿、行与不行等问题，而智育则主要以传授系统的文化知识、培养学生的智力与技能为旨趣，侧重于解决是与非、对与错、懂与不懂、会与不会等问题；德育虽然也要以认知为基础，也有培养学生道德认识能力的任务，但德育不以此为核心任务，而且它所解决的主要不是事实性知识，而是价值性知识。美国学者麦克莱伦就曾指出："智力活动没有创造出任何特定的社会关系：它不要求任何特定的角色期待；参与其活动的准则仅仅（但要保证）是一般的道德和逻辑关系。"② 学校德育绝不能采取智育的目标指向与活动方式，不能以传授所谓普遍化、客体化的道德知识，灌输烦琐抽象的道德概念、规则、律令为目的。明确这种区别，就会自觉地防止"知性德育"这一简单化的做法。又如，体育主要以传授基本的运动知识，锻炼学生的运动技能，增强其体质为目标，而德育对行为能力的培养不以行为的优美或动作的完美为追求，而是以培养学生优良道德人格为指向。再如，美育主要以传授基本的美学知识，培养学生敏锐

① 在西方，明确提出并系统论述"德育"概念的是英国近代思想家斯宾塞。他在《教育论》（1860）中首次将教育划分为智育、德育与体育，尽管此前的康德、裴斯泰洛奇也都使用过德育一词，但未予系统的论述。中国最早使用"德育"一词的是清末思想家严复，他以斯宾塞的思想为依据系统提出了"鼓民力、开民智、新民德"之"统于三端"的教育思想；嗣后，梁启超的《德育鉴》（1901）、王国维的德育、智育、体育、美育之"完全之教育"（1906）、蔡元培的"注重道德教育，以实利教育（智育），军国民教育（体育）辅之，更以美感教育（属于美育但'毗于德育'）完成其道德"之教育方针等，开始频频使用"德育"一词。

② ［美］詹姆斯·麦克莱伦著，宋少平等译：《教育哲学》，生活·读书·新知三联书店1988年版，第302页。

的审美意识，发展其鉴赏美、创造美的能力，培育其高尚的情操为指向，而德育虽也要培养学生积极的道德情感，但它绝不是单纯的情感问题，情感教育只是德育的一种指向、一个领域。还如，劳动技术教育旨在传授基本的劳动知识与技能，培养学生高效地进行生产劳动所需要的技能与技巧，形成健康的劳动态度与劳动习惯，而德育旨在培育人的道德品质与人格，它虽然也讲究道德策略，但绝非是一个单纯的技术问题。

（2）在运行机制上，德育与其他各育差别甚大。与智育、体育、美育、劳动技术教育相比，德育所完成的任务往往是对个体思想意识与觉悟修养的提高、利益关系的调整、态度的改变、行为的约束，因而“相对说来，智育、体育、美育过程较为单纯而德育过程较为复杂。”① 德育过程不同于以传授知识、技能或激发热情与情感为主旨的智育、体育、美育诸过程；而且，相对而言，德育受诸如学校、家庭、社会、各种非正式组织等多种因素的影响，它不像知识、技能、技巧、动作教育那样具有简洁性，故而是很复杂的，即使是道德知识、规则的传授，也不同于其他各育知识与规则的学习与获得。再者，与智育过程一般从认知出发、美育过程一般从情感出发、体育过程一般从行为出发相比，德育过程可以因儿童不同的道德发展水平和具体的德育事件或场景的不同而从知、情、意、行任何一个心理环节开始，这就是德育过程的多端性。多端性也决定了德育过程不同于其他诸育过程的复杂性。德育过程复杂性的特点，预示着德育的困难，它需要更多的智慧投入和热情，绝非一蹴而就、立竿见影的。

（3）在教育的时效上，德育与其他各育差别明显。德育着重于个体价值观的形成、道德行为的变化和对社会进步的推进，见效比较慢，而智育着重于个体知识的学习和思维训练，重在解决事实判断的问题，见效比较快②；而且德育效果的显现往往需要经过学生社会生活或职业生活的中介或检验，无法通过学校生活这一短暂的历程得以检验。至于体育、美育和劳动技术教育，其效果尽管也需要特定的时间才能展现出来，但由于它们偏重于动作、技能、技巧的形成，故而需要的时间间隔相对较短，而德育关涉人之道德人格的塑造和道德境界的形成，通常需要更长甚至贯穿整个人一生的时间。

（4）在依据的规律上，德育与其他各育也存在差别。德育过程主要依

---

① 檀传宝：《德育原理》，北京师范大学出版社2006年版，第201页。

② 杜时忠：《当前学校德育的三大认识误区及其超越》，《教育研究》2009年第8期。

据个体品德发展的规律，而智育过程则主要依据个体认知发展的规律，体育过程依据个体身体素质发展的规律，美育过程依据个体审美意识与能力发展的规律，劳动技术教育过程依据个体劳动技能形成发展的规律。尽管个体的认知因素、身体素质、审美能力与劳动技能也对其品德的形成与发展产生这样那样的影响，但德育实践主要依循个体品德发展的规律（这一规律是人的一切素质发展过程中最复杂的），其他因素仅起着某种辅助或补充的作用。明确这一点，同样有助于人们把握德育过程的复杂性与艰巨性。

（二）学校德育与其他各育的联系

学校德育是全面发展教育的重要组成部分，是整个教育过程的灵魂与价值指向。学校德育直接、间接地规定着其他各育的实施方向与活动目的，规定着学习者的发展方向。学校德育“最基本的价值正在于使学生获得正当地运用自己的知识与能力所必要的起码的品德、社会政治教养和积极向上的精神与情操。”① 其他各育也都承担着特定的道德教育职责。囿于德育而德育，忽视其他诸育的道德教育作用，不仅不合逻辑地窄化了德育的作用范围，而且还会导致不同工作分工的教师在其教育活动中人为地推卸道德教育的分内职责，导致人人都讲德育、人人都不管德育的窘境。英国学者怀特就曾指出：“道德学习或道德发展只能作为整体的个人发展中的一个组成要素，它同其他组成要素处于同等的地位。”② 因而，必须在全面发展教育体系中构建通过全面教育协同培育学生的道德品质的整体德育观，通过各种途径和形式发掘智育、体育、美育、劳动技术教育的育德功能。“传统的和现行的德育和德育课程，不仅因为其智育化的致命缺陷，因为其‘空洞说教’‘机械训练’和‘灌输’等重大缺陷，导致德育和德育课程本身的育德作用或育德功能的衰退、消失；而且因为没有揭示和遵循体智德美要素完整、比例恰当、关系有序、结构有机的全息整体教育规律，因此不可能很好地发挥体智德美各育及其整体教育结构的协同育德作用。”③

学校德育功能的发挥离不开其他各育的协同与支持。一方面，教育是一个涵括德、智、体、美、劳的完整的系统，德育作为其中的一个子系统不可能游离教育这一大系统而独立发挥作用；另一方面，一切教育都承载

---

① 陈桂生：《中国德育问题》，福建教育出版社 2006 年版，第 23 页。

② ［英］约翰·怀特著，李永宏等译：《再论教育目的》，教育科学出版社 1997 年版，第 80 页。

③ 魏贤超：《德育课程论》，黑龙江教育出版社 2004 年版，第 248 页。

着对学生价值引导的无可推卸的内在职责，这就是赫尔巴特所谓“没有任何‘无教育的教学’”的意义所在。由此，可以推演出这样的逻辑结论：①智育、体育、美育、劳动技术教育本身即包含着德育的职责，富有成效的德育需要智育、体育、美育、劳动技术教育的配合与支持；②德育作为促进学生道德发展与人格完善的专门领域，其运行状况也会对其他各育的实施提供方向指导、动力支撑、方法支持等独特的帮助。它们之间是相互统一、彼此联结、互为促进的关系。“故从教人做人的教育概念出发看，本无完全脱离教育价值的教学，更无没有德育任务的智育、体育和美育。德、智、体、美四育的划分实际上是理论分析的需要和产物。在教育实践中也许有工作重点和分工的必要，但教育活动的价值全息性质意味着德、智、体、美诸育本应是相互融通的一体。”①

二、学校德育与家庭德育、社会德育的关系

当代，人们逐渐认识到，儿童身在其中的家庭生活、社会生活都会在不同的境遇下成为其道德发展的资源或契机。“学校再也无法像过去的时代那样‘理所当然’地扮演‘教育权威’的角色并轻而易举地获得学生的实际认可。”② 如果说，家庭德育是儿童道德发展的前奏，其旨趣是“养育”，学校德育是儿童道德发展的中心，其旨趣是“训育”，那么，社会德育是儿童道德发展的延伸，其旨趣是“化育”。③ 学校德育必须合理处理与家庭德育、社会德育的关系。

（一）学校德育与家庭德育的关系

家庭是以血缘关系和经济关系为纽带的组织，是儿童健康成长、个性发展、人格完善的重要场域。社会中的教育职能主要是由家庭承担的。对儿童而言，家庭是其不可选择、无法摆脱的生活环境。作为儿童的“重要他人”（significant others），父母承担着抚养、培育儿童的不可推卸的职责。“教师尽管数量很多，但在我们的社会中并不构成教育者中的最大类。只有父母才能享此殊荣。”④ 家庭对儿童的影响是一种“先主性影响”“生

---

① 檀传宝：《德育原理》，北京师范大学出版社2007年版，第77页。

② 吴康宁：《教育社会学》，人民教育出版社1998年版，第110页。

③ 龚宝善：《德育原理》，台北开明书店1976年版，第3页。

④ ［英］约翰·怀特著，李永宏等译：《再论教育目的》，教育科学出版社1997年版，第1页。

活化了的影响”“聚合性影响”和“时刻伴有物质后盾的影响”。① 无论何种性质的影响，道德影响都是一个至关重要的因子。“从系统整体和结构及其功能的性质和关系看，一个学生的道德素质问题，根源不一定在学校教育，不一定在社会教育，而是在家庭教育，而且是由于家庭教育中某个因素的变化及其产生的影响。”② 英国著名社会学家吉登斯将初级社会化（primary socializtion，即儿童学习所处社会的文化规范的过程）和人格稳定视为家庭的两个主要功能，并认为“家庭是人格发展最重要的舞台。”③ 日本学者大桥熏亦曾指出：“家庭是人们基本的生活享受场所，同时也是基本的人格形成场所。”因而，“教养，即德育，应是家庭教育最重要的职能。”④ 儿童的道德观是在其生活早期通过与家庭成员及其他“重要他人”的交往中产生的经验而建构起来的。在家庭中，儿童可以在道德感悟、道德体认与判断上“身临其境”，并获得一个安全的社会基础。

家庭对儿童的道德原则无处不在，无时不在。家庭的衣食住行、父母的言传身教都会使儿童耳濡目染，随遇而思；家庭德育没有固定的目标、内容、方法，却对儿童的道德成长发挥着润物无声的功效。“人们所受到的最重要的培养是他们 12 岁以前从母亲那里接受的教养。”⑤ 英国 19 世纪“第一位女社会学家”哈里特·马蒂诺（Harriet Martineau）亦指出：“儿童室、闺房和厨房都是一个人学习道德和礼貌的极好的学校。”⑥ 家庭背景和教养方式是导致儿童品德差异不能忽视的重要变量，家长的职业类型、文化程度、家庭气氛、期望水平的差异都会导致儿童品德的差异。⑦ 只要父母有意识地加强自身待人接物、言谈举止的合宜性、道德性，就完全成为儿童效仿的表率。而且，父母的这种道德影响会伴随儿童的终生。较之学校德育，家庭德育的任务更

---

① 吴康宁：《教育社会学》，人民教育出版社 1998 年版，第 223 页。

② 魏贤超：《德育课程论》，黑龙江教育出版社 2004 年版，第 240 页。

③ ［英］安东尼·吉登斯著，赵旭东等译：《社会学》（第 4 版），北京大学出版社 2003 年版，第 166 页。

④ 张人杰主编：《国外教育社会学基本文选（下）》，华东师范大学出版社 1989 年版，第 494－495 页。

⑤ ［英］怀特海著，徐汝舟译：《教育的目的》，生活·读书·新知三联书店 2002 年版，第 1 页。

⑥ ［英］安东尼·吉登斯著，赵旭东等译：《社会学》（第 4 版），北京大学出版社 2003 年版，第 15 页。

⑦ 吴康宁：《教育社会学》，人民教育出版社 1998 年版，第 242 页。

为具体、直接，它对儿童养成良好的道德行为习惯、建立融洽的伙伴关系、形成优良的道德个性品质起着基础性、日常性的独特作用。

目前，家庭德育与学校德育并未很好地统一起来，突出表现为两个方面：一是家庭和学校的育德因素和育德功能失衡，家庭对学生的道德素质的影响相对来说太多，而学校的育德因素和育德功能实质上太少；二是家庭的育德因素与育德功能与学校的育德因素和育德功能不能耦合。[①] 因此，如何发挥学校德育与家庭德育乃至社会德育的整合作用，实现各种影响因素的全息协同作用，仍然是人们需要深化研究的问题。

（二）学校德育与社会德育的关系

人的道德成长与品格完善并非是人生某个阶段的任务或结果，而是伴随于人的生命发展的始终，学校德育不可能是制约儿童道德发展的唯一因素（尽管发挥着某种主导作用），在其整个生命发展的全程特别是其社会生活中，道德发展的任务仍然存在；即使处于学校教育过程中的儿童也仍然有通过社会生活接受道德教育的任务。因而，学校德育“在保持特性的同时，它绝不应脱离生活环境，所属社区具有巨大的教育影响，不论在学习合作和相互支援方面，还是在可能以更深入的方式积极学习公民的权利与义务方面，都是如此。整个社区应意识到自己要对每位成员的教育负责，或与学校经常对话，或在学校缺乏时，承担起部分非正规的教育工作。”[②] 社会是一所大学校、一个大课堂，它对儿童的道德成长发挥着重要作用。社会的经济生活、政治生活、文化生活的变化总会通过各种通道影响到儿童的道德认识、判断与行为。在大众传媒教育飞速发展和终身教育不断深入人心的当下，社会的教育作用和育德功能不断以新的面目显现出来。诚如怀特所言：“不仅家庭和学校能够参与实现教育目的，其他机构，比如产业结构的组织方式也能促进或阻碍教育目的的实现。实际上，它们常常妨碍道德自律。”[③]

众所周知，社会性是人的本质规定性；人的道德是社会性的道德，只有在社会生活中人的道德才有意义。脱离了社会与社会生活，人的道德就无以形成，也无法得以检验。社会生活由于其场景的真实性、丰富性，确

---

① 魏贤超：《德育课程论》，黑龙江教育出版社2004年版，第235页。

② 国际21世纪教育委员会报告：《教育——财富蕴藏其中》，教育科学出版社1996年版，第97页。

③ ［英］约翰·怀特著，李永宏等译：《再论教育目的》，教育科学出版社1997年版，第122－123页。

保了道德冲突、道德选择的多样性与深刻性。较之对儿童认知、技艺的影响，社会生活对其道德的影响更显著、更突出，承担着提高道德教育的精神氛围与物理环境的责任。因而，社会生活成为儿童道德成长的重要资源。大众传媒、社区环境、社会活动都有形无形地影响着儿童的道德发展。与学校德育相比，社会德育具有资源的丰富性，内容的广泛性，形式的灵活性，影响的隐蔽性等特点。杜威曾深刻地指出："最贤明的父母所希望于自己孩子的一定是社会所希望于一切儿童的。关于我们学校的任何其他想法都是狭隘的、不恰当的；如要那样做，就会破坏我们的民主。社会通过学校机构，把自己所成就的一切交给它的未来的成员去安排。""成人有意识地控制未成年者所受的教育，唯一方法是控制他们的环境，让他们在这个环境中行动、思考和感受。"这是因为，作为一个社会人，"一个人与别人有了联系，对于他们的生活，不可避免地有所参与；社会环境不知不觉地，没有任何特定目的，对他们施加教育的或陶冶的影响。"①

当前，网络文化正在成为学生的一种生活方式，并对其道德成长产生不同的影响。网络文化以其特有的多元性、开放性、虚拟性、快捷性对学生的道德意识与观念产生了巨大的冲击。它既为学校德育提供了丰富的内容、多元化的环境和新的方式，但也为学生感官享乐主义的生活方式以及道德责任感的减弱和诚信意识的减退埋下了伏笔。因此，如何净化校园网络文化环境，增强学生的道德自律能力和对各种诱惑的免疫能力，发挥网络文化应有的寓教于乐的作用，是学校和社会共同面对的时代课题。

总之，富有成效的学校德育必须主动地、创造性地与家庭德育、社会德育保持相互配合、协同合作的密切关系，以使学生的道德发展获得一种多维的途径与资源，关键是要保持不同教育影响的一致性、有序性。正如日本学者大桥熏所言："对于德育来说，虽然内容丰富多彩，但对它们的取舍、选择、定义及修养方法等，家长、教师、成人必须保持十分的一致性，否则，将会导致德育方面的混乱。"② 因而，要培育儿童健康、优良的道德品质，就必须树立整体性的德育观念，将家庭、学校、社会的育德功能放在整体德育系统内通盘考虑，形成相互联系、相互介入、相互渗透的教育

---

① 张人杰主编：《国外教育社会学基本文选（上）》，华东师范大学出版社 1989 年版，第 24、38 页。

② 张人杰主编：《国外教育社会学基本文选（下）》，华东师范大学出版社 1989 年版，第 491 页。

合力，使不同的“教育力量或要素逐步完整，比例逐步平衡，关系逐步有序化，逐步形成一个有机的、有序的整体育德结构。”[①] 唯此，道德教育才能取得实实在在的成效。

三、学校德育的作用与限度

就对青少年儿童的道德成长与品德发展而言，学校德育既有其独特的价值，又存在着内在的限度。

（一）主体性道德人格的塑造：学校德育的作用

毋庸置疑，学校在青少年的道德成长与品德发展过程中处于不可取替的地位。时至今日，除了一些极端的思想主张（如伊利奇的“非学校化运动”、终身教育、存在主义教育等）之外，人们对学校德育之于儿童道德发展的主导作用的认识依然占据主导位置，其他教育途径尚不能取代学校德育的作用。“学校生活是每个人一生中极为丰富和微妙的时期。学校应该成为并且永远是一个适合学习、进行道德实验、思考和探讨真理以及自我培养的得天独厚的领地。”[②] 与来自家庭、社会的自发的、不系统的德育不同，学校德育有明确的目的、专门的组织机构、相对系统的内容和较为稳定的形式与途径，因而对正处于道德成长关键期的青少年而言，教育效果更明显。“尽管家庭和社会也在向下一代传递文化知识，但相比有特定目的、有专人负责、有专门组织的学校教育，它们总是处于边缘地带，起着辅助作用。”[③] 如果说学校德育的目的就在于培养学生的道德思维、判断与决定的话，那么不诉诸有组织、有计划且系统连贯的道德教学与课堂分析，则这种目标就难以落实。[④] 各国教育制度、教育法令也强有力地保障了学校教育的德育指向。这意味着，学校要真正并进一步发挥自身应有的教育功能，就必须强化而不是淡化德育的精神规约和价值指向。任何让渡学校的德育职责、削弱或变向削弱学校德育内容的做法都是对学校教育本质与功能的曲解。

塑造学生主体性道德人格是学校德育作用的集中体现。“教育目的的中

---

① 魏贤超：《德育课程论》，黑龙江教育出版社2004年版，第246页。

② ［伊朗］S. 拉塞克，［罗马尼亚］G. 维迪努著，马胜利等译：《从现在到2000年教育内容发展的全球展望》，教育科学出版社1996年版，第180页。

③ 杜时忠：《当前学校德育的三大认识误区及其超越》，《教育研究》2009年第8期。

④ 唐爱民等：《道德学习的哲学基础》，《山东师范大学学报》（人文社会科学版）2005年第2期。

心内容应该是使学生成为一个具有道德自主性的人。"① 学校德育过程是一个教育者的价值引导和学生的价值自主建构的过程，但重心仍然是学生主体价值的自主建构；对学生的道德发展而言，价值引导是外因，自主建构是内因，内因是实现主体道德成长与品德完善的决定因素。学校德育的作用主要体现在学生主体性道德人格的形成与发展上。无论采取何种德育形式或途径，也无论是学生道德认知的发展、道德情感的激发、道德行为的形成，学校德育的最终作用都应以造就道德行为主体为标示。学校德育要发挥应有的作用，就要充分调动学生的道德需要和道德学习的主动性、积极性，尊重其道德主体地位，使其乐于参与、投入到德育活动之中。

（二）"德育神话"的消解和"德育合力"的共识：学校德育的作用限度

怀特认为，人们必须看到这样的事实："即学校教育只是实现教育'目的'的一条途径——如果它真是唯一途径，那么从目的到最终目标到具体目标的过程会顺利得多；既然事实并非如此，从逻辑上说，在目的和学校最终目标之间必然存在一段距离。"② 麦克莱伦亦指出："过去，不管它是什么样的，教育总是一件好事，而且，教育越多就越好。现在，我们不这么肯定了。处处都可以感到人们对教育的价值普遍持一种怀疑的态度。"③ 这意味着，学校教育包括德育的功能与作用是有限度的、有条件的。

对于儿童的道德成长而言，学校德育的作用并非是无所不能。将儿童道德发展的任务全部托付给学校，学校也自命不凡地独揽儿童道德发展的责任，这是极端褊狭的认识论；相应地，将儿童道德发展不良的责任全部推卸给学校从而对学校予以种种责难、攻讦的做法也是失之轻率的。造成这些错误价值观的根源，可归结为某种传统的"德育神话观"。这种观念认为，学校是学生道德观念形成和道德行为发展的唯一影响因素，是塑造其道德人格的绝对力量，是传递社会特定道德文化的绝对中心。"人们总是用'应是'的眼光去看德育，人为制造'德育神话'。而由于常以'神话'的眼光去看德育现实，人们对德育的评价多为'实效太低'。"④ 事实上，学

---

① ［英］约翰·怀特著，李永宏等译：《再论教育目的》，教育科学出版社1997年版，第158页。

② ［英］约翰·怀特著，李永宏等译：《再论教育目的》，教育科学出版社1997年版，第148页。

③ ［美］詹姆斯·麦克莱伦著，宋少平等译：《教育哲学》，生活·读书·新知三联书店1988年版，第33页。

④ 檀传宝：《德育原理》，北京师范大学出版社2007年版，第70页。

校德育只是影响儿童道德发展的一个因素（尽管是主要因素），“学校德育的影响只是众多社会育德因素的冰山一角”，① 儿童道德状况的优劣、道德人格的高低，常常是通过整个社会生活得以体现并贯穿于其生命始终的。学校无法也不能独揽儿童道德进步的权力。学校德育只能在其该做且能做的领域有所作为。因为，“单纯的学校道德教育形式太单一，也不能持续人的一生，毕竟学校生活只是一个人一生中的一小段生活而已；再者，学校仅是‘小社会’，社会才是一个真正的‘大学校’，道德教育若仅注重学校的道德教育，其实效性不高也是情理中的事情。”②

此外，随着人类生活方式的变革特别是信息社会的高歌猛进，家庭生活对儿童的道德培育作用不断提高，网络传媒、社会环境的影响力也在不断攀升，学校不再是进行道德教育的唯一、法定场所，传统学校德育的中心或优势地位正遭遇家庭、社会的有力的挑战。这表明，学校已难以独自挑起对青少年儿童进行道德教育的重担。一种融学校德育、家庭德育与生活德育为一体的“合力德育论”渐趋成为人们的共识。面对社会生活理念与方式的时代变革及教育自身的改革，学校必须重新审视自身的德育职责，摒弃不切实际的过高期望，充分认识到自身的作用与限度，充分正视并合理利用社会和家庭的德育影响，借鉴家庭德育和社会德育的成功经验，以形成有利于儿童道德成长的德育合力。

第三节　学校德育的功能

从最一般意义上说，学校德育功能③乃指德育对人的道德发展和社会

① 魏贤超：《德育课程论》，黑龙江教育出版社2004年版，第232页。

② 汪凤炎：《中国传统德育心理学思想及其现代意义》（修订版），上海教育出版社2007年版，第431页。

③ 在中性意义上，功能是指一事物或方法在运行过程中所起的作用或表现出来的能力。它是一个包含不同价值认定的范畴。就德育功能而言，按思维逻辑，它可以分为正向功能与负向功能。前者是指学校德育对个体品德发展与社会的道德进步所应当发挥的积极的正面的影响，更多地具有某种应然期望色彩；后者则指学校德育在影响个体的品德与社会的道德发展中所不能起到的、有限的乃至负面的作用，更多地具有某种反思与批判韵味。事实上，由于受教育由以运行的条件、教师的素质、学生的基础及教育过程实际运行状况等因素的制约，人们对教育所寄予的期望（正向的应然功能）往往在实践中得不到完全释放，有的甚至转向反面。

的道德进步所应起的作用或影响。前者为德育的个体性功能，后者为德育的社会性功能。个体性功能是学校德育的本体性功能。正确的德育功能观有助于人们设定德育活动的阈限，防止力不从心的宏大德育目标或流于琐碎的烦琐事务对德育实践的不良影响。

一、学校德育的个体性功能

学校德育的个体性功能是指通过系统而优良的德育活动促进个体形成一定的道德认识、道德情感与道德行为，从而使其从一个自然个体转变为一个社会主体。换言之，个体性功能指学校德育能够在何种程度上对个体的道德发展产生何种性质的影响。

(一) 学校德育的个体品德发展功能

促进学生个体的品德发展与完善是学校德育的本体功能和根本任务。道德教育的本质就在于对个体道德人格的培塑或品德发展的推动。德育的其他个体性功能和社会功能的发挥都以此为基础、为中介。

个体的品德是一个包含不同品德形式、内容、能力的多维度的、复杂的结构系统。这就决定了学校德育的长期性、艰巨性。“教育是一种掌握种种细节的需要耐心的过程，一分钟，一小时，日复一日的循环。”① 学校德育要实现促进个体品德发展的功能，就必须在品德的形式、内容、能力诸方面通盘考虑，全面规划。

1. 促进个体品德形式结构的形成与发展

个体品德总是通过一定的形式而展现自身。不借助于特定的品德形式，学校德育就无从运行。品德的形式又是一个复杂的结构系统，包括品德认识、品德情感、品德意志、品德行为、品德态度等成分，其中最主要的是品德认识与品德态度两大要素。品德认识是个体对社会道德关系和道德客体尺度的一种主观的意识形式。它是个体形成自己的道德意识、道德态度、道德行为的基础。个体品德认识的形成不是其生命机体自然成熟的结果，亦非神祇的恩赐，而是需要诉诸符合个体身心发展规律的教育干预与培养，其中促进学生形成全面的道德知识结构是品德认识教育的基础性任务。对学生品德认识的教育应该摒弃居高临下的宣讲或生硬灌输的方法，它不仅不利于学生道德意识的形成，而且还会产生对道德的抵触或反感。“道德强

---

① ［英］怀特海著，徐汝舟译：《教育的目的》，生活·读书·新知三联书店 2002 年版，第 11 页。

制是一种恶。教育运用强制手段执行某种道德不仅是徒劳的，也是不道德的，用不道德的手段去实现高尚的道德，只能引起更多的不道德。”①

品德态度是个体对客观的道德现象、道德事实与自身道德需要与道德选择之间关系的一种评价性、倾向性反映。它对人的品德认识、品德行为具有特殊的定向与动力作用。德育不同于智育的一个主要方面正在于它对人的态度的引导或影响上。品德情感、品德意志、品德信念、品德理想等都属于品德态度的范畴。学校德育不应局限于“知性德育”（即以道德知识的传输为旨趣的教育）或仅囿于提高学生的认识，而应在如何形成学生优良、高尚的道德态度方面用力。基于此，鲁洁教授富有远见地指出：“德育的功能主要表现于态度的领域，应十分重视个体的道德情感、意志、信念、信仰、理想等方面的发展和培养。德育应充分发挥在激发和升华道德情感，发展自觉、坚强的道德意志，形成强烈坚定的道德信仰，确定崇高、科学的道德理想等方面的功能。”②

2. 促进个体品德内容结构的形成与发展

学校德育的进行必须有基本的内容依据，否则，教（学）什么、怎么教（学）便无从谈起。也就是说，促进学生的品德发展必须考虑品德的内容结构。品德内容是指社会的道德观念、道德原则与规范在个体意识中的反映状况。这种意识状况直接影响个体的道德选择与道德行为。如果说学校德育的任务在于实现个体的道德社会化的话，那么这一社会化过程必须是有某种道德规范或道德意识作为内容依据的。在此意义上，如何将特定社会的道德规范内化为个体的道德意识内容结构，就成为培育学生道德人格的关键。促进学生形成优良的品德内容结构，是学校德育的常规性任务。在此方面，学校德育尤其需要考虑的是：如何在多元道德价值并存的时代境遇下选择并传授何种道德规范以使学生形成适合社会发展与自身道德要求的道德观；如何在道德文化急遽变化的时代使学生学会正确地更新自身的道德观；如何协调并解决学生道德生活中道德观念的失调与冲突、消除其道德成长过程中的道德意识困惑，以构建其合理的道德价值观；如何引导学生学会从遵守具体的道德规范上升到对道德原则的把握、理解与认可；如何使学生学会正确处理学校生活、家庭生活、公共生活以及未来的职业

---

① 金生鈜：《质疑建国以来的道德教育规训》，《教育理论与实践》2001年第8期。

② 鲁洁，王逢贤主编：《德育新论》（新世纪版），江苏教育出版社2000年版，第252页。

生活之间的道德关系以养成正确的教育道德、家庭美德、公共道德与职业道德，等等。显然，在此方面学校德育仍然有许多难题需要破解，这也是提高学校德育自身的实效性所必须正视的难题。

3. 促进个体品德能力结构的形成与发展

个体的品德结构不仅表现于形式与内容的维度，还表现在品德的能力维度。品德能力是个体在处理道德意识与外部环境之间的关系时调节自身道德活动的一种相对稳定的主观反应。缺乏基本的品德能力，个体的道德行为就会缺乏生机活力，就会流于机械应付和循规蹈矩。学校德育应该把培养学生的品德能力作为自己的目标之一。品德能力也有一个复杂的结构系统。一般认为，品德认识能力、意应能力、控制能力、决策能力是其最基本的要素。品德认识能力是指运用道德知识对各种道德现象、道德情境与道德问题进行感知、概括、判断与评价的能力。学校德育应该通过系统知识的讲解、各种社会活动的组织和道德情境的创设等途径来丰富学生的道德经验，增强其对道德问题的敏感性与判断力。品德意应能力是个体面对道德情境而形成一定的道德意向、道德态度并推动道德行为的能力。道德意应能力主要体现在道德需要与道德态度方面。它对于提高学生的道德主体性、直接把握道德对象、完善自身的道德人格、形成一定的道德价值取向和优良的道德行为，① 都具有重要的意义。学校德育应该通过培养学生合理的道德需要、积极的道德情感体验、优良的道德行为动机等途径来形成并发展其品德意应能力。品德控制能力是指个体对自身道德行为的调节、变通及迁移的能力。品德决策能力是指个体确定道德行为策略的能力，包括分析、明确道德问题的能力和确认道德途径、道德方法的能力。学校德育应该创设立足于儿童的生活原型或适合其生活经验的真实的道德情境、道德场景，以真实的道德生活、真确的道德事件、真正的道德冲突和真情的道德体验②来锻炼其处理道德实际问题的控制能力和决策能力。这也是当前基础教育课程改革所倡导的基本理念。

（二）学校德育的个体智能发展功能

求真、崇善、向美是人超越现存、追求美好生活的基本需要。真善美

---

① 鲁洁，王逢贤主编：《德育新论》（新世纪版），江苏教育出版社2000年版，第265-268页。

② 唐爱民：《真实的道德生活与德育课程生活资源的开发》，《课程·教材·教法》2007年第5期。

的追求都离不开人的智能发展水平和人的创造性的支持，而人的智能发展的方向、效率又受人的价值观、道德观的支配与规约。因而，学校德育对学生个体的智能发展也发挥着不可忽视的积极作用。

1. 支配并制约着个体智能发展的价值方向

学校德育活动的开展和个体道德的成长都需要一定的智能发展水平作为条件，学校德育活动要取得成效也需要使其成为一种充盈智慧与创造性的过程与氛围。在此意义上，德育活动的过程就是个体智能得以发展、应用的过程。另外，学校德育又影响着个体智能发展的方向、过程与水平，从而具有促进个体智能发展的内在功能。这一功能首先表现为德育以自身特有的方式规约着个体智能发展、认知发展的价值指向。这是由道德所具有的价值特性所决定的。道德是人类把握世界的一种方式，这种方式通过价值与意义来统摄事实与细节、通过应然来揭示必然而展示自身的，它是人类在调节人与人、人与自然之价值关系方面智慧的积淀与经验的结晶。道德作为一种价值关涉的范畴，总是以不同的方式（或水平）存在于人的意识状态中，构成人实践活动的认知图式，从而对人的认知活动与认知能力产生影响，而构成认知图式的核心要素是个体先存的世界观、道德观。因而，以构建学生正确的世界观、道德观为己任的学校德育必定通过认知图式的中介作用而对个体认知发展的方向和智能发展的价值指向产生影响。对正处于智能发展与道德成长关键时期的青少年儿童而言，这种影响尤为明显。麦克莱伦认为，教育是一项道德事业，它所致力的智力活动可以使教的事业免受对其不道德的指控，并且，“演示、证明、解释、论述等一系列智力活动就其本身来说是具有肯定的道德价值的。……智力活动要求每一位参与者表明其信仰的理由，在相互竞争的信念中做一名不偏不倚的法官，运用前所未有明晰的判断标准，对所有的，包括他本人的信念进行公证的裁决。”① 学校德育应该通过对学生世界观、道德观的塑造来引领个体把握认知发展、智能发展的方向，防止片面的主知主义、唯智育主义等价值观对学生的不良侵蚀与影响。

2. 促进个体创造性人格的实现

智能发展的理想状态或最高境界是个体创造性人格的形成。激发学生的创造意识，培养其创造精神，培育其创造性人格，是学校教育的至高使

---

① ［美］詹姆斯·麦克莱伦著，宋少平等译：《教育哲学》，生活·读书·新知三联书店1988年版，第251页。

命。而创造性人格的培养，是包括德育在内的整个教育的艰巨任务，它绝非某一领域的专属。“创造性不是智育的专利，而是整体人格的核心，是人的一种基本德性。人就是他的生活，而生活本身就是一种创造。生活的目的就是去创造生活。人只有通过创造才能成为人，才能有人的世界，有人的生活。创造性在人格结构中具有重要的道德价值。”① 学校德育以自己的方式促进学生创造性人格的实现。“没有一种教育比道德教育和宗教教育从关注智力发展的节奏原理中得益更多。”“教育如果不以激发首创精神开始，不以促进这种精神而结束，那必然是错误的教育。因为教育的全部目的就是使人具有活跃的智慧。”② 道德作为蕴涵人类智慧火花的精神领域，其本身就是人类创造性活动的结晶。现代学校德育之所以成效不彰，某种意义上正是因为它自身缺乏足够的创新精神，未能在培养学生创造性人格方面发挥应有的作用所致。学校德育要有所作为，就必须使自身的活动过程充满创新的生机活力，通过创新性的活动促进学生创造性人格的实现。因为，根本来说，“创造性是人的一种基本德性。人和人的生活就是由他自己创造的。创造性关涉人之为人的根本，是长久为人的必不可少的德性。教育要正确理解和敞开人的创造性。”“创造性是人之为人的基本品行。人的创造性活动就是人运用自己的理性和想象力来构思美好生活的精神活动，而道德就是这样一种精神活动。因而，道德和道德教育内在地离不开创造性。人只有在合乎德性的活动中，才能把握、追求美好生活。”③ 任何创造活动都具有某种价值指向，都具有道德上的意义，而德育正是给人以意义建构与价值指向的教育。道德内在于人的创造活动中并构成人之创造性人格的要素，就此而言，学校德育肩负着培塑学生创造性人格的崇高使命。它理应成为未来学校德育改革的一个方向。

3. 激发个体智能发展的动力与热情

不同水平的世界观、道德观、价值观对个体的智能发展产生殊为不同的影响。积极、向上、高尚的世界观、道德观与价值观能够对个体的认知活动和智能发展提供不竭的动力与热情，产生积极的激发与推动作用；反之，则阻碍或抑制个体认知发展的动力与热情。个体的道德理解力是其认

---

① 鲁洁：《创造性是人的一种基本德性》，《教育研究与实验》2007 年第 5 期。

② ［英］怀特海著，徐汝舟译：《教育的目的》，生活·读书·新知三联书店 2002 年版，第 66、70 页。

③ 鲁洁：《创造性是人的一种基本德性》，《教育研究与实验》2007 年第 5 期。

知理解力的源泉与动力，因而，增进学生的道德理解力应该成为“教育的中心目的”。①一个社会责任感缺乏、科学探索欲望淡薄、科学理性精神冷漠、意志品质软弱的人，是难以获得优良的智能发展的；即使由于各种机遇的恩赐获得了某种智能的发展，但这种发展也是没有意义的，充其量只能是畸智小慧。因之，学校德育应该着力培养学生正确的世界观、道德观、价值观，形成其独特的学习方式与生活方式，提高其参与认知活动、学习活动、探究活动的积极性，激发其热爱科学、崇尚理性、追求卓越的热情，从而以自己的方式促进学生智能的完善与发展。

（三）学校德育的个体享用功能

学校德育的个体功能不仅体现在对学生品德发展、智能发展方面，也体现在对个体的精神享用和自我超越上。德育若仅囿于适应学生的品德现状和品德发展，那么学校德育的功能就是不完善的。个体享用功能是德育个体性功能的最高体现。所谓德育的个体享用功能，乃指通过德育过程使个体实现自身的道德需要与愿望，以从中体验到某种满足、快乐、幸福，获得一种精神上的享受与愉悦的功能。在最本质意义上，道德是一种精神享用。道德教育是一种满足人们精神享受、促进人领悟生命的意义、实现幸福生活的教育。

1. 个体享用功能：学校德育本体价值的体现

道德教育形塑着学生的品德，这种品德具有两方面的价值：工具价值和本体价值。工具价值旨在调节人与人、人与社会的利益关系以满足个人发展和社会进步的需要；本体价值旨在通过德育过程本身以满足个体精神完善的需要。学校德育应该使工具价值和本体价值达到某种和谐与平衡。

长期以来，我们的学校德育主要在促进学生个体品德发展方面用力，相对忽视了德育在完善人的道德品质的基础上对学生精神需要的满足，导致德育的工具化、功利化、短期化和低效化。要使德育成为一种卓有成效、充满魅力与吸引力的事业，就必须将德育的享用功能提到学校德育的实践层面，使学生借助于德育课程与德育活动“正确感受到道德是人的一种不可或缺的精神食粮，履行道德的责任与义务是一种生命的快乐，张扬善念，泯灭恶念，是追求人生的幸福。”②

---

① ［英］约翰·怀特著，李永宏等译：《再论教育目的》，教育科学出版社 1997 年版，第 80 页。

② 鲁洁，王逢贤主编：《德育新论》（新世纪版），江苏教育出版社2000年版，第288页。

人们对道德的需要经历了一个从生存价值到功利价值再到精神价值的过程。道德教育有满足人的生存和功利需求的任务，但不应局限于此，而应在提升人的精神境界方面发挥作用。道德是每个人自我完善、自我肯定、自我发展的基本需要，它既是生存的需要，又是个体精神满足的需要，后者是德育功能释放的最佳状态。因为，人类的物质生活需要是有限的，学校教育如若只以物质的功利价值为最高标准，就可能出现人们精神上的失落和道德上的危机，而人们的精神需要则是无尽的。人的生活的充实不是物质的丰盈而是精神上的愉悦。正因如此，学校德育越来越具有精神的价值、自我享用的价值，当下的中国教育尤为如此。

就个体自身的发展而言，道德教育也呈现出某种享用的价值。对一个儿童而言，最初的道德规范行为只不过是为了博得他人的奖励和规避权威的惩罚，这种行为通常带有功利性。只有在一个较为充分发展的个体身上，即形成了某种道德需要以后，才能够真正感觉到道德对于他的精神需要与发展的满足，此时，道德教育之自我享用的精神价值才得以显现。简言之，学生内在地具有塑造自己优良德性、完善自身人格的需求，学校教育必须满足他的这种需要，进而在灵魂与意义、精神与道义的援助上发挥应有功用。这也是学校德育的最高境界。

2. 学校德育应把实现个体的享用功能作为基本追求

学校德育对学生品德发展的影响可分为两个层次：第一个层次是使学生习得某种道德规范并自觉地遵守、践履；在遵守道德规范的过程中获得某种精神愉悦、幸福与满足。第二个层次是学校德育的应然追求。德育不应只是一种约束、限制、奉献、牺牲，而应是一种使人从中体验到精神满足的活动。一如鲁洁教授的睿见："道德教育促使人的道德发展与完善，这一过程对他们来说，是一种精神的解放，自由与自主意志的弘扬，他们理应从中得到自我超越的快乐。"① 只有使德育的自我享用功能得以不断释放，才能使学生把各种道德规范的遵从由他律上升到自律，才能使其把道德作为一种自我肯定、自我发展的力量。

德性是人之超越凡俗生活、实现自我价值的卓越品质。它应是人的主动索求与自觉追求，过分的规训与约束可能会损害这一事业。理想的德育应当是既有利于学生实现个体道德的社会化，又能帮助其通过德育过程学会品味生活、珍爱生命、感受幸福，从而在自己的生命历程中不断彰显自

① 鲁洁，王逢贤主编：《德育新论》（新世纪版），江苏教育出版社2000年版，第288页。

身的存在价值。

归根结底，学校德育的魅力正源于它对于学习者的精神援助与精神愉悦。通过德育使学生学会用道德的方式体验生活、感悟生活、享用生活、创造生活，获得某种自我肯定、自我升华的满足，得到某种精神的愉悦与享受，是学校德育的终极追求。未来学校德育改革的着眼点恐怕应当转移到其对人们应有的精神享用功能的开掘层面。

需要指出，学校德育的享用功能与发展功能是一致的。只有在学校的德育活动和学生的道德发展中使享用功能得以发挥，个体的道德发展、人格完善才能获得动力，道德教育的目标才能实现；反过来，只有实现德育的享用功能，个体的道德发展才能得以真正实现。只有两种功能的协同发展，学校德育才真正成为一种愉快的、学生乐于接受的教育，成为一种既付出了努力又收获了成效的教育。

二、学校德育的社会性功能

人既是一种个体存在物，又是一种社会存在物；相应地，教育既应促进个体的道德发展，又应促进其道德的社会价值的实现。“当我们谈到教育时，我们通常是指一种成为社会人的特殊方式。当我们说一个人受过教育或没受过教育时，我们通常是指他是一类社会人或他不是。”[①] 这样，德育自然就既具有个体功能，又具有社会功能。这既是逻辑理性推理的结果，也是人类社会历史发展的事实。德育的社会功能主要包括文化功能、政治功能、经济功能和生态功能，单一的政治功能或单一的经济、文化、生态功能等都会使得德育的社会功能残缺不全。唯有在整合的意义上方能全面把握德育之社会功能的全貌。

(一) 学校德育的文化功能

人总是文化的人，人的世界其实就是文化的世界，所谓“刚柔交错，天文也。文明以止，人文也。观乎天文，以察时变；观乎人文，以化天成。”[②] 道德是文化的灵魂，学校德育具有内在的文化功能。另外，学校德育本身也是一个具有“造血”机制的文化因子。

---

① ［美］詹姆斯·麦克莱伦著，宋少平等译：《教育哲学》，生活·读书·新知三联书店1988年版，第26页。

② 《易·贲卦·彖传》。

1. 文化的内涵及其与德育的本源关系

文化是由特定历史凝结成的，在特定时代、特定地域、特定民族或特定人群中占主导地位的生存方式。① 由文化所主导的生存方式既决定着人的生活质量、生命质量及其生成方式，又决定着人的生活尊严。价值观念、思维方式、审美情趣、道德情操、民族心理与性格等是其基本内容，其中价值观念是一切文化的核心。文化对教育的影响也主要通过深层次的价值取向而发挥作用。某种意义上，文化是一种"给定的和自在的行为规范体系"，是一种"自觉的精神和价值观念体系"。② 这是人的文化本性或文化的人本规定性的基本逻辑结果。在此意义上，文化构成了人的存在与人的生活的意义之网。一般而言，文化包括物质文化（即直接满足人的基本生存需要的文化产品，具有典型的"人化自然的"的特征）、制度文化（即满足人的社会交往、合理处理人与人的关系的文化）和精神文化（即满足人的创造性、超越性和自由本性的文化）。其中精神文化最能体现文化的超越性、创造性的本质特征。

需要着重指出，文化不是与社会的政治、经济、科技以及自然活动等领域并列的具体对象，而是深入人心的一切生活实践之中、影响人的行为方式的相对独立的、深层次的、机理性的东西。文化对于个体的行为起着先在的、强制性的规范和制约作用，但文化不是一个个体现象，而是一个群体共享的意义体系。文化是满足人的各种需要的价值规范体系或自觉的精神和价值观念体系，是特定时代制约人们行为的规范，它以在先的、整体的方式影响着人们的生活进程，发挥着对人的道德教化功能。中国传统文化特别强调文化的精神教化与品德修养的作用，所谓"文治教化""以文教化""人文化成"等便是明证。

从最本质的意义上说，道德和道德教育是关涉价值和价值观念的教育，而价值和价值观念又是一切文化的核心与灵魂。文化的教化意义就在于其对人的需要与行为的价值规范。因而，道德和道德教育借助于价值和价值观念这一中介而与文化发生着天然的、本体的关联。"道德是人的一种文化性的创造。人之所以要创造道德这种文化形式，是出于人自身的需要，而人的各种需要是在人作为一种高级生命的演化过程中不断产生和变化

---

① 衣俊卿：《文化哲学十五讲》，北京大学出版社 2004 年版，第 21 页。

② 衣俊卿：《文化哲学十五讲》，北京大学出版社 2004 年版，第 10－11 页。

的。”[①] 某种意义上，我国道德教育所遭遇的一系列问题并不全是具体的道德问题、教育问题，而是深层次的文化问题。它受动于并促动着社会文化的变革与转型。文化自身的道德内核与精神价值之存在本性，决定了人的“道德存在”与“文化存在”的统一性。进一步，只有构建有意义的道德文化、精神文化，才能构建人的道德人格与精神信仰。

2. 学校德育基本的文化功能

（1）学校德育的文化传承功能

学校德育基本的文化功能首先表现为文化传承功能，即维持原有文化及其结构、保持文化相对稳定性的功能。对个体而言，文化教化功能的实现需要个体对既有文化的认知、接受与理解，这需要教育包括学校德育的支持。学校德育作为一种特殊的文化，构成并促动着文化过程与文化活动。这一过程的实现是以传授在特定社会历史凝结而成的、占主导地位的文化而完成的。人既是文化的创造者，又是文化的创造物。学校德育正是以文化传承的方式塑造着人的品格，实现着对社会的价值引导、调节与规范作用。“文化对于个体行为的规范和制约作用首先表现在，文化是满足人的各种需要的价值规范体系；进而还表现在，文化提供了特定时代公认的、普遍起制约作用的个体行为规范。”[②]

学校德育要发挥其文化传承功能，就要通过合理的选择将民族的优秀传统道德文化以生动具体、行之有效的方式传递给学生，使其获得基本的文化认同与民族归属。美国文化人类学家米德就把以重复过去为使命的文化称为“后喻文化”（post－figurative culture，这种文化样态强调稳定、贬抑变化）。学校德育尽管不能以重复过去的文化为旨趣，但也不能以摆脱过去的文化为指向。某种意义上，人们在拒斥道德传统、颠覆文化谱系的道路上走得越远，就越难以找回自我。“文化虽然永远在不断变动之中，但是事实上却没有任何一个民族可以一旦尽弃其文化传统而重新开始”。[③] 无论现代性的谋化多么迫切，我们都不可避免地生活在自己的文化传统之中，文化传统既蕴涵着我们的文化基因，标识着我们的文化根性，也是我们寻找和创造新的自我的前提。“传统在保障文化的生命力方面是不可缺少的，

① 朱小蔓，其东：《关于学校道德教育的思考》，《中国教育学刊》2004年第10期。

② 衣俊卿：《文化哲学十五讲》，北京大学出版社2004年版，第36页。

③ 余英时：《文史传统与文化重建》，生活·读书·新知三联书店2004年版，第429页。

它使记忆连贯，告诉人们先人们是如何处理同样的生存困境的”①

失去了对传统的自觉体认和本土文化资源的支撑，学校德育就会在价值迷失中失去文化根基。学校德育的现代化改造绝不是与自身文化传统、文化谱系的彻底断绝或颠覆，它一定是植根于自身文化脉络与传统因子中的“再造”，民族文化生命的延续和成长，是更高层次上的一种自我确认和调整，断非完全蜕变成了另外一种文化。展望未来、进行文化路向的抉择固然紧迫，但能否以清明和理性的态度面对自身的文化与道德传统，进行基于传统之上的清理和开掘，同样也显示了一个民族的智慧和信心。离开了这些前提和与生俱来的文化基因，继后的创造就会变成空穴来风，成为无根的游离和漂泊。“不管我们还要用‘道德教育’指其他什么东西，我们起码要把它当做父辈和子辈之间的一种教学关系，通过这种关系，子辈可以成为下一代的教育工作者、父亲和供养者，以此类推。”② “文化的教化功能体现在，它通过家庭启蒙、社会示范、社会心理、社会舆论、学校教育、新闻传媒等各种手段把系统的行为规范体系加诸生活于这一文化之中的个体，实现文化的规范和约束作用。”③

（2）学校德育的文化创新功能

学校德育以文化积淀的形式塑造着学生的道德人格。这种“塑造”并不局限于对传统道德文化的承续，而是同时实现着对文化的“再造”，推动并促进着文化的创造与变革。“教育是使文化变得越来越朝气蓬勃的‘地方’。因此教育对保持文化活力具有不可估量的意义。”④ 学校德育通过赋予人以理性意识而实现对传统文化的反思和对新型文化的创新。

从文化自身的结构看，学校德育促进文化结构中精神文化的创新。在文化的三层结构中，外层的物质文化和中层的制度文化不足以改变文化的结构，只有内层的精神文化的变革才能使得文化的结构发生改变，而教育特别是学校德育是促使文化发生变迁的主要动因。从文化变迁的规律看，学校德育是促进文化互动和文化结构更新的重要推动力。异质文化的互动

---

① ［美］丹尼尔·贝尔著，赵一凡等译：《资本主义文化矛盾》，生活·读书·新知三联书店1989年版，第24页。

② ［美］詹姆斯·麦克莱伦著，宋少平等译：《教育哲学》，生活·读书·新知三联书店1988年版，第328页。

③ 衣俊卿：《文化哲学十五讲》，北京大学出版社2004年版，第39－40页。

④ ［德］O.F. 博尔诺夫著，李其龙等译：《教育人类学》，华东师范大学出版社1999年版，第69页。

是文化变迁的主要动因。米德把以指向未来，开拓创新为使命的文化称为“前喻文化”（pre—figurative culture），创造并完善前喻文化是学校德育保有生命活力与价值吸引力的基本追求。学校德育能够使两种以上的不同文化产生接触——濡化，它可以使不同价值取向的文化发生交流、碰撞，从而形成一种新文化，这就是文化的创造性。如今，在全球化的进程中，世界已经进入了一个多元价值共生、异质文化共在的时代。文化变迁与革新是实现全球化的一种必然选择。学校德育通过塑造人的开拓意识、革新精神、全球价值观念而使得文化变迁与革新成为可能。学校德育所引发的文化变迁是一种自导式的变迁而非被迫性的变迁，所谓“自导式的变迁”，指以一种与本土文化传统相和谐的方式来消化、吸收外来文化，把异质文化中的营养经过教育的选择传授给学生，不致造成文化的混乱、价值的失范。此外，在教育的影响下，学习者已经形成的人格特质、价值取向构成了他们在接受外域文化中的某种认知图式，这种认知图式有助于学习者对外来文化进行选择、内化，这就是文化濡化——既不是对外来文化的拒斥，又不是对异质文化的全面接受，而是重组、改造与创新。

学校德育担负着重要的文化启蒙的职责，这种文化启蒙不仅表现在传授基本的道德规范或道德知识，而且更表现在引导学生将社会的道德规范向日常生活领域的渗透，进而培育其理性精神、主体意识和创造能力。“这种寓于教育之中的文化启蒙使人内在地建立起现代的价值取向，使人不再满足于自在的‘是什么’，而能超越传统日常生活的自在性和自发性，以‘为什么’和‘应如何’的自觉态度来对待生存。”① 多元文化中的学校道德教育，应以发展学生的“深层对话”和“批判性思维”的能力为目标，以建构其先进的文化观念与正确的道德观念为指向。这里的“深层对话”，简言之，“就是进入其他视角并相互改变地重返自己的视角”；这里的“批判性思维”，概言之，“就是将我们的无意识假定提升到有意识的水平以便我们能理性地对它们进行反思和取舍，根据每个论断的具体背景确切地了解其真正意指是什么。”② 单一的课堂讲授、价值灌输、道德训导都无助于学生认同并形成稳定、一贯的价值观。只有引导其通过对多元文化与价值的分析、比较与鉴别，才能使其自主建构符合主体理性与时代要求的价值

① 衣俊卿：《文化哲学十五讲》，北京大学出版社 2004 年版，第 325 页。

② ［美］L. 斯维德勒著，刘利华译：《全球对话的时代》，中国社会科学出版社 2006 年版，第 330 页。

观、道德观。

总之，在处理传统文化与现代文化的关系上，学校德育应持有的立场是：在承续传统文化之合理性、民族性、时代性与扬弃其局限性、保守性、历史性的基础上，实现传统文化的现代转换和现代文化的传统承接。沉湎于传统文化与传统道德的精神自恋和全盘接纳的民族中心主义或保守主义，秉持现代化的重新谋划而剔除道德传统、从头再来的民族虚无主义或自由主义，都无益甚至有害于学校德育文化资源的传承与文化创新使命的彰显，因而必须予以反对和批判。

（二）学校德育的政治功能

政治是关涉权力分配与运作的范畴，是“运用权力来影响政府行为的性质和内容的方法”①；而权力的分配与运作存在于人类的一切社会生活中。因而，政治是一种近乎无处不在的现象，几乎一切事物或人类的一切活动“都带有部分政治性”。② 而“教育始终是一个政治的战场，而且到21世纪的新千年之初依然如此。”③ 学校德育是一种带有政治性的活动。只要阶级还未被消灭，处于统治地位的阶级总是采取不同的方法利用德育来维系、强化现有的政治格局。在我国，德育的政治功能一直处于突出的位置，“政治化的‘道德教育’与道德化的‘政治教育’交错”。④ 道德教育属于政治化的道德教育，政治教育又带有道德化的成分。“事实上，不只是古代，道德教育的政治化乃至以政治教化代道德修养从来就是中国道德教育的最重要特征之一。”⑤ 在中国，凸显德育的政治化功能至今仍然余续未绝。

学校德育的政治功能可归列为如下方面：

1. 政治意识的传播与强化

政治意识是维系特定政治集团存在与发展的基本主张，一般通过思想理论形态（即政治纲领）和社会心理形式（即政治舆论与政治心理）体现出来。学校德育借助于系统的课程、稳定的时间和特定的政治舆论而成为

① ［英］安东尼·吉登斯著，赵旭东等译：《社会学》（第4版），北京大学出版社2003年版，第667页。

② 吴康宁：《教育社会学》，人民教育出版社1998年版，第75页。

③ ［英］安东尼·吉登斯著，赵旭东等译：《社会学》（第4版），北京大学出版社2003年版，第471页。

④ 陈桂生：《“教育学视界”辨析》，华东师范大学出版社1997年版，第205页。

⑤ 戚万学：《活动道德教育论》，南开大学出版社1994年版，第43页。

宣传主流政治理论与观念的重要媒介。任何一个国家的课程都有不同程度的价值取向要求，这些价值取向通过教学大纲、教学目的、教学内容、教学评价的方式或隐或现地体现出来。这就是课程外在的“赋值”行为。“社会统治阶层为使学校课程切实体现本阶层的价值取向，必然会运用行政权力将自己认为‘值得’传递的知识加以合法化，并施以‘科学化’的包装，以使之名正言顺地进入信息课程体系，并占据主导乃至‘独霸’地位。”① 政治理论与主张的传播又借助于系统化的评价机制而不断得以强化。美国学者 P.C. 沃斯伯恩坦陈：“在美国的许多小学和初中里，都制订了明确而系统地讲授指定的政治信息、态度和价值标准的教学计划。”② 通过这种计划，使学生熟知并接受诸如“当一名美国人比当任何其他国家的国民更好”（对国家的忠诚），尊重现有的政治权威，服从法律、参加投票和缴纳税收的国民素质，了解国家政治生活的某些史实与组织结构，拥护民主的最高原则等现代公民所必须的政治素质。最终目的在于：借助“‘更好的’政治教育，使学生掌握现实的政治观点和切实可行的政治本领，以便将来能使政府对于他们提出来的要求作出合理的反应。”③ 政治信息的传播方式较多采用温和、含蓄、宽容的形式而避免生硬的机械灌输，“大量基本的政治信息和多种多样的教学实践个体促进未来的国民形成了顺从和支持的政治取向。”采用的基本途径是：“提高学生在认识上的复杂性和政治方面的能力，加强对民主准则和方针政策的信奉，增强他们成年后参与政治的愿望。”④

自阶级社会产生以来，政治世界便成为人的生活须臾不能游离的环境。一个人遭遇的事情只有从政治角度才能得到完整的理解。政治意识能使学生更好地理解其生活的本质与问题。

2. 政治行动的引导与培育

一个人的政治行动总是受特定思想观念的影响，学校德育通过对学生政治方向的引导、政治判断力的培养、政治活动能力的培育而实现着对其政治行动的引导，目的在于使学生适应国家现行的政治生活形式以便将来

---

① 吴康宁：《教育社会学》，人民教育出版社 1998 年版，第 316 页。

② 张人杰主编：《国外教育社会学基本文选（下）》，华东师范大学出版社 1989 年版，第 421 页。

③ 张人杰主编：《国外教育社会学基本文选（下）》，华东师范大学出版社 1989 年版，第 429 页。

④ 张人杰主编：《国外教育社会学基本文选（下）》，华东师范大学出版社 1989 年版，第 425、429 页。

顺利地融入、参与国家的政治生活，同时实现现行政治制度的存续与发展。通常的做法表现在：一是在学校德育目标中融入国家主流政治生活的目标，并在相关课程内容中予以体现，“所有的国民都必须至少了解一点民主的原则；根据自身经验了解一下他们在不同层次的社区生活的真正的政治地位和知识结构（如经济学、政治学），他们必须据此来作出政治决定；而且准备将所有对这些情况的理解应用在为社区的服务中。”① 二是通过各种带有政治倾向的社会活动来培养学生的政治觉悟、参政意识，锻炼其参政能力，旨在为其未来的政治生活奠定基础。

3. 政治机构的充实与更新

政治人才是推动政治机构正常运转的中坚力量。每一个国家都特别重视政治人才的选拔与培养，而学校是促使青少年政治社会化、培育其政治意识与政治能力的有力机构。学校教育中的德育承担着培育青少年政治意识形态和价值观念的职责。当其中的一部分被遴选到国家政治机构从事政治活动时，就成为代表国家政治方向的政治人才。在此意义上，学校德育承担着一个国家政治机构充实与更新的任务。即使普通的公民教育也不能游离占主导地位的政治框架。因而，“公民品德教育可以被视为国家成员的意识教育。”②《学会生存》对此作过经典概括：“从家庭教育开始，所有的教育都有使儿童和青年社会化的义务。学校继续和将要继续贯彻执行公民训练的职责（特别是在那些近来要求恢复或已经恢复了它们的民族特性的国家里）和意识形态训练的职责。”“民主教育必须在个人关心的和努力的各个方面——政治、公共事务、工会活动、社会与文化生活等方面——使每一个人勇于负责和积极行动，并帮助他们保持自己的自由意志，作出可靠的个人选择。”③

4. 政治关系的再制与创新

政治关系是指从事一定的政治活动的人们之间的内在关系，它以权利与义务为突出表征。学校德育不仅担负着传播既定政治意识、政治规范的职责，还担负着特定政治关系的再生产与不断优化、完善的职责。这就是

---

① ［英］约翰·怀特著，李永宏等译：《再论教育目的》，教育科学出版社 1997 年版，第 134 页。

② ［英］约翰·怀特著，李永宏等译：《再论教育目的》，教育科学出版社 1997 年版，第 127 页。

③ 联合国教科文组织国际教育发展委员会：《学会生存——教育世界的今天和明天》，教育科学出版社 1996 年版，第 85－86、135 页。

学校德育的政治再制与创新功能。这一功能通常借助两种途径进行：一是通过各种方式使学生学会认同某种政治角色，进而获得某种政治身份，从而使既定的政治关系得以再生产出来。美国学者兰德尔·柯林斯认为，学校教育通过语言、价值观、审美意识、社会能力等的传授而塑造着学生的社会身份，“不论在课堂内还是在课堂外，学校的主要活动是教学生接受特殊的身份文化”。学校实质上就是一种特殊的身份团体，学校教育的作用因此“可能就是促进组织的控制”。① 麦克莱伦也曾指出：“学校首先是国家的工具，并且像其他政治工具一样，是由那些控制国家资源的人掌握的，他们掌握的时间如此之长以至于他们认为学校是为他们的利益服务的。我们很难在学校进行的种种教育活动中找到更出色的道德不平等待遇，来为统治阶级政治利益服务了。”② 二是通过对不同出身与阶层的学生灌输主流政治文化，以消除其政治偏见，实现政治融合，从而再生产出与主流政治相契合的政治关系。雅斯贝尔斯认为：“从民主的观点看，一方面，政治本身即是教育，这种教育不同于过去只局限在特权阶层的政治与教育，它是全民族的教育。另一方面，教育也是政治的基础，或者反过来说，政治铸造了教育以超政治的理性特色，其结果可以从每一个人身上看出来，政治以公开的形式进入个人的私生活中。”③ 当出现政治关系的紧张对立之时，统治阶级往往在不危害自身政治利益的前提下，通过变通、调和或部分妥协的方式来缓解矛盾，在学校教育中则通过革新教育方式、变通政治见解等途径来实现政治关系的某种创新，目的都是为了现存政治制度的延续。

必须明确，尽管德育具有传播、维系、强化政治意识的功能，但这种功能的发挥是有条件的、有限度的，绝不能将其视为德育的唯一功能。“任何时代的任何教育，都有为特定政治服务的一面，但以政治的教化取代品格的培养则是道德教育的迷路，它服膺于适应、维持的要求，却无法承担创造、革新的使命。”④ 将学校德育纳入单一的政治轨道来设计，既不符合认识逻辑，也不符合实践逻辑。在道德教育实践中，用政治的标准裁量道

① 张人杰主编：《国外教育社会学基本文选（上）》，华东师范大学出版社 1989 年版，第 55 页。

② ［美］詹姆斯·麦克莱伦著，宋少平等译：《教育哲学》，生活·读书·新知三联书店 1988 年版，第 266 页。

③ ［德］雅斯贝尔斯著，邹进译：《什么是教育》，生活·读书·新知三联书店 1991 年版，第 363、52－53 页。

④ 戚万学：《活动道德教育论》，南开大学出版社 1994 年版，第 18 页。

德问题，将道德问题拔高至政治问题从而使道德教育政治化，“结果是伤害了真正意义的道德教育，也伤害了政治教育，使道德与政治、道德教育与政治教育的关系畸形化。”① “如果政治教育包容道德教育，抹杀道德教育的相对独立性，使道德教育完全依附于政治教育，随着政治和时事政策的变动而变动，就会损害道德教育的相对稳定性，也会动摇道德和道德教育在人们心目中的地位。”② “过分的政治化、意识形态化模糊了政治社会化和道德社会化的区别和界限，不仅因为‘左’的、教条化的政治教育给人带来的厌倦心理影响人对德育的心向，而且政治化的德育实际削弱了道德社会化的基础性教育。”③ 司空见惯的政治、意识形态的内容充斥着德育课程，使德育课程实际上成了如美国学者艾普尔（M. W. Apple）所谓的“以保存现有的社会特权、利益和价值的基本工具”。而且，在对政治教育研究薄弱的现实下，这种泛政治化能否起到政治社会化的功效，也多少是令人生疑的。道德教育与政治教育在作用形式、基本内容、目标指向诸方面均存在重大差别，④ 二者根本无法等量齐观，更不能相互取代。

（三）学校德育的经济功能

在中国，很长一段时期以来，人们只强调德育的政治功能，倡导政治化的大德，片面地把德育视为政治生活的附属品，加之我国几千年来道德文化与政治文化交融混同，使得德育的经济功能、生产功能没有得到应有的重视。随着我国社会主义市场经济体制的建立与完善及其经济文化、经济思想、经济道德的产生与发展，德育的经济功能遂逐渐引起人们的关注。这是德育思想的一大历史进步。

就其主要方面而言，学校德育的经济功能表现为：

1. 对生产领域中劳动者经济行为的价值规范功能

德育通过对人们经济文化、经济思想、经济道德等经济意识形态的培养而制约着经济的发展。人是经济活动中最活跃的因素。劳动生产率的提高和社会经济的发展，既取决于人的智力、体力因素，又取决于人的道德因素。劳动者的道德素质对其生产劳动的积极性、劳动能力的应用方向及

---

① 高德胜：《知性德育及其超越——现代德育困境研究》，教育科学出版社 2003 年版，第 8 页。

② 黄向阳：《德育原理》，华东师范大学出版社 2000 年版，第 14 页。

③ 鲁洁主编：《德育社会学》，福建教育出版社 1998 年版，第 151 页。

④ 唐爱民：《政治教育与道德教育的异趣与关联：一种德育学辩护》，《当代教育论坛》2005 年第 4 期。

发挥程度、遵守经济活动的职业规范与职业道德等方面起着显著的影响。学校德育可以通过纪律观念、敬业精神、社会责任感、诚实守信、效率观念、时间观念、开放意识、集体观念、团队精神、合作意识等基本素质的培养，影响青少年儿童未来的经济行为、经济生活和职业劳动。总之，学校教育以自身特有的形式促进生产率的提高和经济的发展，即通过培养学生的社会技能、劳动态度、交往能力等而影响其未来的社会生产活动。正如西方学者莫林·伍德贺尔等人的观点："教育对于改进人们对待革新和现代化的态度特别有效。"①

2. 对社会经济形态的维护功能

经济形态的稳定与否直接决定着政治形态的存续与发展。政治表现着经济，经济体现着政治。经济形态与政治形态是共生共荣、相辅相成的。学校德育以自己的方式对一定社会的经济形态产生影响，它通过维护既有的经济制度、经济生态、经济文化、经济方式，促进着经济的稳定、有序发展，实现着社会的稳定、和谐。在这一点上，它与学校德育的政治功能是相契合的。我国的学校德育应该在培养青少年学生形成与社会主义市场经济相适应的经济意识形态、经济文化方式和经济道德等方面发挥其应有的积极作用。

3. 对劳动者生活与消费领域的引导功能

道德对人们的生活方式具有不同程度的影响，不同道德发展水平的个体，其生活方式、物质观念、消费观念差别甚大。学校德育通过对学生精神情操、价值观念、道德人格的培养而间接地影响其生活方式。具体而言，学校德育可以通过组织各种活动引导学生树立合理的消费观、正确的物质观、健康的交往观，形成崇尚勤俭节约、反对铺张浪费、尊重劳动与劳动成果的生活习惯与传统美德，自觉地摒弃物质主义、享乐主义、功利主义、消费主义等不良风气的影响，以文明健康的生活方式和奋发向上的精神状态投入到自己的生活世界与人生规划中，从而实现生命的高尚与人生的幸福。

同样需要指出，学校德育的经济功能仅是德育功能的一个方面，而且这一功能也通常是以内隐的、间接的方式体现出来。因而不可无节制地夸大德育的经济功能。当下，中国社会正处于以经济发展为中心的时代，"经济社会""市场经济"正成为人们社会生活的关键词，然而，经济建设的紧

① 张人杰主编：《国外教育社会学基本文选（下）》，华东师范大学出版社1989年版，第373页。

迫性不能僭越道德建设的基础性，德育的经济功能也既不能凌驾于促进学生精神完满、人格挺拔的本体功能之上，也不能削弱德育的文化功能、政治功能而凸显其经济功能。因为，从根本上说，“经济必须服从教育的目的，而不是反过来。”“以经济为中心的教育可能大大地限制了学生的前程，磨平他们的棱角，使之最大程度地适应某种职业。”①

（四）学校德育的生态功能

人们对学校德育生态功能的认识，源于对人类生活其中的地球生态恶化、危机四伏的种种事实的反思与不满。20 世纪六七十年代以来，随着科学技术的蓬勃发展及其物质财富的充分涌现，人与自然的关系进入了一个特别敏感、脆弱、危险的时期，出现了诸如人口爆炸②、能源危机、生态危机、环境污染、自然灾害频仍等危及人类自身生存的重大而紧迫的问题。人类生存面临着史无前例的危机和空前的道德压力。罗马俱乐部于 1974 年发表的《增长的极限》（*The Limits to Growth*）的报告，揭示了因人类贪婪地追求“无极限增长”模式而付出的无可挽回的、惨重的代价：环境危机、资源危机、耕地减少、土壤沙化、淡水危机、空气污染、公害食物、战乱频繁……报告不无忧虑地指出：“采取行动的时间也许太迟了，在下一个百年的某个阶段将达到增长的极限，地球有限的资源将被耗尽，在人口和工业规模方面将产生一个‘灾难性的’衰退。应该立即采取措施，解决这个沉重的问题。”③ 而到 21 世纪初，全球环境威胁有增无减：愈益严重的室内外空气污染，因过度使用有毒化学物质、肥料、杀虫剂、矿物质和未经处理的下水道污物而遭致的全球性水污染，因工业生产和日常生活而随便废弃的固体垃圾，不断蔓延的土壤退化与沙漠化，由温室效应导致的全

---

① ［英］约翰·怀特著，李永宏等译：《再论教育目的》，教育科学出版社 1997 年版，第 123、70 页。

② 人口爆炸已成为当前人类面临的最严重的全球性问题之一。根据联合国的一项研究，如按现在的人口增长方式，到 2150 年世界人口将超过 250 亿；即使每个妇女只生育两个孩子，到 2150 年世界人口也将达到 108 亿。参见［英］安东尼·吉登斯著，赵旭东等译：《社会学》（第 4 版），北京大学出版社 2003 年版，第 578 页。不断加剧的人口增长与粮食安全、资源短缺的矛盾，将引发一系列的社会问题与生态问题。

③ ［英］彼得·沃森著，朱进东等译：《20 世纪思想史》，上海译文出版社 2005 年版，第 676－677 页。

球变暖的加剧，转基因①食品的泛滥，疯牛病、非典型性肺炎、禽流感、甲型 H1N1 流感等怪病的流行……人类一方面“陶醉于对自然界的胜利”，另一方面也领受了“大自然因人类的盲目行为而作出的报复”（恩格斯）。21 世纪的今天，人类的活动范围与能力正在超出地球所能承载的能力。自然界的每一方面几乎都在受到人类活动的不良影响，人类面临着前所未有的环境与生态恶化的压力。“虽然我们的世界比以前更加繁荣和富裕，但它也在生态灾难中徘徊。”“我们所面临的一个共同关心的问题就是环境生态学。生态问题不仅关系到我们如何能最好地处理和控制环境破坏以及可能再次出现的工业灾害，而且也关系到工业社会中的生活方式。”② 面对此种生存境遇，人类生存的生态伦理、环境伦理作为一个现实的命题摆在了人类面前。人们不得不把目光转向道德，期望通过道德教育来合理调节人与自然的关系。学校德育的生态功能应运而生，主要表现在：

1. 使学生形成新的人生观与自然观

长期以来，我们秉承人类中心主义的悖论，错误地认为：人与自然之间不存在道德问题，只要对人类有利，任何行为都是允许的、道德的，因而人对自然的行为不受道德的约束。然而，今天，“人类中心论”已成为当代人类种种生存危机的主要思想根源。人们渐趋认识到，作为人类生存面临的自然，对人类具有双重意义：自然是人类的母亲，人源于自然；自然是人的对象，人要认识、理解、改造自然。片面地强调一个方面都是对人与自然关系的曲解。必须更新传统的人生观、自然观，树立自然乃人类生存之本、人与自然和谐相处的新的道德观。如果不对人类自身的行为予以“道德约束”（著名人类学家托马斯·马尔萨斯于 1789 年在其《人口论》中的忠告），资源危机、环境与生态的恶化将进一步加剧。

如今，世界已经进入了名副其实的“地球时代”——全人类命运和出路系于一体的时代。必须超越人类中心主义的羁绊、超越经济价值优先的目标诉求，确立生态价值优先、可持续发展的价值观念。学校德育应该引导学生反思由人类中心主义观念而遭致的种种生态困境，帮助学生形成一

---

① 转基因技术是通过操纵农作物的基因组合、提高植物的光合作用率，从而增加农作物产量的生物技术。通过这种方式生产的作物被称之为转基因生物（Genetically modified organisms，简称 GMOs）。转基因技术已经成为我们这个时代最具争议的伦理问题之一而备受伦理学家的关注。

② ［英］安东尼·吉登斯著，赵旭东等译：《社会学》（第 4 版），北京大学出版社 2003 年版，第 598、580 页。

种新的生态伦理观。这种生态伦理观包括三个方面：生态和平观（人与自然、人与物种之间多样性的和平）；生态正义观（重新反思“优胜劣汰、物竞天择、适者生存”的进化论观念，树立合作共生、和谐相处的价值观）；生态幸福观（尊重并保护所有生命的共同幸福）。唯此，才能实现人与自然共生共荣、和谐相处、天人合一的共同理想。

2. 合理规范人与自然交往的行为

自然界总会以不同的形式烙上了人的痕迹，它是“属人”的。没有纯粹的自然。人与自然的交往关系实际上就是人与人关系的曲折反映。现在，人们已愈益迫切地认识到：一种道德理论如不包括人与自然的关系、规范，就不算是完善的道德。因而，学校德育需要重新思考其社会性功能。

教育的一个不可推卸的责任就是：去除人与自然交往过程中的种种短期行为、功利行为，从可持续发展（Sustainable development）的角度处理人与自然的关系，责无旁贷地承担起人类发展的道德责任与生态责任。学校德育应该使学生正确认识人与自然关系中的善恶问题，学会从道德的维度来审视自然、反思自我，从小养成保护环境、节约资源、关爱家园、热爱生命、尊重生命多样性的良好行为习惯。特别是面对当代人类社会所遭遇的日益令人不安的资源危机与生态危机，学校教育需要通过开展诸如课堂讨论、征文比赛、实地调查、文具纸张与电池的回收利用、课本与学习资料的循环利用、环境保护周等活动，引导学生树立可持续发展观念，形成稳定而健康的生态保护意识和资源节约行为，这也是全球化时代学校德育无法推卸的责任。

参考文献

[1] 鲁洁，王逢贤主编．德育新论．新世纪版．江苏教育出版社，2000.
[2] 鲁洁主编．德育社会学．福建教育出版社，1998.
[3] 戚万学．活动道德教育论．南开大学出版社，1994.
[4] 陈桂生．中国德育问题．福建教育出版社，2006.
[5] 陈桂生．“教育学视界”辨析．华东师范大学出版社，1997.
[6] 檀传宝．学校道德教育原理．教育科学出版社，2000.
[7] 檀传宝．信仰教育与道德教育．教育科学出版社，1999.
[8] 魏贤超．德育课程论．黑龙江教育出版社，2004.
[9] 黄向阳．德育原理．华东师范大学出版社，2000.
[10] 高德胜．知性德育及其超越——现代德育困境研究．教育科学出版社，2003.

[11] 张人杰主编．国外教育社会学基本文选（上、下）．华东师范大学出版社，1989.
[12] 吴康宁．教育社会学．人民教育出版社，1998.
[13] 衣俊卿．文化哲学十五讲．北京大学出版社，2004.
[14] 余英时．文史传统与文化重建．生活・读书・新知三联书店，2004.
[15] 汪凤炎．中国传统德育心理学思想及其现代意义．修订版．上海教育出版社，2007.
[16] 鲁洁．创造性是人的一种基本德性．教育研究与实验，2007（5）.
[17] 朱小蔓，其东．关于学校道德教育的思考．中国教育学刊，2004（10）.
[18] 樊浩．现代道德教育的“精神”问题．教育研究，2009（9）.
[19] 金生鈜．质疑建国以来的道德教育规训．教育理论与实践，2001（8）.
[20] 杜时忠．当前学校德育的三大认识误区及其超越．教育研究，2009（8）.
[21] 唐爱民．真实的道德生活与德育课程生活资源的开发．课程・教材・教法，2007（5）.
[22] 唐爱民．政治教育与道德教育的异趣与关联：一种德育学辩护．当代教育论坛，2005（4）.
[23] 唐爱民等．道德学习的哲学基础．山东师范大学学报：人文社会科学版，2005（2）.
[24] 唐爱民．道德教育范畴论审理——德育范畴论初探．山东师范大学博士学位论文，2006.
[25] 联合国教科文组织国际教育发展委员会．学会生存——教育世界的今天和明天．教育科学出版社，1996.
[26] 国际21世纪教育委员会报告．教育——财富蕴藏其中．教育科学出版社，1996.
[27] 龚宝善．德育原理．台北开明书店，1976.
[28] [伊朗] S. 拉塞克，[罗马尼亚] G. 维迪努．从现在到2000年教育内容发展的全球展望．马胜利等，译．教育科学出版社，1996.
[29] [英] 怀特海．教育的目的．徐汝舟，译．生活・读书・新知三联书店，2002.
[30] [英] 约翰・怀特．再论教育目的．李永宏等，译．教育科学出版社，1997.
[31] [英] 安东尼・吉登斯．社会学．第4版．赵旭东等，译．北京大学出版社，2003.
[32] [美] 詹姆斯・麦克莱伦．教育哲学．宋少平等，译．生活・读书・新知三联书店，1988.
[33] [美] 丹尼尔・贝尔．资本主义文化矛盾．赵一凡等，译．生活・读书・新知三联书店，1989.
[34] [美] L. 斯维德勒．全球对话的时代．刘利华，译．中国社会科学出版社，2006.
[35] [德] 雅斯贝尔斯．什么是教育．邹进，译．生活・读书・新知三联书店，1991.
[36] [德] O.F. 博尔诺夫．教育人类学．李其龙等，译．华东师范大学出版社，1999.
[37] [法] 居友．无义务无制裁的道德概论．余涌，译．中国社会科学出版社，1994.
[38] [法] 爱弥尔・涂尔干．道德教育．陈光金等，译．上海人民出版社，2001.

第二章　学校德育的历史发展

冯永刚

【本章提要】

现实是历史的拓展和延续。研究当前的学校德育，离不开传统德育思想的浸润与滋补。追踪和梳理学校德育的发展历程，把握学校德育的演进脉络，可为当前的道德教育理论和实践提供有益的借鉴和启示。本章拟从中国和西方两个维度出发，对中西方学校德育的进程、特点以及现状进行分析和总结。通过本章的学习，应从整体上把握中西方学校德育发展的历史阶段及发展特征，进而理解当前中西方学校德育所面临的困境和发展态势。

追溯中西方历史的足迹，不难发现，在漫长的人类社会发展史中，随着生产力的发展、阶级的产生和文字的形成，为学校的产生创设了不可或缺的条件和基础。之后，随着社会历史的进步，学校教育得以萌芽、兴起并不断发展。作为学校教育的有机组成，学校德育的思想与实践也日益得到丰富和充盈。越来越多的思想家和教育家更加关注学校德育，提出了许多有价值的道德教育思想和方法，为学校德育提供了弥足珍贵的教育智慧和宝贵的精神财富，充实了学校德育的理论体系。但是，在历史发展进程中，由于受特定时代背景的影响，也由于当时人们的认知水平和知识经验所限，学校德育工作中违背受教育者身心发展规律的现象不时出现，扭曲了德育与社会发展的关系，僭越了道德自由，违背了学校德育“育人、化人、成人”的本真，甚至陷入专制主义、功利主义、科学主义以及工具主义的泥潭中不可自拔。此种行为，伤害了真正意义上的学校德育，阻抑了学校德育工作的健康、快速和有序发展。站在时代的前沿反观历史，秉持“古为今用、洋为中用、去粗取精、去伪存真”的研究思路，认真发掘、总结和反思学校德育发展进程中的得与失，揭示和把握其本质特征和基本规律，可为当前的德育工作注入新鲜血液，进而为深化学校德育改革、开创学校德育工作新局面提供历史理性的良鉴。

第一节　中国学校德育的历史嬗变

我国的文化资源丰富，道德教育历史悠久。学校德育思想博大精深，源远流长。在不同的历史发展阶段，学校德育所表现出的不同研究范式与行为偏好，是我们了解当时学校德育发展状况，深入挖掘传统道德教育精髓，推进学校德育现代化的宝贵素材。

一、中国传统德育的历史演变

我国自古尚德。中国传统社会是一个以儒家思想为指导的泛道德主义的社会，在长期的历史发展中形成的文化传统和习俗，造就了中华民族独特的文化品格和道德底蕴。在这个社会中，经济上强调重义轻利、政治上崇尚德治、社会生活中高扬德行，一切活动都严格遵循伦理规范或既定的道德标准有条不紊地展开。梳理、把握中国传统德育的历史脉络，可将中国传统德育的历史分为先秦时期、汉唐时期、宋元时期、明清时期和清末民初五个发展阶段。

（一）先秦时期：中国传统德育的萌生

先秦在中国历史上占有重要地位，是我国原始社会迈入文明社会的重要发展阶段。先秦有广义和狭义之分。按时间顺序划分，广义的先秦指从远古时代起，到公元前 221 年秦始皇统一中国为止的这段历史时期（公元前 21 世纪—公元前 221 年）；狭义的先秦主要指秦统一中国以前的春秋（公元前 770 年—公元前 476 年）和战国（公元前 475 年—公元前 221 年）时期。这里所指的先秦是广义的先秦。考古研究表明，这段历史正是我国的原始社会时期，先后经历了原始人群和氏族公社两个发展阶段。原始人群时期，产生了道德教育的萌芽，但发展迟缓，具有弥散性。此时人们的道德意识和道德观念尚处于朦胧状态，道德通过风俗习惯的形式表现出来。氏族公社时期，教育发展进入了加速期，特别是到了父系氏族公社末期，学校的萌芽与教育制度的形成，为中国传统德育的产生提供了基本条件。

夏、商、西周与春秋战国时期，是中国传统德育产生并得以初步发展的重要历史阶段。夏朝是我国第一个奴隶制国家。在这一时期，人伦道德教育是学校教育的重要内容。统治者把道德教育工作看做是国家的重要事务，纳入行政管理部门。为了加强政治统治，商朝的奴隶主极端崇拜宗教迷信。“殷人尊神，率民以事神。”他们把国家的最高统治者商王神化为上帝的代理人和一切礼仪规范的集大成者，实行“君权神授”“以德配天”的神权政治统治。西周是我国奴隶制鼎盛的时期，也是我国历史上最早就有文字记载的朝代之一。西周的宗法制度就是按照血缘关系建立起来的上下等级关系和尊卑关系的行为规范。它是调整宗族内部关系，维护家长和族长利益特权的有效形式。西周初期，周天子把原有的宗族之法系统化，建立了周礼。周礼既包含道德规范，又包含法律规范，是道德和法律制度的统一体。春秋末叶至战国初期，社会历史发生了重大转折，铁农具的使用和牛耕的出现，代表了先进的生产力，宗法制、井田制日趋衰落，奴隶制开始土崩瓦解，适应生产力发展的封建制生产关系萌芽并逐步确立，封建制渐趋形成。社会的动荡引发了思想界的繁荣，在学术界形成了阴阳、儒、墨、道、名、纵横、法等众多流派。为了实现自己的政治愿望，宣传自己的思想和主张，各家各派站在不同的立场和角度，著书立说，游说奔走，互相辩难，拉开了“百家争鸣”的历史序幕，学术思想界出现了空前繁荣的局面。自然地，不仅原有的道德理论得到了难得的发展契机，而且更为重要的是，一些新的道德教育思想和理论由此产生和出现，为中国传统德育奠定了思想基础。

儒家学派是诸子百家中影响最大的一个学派，以孔子、孟子和荀子为代表。儒家的德育思想，把道德教育作为实现政治目标的手段和工具，创设了以“仁”“礼”为核心的并反映封建等级关系和维护宗法制度的道德体系。儒家创始人孔子生活在奴隶制向封建制过渡的春秋晚期。面对旧有伦理道德体系分崩离析的丑陋残局，孔子站在没落奴隶主贵族的立场，期望唤醒人们的道德理性，重建社会秩序和道德规范，进而恢复维护宗法家族制度的周礼。他在极力提倡恢复周礼的同时，又提出了以“仁”为核心的伦理道德思想。“仁”是孔子道德思想的核心范畴，也是孔子伦理思想中的最高道德原则。孔子的道德教育目标是培养从政的圣人或君子，通俗地讲，就是培养“德才兼备”的治国人才。因此，孔子在重视个人自觉修养德性的同时，将道德与政治活动紧密联系起来。他认为道德是衡量政治活动的标准，强调道德对政治秩序的决定作用。因此，他提出了“为政以德”的立法思想，主张统治者实行道德政治，并认为道德教育能达到政治刑罚所不能达到的作用。继孔子之后，孟子继承和发展了孔子“仁政”和“德治”的立法思想，把道德伦理和政治制度紧密结合起来。他认为教育可以扩充人的善性，是完善政治制度的根本，提出了“善政不如善教之得民，善政民畏之，善教民爱之，善政得民财，善教得民心”的观点。孟子把道德归于人性，认为人性是与生俱来的，人生来就有为善的天性，因而提出了“性善论”。他希望统治者恢复周礼，以德服人。荀子适应时代的要求，摒弃了儒家学说中先验的道德思想，积极吸纳法家的“法治”思想，用“法治”充实“礼治”，成为儒法互补、礼法交融的践行者，形成了一套“隆礼重法”“化性起伪”的道德学说和社会控制思想。荀子更加重视教育在人的发展中的作用，提出了以“外铄说”为基本特征的道德教育理论。自此以后，儒家的思孟学派在《礼记·大学》中旗帜鲜明地提出了学校德育的旨归：“三纲领”和“八条目”。三纲领：“大学之道，在明明德，在亲民，在止于至善”；八条目：“格物、致知、诚意、正心、修身、齐家、治国、平天下”。“三纲领”和“八条目”的提出，是对原始儒家道德思想——“内圣外王之道”的典型概括。“‘内圣外王之道’既是儒家的‘最高的文化理想’——政治理想，也是儒家确定的理想的人格标准。这一理想被以后长达2000年的封建社会严格遵守。另外需要提及的是，这个时期，以家庭为本位的宗法式道德规范体系已初步确立，从而在理论上为学校德育提供了内容准备。”①

（二）汉唐时期：中国传统德育的制度化

汉唐时期是我国封建社会的发展阶段，也是道德教育制度化时期。中国封建社会是以血缘关系为纽带组成的宗法等级社会。它建立在自然经济基础上，以儒家思想为治国之本，维系以宗法关系为纽带的封建特权制度和等级制度。由于“德治”是我国封建社会的主流，因而统治阶级极度重视道德教育。地主阶级为了维护封建制度的权威性，保持既得利益，十分重视协调制度与道德的矛盾，一方面迫切希望建立一个强有力的约束机制来保护他们的权力和财产，因而加强立法工作，大力推进制度建设，对犯上作乱者严惩不贷，从行为上控制人们；另一方面通过“忠君”“爱国”“仁义”等道德思想的传播，教化人民安分守己，从而加强思想控制。

两汉是中国封建社会专制主义中央集权巩固和发展的奠基时期，统治阶级对儒家的独崇，使得道德成为评价法律制度的价值尺度，为儒家道德制度化奠定了基础。两汉王朝在政治的实施形式上经历了“无为政治”和“有为政治”两个阶段。与此相适应，立法思想和文教政策也经历了从崇尚黄老之学到“罢黜百家，独尊儒术”的转变过程。素有“汉代孔子”之称的儒家学者董仲舒认为，建立大一统的中央集权制，首要条件是统一思想。汉武帝采纳董仲舒的建议，以儒学作为治国的指导思想，在管理机构中实行“罢黜百家，独尊儒术”的文教政策。孔子以德治国的思想得到进一步落实，儒家学说在传统文化中占据了主导地位。道德教育成为政府推行文

---

① 戚万学，唐汉卫：《现代道德教育专题研究》，教育科学出版社2005年版，第73页。

教政策的绿色通行证。之后，神权、君权、父权、夫权被融为一体，政教合一的模式趋于完成。政教合一的模式，模糊了伦理道德与政治、法律的边界，奠定了道德制度化的基础。为建立适应封建社会“大一统”的封建道德体系，董仲舒将儒家的道德规范和社会伦理作了进一步的阐明和发挥。董仲舒认为，礼是最基本、最具影响力、最重要的社会政治规范和道德规范。据此，他提出了旨在维护封建等级制度的“君为臣纲”“父为子纲”“夫为妻纲”和“仁、义、礼、智、信”的“三纲五常”原则，确立了君对臣、父对子、夫对妇的绝对权威和支配地位，为封建政治秩序、社会等级制度的合法化、合理化作辩解。在《汉书·董仲舒传》中，董仲舒提出了个人道德修养的基本准则：“夫仁人者，正其谊不谋其利，明其道不计其功。”这种重义轻利的道德本体论体现在政治制度上，实际上要求人们牺牲个人的利益而维护宗族的利益。

继汉之后，我国历史进入魏晋南北朝时期。在这个历史时期，稳定的政治格局被打破，中国陷入内战和混乱之中。这是中国封建社会的第一次国家大分裂时期，也是一个民族大融合的历史时期。由于各国统治者治国主张不同，文教政策有异，打破了两汉时期独尊儒术的文化格局。尤其是玄学的盛行、佛教和道教的快速传播，在一定程度上引发了文化多元的特征，形成了多元的教育制度。政治动荡、战乱不断、政权更替频繁的时代，崇儒文教政策的失控，教育制度的多元化，并没有从根本阻止法律制度的“儒家化”。各国统治阶级不同程度地引礼入律，体现儒家道德精神的法律制度仍然得到了延续和发展，甚至某些“具体法律制度的儒家化得到加强。一些重要的制度，比如‘八议’、‘官当’、‘重罪十条’等已经成为成熟的制度。这一时期法制的发展与进步，为隋唐之际中国古代法制走向成熟奠定了重要基础。”①

隋唐是我国古代传统法制发展的繁荣鼎盛阶段，也是中国古代法律成果最为丰富的时期。在这一时期，统治者非常注重利用法律手段调整道德活动。法律制度对道德的影响更为深刻而持久，道德制度化的进程基本完成。隋朝的建立，结束了我国长期分裂割据的政局，重新统一了全国。尽管隋朝的统治是短暂的（581—617年），仅有37年，但却建立了相当完备的法制。建国初，隋文帝就十分重视以法律治理国家，制定了新律。开皇

① 曾宪义：《中国法制史》，北京大学出版社、高等教育出版社2000年版，第6页。

三年，他又命苏威、牛弘修订新律，史称《开皇律》，共12篇500条。在这部历史上著名的法律中，正式确立了“封建五刑”和“十恶”制度，将儒家的纲常名教渗透到法律条文间，为隋唐道德制度化的定型迈出了决定性的步伐。“十恶”制度被后来的封建统治者所利用，成为历代封建法典的重要内容，并在实践中不断充实与完善，成为推行封建道德和维护封建秩序的重要手段。“十恶”制度上承汉律，下开唐律，直到1300余年后，在清末修订《大清新刑律》时才被正式废除，对推动我国封建社会道德制度化、法律化起了至关重要的作用。隋朝短命而亡，唐朝取而代之。唐朝以“德礼为政教之本，刑罚为政教之用”为立法的指导思想，更加重视德礼在治国中的作用，将礼的规范上升到法律规范。尤其是唐高宗和唐太宗，高度重视法律的地位，将之提升到“国之权衡、时之准衡”的高度，将封建立法推向新的阶段。《唐律疏议》又称《永徽律疏》，是唐高宗永徽年间完成的一部礼法统一的法典，它是我国迄今为止保存下来的一部最早、最完备、最具有社会影响的封建成文法典。《唐律疏议》共12篇，篇目为：名例律、卫禁律、职制律、户婚律、厩库律、擅兴律、贼盗律、斗讼律、诈伪律、杂律、捕亡律、断狱律。其中在名例律中有“十恶”规定：一曰谋反，即反对政府，企图颠覆政府；二曰谋大逆，即图谋毁坏宗庙、陵庙等；三曰谋叛，即背信弃义，通敌叛国；四曰恶逆，即殴打或谋杀祖辈师长等；五曰不道，即造畜蛊毒、厌魅等；六曰大不敬，即犯偷盗之罪，无人臣之礼等；七曰不孝，即对长辈无礼，缺乏尊老、敬老、爱老和赡养老人的意识等；八曰不睦，即谋杀或贩卖缌麻以上亲属，殴打或告发丈夫及大功以上尊长等；九曰不义，即杀害本属府主、刺史、县令及现授业师，不按规定为丈夫服丧或改嫁等；十曰内乱，即奸小功以上亲属或父、祖之妾者及与之通奸者。不难看出，这“十恶”罪名，都是针对危害君权、父权与夫权的现象而规定的，其所保护的对象依然是儒家的纲常礼教，实质上就是儒家伦理道德的制度化。

总之，隋唐时期的立法技术不断提高，《开皇律》《大业律》《唐律疏议》等较为成熟的法典相继制定和颁布实施，加强了制度与道德的结合。“在法律内容上，汉代中期开始的法律儒家化过程，持续了800余年，到隋唐时期终于结出了丰硕的果实，以《唐律疏议》的制定完成为标志，中国古代道德与法律的融合过程，也就是通常所说的‘礼法结合’的过程基本完成，儒家学派的一些基本主张被精巧地纳入成文法典之中，中国传统社会的‘法律道德化，道德法律化’的特征，在隋唐法律中得到了充分的体现”，① 这对推动我国社会制度变革起了积极作用。

（三）宋元时期：中国传统德育的成熟

宋元时期的统治者沿袭汉唐的文教政策，大力倡导尊孔崇儒的基本国策，将儒家伦理作为加强中央集权、稳定封建专制制度的精神柱石。北宋建国初期，统治者认识到儒学对于整饬唐末以及五代十国动乱时代被破坏的封建伦理秩序的重要性。他们清醒地意识到，不尊儒学，不维护封建纲常礼教，则无法建立封建社会稳定的社会秩序，也就无以建国安邦。为此，宋朝统治者采取了一系列尊孔的措施，如恢复和重建孔庙，重新制定详细的尊孔、祭孔的礼仪规范，并要求君臣严格遵守，帝王也不例外。

由于尊孔政策的实施，儒学又表现出一种新的发展形式——理学。理学是汉代以后儒学发展的又一个高峰，开创了儒学的新时代。其中尤以程朱理学的影响为甚。程朱理学是以北宋理学家程颢、程颐与南宋理学家朱熹的思想为代表的新儒学体系。程朱理学以“理”为最高范畴，并将之视为社会的普遍法则，为维护封建宗法制度和等级制度服务，深受统治阶级的赏识。到南宋后期，理学被统治者尊奉为官方的统治思想。这与宋代大儒朱熹的积极努力是分不开的。在前人的基础上，朱熹进一步发展了“三纲五常”的封建道德，将之视为“天理”，进而认为“理在事先”，他极力推崇“复尽天理，革尽人欲”的道德教育思想，把“天理”与“人欲”对立起来，将彻底消灭人的欲望作为道德教育的首要任务，并与“德主刑辅”的思想糅合在一起，以达到“以道治欲”“导德齐礼”的目的。但是，朱熹并不主张消灭人的所有欲望，而是主张主要灭除人的欲望中的恶欲。他在《朱子语类·卷五》中形象地说：“心如水，性犹水之静，情如水之流，欲则水之波澜。但波澜有好底，有不好底。欲之好底，如‘我欲仁’之类；不好底则一向奔驰出去，若波涛翻浪；大段不好底欲则灭却天理，如水之壅决，无所不害。”朱熹重视道德在维护社会秩序中的作用。他说：“天下之事千变万化，其端无穷，而无一不本于人主之心者，此自然之理也。故人主之心正，则天下事无一不出于正；人主之心不正，则天下之事，无一得由以正。”同时，朱熹也肯定了道德在司法中的重要性。《朱子大全》记载了朱熹向皇帝呈奏的从严刑法、维护封建纲常伦理秩序的奏章：“臣伏见近年以来，或以妻杀夫，或以族子杀族夫，或以地客杀地主，而有司议刑，

---

① 曾宪义：《中国法制史》，北京大学出版社、高等教育出版社2000年版，第6页。

率从流宥之法。夫杀人者不死，伤人者不刑，虽二帝三王不能以此为治于天下，而况于其系于父子之亲，君臣之义，三纲之重，又非凡人之比者乎?”因此，他希望统治者能“以礼齐民”，用法律制度约束人们的言行，并要求人们遵守封建礼仪，服从政府倡导的道德规范。这种主张，本质上是要把封建礼教政治化、法典化和绝对化。元朝是我国封建社会第一个由少数民族——蒙古族建立的统一国家，为了巩固新生政权，学习汉族的先进文化，加强道德教化进程，元朝秉承宋代制度，肯定了儒学对加速封建化进程的政治价值，以尊孔、推崇理学作为治国的基本政策，确立了与蒙古皇帝相同的祭祀孔子的最高水准，将尊孔、封孔礼仪推入到一个新的发展高潮。元朝通过教育行政机构礼部和国子监统一管理道德教育工作，在学校教育内容和科举考试中不断加大经学的比重，一些儒家著述如《论语》《孟子》《大学》《孝经》《礼记》《中庸》《春秋》等经书被作为法定的官方教材。这种做法，将维护三纲五常的封建道德推向又一个高峰。

概言之，宋元理学及其蕴涵的德育思想，以推崇和复兴儒学为己任，以“明人伦”为德育目标，以“存天理、灭人欲”为修身治学之道，以培养“德才皆备”的人为教育夙愿，以维护封建地主阶级的专制统治为道德理想，推崇“舍生取义”的献身精神，强化个体所承担的社会义务和道德责任，极大地深化和推进了封建伦理纲常和道德学说，标志着中国传统德育已走向成熟。

(四) 明清时期：中国传统德育的式微

自明代中叶，我国的封建政治由鼎盛转入衰落，社会矛盾进一步激化，为了镇压人民的反抗，封建地主阶级不得不进一步巩固中央集权，加强君主专制。然而，君主专制的强化，使官治更加黑暗和腐败，制度化的儒家德育体系渐趋腐朽，程朱理学渐趋僵化和没落，遭到了黄宗羲、顾炎武、王夫之、戴震、颜元等进步思想家的批驳和抨击，封建社会的道德教育逐渐走向衰微。

明清沿用了自汉代以来推崇儒家伦理学说、加强中央集权的基本国策，将儒家道德的制度化推向新的阶段。明朝初年，明太祖朱元璋认为纲纪废弛、官吏腐败是元朝灭亡的重要原因。因此，他将宗法伦理作为制定法律的基本标准，将立法度、政纲纪作为明朝法制建设的首要任务。在《明太祖实录》(卷二十二) 中，他说：“夫法度者，朝廷所以知天下也。”为此，他更加重视立法修律工作，制定、修订了明朝的基本法典《大明律》，重视用儒家的礼仪规范约束人们的言行。朱元璋认识到官吏腐败对皇权的威胁，因而“重典治吏”，加强对贪官的惩治。“今严法禁，但遇官吏贪污蠹毒吾民者，罪之不恕。”他希望通过治吏达到有效地治民，从而达到维护正常道德秩序和法律秩序的目的。朱元璋也重视预防犯罪现象的发生。在位期间，他加强了法制宣传，印有《律令直解》一书，传播、发放到各地，使老百姓了解法律、懂得法律，进而减少违法行为的出现。《大明律·吏律·职制》规定：“凡上书若奏事误犯御名及庙讳者，杖八十；余文书误犯者，笞四十；若为名字触犯者，杖一百。”这些规定和措施，是明清道德制度化的重要体现。在政治上，清朝采用各种制度措施，规范政治体制，不断加强皇权，将封建君主专制推向顶峰。清朝统治者重视法律在道德教育中的至关重要作用。因而在道德教育中重视法制的宣传，实行道德和法制相结合的社会教育。清朝统治者在“社会教育中增加了普及法制的内容，形成道德与法制相结合的社会教育……把道德与法制普及结合起来，是清代社会教育的一大特点。”① 颇值得注意的是，在明清实行极端文化专制的时期，西方国家却正处于摆脱教会统治，提倡思想自由的文艺复兴时代。中西文化基础的不同，导致中西对制度与道德之关系的截然不同的认识：前者极力加强制度的道德教化功能，道德沦为制度的附庸；而后者则旗帜鲜明地提出了道德教育要挣脱教会制度和封建制度束缚的革命性口号，道德逐渐从制度的桎梏中解脱出来。

在文教政策上，明朝推崇程朱理学，强化文教专制制度，试图通过专制教育控制人们的言行。明朝实行严酷的思想控制，集中体现是大兴“文字狱”。对“非议朝政”和“诽谤生事”的知识分子进行残酷的镇压，严厉控制师生的言行，导致知识分子整日埋头于故纸堆中，养成了驯服的个性。清朝与明朝的“文字狱”相比有过之而无不及，或捕风捉影、或冠以“莫须有”的罪名、或对文字望文生义、或斥为“悖逆”和“狂吠”，血腥屠杀士人，乃至株连九族。在高压政策下，知识分子噤若寒蝉，不敢过问政治，思想受到严重束缚，成为墨守成规的书呆子。清朝的“文字狱”规模空前，其次数之多、范围之广、惩治之严，超过历史上的任何一个朝代。康熙年间最大的文字狱《明史》案和《南山集》案更是惨绝人寰，数百人被杀戮和充军，学术自由被严重窒息，体现了清代文字狱镇压之残酷，专制之淫威。明清文字狱的实行，与明清统治者维持儒家伦理的正统地位，把封建

① 马镛：《中国教育制度通史》（第五卷），山东教育出版社2000年版，第331页。

纲常名教提高到本体论的高度，造就封建专制下的安分守己的顺民，进而加强中央集权专制制度是分不开的。

明清推行八股取士的科举制度，制定严格的学规，科举制走向了历史的边缘。为加强思想控制和文化专制，八股取士制度的规则苛严，在内容和形式上都有空前完备的规定。八股取士仅从儒家的《四书》《五经》等经书中命题，并且要求应试人员严格按照固有的程序做答，不允许他们的思想有丝毫的自由发挥，造成所取之士知识贫乏，不讲求实际学问，培养出来的也仅是顺从皇帝的忠实奴仆，已经失去了培养、选拔人才的特性和功能，形成政府直接操纵科举，通过科举调控学校德育的格局，其固有的弊病也日益暴露，逐步沦为封建统治者抵御新思潮、压制新思想的政治工具。晚清专制统治的空前加强，加速了中国传统德育的衰落。尤其是在晚清时期，科举制更加衰败不堪，遭到了以龚自珍、林则徐和魏源等地主阶级改革派的坚决抵制和批判。他们认为科举制度败坏了天下人才，不利于选拔“经世致用”之人，也无法培养封建社会的治国人才，遂提出了废科举，学习西方的口号，迈出了近代中国学习西方的第一步。1840 年鸦片战争以后，“西学东渐”已成时代大势，在当时整个思想界起到了振聋发聩的作用。此后，废除科举，学习西方教育制度的呼声此起彼伏，特别是经过资产阶级维新派康有为、梁启超等人的呐喊与努力，封建大吏张之洞、刘坤一、袁世凯、端方等人的务实和推动，清政府不得不采取改革措施，于 1905 年正式废除科举制，在中国存在长达 1300 年之久的科举制终于退出了历史的舞台。“科举的废除是中国教育史上的一件大事，它标志着封建教育在形式上的结束，标志着天下士子所依赖入仕的途径不复存在，标志着封建旧教育管理体制的瓦解。”① 这对于摆脱“礼法合一”的封建德育体制具有决定性意义。

(五) 清末民初：中国传统德育的近代转型

自 1840 年鸦片战争后，中国逐渐沦为半殖民地半封建社会，中国人民肩负起了反帝反封建的双重任务，中国历史进入了旧民主主义革命阶段。特别是在甲午中日战争中，具有泱泱大国之优的中国却惨败于日本这个“夷狄小国”的残酷现实，更加惊醒了以“天朝上国”“夜郎自大”自居的晚清爱国知识分子。其实，鸦片战争后，不少有识之士就意识到以封建纲

---

① 金林祥：《中国教育制度通史》（第六卷），山东教育出版社 2000 年版，第 354 页。

常名教维系的君主专制集权制度的落后性和局限性，逐渐摆脱妄自尊大的陈腐观念，萌发了学习西方、倡导新学的思想，以寻找强国御侮之道。地主阶级改革派的代表人物龚自珍、魏源、林则徐等人提出了“变法图强”的救国策略；以康有为、梁启超为代表的资产阶级改良派提出了“教育救国”口号；以张之洞为代表的洋务派在提出了“中体西用”的道德思想；以张之洞为代表的礼教派和以沈家本为代表的法理派的“礼法之争”中，沈家本提出了修改旧有的封建礼教，借鉴西方资产阶级的道德思想，等等。所有的这些诉求和主张，严重地冲击了以封建道德为核心的封建专制制度，“政教合一”的封建德育制度体系开始解体，从而为西方资产阶级法学理论的引进、传播提供了先决条件，开启了我国政治制度和德育体系的近代化历程。

总而言之，我国封建社会的道德教育是一种围绕政治制度和法律制度而运作的教育，自身缺乏强有力的内部机制和严密的结构体系。这就决定了封建社会的统治阶级对道德问题的解决不是从道德内部出发，而是依靠政治制度和法律制度等外在手段而求得完善的，即所谓的“教从政出”“法自君出”。如果说这种德育范式是封建专制制度的必然产物，那么，随着资本主义生产关系的萌芽以及资本主义社会制度的形成，对其的冲击、震荡与改革必然在所难免。

1912 年南京临时政府的成立，标志着资产阶级共和制度的诞生。南京临时政府尤为重视道德教育。当时，时任南京临时政府教育总长的蔡元培在《对于教育方针之意见》中指出：清末“忠君、尊孔、尚公、尚武、尚实”的教育宗旨与民主共和政体相违背，即“尊君与共和政体不符，尊孔与信教自由相违”，因此必须毫无保留地废止。基于此种认识，他以公民道德教育为中坚，提出了与清末教育宗旨本质不同的、以培养共和国民的教育方针：“注重道德教育，以实利教育、军国民教育辅之，更以美感教育完成其道德。”这一新教育宗旨的提出和颁布实施，体现了资产阶级的道德精神，为打破封建专制教育、确立适应资本主义发展的教育宗旨作了充分的思想和理论准备。“它以养成共和国民的健全人格为目标，通过德、智、体、美四育，造就既有资产阶级思想又有近代科学技术知识的人，突破了‘中体西用’的旧模式，是与民国建立后的社会发展需要相吻合的。特别是它强调公民道德教育的核心地位，突出了新教育的革命、民主意义，是从封建教育观念到资本主义教育观念的质的飞跃。"①

以孙中山为代表的资产阶级革命派，积极倡导西方资产阶级的"法律面前人人平等""天赋人权"的法学思想，既反对维护封建伦理道德的君主专制统治，也反对改良派的君主立宪制，提出了改造腐朽没落的封建法制和学习西方政治制度和法律制度的主张，并以此作为中国法制的发展方向。邹容在《革命军》中也提出了废除封建专制等级特权、男女平等的思想："凡为国人，男女一律平等，无上下贵贱之分。"他将教育和革命联系起来，提出了用"革命之教育"替换培养屈从于封建君主的"奴隶式教育"，"主张用资产阶级的自由平等思想和资产阶级的政治观念对人民进行教育，反对忠君、孝亲的封建伦理思想，争自由、争平等，做国民，不当奴隶。"②但由于中国民族资产阶级的软弱性和妥协性，始终未能与封建专制制度决裂，既没有提出一个彻底的反封建的革命纲领，也没有提出明确的反帝条款。因此，尽管民族资产阶级搬来了西方的政治制度和法学思想，但民族资产阶级幻想在不触动封建制度的前提下进行资产阶级改良，套用西方的资本主义法制，在中国走资本主义法制道路。这种"西体中用"的救国主张不可能建立经受道德考验的社会制度，不仅损害了制度的权威，也无法实现西方的政治制度与中国传统道德文化的顺利接轨，更无法成为现实生活中的指导人们行为的道德准则，导致制度与道德的明显错位。

然而，当革命党人沉浸于推翻封建制度的喜悦中时，袁世凯却背弃前盟，窃取辛亥革命的胜利果实。当袁世凯在北京就任中华民国临时大总统后，开始了与资产阶级革命派分道扬镳的步伐。他竭力鼓吹孔孟之道，推行封建复古主义的文化道德教育。1915 年，袁世凯颁布了《特殊教育纲要》，专门规定："各学校均应崇古圣贤以为师法，宜尊孔以端其基，尚孟以致其用"，明确否定民国教育宗旨，正式颁布了包括七项内容的尊孔复古教育宗旨，即爱国、尚武、崇实、法孔孟、重自治、戒贪争、戒躁进。袁世凯认为，教育宗旨的核心是"法孔孟"。这与他所提倡的爱国思想是一致的。因为在袁世凯看来，爱国就是忠君，就是学习儒家的伦理道德。由此，他将爱国、法孔孟、戒贪争、戒躁进作为道德教育的重要内容，要求人们遵守既定的三纲五常，力图将人们的思想规限在封建道德之中。在袁世凯

① 于述胜：《中国教育制度通史》（第七卷），山东教育出版社 2000 年版，第 13 页。

② 孙培青：《中国教育史》，华东师范大学出版社 1992 年版，第 586 页。

的独裁统治下，道德被赋予了法律的效力，成为复辟封建帝制的工具。

袁世凯的倒行逆施，遭到了以孙中山为首的革命派的坚决回击。孙中山提出了以法律约束权力的主张，并进行了护法运动。此外，鲁迅、李大钊、陈独秀、蔡元培等一些民主战士也对封建社会“吃人”的礼教进行了猛烈的抨击和深刻的揭露。他们号召人们不必受封建礼教的“恶法”拘束，鼓舞人们行动起来摧毁封建道德体系。这对解放人们的思想，推进西方道德教育思想在中国的传播起了积极作用。

“如果说戊戌变法和辛亥革命所进行的还主要是一场政治的革命，那么，波澜壮阔的五四运动则着力于对封建专制的灵魂——儒家伦理道德进行全面的清理。辛亥革命的失败和革命后出现的道德上的复古逆流，使人们再一次痛切地认识到，要使中国社会真正实现现代转化，必须进行一次更彻底、更深刻的社会文化革命。”① 五四新文化运动正是在这种背景下爆发的。在五四运动中，为了实现反对“旧文学”提倡“新文学”、反对“旧道德”建立“新道德”的基本任务，一批激进的文化主义者引进了西方国家的“民主”与“科学”，作为实现中国“新文化”和“新道德”目标的价值诉求。“民主”与“科学”是五四新文化运动高扬的两面旗帜。如陈独秀把攻击的矛头指向封建纲常名教，对封建纲常名教作了无情的批判和摧残。他指出：“儒者三纲之说，为一切道德政治之大原。君为臣纲，则民于君为附属品，而无独立自主之人格矣；父为子纲，则子于父为附属品，而无独立自主之人格矣；夫为妻纲，则妻于夫为附属品，而无独立自主之人格矣。率天下之男女，为臣，为子，为妻，而不见有一独立自主之人者，三纲之说为之也。缘此而生金科玉律之道德名词，曰忠，曰孝，曰节，皆非推己及人之主人道德，而为以己属人之奴隶道德也。”② 在批判封建礼教的同时，陈独秀将“德先生”和“赛先生”视作中国走出道德危机的圭臬，并认为新文化所倡导的民主精神、科学精神和儒家的伦理道德没有任何妥协的余地。陈独秀所言的“德先生”就是民主，“赛先生”就是科学。在《〈新青年〉罪案之答辩书》中，陈独秀写道：“要拥护那德先生，便不得不反对孔教、礼法、贞节、旧伦理、旧政治；要拥护那赛先生，便不得不反对旧艺术、旧宗教；要拥护那德先生又要拥护赛先生，便不得不反对国粹

① 戚万学，唐汉卫：《现代道德教育专题研究》，教育科学出版社2005年版，第78页。

② 陈独秀：《一九一六年》，载《青年杂志》，1916年1月15日。

和旧文学。……我们现在认定只有这两位先生，可以救治中国政治上、道德上、学术上、思想上一切的黑暗。”① 在五四运动中，孔孟思想遭到了无情的质疑、颠覆和抛弃。这种非此即彼的选择，斩断了文化和道德的传统命脉，导致了道德的断层，因而无法摆脱道德的文化困境，相反，给中国传统伦理道德资源带来了空前的浩劫。但是，从另一个角度看，五四运动促成了空前的思想解放。五四运动和俄国十月革命的结合，使中国人民接受了马克思主义的洗礼，为中国传统德育的转型开辟了新的发展道路。这说明，我国早期的马克思主义者已经能够根据历史唯物主义的观点，从经济基础决定上层建筑的视角来阐明道德是一种上层建筑的命题，为改造封建道德与资产阶级道德，传播无产阶级道德作了积极的贡献。

二、中国传统德育的基本特点

重视德育是中国传统教育的一大特色。经过几千年的积淀与延展，中国传统德育形成了如下的典型特质：

（一）家国同构、集体至上的道德价值论

中国的传统社会是以地域为基础，以血缘关系和宗法精神为纽带建立起来的由家及国、忠孝一体、家国合一、家国同构的社会格局和组织形式。与此相适应，在价值取向上，中国传统道德教育以社会为本位，以集体主义为原则，重国家、集体的利益而轻视个体的利益，强调个体的忍耐和顺从精神。儒家道德教育的最终归宿并不在于道德本身，而是希望通过道德教育完善自身以实现政治变革，实现“治国、平天下”的目的。《学记》有云：“古之欲明明德于天下者，先治其国。欲治其国者，先齐其家。欲齐其家者，先修其身。欲修其身者，先正其心。欲正其心者，先诚其意。欲诚其意者，先致其知。致知在格物。物格而后知至。知至而后意诚。意诚而后心正。心正而后身修。身修而后家齐。家齐而后国治。国治而后天下平。”道德始终服从或服务于政治，成为伦理政治的附庸。

在家国同构的社会政治格局中，形成了“家庭——家族——国家”等级严格的伦理道德模式。传统社会中的“三纲”便是典型概括。“三纲”备受历代皇帝的青睐，成为封建传统道德的精髓。家庭中存在着严格的家长制，家长在家庭中地位至尊。家族由家庭组成，家族设有族长。家长向族长负责。国家则是家族的凝聚体。在封建社会中，皇帝俨然是整个家族的

① 陈独秀：《〈新青年〉罪案之答辩书》，载《新青年》，1919年1月15日。

"大家长"。家长和家族必须执行国家的意志和方针政策。如西周所有的土地和臣民都归周天子所有，即《诗经·小雅》所记载的"溥天之下，莫非王土，率土之滨，莫非王臣。"西周统治者认为周礼源于天命，只有遵守周礼，才能"敬德保民"。为巩固统治，西周统治者提出了"明德慎罚"的治国方针和政治主张。西周在选拔官吏时十分重视官员的道德品行，尤其是周文王，他总结了夏商官员失德亡国的惨痛教训，以"六德"——"知、仁、圣、义、中、和"与"六行"——"孝、友、睦、姻、任、恤"作为选拔官吏的法定标准，以服务于国家政治和伦理道德的需要。孔子也曾提出旨在为封建礼教辩护的"君君臣臣、父父子子"的思想。在中国封建社会中，统治阶级尤为重视道德教育，使人们明白贫富贵贱之分，上下尊卑之别，给封建的纲常名教披上了合理的外衣，培养封建社会的"顺民"和"臣民"，实现"平天下"的理想社会。诚如《大学》所言："为人君止于仁，为人臣止于敬，为人子止于孝，为人父止于慈，与国人交止于信。"

（二）明人伦、内圣外王的道德目的论

培养"德才兼备""内圣外王"的君子是儒家学说追求的最高道德境界。君子是孔子的理想道德人格。《论语》中记载了孔子对君子人格的基本道德要求。孔子认为，君子有三戒：少之时，血气未定，戒之在色；及其壮也，血气方刚，戒之在斗；及其老也，血气既衰，戒之在得。君子有四道：其行己也恭，其事上也敬，其养民也惠，其使命也义；君子有五美：惠而不费，劳而不怨，欲而不贪，泰而不骄，威而不猛。在孔子看来，具有高尚的道德品质尤其是"仁"的精神，是成为君子的必备条件。《里仁》中也记载了孔子对君子"仁"的要求，他说："富与贵是人之所欲也，不以其道得之，不处也；贫与贱是人之所恶也，不以其道得之，不去也。君子去仁，恶乎成名？君子无终食之间违仁，造次必于是，颠沛必于是。"在道德教育中，"仁"与"礼"是紧密相连的。因此，"礼"也是孔子伦理道德思想的重要内容。孟子首次明确提出了道德教育是学校教育首要任务的论断。在《孟子·滕文公上》中记载着孟子的此种思想："设为庠序学校以教之。庠者，养也；校者，教也；序者，射也。夏曰校，殷曰序，周曰庠，学则三代共之，皆所以明人伦也。"朱熹继承和发展了孟子的道德思想，他特别重视和强调人与人之间的"五伦"关系，认为"父子有亲，君臣有义，夫妇有别，长幼有序，朋友有信，此人之大伦也。庠、序、学、校皆以明此而已。"明人伦，也即明晓处理父子、君臣、夫妇、长幼、朋友之间关系的伦理道德与行为准则，从而维护和加强封建的等级和专制制度。

达成“内圣外王”，是儒家道德教育孜孜不懈的一贯追求。但“内圣外王”一词，并非儒家所创，而是出自《庄子·天下篇》：“是故内圣外王之道，暗而不明，郁而不发，天下之人，各为其所欲焉，以自为方。”这一主张被儒家所吸纳并加以发展，成为儒家道德思想的重要组成部分。圣人是中国传统道德教育的道德理想。在孟子看来，圣人是伦理的代表，道德的楷模。“圣人，人伦之至也”(《孟子·梁惠王上》)。只有实现了明人伦的任务，才能具有圣贤人格，成为圣人，才能实施王道。

(三) 内省自察、自我修养的道德方法论

传统道德教育尤为重视个人的切己体察和反求诸己。孔子高度评价内省在提高个人道德品质中的作用，并以此作为道德教育的重要手段。他说：“内省不疚，夫何忧何惧?”(《论语·颜渊》)、“学而不思则罔，思而不学则殆”(《论语·为政》)、“好学近乎知，力行近乎仁，知耻近乎勇”(《中庸》)。《论语·学而》记载了孔子的弟子曾参的言论：“吾日三省吾身，为人谋而不忠乎？与朋友交而不信乎？传不习乎?”要求个体加强心性修养，从而克服困难、锻炼道德意志、表现道德行为。由此，孟子提出了“天将降大任于斯人也，必先苦其心志，劳其筋骨，饿其体肤，空乏其身，行拂乱其所为，所以动心忍性，曾益其所不能”(《孟子·告子下》)、“爱人不亲，反其仁；治人不治，反其智；礼人不答，反其敬。行有不得，皆反求诸己”(《孟子·离娄上》)的道德教育主张。《中庸》更是提出了“慎独”的修养方式：“君子戒慎乎其所不睹，恐惧乎其所不闻。莫见乎隐，莫显乎微，故君子慎其独也。”

儒家道德之所以强调通过独善其身而提升自己的道德修养，与他们的人性论紧密相连。孟子从人性善的角度出发，认为仁、义、礼、智是人天生的四种“德性”，是不需要后天学习就能拥有的善端。他说：“恻隐之心，仁也；羞恶之心，义也；恭敬之心，礼也；是非之心，智也。仁义礼智，非由外铄我也，我固有之也，费思耳矣。”孟子希望通过学校道德教育，扩充和发展人的善性，从而实现社会的稳定。尽管孟子的道德思想强调了人的可塑性作用，但他的性善论却是建立在主观唯心主义基础上的，他对道德教育的许多论述都带有浓厚的唯心主义先验论色彩。如他提出的“不学而能”的“良能”思想、“不虑而知”的“良知”主张，以及把道德四端——恻隐之心、羞恶之心、辞让之心、是非之心看成是人天生就有的观点，等等。这些否定后天环境和教育作用的认识就是最明显的例证。但是，孟子提出的“富贵不能淫，贫贱不能移，威武不能屈”的“大丈夫”理想人格，对我们今天的道德建设仍有十分重大的教益和启示。然而，孔孟所倡导的道德修养方法论，到宋元时期被异化为“存天理、灭人欲”，内生自察的方式也蜕变为禁欲主义，逐渐丧失了成就人的德性和德行的意义与价值。

（四）身体力行、知行合一的道德实践论

道德在本质上是实践的。在传统道德教育体系中，道德实践成为研究者从事社会活动的重要内容。孔子在《论语》中说：“夫人者，己欲立而立人，己欲达而达人。”孔子从人的社会属性理解人的本质，他认为，只有实现了道德上的自我，人才能成为一个真正意义上的人。为此，孔子反复强调力行的重要性。他说：“行有余力，则以学文”（《论语·学而》）。孔子认为，一个人夸夸其谈而不去实践是可耻的，说了一定要讲求信用，做事一定要坚决、果敢并落到实处。“君子耻其言而过其行”（《论语·宪问》）、“言必信，行必果”（《论语·子路》），这些思想和主张，对于推进当前道德教育的发展，依然具有十分重要而宝贵的启迪价值。

按照朱熹的观点，“致知”仅是讲学，唯当“力行”才是“益德”。他在《朱子语类辑略》将“致知”和“力行”有机整合起来：“知行常相须，如目无足不行，足无目不见。论先后，知为先；论轻重，行为重。”为了加强道德实践，依据个体的身心发展特点，朱熹将道德教育分为小学和大学两个互相联系的阶段，在小学阶段要“学其事”。具体而言，为“洒扫、应对、进退之节”“礼、乐、射、御、书、数”“爱亲、敬长、隆师、亲友之道”以及“事师、事父、事兄、处友”等内容。在大学阶段要“明其理”，包括“穷理、正心、修己、治人之道”等。明朝的王守仁则进一步诠释了“知”与“行”的关系，他说：“知是行的主意，行是知的功夫，知是行之始，行是知之成。”此后，颜元“习行”与“主动”的教育实践、王夫之“知行相资以互用”等思想，均是对习行结合、知行合一的继承和发展。

三、当代中国学校德育面临的突出问题

任何学校的德育工作，始终是在一定的社会环境下进行的，因而难以摆脱时代背景的制约和牵引。当代学校德教所面临的困境，主要表现在变化和发展了的时代对道德教育的冲击及其带来的一系列问题。

（一）德育价值取向的矛盾与困惑

价值标准和道德理念是学校德育不可规避的内容。在奉行一元文化的传统社会中，学校德育定然坚持一元化的文化原则，承载和传输一元的价值标准，其他文化价值必然要被边缘或排斥于学校德育范畴之外。社会的

主流道德价值与一元化的文化价值是合二为一的。当前的社会是一个多元文化社会。在多元文化社会，全球化和民族性的碰撞，必然导致价值体系的多维和多元。多元文化的逼近和广泛传播，严重冲击着社会主导的思维方式和行为准则。多元的价值标准和道德观念投射到学校德育中，使得传统的一元价值标准遭到质疑和挑战，原有的绝对优势随之消失。同时，由于每一种文化都希望在道德舞台上占有一席之地，增强自身的吸引力和生命力，用以影响个体的理想追求和道德行为，因而全力以赴地宣传自己的文化立场和道德主张，甚至进行强制的渗透和文化殖民。传统文化与现代文化、民族文化与全球文化、现代文化和后现代文化等不同文化之间的冲突和斗争此起彼伏，侵蚀和消解了个体既有的价值取向和道德观念，弱化了民族文化和优秀传统文化的价值精神，干扰和削弱了社会的主流意识形态。不少青少年学生经不起文化冲击的考验和腐朽文化的诱惑，道德价值取向发生了严重偏差甚或扭曲，在思想领域内饱受彷徨和苦闷，心态失衡，产生怀疑情绪和信仰危机，逐渐淡化、否定主流文化的理性信念和价值追求，疏离、抛弃社会主流道德价值，进而产生严重的道德危机。全球化、多元文化背景下学校德育的取向，是坚持一元还是崇尚多元，势必成为学校德育无可规避的矛盾与焦点问题。

（二）德育目标定位的偏狭与错位

德育自产生之日起，其生存方式和价值属性就一直艰难地徘徊于社会发展与人的发展的困惑之间。按照唯物辩证法的观点，社会发展是德育活动的外在价值和外在目的，而人的发展才是德育活动的内在价值、本体价值。只有实现了人的发展，社会的可持续发展才得以可能。因而，人的德性的解放、人的发展才是德育的首要目的和根本目的。然而，受几千年的文化传统特别是德育传统的浸染，我国德育的社会本位色彩仍十分浓厚，而德育的“育人”功能或个体品德发展功能受到了某种程度的遮蔽，社会的发展取代了个体的发展，德育之“成人”的目的性被消解了，德育囿于政治教化和经济发展的轨道而不断陷入功利主义的窠臼。不少德育工作者过分关注德育的社会价值，将德育问题不恰当地政治化和社会化，一味地追求社会的公共意志，奉行着剥离丰富人性内涵的工具性价值理念。德育的育人功能被严重地边缘化。此种思维取向，基于这样一个逻辑判断：较德育的育人目的而言，社会目的显然更容易实现。这是因为，人的道德品质的生成具有长期性、反复性和复杂性的特点，需表现出稳定的、一贯的、持续的道德行为倾向，短时间难以把握，也无从体现，而暂时、偶尔表现出的代表共同利益和整体利益的利他、亲社会行为等外在目的便于实现，易于检验和评价。殊不知，这种功利性的德育目标，成为阻抑个体品德发展的某种累赘或负担，导致了德育工作中的“人性缺失”和“无人”现象，严重地背离了德育之培养德性、发展人性的精神品格之目的，不仅侵蚀着德育的内在魅力，而且也背离了德育的初衷。

（三）德育内容的空疏与匮乏

德育的内容需与时俱进，紧密结合学生变化和发展了的实际思想状况，反映社会的文化特点和时代精神。科学有效的德育内容一定要讲究针对性和适度性，切忌脱离实际或大而空的夸夸其谈。优良德育的一个显著特征在于：将学生自身的而不是人为树立的所谓圣人或完人的故事纳入课堂，让其切身体验现实世界和日常生活中蕴涵的人生哲理和精神情操，以促进其道德的自主建构。然而，聚焦我们当前学校的德育，众多内容往往拘泥于“圣人的经历”或先哲的“丰功伟绩”，远离了学生的现实生活和可能生活。这是一种典型的宏大叙事，忽略或抹杀了实践环节的丰富性和生动性。这对德育功能的实现是不利的。诚然，对于先祖留传下来的宝贵精神遗产，理应加以继承和发扬，但一定要贴近学生的现实生活，从生活中寻求其时代价值和教育意义。空疏性的叙事内容，远离了学生的日常生活和经验世界，故事中的美德要素自然就不能有效地影响儿童的心灵。在实践中我们也经常发现，不少学生对“女娲补天”“愚公移山”和“曾子杀猪”等美德故事倒背如流，但依旧表现出自私自利、唯我独尊、言而无信、表里不一的不良风气和习惯。考究其因，源自这些故事中蕴涵的道德要旨是游离于学生精神之外的机械搬迁或简单比附，与学生的认知结构相脱节，因而无法深入学生的灵魂深处。故事内容中承载的脱离现实生活的过度理想化的、泛化的道德，既不能得到学生的积极配合与支持，也无法取得学生的认同、理解和内化，所带来的后果只能是德育的形式化或表面化，无益于学生优良品德的生成。

（四）德育操作策略的宰割与控制

在当前的学校德育中，为突出学生的道德主体地位和培养学生的道德选择和判断能力，也有一些教师尝试设计了学生参与叙事活动的师生互动形式，以区别于以往叙事基本上是教师讲和学生听的单一方法。这种做法有利于突破道德叙事仅以美德知识传授为中心，过分强调教师权威、主导和主角的不合理现象。但效果如何呢？来自各实验学校、各试验区的反馈报告表明，情况不容乐观。表现为：在形式上，讨论方法、分组教学法的运用，仿佛给了学生自主参与的机会，尊重了学生自由表达的权利，重视了学生主体性的发挥，但在实际上，许多教师仍然按照固有的知识和经验把学生看做是道德教化的对象来规范和约束。尽管允许学生叙述、质疑、辩论，但不容许他们超越教师的规则和主观臆断，无情地将学生的“异端思想”和“逆反心理”扼杀在萌芽状态。因此，德育所倡导的“大胆提问”“主动寻找答案”“勇于探索和创新”等方法并没有真正得以实施。表面上看把主体地位交给学生，事实上学生的主体地位仍然没有保障。说学生是主体，其实也只是相对意义上的主体，也是被决定了的主体，被教师牵着鼻子走的主体。柯尔伯格指出，控制策略、道德灌输“既不是一种教授道德的方法，也不是一种道德的教育方法。之所以说它不是一种教授道德的方法，是因为真正的道德包括对于那些有可能处于冲突之中的价值作出审慎的决定；之所以说它不是一种道德的教育方法，是因为合乎道德的教学意味着尊重学生正在发展着的推理能力和对他们所学内容的评价能力。”① 教师这种越俎代庖的压迫式的道德教育，限制了学生的思维，禁锢了学生的思想，遏制了学生的道德探究意识和创新能力，无法使学生深刻感受德育中道德生命的涌动与成长，极大地降低了道德教育的效果。

（五）传统德育资源在学校德育中的断裂

文化与德育资源开发密切相关，德育资源开发源于文化又服务于文化。目前，我国的文化已经形成了多元发展的格局。树立多元文化意识，拥有世界文化信息，强化道德资源开发意识，是时代赋予道德教育一项迫在眉睫的任务。传统文化、民族文化一直是多元文化关注的基点之一。在当前的学校德育中，既要树立道德资源开发的世界文化意识，又要在多元文化中体现民族文化特色，开辟凝聚着中华民族深厚感情和博大精深的传统德育资源，这个过程本身就是艰难曲折的。在传统文化与现代文化、民族文化与世界文化、主流文化与非主流文化、精英文化与大众文化的对话过程中，如何把握目标定位，如何去发现和整合传统文化、民族文化和世界文化中的德育资源，如何既在学习多元文化的同时，又将传统民族文化的精华发扬光大，激发个体强烈的民族文化认同心态，走出一条具有中国特色的学校德育之路，是每一位德育工作者不可规避且必须深入思考的问题。然而，一些德育工作者在开发道德教育资源时，认为我国传统的德育资源

---

① Power, C., Kohlberg, L. “Using a Hidden Curriculum for Moral Education.” *In The Education Digest*, May, 1987, p. 12.

源于几千年的儒家文化，而儒家文化充斥着等级与宗教观念、尊卑和专制思想等封建残余伦理精神已经过时，所以，一味地强调用现代文化代替传统文化，导致传统德育资源在多元文化社会中断裂，形成一个明显的“断层”，既抛弃了传统德育资源，又没能吸收现代文化明的精髓，使整个社会处于严重的价值虚无和混乱的失衡状态。其实，传统德育资源与现代德育资源密不可分，“传统意味着许多事物，就其中最明显、最基本的意义看，它的含义只是世代相传的东西，即任何从过去延传至今的东西”。① 中国几千年的悠久历史和文化积淀，为我们留下了丰富的伦理文化德育资源，要取其精华，去其糟粕，对传统德育资源作出现代诠释，这是对接传统德育资源和现代德育资源的重要途径和手段。

第二节　欧美国家学校德育的历史变革

追本溯源地深入考究和分析西方学校德育的变革，可为我们提供丰富的史学信息。在对比鉴别中，有助于我们以一种跨文化的视角考量和审视当前的学校德育，互通有无，为构建适应时代特征的学校德育体系提供外域的道德文化参照。

一、欧美国家道德教育变革的历史线索

(一) 古希腊时期：传统道德教育的源起

古希腊是欧洲道德思想的发源地。希腊的道德思想历来被认为是欧洲道德思想的摇篮，对欧洲乃至整个世界的道德都有广泛而深远的影响。

远古时期的西方，人们主要依靠社会风俗、传统习惯和文化传统进行道德教育。道德教育具有弥散性和模糊性的特点。然而，历史发展到古希腊，这种局面发生了转化。由于古希腊时期的民主制度是以城邦为中心的城邦民主制，要求个利益人必须服从集体利益，因而，加强有目的、有组织的道德教育便成为历史发展的必然。古希腊主张法律至上的道德观，将道德教育与政治制度、法律制度融为一体。

在古希腊，被后人称为“希腊三圣”的苏格拉底、柏拉图和亚里士多德对希腊文化的发展作出了突出的贡献。其哲学思想、立法观念和政治主

① ［美］E. 希尔斯著，傅铿等译：《论传统》，上海人民出版社 1991 年版，第 15 页。

张，深深地影响了古希腊城邦的道德教育和社会生活。此外，苏格拉底还认为，人要获得智慧、勇敢、节制和正义等美德，除了服从神的安排外，还要借助心灵的力量，重视理性能力的发展。为此，苏格拉底提出了要求人们作“心灵的转向”“认识你自己”的道德要求。伦理问题是苏格拉底哲学的主题，因此苏格拉底的哲学也被后人称为“伦理哲学”。苏格拉底建立了一种知识即道德的伦理思想体系，即“智德统一”的理论。他认为，获得知识和发展智慧是同一个过程。通过传授知识，可使人获得美德。所以，他极力提倡人们认识做人的道理，到处劝勉人们把精力用在高尚和善良的事业中，成为有德性的人，过有道德的生活。在提出“美德就是知识”的同时，苏格拉底进一步认为，爱法律就是爱自己，就是有美德的表现。最高最大的美德是政治美德和服从法律的美德。按照他的理解，若公民没有服从法律的美德，就不能为城邦的巩固和发展贡献自己的力量，城邦也就不可能持久存在。一个人掌握了知识，拥有了美德，就能自觉遵守法律，做一个合格的公民，这不仅能使自己获得幸福，而且也能给别人和城邦带来好处。所以，苏格拉底将道德建立于法律的基础之上。就苏格拉底本人来说，他也确实是这么做的。他恪守宗教礼仪，服从国家法律规定，为保卫祖国三次应征入伍，在战斗中表现英勇，切实履行公民的职责。苏格拉底把个人道德和雅典法律制度统一起来，把牺牲自己利益而维护国家利益看做道德的基本要求。因此，黑格尔认为苏格拉底是智慧、正义、勇敢、守法等各种美德的典型，是维护雅典民主制的最典型、最虔诚的道德形象。

柏拉图生于雅典城邦衰落时代的奴隶主贵族家庭。他继承了恩师苏格拉底把道德和民主政治制度结合起来的观点。在柏拉图看来，雅典国家公民的子女不是家长个人的私有物，而是为整个国家所有。因此他反对私学，主张国家肩负起教育和养育的职责，并制定了一套严格的由国家强制力保证实施的国立学校教育制度。在教育目标上，柏拉图主张培养奴隶主国家的高级官吏，即培养哲学王。按照柏拉图的见解，哲学以最高的善为对象，是治理国家的最高准则。因此，只有哲学王才能有效地治理国家，这就是柏拉图提出的应该由哲学家来统治城邦的主张。柏拉图将建立至善的城邦，归结于培养哲学王的问题上。理想国的建立或保持，是依靠哲学家而不是凭借法律实现的，这体现了柏拉图的人治思想。而要成为一个名副其实的哲学王，不仅要掌握包括政治知识在内的广泛知识与智慧的理性，还应具有完美的品德。同苏格拉底主张一致，柏拉图也认为智慧、勇敢、节制和正义是美德中基本的内容。他尤为重视节制的德性，认为节制是一种好秩序或对某些欲望或情感的潜抑。按照柏拉图的观点，哲学王内在美德外化的一个重要表现就在于能够制定体现道德的法律，并遵守国家的法律，忠实捍卫和服务于法律。他在《法律篇》中论述了统治者失德、违反道德原则制定法律的严重后果。柏拉图指出，哲学王只有树立了以善德作为制定各类法律的价值取向，并具备了遵守和服从法律的基本品德，才能制定良法，引发人民遵守法律的热情，将国家的法律制度和善治结合起来，才能实行民主的政治制度，引导国家和人民走向善德的发展道路。

亚里士多德认为，道德教育是国家的公共事业，应由国家统一掌管并负责实施。倘若国家不重视公民道德教育，则不利于国家的制度建设。按照亚里士多德的观点，“万物都是向善的”。他还论证说，任何技术、任何研究以及任何事件和选择，都以某种善为目的。但人若违反法律和道德，就将堕落为“最恶劣的动物”。因此他极为重视教育在人性发展中的作用。但亚里士多德并不认为教育是万能的。按照他的理解，人的灵魂由三个部分组成：即营养的灵魂、感觉的灵魂和理性的灵魂。这三个部分相应于植物的灵魂、动物的灵魂和人的灵魂。植物的灵魂是最低级的灵魂，仅局限在供给营养，促进生长发育这个范畴内；动物的灵魂属于中间层次，除了营养外还兼有人的本能情感和欲望；人的灵魂是最高级的灵魂，兼有植物灵魂和动物灵魂的所有属性，同时还具有二者所不具备的理性判断和思维的内容。与他的灵魂三分法相对应，亚里士多德把教育划分为体育、德育和智育三个组成部分。为此，他提出了体、德、智和谐发展的教育思想。亚里士多德认为，一个人只有受到和谐的教育，才能使灵魂的三个部分服从道德理性的领导，遵守法律的精神。在和谐发展教育中，他尤为重视体育和道德教育，并将遵守法律视为执政者和民众的美德。他认为一个人只有拥有强健的身体，满腔的爱国热忱，养成“节制”和“勇敢”的德行，才能保家卫国，才能把城邦治理好。按照亚里士多德的观点，城邦的执政者或公民只有具备向善的美德，才能做国家合格的统治者、合格的公民或合格的社会成员。而只有合乎正义的法律，才能有“毫无偏私的权衡”，才是有德性的法律，才是能使统治者和民众忠诚于城邦的法律。由此可见，亚里士多德将理想城邦的构建及其实现寄托在民众“普遍服从良法”的法治上，并认为正义和善德是法律的目的。他指出：“法律的实际意义却应该是促成全邦人民都能进于正义和善德的［永久］制度。”[①] 这与他主张的法律统治或以法治国的主张，以及将道德内化于法律制度中的思想是一脉相承的。

（二）古罗马时期：传统道德教育的保守与专制阶段

在西方发展史上，古罗马共和国分为早期（公元前510年—公元前3世纪初）和晚期（公元前3世纪—公元前1世纪）两个时期。共和早期的罗马吸收了古希腊的民主政治体制的成就，非常重视法律至上的道德教育，注重培养人忠于国家、服从法律、遵守法律等道德品质。“在像罗马和拉栖代孟这样的共和国里，人们遵守法律并不是由于恐惧或由于理智，而是由于热爱法律。”[②] 罗马人由于热爱法律而重视提高自身的法律修养。体现在学校教育领域，法律成为重要的道德教育内容。特别是强调法律普遍适用性的《十二铜表法》颁布后，法典被纳入学校的必学课程。在道德教育中，教育者通过传授法律知识，让儿童识记法律条文，了解法律制度，进而培养他们遵纪守法的习惯。在罗马共和国，遵纪守法被视为公民的重要美德。

同苏格拉底、柏拉图和亚里士多德一样，罗马共和国杰出的政治家、法律家和哲学家马库斯·图利乌斯·西塞罗（Marcus Tullius Cicero）也肯定政治权威和法律权威的重要性。他认为法律就是正义或道德，主张建立符合道德理性或符合正义的政治制度和法律制度。按照西塞罗的说法，法律之所以成为法律，在于法律的威力，是因为它具有道德性。法律与道德都建立在理性的基础上。他将法律、道德与神、上帝联系起来，给法律和道德披上了神学的外衣。西塞罗继承了亚里士多德自然法和人定法的划分，把自然法、人定法与理性联系起来。他认为在没有成文法的时候，体现自然秩序、标志自然正义的自然法就已经存在，它源于神、上帝的意志和人类的本性，是人的理性的产物，为世界各国普遍适用。而人定法是由立法者创制的法律，体现的是人的意愿或目的，由于人理性的有限性，固有善法和恶法之分。由于恶法不能体现道德和理性，所以西塞罗认为恶法不能称之为法律，即“恶法非法”。按照西塞罗的观点，自然法体现的是一种普遍的价值，因此自然法高于人定法，人定法体现自然法。他的这种看法，将自然法的研究推到一个新的发展阶段。西塞罗认为：“真正的法律是与本

---

① ［古希腊］亚里士多德著，吴寿彭译：《政治学》，商务印书馆1965年版，第142页。

② ［法］查尔斯·路易斯·孟德斯鸠著，姚玲译：《罗马盛衰原因论》，商务印书馆1962年版，第17页。

性（nature）相合的正确的理性；它是普遍适用的、不变的和永恒的；它以其指令提出义务，并以其禁令来避免做坏事。此外，它并不无效地将其指令或禁令加于善者，尽管对坏人也不会起任何作用。试图去改变这种法律是一种罪孽，……罗马和雅典将不会有不同的法律，也不会有现在和将来不同的法律，而只有一种永恒、不变并将对一切民族和一切世代有效的法律；对我们一切人来说，将只有一位主人或统治者，这就是上帝，因为他是这种法律的创造者、宣告者和执行法官。”① 据此，他进一步阐述说，国家是一个道德与法律的共同体。而罗马共和国既是一个道德的集体，又是一个法律至上的集团。因此，按照西塞罗的说法，民众服从法律，就是对神的意志的服从，就是对道德法则的尊崇。

在罗马共和国时期，由于承袭并发展了古希腊共和体制的政治制度和法律制度的成果，且得到了统治者的许可而得以贯彻和执行，有效地保证了立法、司法等各个环节对道德的影响和渗透。罗马共和国晚期，随着长期的侵略扩张，版图不断扩大，逐渐成为世界史上地跨亚、非、欧三洲最大的奴隶制大国。为了镇压被征服国家和地区人民的反抗，统治者必须加强国家的政治和军事力量，而当时代表罗马城邦奴隶主贵族利益的共和制统治形式已经过时。因此，罗马统治者最终不得不废除共和制度。公元前1世纪40年代爆发的旨在争夺政权的罗马内战的结束，标志着罗马共和制解体和罗马帝制的最终建立。罗马帝制的建立是适应奴隶制经济、政治发展的必然要求。然而，罗马帝国时期，统治者屈从于贪婪和奢侈的诱惑，长时期争夺权势的内战，导致专制皇权的逐步加强，出现了个人独裁的君主专制政权。皇帝的敕谕、敕裁、敕示和敕答逐渐取代立法，成为法律的主要依据，其他各种形式的立法名存实亡，直至消失。这样，罗马共和国“以法为限”的优良道德精神被摧毁了，一整套维护君主专制、保证君主不受法律约束的官僚制度逐渐建立起来。如是，古希腊、古罗马共和国时期法律至上的道德观在罗马帝国中逐渐走向衰落，逐渐被君主不受法律约束的独裁政治所取代。如果说古希腊、古罗马共和国时期的政体主要是民主制和贵族制，那么君主专制则是帝国时期政体的“专有名词”。

沿袭罗马共和国时期重视法律的传统，帝国时期还出现了专门教授法律知识的私立学校和国立学校，用以培养顺从的、忠于帝国皇帝的臣民，

① ［古罗马］马库斯·图利乌斯·西塞罗著，沈叔平等译：《国家篇　法律篇》，商务印书馆1999年版，第104页。

适应加强和完善帝国政治制度的需要。“皇帝的威严光荣不但依靠兵器，而且需用法律来巩固，这样，无论在战时或平时，总是可以将国家治理得很好；皇帝不但能在战场上取得胜利，而且能采用法律手段排除违法分子的非法行径”。[①] 但罗马帝国重视法律，并建立国家教育行政制度保证法律教育活动正常开展的出发点却与罗马共和国大相径庭。共和国时期的法律教育旨在普及法律常识，培养人们的守法观念，并将遵守合乎道德、合乎理性的法律视为人的一种美德，使人成为“法律卫士”，防止暴君专制的出现。但帝国时期强调法律制度建设的基点则是借助法律的威力，维护皇权不受侵犯，为帝国的君主专制和暴政服务。帝国皇帝正是通过法律的手段，用以加强专制统治、镇压人民反抗和维护独裁制度。因此，法律中体现的道德因素荡然无存。罗马帝国时期皇帝权力的无限膨胀，践踏了法律的尊严，从根本上否定了罗马共和国法律至上的道德观。“法律善良是善良公正的艺术”被皇权专治所亵渎，“元老院和法律所能发挥的最理想的控制作用，也许能有助于显示皇帝的品德，但却从来也无能纠正他的恶行。”[②] 罗马帝国时期政治制度、法律制度与道德的分离，在加强皇权的同时却带来了社会道德的沦丧，加速了罗马帝国从强盛走向衰落并最终灭亡的历史进程。

（三）中世纪时期：传统道德教育的宗教化阶段

中世纪是一个非理性的时代，是教会和神学主宰一切的时期，被欧美国家称为“黑暗时代”。中世纪早期，古希腊、古罗马的文化成就被人们所扬弃，基督教神学成为社会的主流意识形态，宗教逐渐在社会中占据主导地位。基督教会成为封建统治的精神支柱，教阶制度成为规范教育活动的强制力量。恩格斯指出：“中世纪是从粗野的原始状态发展而来的。它把古代文明、古代哲学、政治和法律一扫而光，以便一切从头做起。它从没落了的古代世界承受下来的唯一事物就是基督教和一些残破不全而且失掉文明的城市。其结果正如一切原始发展阶段中的情形一样，僧侣们获得了知识教育的垄断地位，因而教育本身也渗透了神学的性质。”[③] 道德教育亦不

① ［古罗马］弗拉维·伯多禄·塞巴提乌斯·查士丁尼著，张企泰译：《法学总论——法学阶梯》，商务印书馆1989年版，第1页。

② ［英］爱德华·吉本著，黄宜思等译：《罗马帝国衰亡史》（上册），商务印书馆1997年版，第14页。

③ 《马克思恩格斯全集》（第七卷），人民出版社1959年版，第400页。

例外，宗教性和神学性是中世纪道德教育最基本的特征。由于宗教神学凌驾于一切科学之上，道德教育活动不可避免地都带有基督教神学的色彩。宗教神学对道德的僭越，是欧洲中世纪时道德教育的典型体现。

西欧中世纪是宗教信仰的世纪，是封建势力和宗教势力强盛的时期，基督教会凭借其强大的实力完全控制了教育。由于中世纪的教会教育主要以道德教育为主，因此，伦理道德也被基督教会所垄断和控制。道德教育成为名副其实的宗教教育。通过宗教实施道德教育，道德教育是宗教性的而非世俗性的，是中世纪道德教育的显著特色。宗教教育履行着道德教育和政治教育的职能。教堂成了道德教育的场所，牧师则充任了教师角色。在中世纪的教会学校，“道德教育和宗教教育是同义语，不存在宗教以外的道德教育，不允许有宗教教育以外的道德信条，也不知道有读经、禁欲、盲从以外的道德教育和方法。”① 按照基督教道德教育理论的观点，上帝的戒律是善的根基，道德教育要以服从上帝为宗旨。在道德教育中，人内心的纯洁极为重要，知识不仅无助于道德的发展，反而会阻碍道德的发展。因此，教会学校极力控制人们思想，扼制理性抬头，通过空洞的教条式的说教，把以宗教神学为核心的教育内容灌输给受教者，强迫他们死记硬背，把信仰上帝作为判断善恶的标准，不准怀疑，不准发问，只需俯首听命。用强制的甚至是非理性的手段灌输“驯服”的德行，推行禁欲主义，钳制和扼杀人的精神自由。如此，宗教组织成为束缚人的道德发展的桎梏，人性被强烈地扭曲。教会学校的纪律严酷，盛行体罚，目的是培养笃信上帝、忠于教权、信仰虔诚、遵纪守法的公民。为了加强教会教育的影响力和有效性，教会还设立宗教裁判所，并规定了各种规章制度以惩罚异端。在宗教教育面前，人对神要绝对的依附与服从，人必须按照神的命令、要求而不是根据人本身的道德意愿、道德标准行事，道德教育活动也不得与神的旨意相违背。教会组织为推行宗教教育，制定了一系列制度，实行压迫的、强制的教育，道德戒律无处不在，禁锢了人的道德思维，扼杀了人的精神活力，严重地压抑和摧残了人的道德理性和道德判断能力的发展。

“原罪论”和“赎罪论”是中世纪神学体系中的重要观念。诚如英国著名小说家赫伯特·乔治·韦尔斯（Herber Geogre Wells）所指出的：“如果没有人类的堕落，那么基督教的全部历史的编造，目前基督教的宗教热情

① 吴式颖：《外国教育史教程》，人民教育出版社1999年版，第207页。

和道德所根据的原罪和赎罪的原因这段故事，就像纸糊的房子一样倒塌了”。① 特别是罗马教会将奥古斯丁的原罪理论定为国家和官方的正统思想后，形成了刚出生的儿童也带有罪恶的认识。因此，只有通过禁欲，压制人们的欲望才能净化儿童的肉体和心灵，使他们戒恶从善。基于这样的观念，荆条、戒尺、皮鞭、棍棒成为道德教育必不可少的工具。所以，中世纪的道德教育几乎无一例外地表现为“纪律教育”与“棍棒教育”，其目的在于逐渐养成个体“节制”“顺从”和“勇敢”的所谓“美好德行”。

除奥古斯丁外，对中世纪基督教道德教育作出巨大贡献的是神学家阿奎那。他对亚里士多德的政治哲学和伦理学作了歪曲的改造，为教会统治和基督教道德教育作辩护。按照亚里士多德的观点，法律是最优秀的统治者，法律以世俗的、社会的形式体现出来。而阿奎那将亚里士多德的主张神学化。他鼓吹教会权力至上，建立了一套唯心主义的神学体系。在阿奎那看来，世界是以上帝为中心组成的严格的宗教系统，因此，人的道德生活就要服从上帝创造的封建等级制度和教会制度。他的这些论断，为封建制度和教会制度控制道德教育作了歪曲的辩护。

（四）文艺复兴以后：新旧道德思想的冲突、碰撞与发展阶段

在神学统治一切意识形态的中世纪，道德教育带有鲜明的宗教特色，人性之恶成为神学家强制推行禁欲主义道德教育的依据，善恶辩解已经丧失了存在的可能性，对“罪”的理解和把握成为判断是非对错的基本标准。教会制度和封建等级制度成为制约人的道德理性发展的精神桎梏，严重地阻碍了新道德的生长。在中世纪令人窒息的气氛中，道德出现了停滞乃至倒退的现象。基督教会控制道德教育，并将之作为愚民的精神工具，目的是为了达到基督教统治和封建君主专制的长治久安，然而这些愿望随着启蒙运动的兴起终成泡沫。中世纪后期，在西欧封建社会内部，工场手工业和商品经济都有了较大程度的发展，资本主义关系也逐步确立。随着资本主义生产关系的萌芽和发展，新兴资产阶级为实现自己的道德主张，发展资本主义文化，高度颂扬人文主义的教育理想，建立了一套以人为中心的道德教育体系，引发了西方历史上波澜壮阔的思想解放运动——文艺复兴。

文艺复兴发端于意大利，后来波及英国、法国、德国等西欧各国，对西欧整个思想界的影响是深远的、巨大的。在文艺复兴运动中，新兴的资

① ［英］赫伯特·乔治·韦尔斯著，吴文藻等译：《世界史纲：生物和人类的简明史》，人民出版社1982年版，第1059页。

产阶级以“天赋人权”“抑神扬人”为基本原则，肯定人的尊严、价值和力量，宣扬人的思想自由、人格独立和个性解放，贬低神的地位和专制权威，反对对神的顶礼膜拜，把斗争的矛头直接指向罗马天主教会和封建制度，在政治上要求推翻腐朽落后的封建专制制度，在意识形态领域号召用理性打破神学枷锁，摆脱宗教对人的思想和精神的束缚。这是资产阶级发展主张的发展人的理性和智慧的要求在意识形态领域的反映。这些思想，无疑具有釜底抽薪的震撼力，将中世纪道德教育的一潭死水转变为鲜活流动的清泉，击溃了基督教蒙昧主义的道德教育，开辟了资本主义道德教育的发展道路。这一时期的反封建、反神学的道德思想主要体现在一些戏剧和小说中。在这些著述中，作者鲜明地提出反封建、反教会、反神权的思想，鼓舞人们摆脱封建制度的枷锁和教会的精神统治，重新认识自己，认识世界。如但丁的《神曲》、意大利作家薄伽丘（Giovanni Boccaccio）的《十日谈》、法国文学家拉伯雷（Francois Rabelais）的《巨人传》等。

文艺复兴是一次思想启蒙，是涌现道德教育新思想和新观念的时期。人文主义倡导的以人为中心的理念，尽管还没有与基督教会彻底决裂，而是与封建道德教育仍有千丝万缕的联系，但他们的目的却是明确的，那就是摧毁封建制度及教会制度对道德的桎梏，建立新的道德教育体系。“人们尽管仍然不得不打着基督教正统的旗号，但已经开始从希腊——罗马多神教文学作品中汲取那些令人振奋的道德感情来充实自己的头脑，从而寻求一种道德品质的健全发展了。”①

总之，文艺复兴时期肯定人权、反对神权的人本主义道德思想，冲破了中世纪基督教会控制下的禁欲主义道德教育，使道德教育从基督教会的精神枷锁和宗教戒律中摆脱出来，“人道主义、积极乐观、热爱、尊重自由、追求平等等新的道德观初步形成。尊重儿童，反对体罚；崇尚理性，反对绝对服从，严酷纪律；注重自由探索，反对强迫灌注，已经成为几乎所有人文主义教育家的强烈要求。教育的目的已不再是仅仅培养神职人员和只知尊奉上帝的‘奴仆’，而是培养懂得世俗学问，有人文主义道德，能为社会进步献身的人。”② 文艺复兴时期的道德教育思想，为近现代人本主义道德、功利主义道德提供了思想上和理论上的准备。

---

① ［美］约翰·S. 布鲁柏克著，吴元训译：《教育问题史》，安徽教育出版社 1991 年版，第 305 页。

② 戚万学，唐汉卫：《现代道德教育专题研究》，教育科学出版社 2005 年版，第 98 页。

文艺复兴以后，西方进入了资本主义社会。韦伯将之表述为从“神魅化社会”到“合理化社会”。在资本主义社会中，道德教育逐步从宗教教育中分离出来，成为独立的活动，适应资产阶级需要的新道德体系也逐步建立起来。西方国家在理性主义和非理性主义的指引下，迈出了改革传统道德教育、探寻现代道德教育的步伐。或是在理性的旗帜下诠释道德教育，在学校道德教育中注重道德规范和道德律令；或是崇尚非理性思想，在道德教育中强调儿童的道德自主；或是克服在理性和非理性思想指导下的道德教育活动的误区，在道德教育中既注重外在的道德纪律，也注重个体的道德自主，加强二者的整合。尤其是当代社会条件下，越来越多的学者认识到了德性伦理和规范伦理的互补在道德教育中的意义与价值。这种思想，代表了现代道德教育的最新研究成果和今后道德教育研究的发展动态。

二、欧美国家学校德育的基本特点

在长期的历史发展过程中，西方国家形成了众多的伦理学说和道德流派。尽管欧美国家的各种德育理论主张各异，德育模式不拘一格，呈现出不同的发展样式，但是，通览西方的学校德育，我们依然可捕捉到一些基本特点和共同特征。

（一）坚持以人为本，倡导人本化的道德理念

西方文化以个性解放和个人自由为基本维度，具有浓厚的个人主义传统。具体到在学校德育领域，反对教会制度和专制制度对个体自由的剥夺，尊重个体的尊严、价值和地位，追求和向往人本化的道德教育，是西方学校德育的重要倾向和表征。

始自于古希腊的“人是万物的尺度”，成为欧美学校德育凸显人的意义与价值的指南。他们认为，道德是由人制定和设计的，人创造道德是为了增进人类的福祉，使之更好地生活。因而，在人与道德的关系上，道德是为人而存在的，而不是相反。在学校德育中坚持以人为本，无非是表明道德与主体——人之间的密切关系，在于突出道德是主体的道德，没有主体的参与，就没有道德。也即是说，道德与主体的关系已经达到如此紧密的程度，即不但没有主体，便没有道德，而且即便存在主体，倘若主体并不拥护、诚服和敬仰道德，道德依旧形同虚设。康德“人是目的”的论断，使得西方学校更加重视德育的本体价值和内在价值，即德育的主旨在于“成人”，而不是推动社会政治、经济和文化发展的外在工具和手段。“非人

的”和“无人的”道德教育，是一种工具主义教育方式，是对人权、自由和民主的背叛，不仅违背了人道主义原则，而且亵渎了道德教育的本真。美国心理学家罗杰斯“非指导性教学”，深受欧美国家的欢迎，其在德育工作中实施和贯彻，是欧美国家践行人本化道德理念的重要体现。在西方的学校德育中，教育工作者以学生为中心，适应学生的年龄特点和心理特征，尊重学生的道德主体地位，满足他们的发展情感的、心理的、精神的需要，让学生建构自己的而不是他人的道德系统，以落实学生的道德主体地位。当前，要以学生为本，坚持人本化的道德教育，已成为欧美学校德育的重要理念和实践行动。

（二）反对道德灌输，提倡道德自主

反对灌输，建立一种“无灌输的道德教育”是人本主义道德理念的拓展和延伸，是西方学校德育的一贯传统。柏拉图指出：“奴隶之所以是奴隶，乃是他的行为不是代表自己的思想而代表别人的思想。”① 在德育过程中，仅靠成人单纯理论说服和正面疏导的方式对学生进行道德教育，对提高学生思想道德水平有一定的成效。殊不知，这只是其良好行为产生的外部原因，且这些道德行为只是暂时的、不稳定的行为。外因只有通过内因即学生主体的真实感知、领悟或信服才能起作用。忽视学生的主体地位与作用，这不仅给学生造成了一种逆反心理，而且使德育处于一种被动、消极、片面的状态，极大地降低了道德教育的效果，其结果往往事倍功半。因此欧美国家均反对道德灌输，提倡儿童发挥儿童的主观能动性，加深对道德的领悟与接纳。

杜威强烈反对道德说教和道德注入。他既指责康德所提倡的绝对道德律令和普遍道德法则的空洞性，也抨击黑格尔思辨道德哲学的空疏性。杜威认为，他们的错误在于严重地脱离了儿童的实际生活，无法满足儿童的道德需要，扼杀了儿童的天性，于儿童的道德发展无益。他主张道德教育要紧密联系儿童的实际生活，通过具体的道德认识、道德体验和道德判断克服上述弊病，促进儿童各道德因素统一协调地发展。在杜威看来，传统形式主义道德教育的失败之处在于把儿童当做一个机器，无视儿童的兴趣、爱好和需要等自然的禀赋，采用高压的手段，强制灌输道德规则的做法是违背人性的，不仅无法促进儿童道德的发展，反而导致了儿童道德批判精神的缺失。教育并不是把外在特定的道德规则和信条灌输给儿童，远离儿

① 赵祥麟等：《学校与社会·明日之学校》，人民教育出版社1994年版，第37页。

童现实生活的任何外在约束都不利于儿童道德的健康成长。引导学生内化道德，实现道德自主是学校德育的重要职责。在杜威看来，儿童是在活动中获得道德认识、发展道德情感并最终养成良好道德行为习惯的。因此，他提出了“从做中学”的教育方法，让儿童在实践活动中自主地学习，自由地探索，进而培养他们良好的道德品质。

（三）注重认知，推崇理性的道德范式

认知主义是贯穿西方学校德育发展的一条重要线索。在学校德育中培养学生的道德选择和判断能力，发展学生的逻辑思维，已成为西方诸多德育工作者的共识。“问题中心法”“发现法”“小组讨论法”以及“辩论法”等在欧美学校德育中得到了广泛的运用。

早在古希腊，苏格拉底关于“美德即知识”的论断，将提高个体的道德认知、获得道德知识同拥有道德等同起来，开创了道德教育中理性研究的范式，拉开了西方学校德育强调知识和理性的帷幕。此后，经过捷克教育家夸美纽斯“把一切的知识教给一切的人”和英国哲学家培根“知识就是力量”的继承和发展，道德理性在学校德育中得到了前所未有的关注。道德知识在社会生产和生活中的价值越来越显著，受教者对道德知识的渴求日益迫切，道德知识的获得成为道德教育质量试金石。知识本位的道德教学观认为，知识是客观的、精确的、永恒的、绝对的真理，学校德育应以传授知识为己任。20世纪以来，在皮亚杰和柯尔伯格的推动下，认知主义德育获得了长足的发展。皮亚杰和柯尔伯格在儿童道德发展的研究中表明，儿童的道德是一个由低级阶段向高级阶段发展的过程，既不是儿童固有内在善性的自然展开，也不是儿童在无条件地服从社会道德规则的活动中所获得，而是主体因素和环境因素相互作用的结果。据此，皮亚杰把儿童的道德发展划分为四个阶段，即感知觉阶段、前运算阶段、具体运算阶段和形式运算阶段，并研究了不同阶段儿童道德发展的表征。皮亚杰的研究表明，“儿童道德判断的发展是一个有阶段的不断发展的过程，是一个从服从外在权威到服从内在标准或从纪律道德到合作道德的过程，其中儿童的思维或理智的发展是道德发展的必要条件”。[①] 柯尔伯格在皮亚杰研究成果的基础上，依据儿童的心理特点和年龄特征把儿童道德的发展分为三个水平六个阶段，每个水平包括两个阶段。前习俗水平包括服从惩罚的定向

---

① 戚万学：《冲突与整合——20世纪西方道德教育理论》，山东教育出版社1995年版，第11页。

阶段和相对功利的定向阶段；习俗水平包括“好孩子”的定向阶段和亲社会行为的定向阶段；后习俗水平包括社会契约的定向阶段和良心的道德原则的定向阶段。另外，在反对灌输方法的基础上，柯尔伯格提出了道德讨论法和公正团体法两种学校德育方式。道德讨论法旨在提高儿童道德认知，促进儿童道德判断能力的发展。而公正团体法的目的则是通过建立有利于维护集体利益的共同行为规范，培养个体的责任感、义务感、合作意识和集体主义精神。其在促进团体道德发展的同时也提升了个体的道德水平，从而实现了道德认知到道德行为的转变。

（四）整合德育力量，构建立体化的德育网络

家庭、学校和社会，既是青少年学生生存和发展的社会环境，也是对他们实施德育活动的教育机构。随着西方德育理论研究的不断深入，欧美学校开始摆脱传统单纯依靠学校进行孤军奋战的片面思维，将学校德育辐射到整个社会，注重整合来自家庭、学校和社会的道德力量，发挥道德合力，构建系统、综合化的德育网络体系。杜威认为，学校就是一个小型的、雏形的社会。他旗帜鲜明地提出了“学校即社会”的响亮口号。他强烈反对将学生束缚在学校这个狭小的天地中，用教条式、经验式的手段对学生进行道德说教，认为此种做法脱离了社会实际，偏离了学生的现实生活，无益于学生的个性成熟和德性完善。他主张将学校德育扩展到家庭，延伸到社区，在整个社会环境的大舞台下有益于学生道德成长的德育素材。杜威的德育思想，不仅紧扣时代脉搏、贴近学生的实际生活，而且有利于优化组合来自家庭、学校和社会等方面的德育力量，因而备受欢迎。经过欧美学校德育的广泛实践，逐渐变成现实，在构建和完善纵横交错的立体化学校德育网络中，发挥着不容忽视的重要作用。

此外，充分发挥互联网的优势，将互联网作为学校德育的信息平台与交流工具，将道德教育扩展到虚拟的网络空间，也是当前欧美学校德育的一个基本特点。为了充分利用和发挥互联网在学校德育中的积极效应，欧美许多学校均建立了中小学德育网、学生思想政治教育网以及思想道德教育网等网站，通过德育信息发布、搜索、浏览以及采集等形式，实现了德育资源的共享。同时，德育教师通过 BBS 论坛、网络在线、网络视频等形式进行网络思想政治教育、网络心理健康教育的形式，将德育教师的课堂教学、网络德育教学、网络德育沙龙等有机结合起来。为了防止和减少网络负面信息对青少年学生思想的毒害，催生学生网络道德失范行为的发生，弱化甚至抵消德育效果，欧美学校不断加强网络道德建设，制定网络文明公约和学生网络道德行为规范，加强学生的网络道德自律，将社会现实世界和网络虚拟空间的德育工作紧密衔接起来。

三、当代西方学校德育发展的基本趋势

与时俱进是德育创新的永恒主题。当代西方的德育理论经过历史的洗涤和积淀后，适应时代呼唤和德育发展的诉求，呈现出了一些新的变化和发展趋势。

（一）各国政府日益重视德育，加强对学校德育的督导

自20世纪后半叶，面对日益层出不穷且日渐严峻的青少年学生道德滑坡和行为失范，西方各国通过制定教育政策、建立德育组织以及完善德育管理体制等形式，加强了对学校德育的领导和管理。20世纪70年代后，美国出台各种教育文件和政策，激发学生的爱国热情，培养具有“强烈的对国家的忠诚感”的美国公民。1983年，美国“国家高质量委员会”颁布了《国家处在危机中，教育改革势在必行》的报告，将促进学生道德品质的提升作为解决危机的重要措施。1988年，美国前教育部部长贝内特在教育改革总报告中，以能否在“道德课”“纪律秩序”和“勤奋学习”等方面取得积极成效，作为衡量学生“增强成功的民族精神”和“富有爱国精神”的评判标尺；英国实施国家指导学校德育、管理德育课程的改革方案。1978年，英国建立了“社会道德委员会”和“社会道德教育中心”，指导学校的德育工作。1988年，英国颁布了《国家课程》，将培养“有德行、智慧、礼仪和学问”作为学校德育的基本目标；马来西亚在《2000年主要教育目标》中，将“爱国主义”“道德教育”和“综合价值”列为学校德育的课程纲要中；俄罗斯重视爱国主义教育，为了培养学生的爱国主义情结，制定了《俄罗斯联邦国家2001—2005年公民爱国主义教育纲要》和《俄罗斯联邦爱国主义教育构想》，等等。

欧美各国重视和加强学校德育的一个重要表现，就是不断加大教育投资。从1960—1980年的20年间，美国对教育投资增加了60%。此后，美国前总统里根再次重申增大教育投入的重要性：“美国之所以存在教育问题，并不是因为钱花得少，而是因为钱花得不当，没有足够的人力、物力、财力花在道德教育上。”不断增加教育经费，通过政策保障和制度规范，确保教育经费落实到位，成为西方国家德育发展的重要趋势。提高德育效果的前提是要有高素质的教师队伍。为此，美国制定了《美国教师道德规范》，明确规定了教师的道德职责和义务。英国、法国都将建立良好的师生

关系作为学校德育改革的重要内容等。

（二）注重汲取传统德育思想，品格教育呈现回归和复兴的态势

第二次世界大战之后，欧美各国产生了一系列的社会问题和道德问题：环境污染、女权运动、恐怖活动以及虐待儿童等。具体到学校领域，由于深受道德相对主义和道德自由主义的影响，违反校规、校园暴力、少女早孕和学生吸毒等现象层出不穷。20世纪80年代的美国，学校的安全隐患问题受到严峻挑战。“21%的中学生说他们不敢待在洗手间，因为他们害怕被人攻击或者受到恐吓。1/3的公立学校教师表示他们曾经因为学生的胡作非为，而慎重地考虑过是否要离开教育岗位。”① 面对学校的紊乱和失衡，欧美各国忧心如焚，他们希望回归传统，吸纳传统德育思想，尤其是要传授“自尊”“责任”“关爱”“诚实”“关心”“勤劳”“同情”“容忍”“合作”“宽容”和“自律”等核心价值观，克服、消解相对主义和自由主义对青少年学生的影响，切实增强学生的道德责任和社会义务，并以此化解道德困惑。由此，自20世纪80年代后，以美国为代表，品格教育在欧美学校开始兴盛。

品格教育在学校中复兴的表现，主要表现在两个方面：一方面，产生了大量的品格教育著述。如凯文·瑞安和麦克林编著的《校园内外的品格发展》（1987）、雅各布·本宁加的《道德品格与小学公民教育》（1991）、格拉斯·西斯的《希望的学校：培养今日青少年的精神与品格》（1994）和《品格教育：指导学校管理者》（2001）。在这些研究成果中，尤为值得一提的“品格教育伙伴”所提出的有效品格教育的十一条原则：①品格教育应该积极促进核心道德价值观教学，以此奠定良好品格的基础。②“品格”必须是一个包含思维、情感和行为在内的综合性概念。③有效的品格教育要求采取一种有意的、积极的和综合的方法，在学校的各个方面推进核心价值观。④学校必须是一个关心的团体。⑤要形成良好的品格，学生就要有实践道德行为的机会。⑥有效的品格教育应该包括一种富有意义和挑战性的学术课程，这种课程体现了对所有学习者的尊重并有助于他们的学业成功。⑦品格教育应该尽力激发学生的内部动机。⑧教职员工必须成为一个学习的、道德的集体，所有成员都承担着品格教育的责任，并努力遵守学生教育中倡导的核心价值观。⑨品格教育要求有来自员工和学生的道德

---

① DeRoche. E. F. and Williams. M. Educating hearts and minds：A Comprehensive Character Education Framework. Cowin Press，Inc. 1998. p. 1.

领袖。⑩学校必须号召家长和社会成员，全员参与品格建构工作。⑪品格教育评价应该把学校的品格、教职员工在品格教育中的作用以及学生在良好品格方面的表现纳入评价范围。[1] 另一方面，涌现出大量的品格教育组织和品格教育研究中心。如品格发展基金会、品格教育研究协会、品格教育联盟等品格教育研究中心和品格教育组织。这些机构通过编制评品格教育计划、选择品格教育方式、开展品格教育评价等活动，将学校的品格教育推向一个新的发展阶段。

（三）拓宽研究视野，重视德育理论的多学科整合

20世纪是欧美国家经济、科技发展的关键时期，也是德育理论繁荣和发展的重要阶段。这一时期，涌现出形形色色的德育理论流派，如存在主义理论、认知发展理论、精神分析理论、社会学习理论、价值澄清学说、关心模式、体谅模式和人本主义理论等。由于各种德育理论的视角不同，所关注的道德问题不同，因此，任何一种理论都无法解决全部的德育问题，也并非任何一种理论是完美无缺的。越来越多的欧美教育学家认识到，学生良好道德品质的形成，社会道德的进步，并非任何一种德育理论所能奏效。因此，欧美国家注重取长补短，优势互补，加强不同道德教育理论流派在学校德育中的整合。诚如康内尔在《二十世纪世界教育史》中所指出，德育是一个需要多学科共同解读的领域，倘若仅仅通过某一门学科来探述这一范畴，不仅是有限的，而且也是极为危险的。

在当代欧美国家的学校德育中，不仅德育工作者尝试采用哲学、心理学、社会学、人类学、文化学等视角综合思考学校德育中的冲突和困惑，通过实施学科德育，不断推进和改善青少年学生的思想道德教育工作。而且，借助学校这个平台，德育的各个理论流派也改变了竞争和对立的僵局，彼此之间也展开了广泛的对话和交流，增进了共识，取得了积极的成效。经过学校德育工作者的积极倡导和努力实践，各种德育理论流派逐渐走向融合，呈现出一体化的发展趋势。“从当代西方学校德育发展看，这些理论派别正从以往的对立状态走向趋合，相互对立中实现相互借鉴，从中达到新的发展，这是随德育人性化所实现的趋向。表明德育的目的是培养完整人格的个体，任何单一理论都是无法达到的。”[2]

---

① 戚万学等：《何谓有效的品格教育?》，《外国教育研究》2001年第2期。

② 冯增俊：《当代西方学校道德教育》，广东教育出版社1993年版，第468页。

(四) 结合时代发展特点，积极探索与推进学校德育的现代化

古希腊被誉为西方乃至人类文明的摇篮。作为欧美的文明古国，早在古希腊时期，希腊的智者派就犹为重视通过德育传承和发展文明。诚如恩格斯所指出，希腊人“已经站在文明时代的门槛上了”。嗣后，欧美各国将培养个体的道德理性、促进社会发展、探求人类文明作为学校德育的重要使命。近现代以来，深受科学主义和人文主义两大教育思潮的影响，西方各国的学校德育出现了片面推崇一方而贬低对方的错误倾向，割裂了物质文明和精神文明的统一性，导致学校德育畸形发展，阻滞了文明的进步。20 世纪 50 年代以后，现代化的实现已成为欧美发达国家的推进文明的重要步骤。与此相适应，推进现代化已成为教育发展的主旋律。西方各国在促进科学主义和人文主义相整合的基础上，开始结合时代特点和本国国情进行了变革，寻求学校德育的发展路径，尽管呈现出不同模式和特色，但都有一个共同的趋势：积极探索和建构学校德育的现代化体系。

为了建构富有时代气息、体现时代特色、充满生机与活力的德育体系，充分发挥德育在精神文明建设中的重要功效，欧美国家在实现本土传统德育改造和超越的基础上，加快了学校德育现代化的建设，在德育理念、德育价值、德育课程、德育过程、德育方式、德育评价、德育队伍、德育机制以及德育环境等方面进行了积极改革，以此彰显学校德育的现代特征并促进其有效发展，主动适应并服务于社会发展，不断满足社会现代对学校德育的要求。没有德育的现代化，就没有教育的现代化，更没有社会的现代化。欧美国家在推进学校德育现代化的同时，也促进了社会现代化的建设。这也是欧美各国重视学校德育现代化的缘由之一。

参考文献

[1] 鲁洁．德育社会学．福建教育出版社，1998.
[2] 鲁洁．道德教育的当代论域．人民教育出版，2005.
[3] 班华．现代德育论．安徽人民出版社，2004.
[4] 戚万学．活动道德教育论．南开大学出版社，1994.
[5] 戚万学，杜时忠．现代德育论．山东教育出版社，1997.
[6] 戚万学，唐汉卫．现代道德教育专题研究．教育科学出版社，2005.
[7] [古希腊] 亚里士多德．尼各马科伦理学．廖申白，译．商务印书馆，2004.
[8] 檀传宝．德育原理．北京师范大学出版社，2006.
[9] 檀传宝．学校道德教育原理．教育科学出版社，2003.

[10] 黄向阳．德育原理．华东师范大学出版社，2000.
[11] [法] 爱弥尔·涂尔干．道德教育．陈光金等，译．上海人民出版社，2006.
[12] 王玄武等．比较德育论．武汉大学出版社，2003.
[13] 袁桂林．当代西方道德教育理论．福建教育出版社，1995.
[14] 魏贤超．现代德育原理．浙江大学出版社，1993.
[15] 冯增俊．当代西方学校道德教育．广东教育出版社，1993.
[16] 李萍．现代道德教育论．广东人民出版社，1999.
[17] [德] O.F. 博尔诺夫．教育人类学．李其龙等，译．华东师范大学出版社，1999.

第三章　学校德育的理论基础

唐汉卫　刘丙元

【本章提要】

学校德育的综合性和复杂性决定了其必然要从其他学科汲取营养，寻求相关的理论支持。学校德育的理论基础颇多，但无论从历史还是现实的角度看，哲学和心理学都是学校德育最重要的两大理论支柱。本章主要从哲学和心理学两大视域关照学校德育，分别揭示其何以会成为学校德育的理论基础、对学校德育的贡献和局限，并在此基础上扼要介绍20世纪以来几种对学校德育的理论和实践产生较大影响的道德教育哲学和心理学理论。

当代美国著名道德教育理论家劳伦斯·柯尔伯格曾经说过："道德哲学和道德心理学是探讨道德教育的两个基本领域。道德心理学研究道德发展'是什么'的问题，道德哲学则考虑道德发展'应该是什么'的问题。要为道德教育提供一个合理的基础，就必须把心理学上的'是'和哲学上的'应该'这两种探讨结合起来。"① 哲学借助理性的思考获得理想和信仰，心理学则使哲学的论证纳入一个科学的精致的结构，对道德教育来说，二者均不可或缺。在学校德育理论体系频繁更迭、实践模式层出不穷的今天，愈发有必要系统审视学校德育的哲学和心理学这两大传统理论基础，以深刻地把握学校德育的精神旨规和时代蕴涵。

第一节　学校德育的哲学基础

从哲学的视角关照道德教育大致已有几千年的历史，而对道德教育之哲学方法论基础的觉识至少也已有上百年的时间。然而，直到今天，道德哲学和道德教育的真正联姻尚不能说是令人十分满意。道德哲学家和教育工作者之间缺乏实质性的交流仍是当今道德教育领域一个无法规避的事实，而且正是这一事实构成了导致道德教育在理论和实践上一些不尽人意之处的诸多原因之一。当然，从现实意义上讲，如果说人们对道德哲学家很少

① Kohlberg, L. A cognitive-development approach to moral education. The Humanist, 1972, 32 (4), pp. 13 - 16.

直接就道德教育问题发表言论还只是感到遗憾的话，那么，教育工作者不能或很少自觉利用道德哲学的成果，则可称之为教育的不幸了。因为这些成果中所包含的许多思想和观念对理解和实践道德教育都是至关重要的。本节的旨趣就在于通过对道德哲学和道德教育关系的初步分析和道德哲学成果的教育意义的粗浅解释，提醒人们对道德教育哲学这一领域的关注。

一、道德哲学：学校德育理论与实践的认识论基础

道德教育之所以需要道德哲学，主要基于以下几个方面的原因：

第一，道德哲学本身的性质决定了其对道德教育的最终决定意义。道德心理学和道德哲学是研究道德教育的两个基本领域，却分别代表了两个不同性质的研究领域和研究方向。前者基本上属于科学研究范畴，目的在于对儿童道德的精神状态、发展变化的规律进行客观、准确的描述，求真是其最高的理想。后者则是一个包含有目的、意志、兴趣在内的价值系统，目的在于根据特定的理念框架去关照既存的事实和人类经验，从而在理性层次上确定应当如何的实践原则。从这个意义上讲，道德哲学对于道德教育是更为根本的因素。因为道德心理学所揭示的事实和细节甚至是规律，固然可以影响道德教育的具体操作，但是这些事实或者规律能不能进入道德教育的运行过程，以及介入以后在多大程度和范围以内发生影响，则取决于人们对它的教育意义和价值的体认和确定。

第二，道德教育的特点决定了其自身问题的解决需要求助于道德哲学。如果说道德哲学本身的性质决定了它能够对道德教育产生影响，那么对道德教育特点的分析则可以发现，必须借助道德哲学来解决道德教育中的问题。因为“大多数一般性的教育问题归根结底是哲学本身的问题”[①]，或者说“所有的教育问题最终都是哲学问题”[②]。诚然，所有参与教育过程的人，不论是教师、学生还是教育管理工作者，都不可避免地面对这样一些问题：什么是道德，什么是道德教育，我们为什么必须进行道德教育，道德教育在什么意义上讲是可能的；学生正在接受的道德教育对他们来说为什么是必须的，正在成长的一代应该接受什么样的道德，他们能够接受什么样的道德说理；究竟要教给学生什么内容的道德知识才能使其成为一个

---

① 陈友松主编：《当代西方教育哲学》，教育科学出版社 1982 年版，第 28 页。

② 转引自蒋晓：《美国教育工作者的教育哲学探析》，《外国教育动态》1988 年第 6 期。

有道德的人，或一个有道德的人应当拥有哪些品质；教师应当采取什么样的方法来实现道德教化的目的，等等。所有这些问题最后归结为：什么样的教育目的才是最合理的、最理想的目的，哪些道德知识是最有价值的道德知识，什么样的方法才是最有效的道德教育方法。对这些问题，教育工作者必须作出自己的判断，必须确定在若干目的和手段中究竟应该采用哪一种。要选择一种目的和手段而不是其他的固然与这些目的、手段本身的特征有关，但最终影响判断和选择的却是人们对所选择对象价值的理解。否则，我们就无法理解理论上对于目的的争论不休，实践中方法、手段上的五花八门。“科学即使可能为我们提供教育的目的和手段所依据的许多事实细节，但它还是不能替我们作出决定。这些判断必须在我们亲自所接受的各种哲学的框架中作出。”① 对价值问题显然宜于向哲学寻求帮助。事实上，诸如个人和社会、理智和行为、他律和自律等既是道德教育，同时也是传统和现代道德哲学的基本问题。对这些问题进行哲学探讨的结果是任何有效的道德教育实践必须要考虑的。尤其是在这些问题上所达成的哲学上的共识，往往成为某种切实可行的道德教育计划的理论根据。“如果我们不去考虑普通哲学的问题，我们就不能批判现行的教育理想和政策，或者提出新的理想和政策。”②

第三，道德教育研究的现状要求进一步加强对道德教育的理性思考。综观当前道德教育的研究，虽然有广大教育工作者的辛勤努力、积极探索而且取得了很大成绩，但是总的来说，技术性乃至无明确价值定向的调查和实验多于深层次的哲学把握，经验总结多于理性批判，经验主义的方法仍然是一种习见的方法。对道德教育来说，经验是十分重要的。没有经验，理论思维便没有依托，但是只有经验也是不够的，经验主义则更是有害的。因为它只遵从经验和感受原则，只重视眼前的实存状态，而把理论的抽象和应当如何的实践原则斥之为空洞的图像，从而把实存与应该、现实与理想对立起来，使自己陷于形而上学的独断，因而不可能为道德教育提供一个合理的方法论基础。当下，我们所缺少的也许不仅仅是经验，而是对各种经验、事实的理性关注和提升。所以，无论从“哲学的沉思乃是一个优秀民族所应崇尚的学风”这一最一般、最广泛的意义来说，还是就目前矫枉过正，强调以冷静的理性思考代替功利和浮躁的作风来说，都要求我们

① 陈友松主编：《当代西方教育哲学》，教育科学出版社1982年版，第28页。

② 陈友松主编：《当代西方教育哲学》，教育科学出版社1982年版，第28页。

重视从哲学的层次观照教育的这一特殊领域。在这里，著名教育哲学家乔治·奈勒的话是颇发人深省的："哲学解放了教师的想象力，同时又指导着他的理智。教师追溯各种教育问题的哲学根源，从而以比较广阔的眼界来看待这些问题。教师通过哲理的思考，致力于系统地解决人们已经认识清楚并提炼出来的各种重大问题。那些不应用哲学去思考问题的教育工作者必然是肤浅的。一个肤浅的教育工作者，可能是好的教育工作者，也可能是坏的教育工作者——但是，好也好得有限，而坏则每况愈下"①。

二、道德哲学对学校德育的贡献与局限

（一）道德哲学对学校德育的贡献

道德哲学可以通过多种途径对道德教育产生影响。一方面可以利用哲学的方法、发挥哲学的批判功能解决道德教育中的问题，对各种道德教育的计划、理想和实施手段进行理智的批判性检验，从而提出可供参考的模式和建议；另一方面则通过对道德、道德教育领域基本概念的澄清以及对道德、道德教育性质的广泛讨论，对道德教育的理论和实践产生影响。这里主要是根据道德哲学已经取得的成果讨论其对道德教育的贡献。

道德哲学中的问题，可根据哲学家对它们的讨论及所取得的结果来划分。某些道德领域中的问题，哲学家已经取得共识，我们可称它们为道德哲学的"公设"。而另有一些问题虽然尚未达成一致意见，却是哲学家共同关心的问题，则可以称之为道德哲学的"共同性问题"。

（1）道德哲学家对这两类问题的讨论都对道德教育有着直接的或间接的影响。道德哲学的第一个"公设"是，"道德""德行"不仅仅指行为，也不单单是态度或者意图，而是至少由这两个因素组成的复合体。也就是说，态度和行为乃是构成道德和德行的最基本要素。道德与特定行为的操作有关，但又不仅仅是行为的，它还包括某些特定的动机和意图。接受这一公设，在理论上势必反对那些或认为道德完全是一个行为正当与否的问题而与意图无关、或认为道德纯粹是意图或动机问题而后继的行为是次要的抑或与道德无关的极端观点。显然，在日常生活中，人们一般不会不考虑其动机而把一个只表现了"正当"行为的人称做是道德的，即使我们称这个人为道德的，也要加上诸如此类的限制性的短语："从完成正当的行为这种意义上讲，它是道德的，但它的行为是外在的、受他人指导的"，或

① 陈友松主编：《当代西方教育哲学》，教育科学出版社1982年版，第135页。

“他的行为是符合规则的，但我们并不清楚这种行为的动机和意图”，甚或“这种行为动机却是有问题的”。同样，我们也不会只因为某人有好的动机而不管其行为如何，就说他是有道德的。我们确实时常听到“×××用意是好的、动机是正当的”等说法，但这并不意味着把他们等同于道德的而不计其外显行为。如果要把这些人说成是“道德的”，同样要加上这样一些限定：“他的用意是好的，但是其行为……”或“他的用意是好的，遗憾的是并未见诸行动”。由此可见，行为和动机乃是道德的最低限度的要素。换句话说，道德至少是指某种与态度、动机和意图有关的行为。

道德哲学的这一公设的道德教育意义在于，它否认了单纯“行为中心”和“意图中心”的道德教育计划。前者只关心行为的发展和“复制”而不管动机、意图如何，如行为主义的道德教育计划。后者则仅以情感发展为目的，只重意图、动机而不计行为。毫无疑问，既然意图和行为乃是构成道德的最基本条件，那么，任何只有良好的道德愿望而不能付诸实践，或在不道德的动机下作出符合规则条文的行为都不是真正道德的，因而也就不是学校道德教育所应当追求的目标。道德教育是一个有广泛基础的、综合型的活动，它致力于培养儿童正当的动机和意图并使之与借以证实这种意图和动机的行为相联系。换句话说就是，培养正当动机指导下的自觉行为方式应当成为任何道德教育计划的中心任务。

(2) 道德哲学的第二个“公设”是，“道德的”不仅指服从和适应特定社会所认可的习俗和规则的行为，而且指个人在面临各种不同原则和行为时所作的选择行动，这些选择的标准往往超出了特定社会的价值系统。这一公设的重要性在于它反对那种只关心强制和固定的社会行为的片面的道德观念。道德以行为为中心，这是对的。任何道德都有社会的一面或根本上都是社会的，这也是对的。但是如果把道德完全说成是一个社会规则和行为系统，说成是一个只具有约束力的规范体系，从而把有道德的看做就是对这些规则和规范的服从则是片面、肤浅的。视道德完全为约束人们行为的手段，就把个体的自主、自觉从道德中抽掉了。毋庸置疑，社会确定道德规则，而且这些规则在决定行为方面居重要地位，但是，社会的和历史的结论丝毫不能掩盖这样一个事实，即道德归根结底是人生活的一个方面，是为了人更好的生活而设，而绝不是为了给自己套上枷锁。从最终意义上来说，道德乃是人类探索、认识、肯定和发展自己的一种积极手段，而不是一种消极防范力量。正如道德哲学家弗兰克纳所说，“道德的产生是有助于个人的好的生活，而不是对个人进行不必要的干预。道德是为了人而产生，但不能说人是为了体现道德而生存”①。所以，道德不是外部给定的结果，而是人们根据需要选择的产物。任何一个道德主体，不论他来自什么社会传统，都是在自由选择规则和行为中显示自己的道德境界，不代表主体意志的行为无法参与真正道德意义上的评价。道德行为不是简单的源于对强加的社会准则的依附，“单纯服从并不是道德的。……道德不只是盲目地接受习俗和传统”②。有些行为之所以是道德的，恰恰表现在它对传统和习俗的反叛，而道德也正是通过这样一种转换机制而求得发展。

这样就出现了两种意义上的道德，一种是哲学的或形式的，指某种行为的过程和选择方式；另一种是社会的或制度的，指固定的准则和行为。哲学意义上的道德指道德情境本身的性质，不涉及任何特殊准则或反应。社会学意义上的道德是一个社会所规定的适于特殊情境的行为准则。单纯的社会学概念是片面的，它忽视了个体的自由创造能力，而单纯从哲学的角度界定道德而不计具体情境，也是错误的。现在道德哲学的一个重要趋势，就是试图从这两个方面综合地描述这一领域。

道德哲学的这一公设所支持的是一种折中主义的道德教育路线，它与传统的和现在激进的道德教育计划形成尖锐的对立。传统的道德教育是以社会学意义上的道德概念为基础的，认为道德乃是要传授给年青一代的一套特定的价值体系和行为。道德教育则是实现这种传递的工具，所以，其成功的标志便是学生能够从言行上重现这些价值和行为。现代激进派则反映了典型的哲学意义上的道德立场，认为道德根本上体现了人们的选择方式，是一种适用于各种不同情境的一般性的倾向。学校道德教育的目的不是教给学生有关道德的知识，而是让儿童在其力所能及的范围内从根本上理解这些知识，并在此基础上发展选择能力。道德哲学的第二个“公设”反对上述两种道德教育计划，认为道德既是社会的、又是哲学的，道德教育既要传授特殊的道德价值，又要授以德行的“艺术”，既要教授内容，又要训练推理的技能和技巧。事实上，这种折中主义的道德教育立场是20世纪60年代以来世界道德教育理论和实践的一个重要趋向。

（3）道德哲学的第三个“公设”是，道德原则是道德生活因而也是道

① ［美］威廉·弗兰克纳著，黄伟合等译：《善的求索——道德哲学导论》，辽宁人民出版社1987年版，第247页。

② Carr，D. Three approaches to moral education. *Educational Philosophy and Theory*，1983，15（2）. pp. 39－51.

德教育的一个必要组成部分，在道德生活、道德教育中居核心地位。道德哲学的一个重要命题就是，认为道德领域并非完全是地区性、个别的和特殊的，而是具有某些一般性的特征，因而能够潜在的、逻辑地受一个或多个普遍性原则的控制。这就意味着，在道德上，人们不仅要对特定的规则和行为进行选择，而且也要对在未来所有的类似情境中能指导自己也能指导他人的一般性和普遍性原则进行选择。

在道德哲学家中，对道德原则之重要性的看法，要比对这些原则的特殊形式和性质的看法具有更大的一致性。在道德原则的特殊形式和性质问题上，有各种不同的观点。一种观点认为，道德原则就是神的旨意或命令，因而是唯一的、善的，道德教育因此就是训练人们遵奉这些旨意或命令。另一种观点则认为，道德原则的合理性不在于它是以神为根据，而在于它体现了“理性和人类价值”，道德教育不是要灌输和训练人们如何奉行这些原则，而是对人类生存原则的合理性和价值加以说明和维护。道德原则的社会学观点认为，道德原则就是特定社会所制定的对特定情境中的特定行为具有约束力的一系列特殊指令，道德教育即是基于这些指令的社会化过程，或使学生服从这些社会性指令的过程。这一观点与上面的宗教观点非常接近，他们都把道德原则看做既定的、强制性的陈述，都把道德教育理解成强迫别人必须如何行动的手段。二者的唯一区别在于对道德原则根源的看法不同，前者认为道德原则来自于神或上帝，后者认为道德原则体现了特定社会的特殊要求。还有一种观点认为，道德原则是约定俗成的，这种原则一经形成，便对道德情境中的选择和行动加以指导。根据这种观点，道德原则对行动确实有某种约束作用，但这种约束是有条件的。一种道德原则，只有在主体接受它并受其制约时，它才具有约束力。也就是说，道德原则存在的事实本身便不能保证一个原则是合理的，或有约束力的。道德原则能否对主体的选择产生影响、能否对行为产生约束作用，关键在于主体是否自觉接受这一原则。从这种意义上讲，道德主体乃是自己道德原则的真正确立者和创造者。最后还有一种观点认为，道德原则即是一种普遍的选择方式，是我们希望所有人在所有情境中都采用的一个选择原则，它同“勿偷盗”“勿说谎”等特定社会形态、特殊情境中特定的文化准则和行为规则有着根本的不同。

尽管对道德原则的特殊形式和性质有众多不同的看法，但是对道德原则对于道德生活的重要性，人们的意见是一致的。强调道德原则的重要性，其最明显的教育意义就是道德教育必须是原则化的教育，即以道德原则为内容、以培养按原则行事的道德主体为目的的教育。这种教育不是以简单的行为训练为指向，而是为使学生理解道德原则，并把这些原则应用到人类生存的有关情境中去做准备。但是，道德教育计划的性质在很大程度上是由不同的道德原则观和人们接受什么样的道德原则观所决定的。道德教育的目的、内容和方法，因人们所接受的原则是神授的真理、社会的特殊指令还是普遍的选择方式而有根本的不同。而且，道德教育的性质在一定意义上取决于它所依据的道德原则的性质。一般说来，第一种道德原则观是宗教道德教育的理论基础，第三种道德原则观则衍生出传统道德教育的理论和实践，而第二、四、五种原则观则是现代各种道德教育理论的根据。当代道德哲学的一个重要趋势就是，更趋向于把道德原则看做是个体选择来的合乎理性和人类价值的普遍性选择方式，反对从特定社会和集团利益出发界定道德原则，以及从神学观点解释道德和道德原则的传统观点，因而在道德教育上，也表现出对宗教道德教育和传统道德教育越来越多的批评和对于现代道德教育更多的认同。由此可见，无论是对道德原则对于道德生活重要性的认识还是对道德原则的特殊形式和性质的解释，都对道德教育的理论和实践产生重大影响。从某种意义上讲，当代道德教育的各种形式都只是道德哲学领域各种道德原则之具体的表现形式。

除了上述公设，在道德领域，有些问题虽尚未取得一致意见，却是道德哲学家始终关心的，而且，对这些问题的哲学讨论同样潜在地、现实地影响着道德教育的理论和实践。

（1）道德哲学所关心的第一个“共同性问题”是理性、推理过程在道德中的作用。其中最基本的是：推理过程在道德判断和道德决策中有没有作用；如果有，以什么形式在何种范围内发挥作用；道德推理和道德行为有无关系，道德推理对道德行为的作用是绝对的还是有条件的。在这些问题上，道德哲学的任务是要阐明理性、推理在道德中的作用范围和性质。目前，道德哲学家所达成的共识，主要限于一方面承认理性、推理在道德的获得和实现中的作用，同时认为推理过程等理性因素并非决定道德判断和行为的唯一甚或是主要因素。关于理性、推理在道德中的作用范围和性质，至少到现在还是一个人言人殊、莫衷一是的问题。

不过，在理性、推理之道德意义问题上的争论，无论道德哲学能否提供一个确定的答案，对道德教育都是非常重要的。任何道德教育理论和实践都必定是以某一种有关推理过程在道德中的作用的观点为基础的。宗教道德教育以否认人的理性、推理在道德中的作用为特征，因为在宗教教育家看来，上帝乃一切道德的最后根据，对道德的任何理性探究都意味着对上帝尊严的挑战。传统道德教育虽然崇尚道德知识甚或是理性的作用，但这种知识的价值在于使个体更好地、更加无条件地服从一种外在的、既定的标准，因而从根本的意义上讲是蔑视个体的推理过程和独立思维能力的。当代道德教育理论，尤其是形式主义的道德教育理论，是基于对推理过程、推理技能的肯定性理解建立起来的。它认为推理过程乃是道德本身的一个组成部分，没有推理过程参与的道德便不是真正的道德，而且正是推理过程的加入才使得道德更具有普适性和更广泛的指导意义。

（2）道德哲学的第二个“共同性问题”是关于有关“道德价值理论”的争论。这一问题之所以成为道德哲学家共同关心的问题，是因为任何“道德”的概念都与某一价值概念，如好、坏、正确、错误等相联系，而且总是反映了人们的某种价值标准和价值水平。任何道德教育计划，也总是以一种价值理论为依托，或总是反映了某一种价值理论。在道德哲学传统中，从柏拉图的善的理念、功利主义的“最大多数人的最大幸福”到康德的“人是目的”，再到罗尔斯的“正义”原则和存在主义的“自由选择”，有各式各样的价值理论。分析和讨论这些理论，无论对检验现行道德教育的观念，还是指导道德教育的实践，显然都是重要的。甚至从某种意义上讲，如果不考虑哪一种道德价值理论最合理、最切实可行这一基本问题，如果不在这些价值理论中间作出明智的选择，就很难甚至不可能建立一种有合理基础因而在实践中可望是有效的道德教育计划。

但是长期以来，在道德哲学领域，对善、恶、正确、错误等概念的使用本身就是混乱的，以至于人们几乎无法合理地对各种价值理论加以说明和解释，并影响到对道德本质的理解及其与道德教育关系的讨论。所以，当代道德哲学的任务不仅要描述、阐明各种价值理论，而且还要分析、澄清某些一般性道德语言的特性，用人们共通的语言说明一些主要的概念的作用方式。在这个方面，当代分析道德哲学家特别是语言分析哲学家的贡献是最为人们所称道的。他们认为，首先，当人们使用“善”“恶”这些概念时，不是从描述性意义上使用的，而是对某种现象的一种评价反映；其次，诸如善、恶等概念，不只是对于现象本身的语言反映和评价，而且还包括对某种特殊现象的反映和评价。也就是说，我们用善、恶指称某些现象，如施舍、欺骗，并表示我们对这些现象的拥护、选择或是反对。在分析哲学家看来，不管善、恶的含义如何，在道德领域，这些概念都有一种超出其本来意义的功能和作用。

语义道德哲学的分析对道德教育的影响是明显的，它不仅通过对各种道德价值理论进行分析意义上的阐释，从而为道德教育提供一个清晰的可供选择的理念框架，而且通过一般性道德语言特性的澄清为道德教育建立了一种通用的、语义确定的语言系统。此外，分析道德哲学家所要澄清的概念和术语，也是道德教育中的基本概念和术语，从某种意义上讲，道德哲学对道德教育还可产生更为直接的影响。

其他诸如个人价值和社会价值、自我利益和他人利益、义务和权利等也都是当代道德哲学领域众说纷纭的问题，但这些问题大都与上述道德哲学的“公设”和“共同问题”有关，不再专门论述。

（二）道德哲学的局限

道德哲学的确是可以通过多种途径对道德教育产生影响和作出贡献，然而，道德哲学本身的性质和特点决定了它不可能承诺道德教育事业的全部使命。要较准确、全面地把握道德哲学之于道德教育的意义，就不仅要分析它能做什么，而且还要阐明它不能做什么，因为只有全面了解哪些是能做、哪些是不能做的，我们才能确切地确定究竟我们应该做什么。换言之，我们可以把道德哲学的作用范围大致作如下框定：

第一，道德哲学可以对有关道德问题的各种立场加以澄清，并表明自己的态度，可以就道德教育的各种假设和理论基础进行论证并确定某种计划的合理性，但不承担确定善恶、是非标准的责任。特定文化情境中行为正当与否的判据来自于公众或代表公众利益的团体而不是哲学家。不过，教师的道德哲学将最终决定道德教育的方向和具体运作。

第二，道德哲学对世界独特的把握方式决定了它不承担对某种特定的道德生活进行统计和测量的任务。也就是说，人们不要指望从道德哲学家那里获得有关影视暴力与儿童反社会行为的相关联系、儿童暴力行为的性别比例和差异，以及某种道德教育计划是否成功地传递了社会的道德价值等方面的信息。人们通过道德哲学所了解的，往往是似乎与这些问题毫无关联的。有关这些问题的理论分析和论证，道德哲学家可能根本就不受某些统计结果的影响。

第三，道德哲学不承担对心理学意义上的道德发展及其规律进行客观、准确描述的责任，但却可以对心理学的研究结果加以理性的把握，把心理学的事实纳入一个理想的框架，从而提供应当如何的实践原则。此外，道德哲学可以对各种心理学理论所使用的不同的“道德”“德行”概念加以分析和阐释，从而赋予其不同的内涵。还有，道德哲学虽然不具体从事经验、实证研究，却可以对这些研究提供一个明确的价值框架。

第四，道德哲学主要运用哲学的方法与传统影响道德教育，它不单独承诺为特定地点、时间的道德教育实践提供具体的教学原则的使命。建立和实施一种切实可行的道德教育计划，不仅需要道德哲学而且需要社会学、心理学的帮助，同时还要考虑教育的现实条件，像教学人员的素质、课程和课程设置等，不过道德哲学可以综合各种因素，从而提出一种可操作、可试验的道德教育理论。

总之，道德哲学对道德教育的独特贡献要求人们对这些领域予以更多的关注。“道德哲学家在确保认真考虑道德教育所必需的精密性和深刻性上起重要作用”①，在制订教育计划、进行教育决策、甄别各种不同的教育理想和策略，以及澄清道德和道德教育中存在的某些重要问题上起关键的、决定性的作用。对教育工作者来说，对道德哲学的认识与把握，以及建立自己的道德哲学，虽然并不必然保证道德教育的合理运作，但无视道德哲学的成果，或没有一种恰当的道德哲学，道德教育定然不会富有成效。

三、当代西方主要的道德教育哲学

在当代教育领域，尽管从哲学的视角考察道德教育问题的理论家很多，但我们认为，以下几种道德教育哲学理论尤其值得人们关注：

（一）实用主义道德教育哲学

实用主义是美国地地道道的“本土哲学”，最早由皮尔士开创，詹姆士予以拓展，到了实用主义的集大成者杜威那里进一步发扬光大。杜威不仅极大地丰富和发展了实用主义理论本身，使之形成为一个完整系统的理论体系，而且把它推向其他人文和社会科学，推向社会生活现实。实用主义道德哲学作为实用主义哲学的一个重要组成部分，业已纳入当代整个西方道德理论的整体构架之中，并为实用主义道德教育理论奠定了基础。

1. 实用主义道德哲学

杜威认为，道德并不是来源于人的纯粹善恶判断的本能，也不是源于什么先验的教条，更不是来自超验的上帝或神秘的自然法则。道德是人创造出来的，是主体在与周围环境相互作用的过程中为适应环境的变化“人为”的一种东西，在本质上乃是一种解决问题的过程而不是某种固定的观

① Chazan, B., &Soltis, J. *Moral Education*. New York: Teachers College Press, 1973, p. 15.

念和习惯。道德既是“人为”的，便不是一成不变的，任何道德都随文化的变迁而有不同。就个体来说，道德的形成是一种发生的过程，是道德经验的不断积累和改造。在不同时空条件和不同的境遇中，道德判断的标准应当有所不同，并没有特定的道德戒律是人必须遵守的。杜威指出，传统伦理学的失误很大程度上就在于它预制了一个固定的、绝对的价值目标，以此来说明个体行为是否为善。这样道德就成为外在于人的、束缚人的力量，而人则沦为道德的奴隶，丧失了宝贵的主动性和创造性品质。

既然道德是变化的，没有绝对的永恒的道德原则，那么道德判断的标准何在？如同在认识论领域杜威强调判断真理的标准是“有用”（What works?）一样，在伦理学领域，他认为衡量伦理原则的根据是实施这个原则时发生的结果。所以，伦理原则的确定是一种试验，试验的结果将是伦理原则去存的唯一根据。任何伦理原则都不是绝对的，所谓伦理原则或道德的善是指通过试验导致人们所期望的后果的那种方法的保留。但在杜威看来，按照行为的结果是否有用来衡量伦理道德的标准，同那种认为“对我有用即是善”的享乐主义（hedonism）是不同的。所谓“有用”并非对我个人有用，而是对全体人有用，即判断道德的标准是对公众的结果。人们是在行为的社会背景和公众的效果中发现正确的道德行为的。

杜威曾明确指出，伦理学是一门研究道德行为的科学，“是对我关于行为的判断作一种系统的说明，在此范围内，人们是从正当或错误、善与恶的立场来评价行为的”①，其最终目标就在于寻求控制和调节人的行为的合理方式。而人的行为最终归宿于人和人的本性，从人的本性与外部环境的相互作用中寻求解释，故“道德在很大程度上就是研究控制人的本性”②。控制的意思就是改变或疏导，使人的本性与社会文化环境的相互作用更为适应、更理智。这种控制疏导的基本方式之一就是教育。杜威认为人的本性从根本上讲是可变的，正因如此，才有了道德的需要和可能，并使道德教育成为可能。而道德对人的本性的控制方式就是教育。反过来，教育的方向、基础和意义又都系于道德的要求。在这个意义上，道德与教育是相互同一的，道德即意味着教育，按杜威的话来说，“道德即是教育”。更具体一点讲，如果说道德哲学（或伦理学）是对教育活动的理论抽象，那么教育则是道德哲学（伦理学）的现实展开和实际运作，二者是同一个过程

---

① Dewey，J.，&Tufts，J. H. *Ethics*. New York：Holt，1908，p. 1.

② Dewey，J.，&Tufts，J. H. *Ethics*. New York：Holt，1908，p. 295.

中的一体两面。可见，以杜威为代表的实用主义伦理学是与其教育观点密不可分的，它内在地孕育并直接制约着实用主义的道德教育观。

2. 实用主义道德教育观

(1) 关于道德教育目标——“一个在道德上受过教育的人”

杜威所主张的“一个在道德上受过教育的人”，至少应包括以下几方面内容：第一，有道德的人应形成一定的习惯方式并通过日常生活表现出来，它是作为人格和人的日常生活的一部分发挥作用的。第二，这种习惯方式不是人们经常所说“或多或少以一成不变的方式行事”，它包括“各种态度的养成，情感的和理智的态度，其中理智的态度最为重要”①。第三，在道德上受过教育的人，是一定社会和社会团体的一部分，而且是通过社会形成的。因而，他应具有社会责任和社会技能。第四，在道德上受过教育的人最终应是一个完整的有机的“自我”(self)，即他的思想和日常行为代表了某种一贯的和综合的模式或经过深思熟虑的完整的世界观。

(2) 关于道德教育的途径和方法

为达至道德教育的目标，第一，让儿童参与社会生活，在合作的活动中形成道德判断的能力。杜威认为，传统教育的失败，就在于它忽视了学校作为社会生活的一种形式这一基本原则。学校只是传授知识、学习某些僵死的课业、培养某些固定习惯的场所。而向儿童传授的这些东西并不能成为他们生活经验的一部分，因而“并不真正具有教育的作用”，同时，“使得达到真正正常的道德训练变得困难或不可能”。他指出，正如社会为儿童提供了道德发展的实验室一样，学校也应该作为儿童道德发展的实验室为儿童提供指导。第二，通过教育方法进行道德教育。杜威认为，教育方法上的道德训练，重在把儿童从自私自利转到为社会服务上来，重在创造的贡献，而不是单纯的吸收和学习。第三，通过教材进行道德教育。杜威指出：“道德的目的是各科教学共同的和首要的目的”，所以，“知道如何把道德价值的社会标准加诸于学校所使用的教材上面，就是十分重要的”②。学校虽然不可能把全部精力用于儿童道德的训练，但是，通过各科

---

① [美]纳什卡赞迈斯，珀金森著，李乐天译：《从西方思想史上考究受过教育的人的各种概念》。见瞿葆奎主编：《教育学文集·教育目的》，人民教育出版社1989年版，第445页。

② Dewey, J. *Moral Principles in Education*. Houghton Mifflin Company, 1909, p. 31.

教学发展儿童的道德却是学校的重要任务。第四，通过解决问题促进儿童道德的成长。在杜威看来，传统道德教育的方法实质上是强迫灌输的方法，是把现成的道德习惯和道德准则“灌进等待装载的心理和道德洞穴中去的一种方法”。由于训练的内容或与儿童的经验无关，或为儿童的能力所不及，所以，“不仅不能促进，反而限制了儿童的智慧和道德的发展”①。他认为，理想的道德训练的方式乃是“民主”的方法，即“科学的方法”，也就是运用智慧进行“探究”的方法。因为人在适应环境的过程中，会遇到各种包括道德在内的疑难问题，人与环境的作用就在于努力寻找解决问题的途径和方法。所有这些不是通过强制的灌输，而是要儿童借助创造性的智慧，对道德问题进行积极的探究。所以，在道德训练过程中，教师应向学生提供现实生活的“道德两难”（dilemma）问题供其思考和讨论。

（3）关于教师

杜威认为，在教育过程中，教师的工作应以促进儿童的生长为中心。儿童是起点，是中心，而且是目的，儿童的发展和生长就是教育的理想所在。因此，教师必须站在儿童的立场上，并且以儿童作为自己工作的出发点。但以儿童为中心，反对旧教育将成人的知识、方法和行为的准则强加于儿童并不意味着否认教师对儿童经验的指导价值。“建立在个人经验的基础上的教育也许意味着比在传统学校任何时候曾经存在的成人和儿童之间的更复杂和更亲密的接触，结果是更多而不更少地受别人的指导。”② 杜威反对传统教师的“监督者”和“独裁统治者”角色，同时也不赞同把教师看成是一个微不足道的因素甚至是一个有害人物的倾向。他认为，“实际上，教师是一个社会团体的明智的领导者。……认为自由的原则使学生具有特权，而教师被划在圈外，必须放弃他所有的领导权力，这不过是一种愚蠢的念头”③。教师固然不应把现成的教材和道德准则直接提供给学生，然后考究他们是否记得准确，但是也不能保持沉默，而应当参与学生的活动。在这种共同参与的活动中，教师既是一位领导者——组织活动并创造条件保证活动的顺利进行，也是一位学习者。虽然在共同的活动中，教师

---

① 赵祥麟，王承绪编译：《杜威教育论著选》，华东师范大学出版社 1981 年版，第 349 页。

② 赵祥麟，王承绪编译：《杜威教育论著选》，华东师范大学出版社 1981 年版，第 348 页。

③ ［美］约翰·杜威著，姜文闵译：《我们怎样思维·经验与教育》，人民教育出版社 1991 年版，第 227－228 页。

会感觉不到自己的领导地位，但总的来说，在教育过程中，无论教师还是学生，越少意识到自己在那里施教或受教就越好。

3. 简评

作为杜威道德教育理论哲学基础的实用主义伦理学实质是一种“境遇伦理学”（也称“情境伦理学”）。境遇伦理学视道德为应付环境的工具、满足需要的手段，否认道德原则、道德准则规范的客观性和普遍性，因而是相对主义的。这种相对主义伦理学的积极因素在于，它从根本上动摇了道德天赋神授的观念，打破了传统的视道德原则为固定不变的状态的看法，具有积极的方法论意义。然而，杜威的境遇伦理学也有严重不足，它虽然突出了道德原则的相对性和易变性，但完全否认其绝对性和稳定性；强调道德行动、道德情境的具体性、个别性，否认其普遍性和一般性等都是失之偏颇的；强调在道德情境中获得道德经验，并主张通过行动的后果来检验行动固然有合理的一面，但单纯强调具体的道德经验和行为的具体后果则显得肤浅。

当然，杜威在批判传统道德教育理论和实践的基础上，重新估价了教育在儿童道德发展、道德教育中作用，确立了儿童在道德教育中的地位；把促进儿童道德的发展尤其是批判性探究能力的发展作为道德教育的重要任务；把儿童的主动性、积极性作为儿童道德发展的重要条件和道德教育的重要指导思想；强调活动、实践在儿童道德发展中的作用等，对20世纪美国乃至整个西方道德教育理论的发展产生了积极的影响，代表了20世纪西方道德教育思想的主潮。

（二）存在主义道德教育哲学

存在主义是20世纪西方哲学最主要的哲学思潮之一。它以关照人的存在、注重现实人生，并以此作为全部哲学的出发点而著称。存在主义道德教育哲学是存在主义哲学在道德教育领域的延伸和运用，在当代西方道德教育理论中独树一帜，主要代表有萨特、马丁·布贝尔等人。

1. 存在主义道德哲学

存在主义道德哲学主张：个人是绝对自由的。人的本质不是先验的、固定的或是由上帝造就的。人是一种自为的存在，即人的本质是人自由选择的结果，是按照自己的意志所要成为的那个东西。萨特认为，人总是一种“是其所非”或“非其所是”的存在，这种自为的存在包含内在的否定性，使人处于一种永不满足、不断超越的运动之中。据此，萨特得出了人的绝对自由本体论。人的存在的根本即是他的绝对自由，自为存在即为自由存在。

既然个人是绝对自由的，人的本质是自由选择和创造的，那么自由选择便是他实现主体价值的唯一方式，价值也就存在于人的自由选择之中。因而，不存在绝对的价值。因为任何绝对的价值都将意味着我们放弃选择的自由和权力，意味着将失去真正的自我。在价值判断的标准上，任何一种行为，不论其社会效果如何、动机的实际内容是什么，只要它是出于人发自内心的真正的自由的选择，那么它就是合乎道德要求的。价值判断的标准就在于选择本身是自由的，个人自由就是最高的价值标准。同时，绝对的自由就意味着绝对的责任，因为既然人是绝对自由的，那么人对于伴随自由而来的责任也就没有任何逃避的理由和借口。“人要为自己所做的一切承担责任。”① 传统哲学之所以使人能有理由逃避责任，就在于它是决定论的。它事先预制了人的本质，在剥夺了人的自由选择的权力的同时也卸掉了个人应负的责任。而绝对自由的人则不存在这些外在的羁绊，在这个荒诞的世界里唯一能决定他的就是他的主观性，他必须对自己的主观性和自由选择负责。自由是绝对的，相应的责任对主体来说也是责无旁贷。

人与人的关系是存在主义者共同关心的一个问题。虽然存在主义者大都认为人与人之间是可以相互理解的，但在对这个问题的具体解释上却有很大的不同。一种观点认为个人与他人之间的关系是对立的，是一种主体与客体、人与物之间的关系，其特征是“我”与“它”的关系。例如萨持曾有“他人就是地狱”的名言，明确指出每个人作为世界上独一无二的个体，每个个体都是另一个个体的潜在威胁，都可能将对方变成物，从而失去人之为人的主观性，这样也就消灭了对方。另一种观点则认为人与人之间的关系不是“我与它”的关系，而是“我”与“你”的关系。每个人都不能将他人当做物而应当做有主观性的人来看待，否则的话，人就不能在“荒诞”的痛苦中自拔，人性将由此而毁灭。

2. 存在主义道德教育观

存在主义道德教育观以存在主义道德哲学为基础，是存在主义道德哲学在教育实践中的运用。存在主义哲学、伦理学并没有一个完整而系统的体系，更不用说在教育领域。然而，存在主义对道德教育的影响是巨大的。

---

① [法] 萨特：《存在主义是一种人道主义》。见中国社会科学院哲学研究所西方哲学史组编：《存在主义哲学》，商务印书馆1963年版，第342页。

（1）关于道德教育的目标

根据存在主义的伦理观，一个在道德上受过教育的人应该是一个绝对自由的不受任何限制仅凭自己的主观性进行行动的人。他有作任何选择的自由和权力，但同时也能为自己的选择负责。虽然个人可以意识到自己的存在，并最终成为一个独特的绝对自律的自我，但由于人的选择及其结果都是在一定的情境、人与他人的关系上发生的，所以个人对环境和他人的责任同样也是生活中不可规避的。教育的重要职责就是要维护个人自由，帮助个人进行自由选择，并使其对自己的选择负责。

（2）关于道德教育的内容和方法

存在主义者认为，道德教育内容的确定不应根据客观知识本身，而应由学生的需要来决定。学习知识的目的仅在于增进自由，学生的感受和选择才是第一位的，所以教育内容不是固定不变的。各门学科就其本身而言，基本上处于同等地位。但与人的存在有本质联系的人文学科像历史、文学、艺术、宗教等相对于自然科学而言则更重要一些，教育尤其是道德教育更应以此类课程为核心，让学生在学习的过程中去考察人性及人与人、人与世界的关系，去领悟自己生活、存在的意义。

相对于“教什么”而言，存在主义者更加注重“怎么教”。在道德教育的方法上，存在主义最注重的方法论原则就是允许学生最大限度地自我表现和自我选择，而不是像传统教育那样努力去控制、支配学生，把某些东西灌输给学生。它认为传统教育方法的失误，就在于以某些外在的东西为定向，完全忽视了学生作为人的个人存在。在教育上，要反对那种划一的教育方法，提倡个别化教学；反对统一要求，反对学生一味遵从，提倡通过形式多样的活动激发学生的创造性。存在主义认为，在道德教育上，苏格拉底式的方法即通过问题、通过诱发思想的冲突引导学生获得道德知识，求得道德真理的方法是重要且可行的，这种方法最适合人的教育。

（3）关于教师与学生

存在主义者认为，在道德教育过程中，教师既要维护自己的主观性，又要充分尊重学生的主观性。他只能处于创造者、激励者的地位，可以按自己的意志去工作，向学生提供自己信奉的价值观念和道德准则，但无权强迫学生接受，学生具有选择的自由。在教育的过程中，学生不是简单地去模仿或服从，而是按照自己的意愿去决定学什么，学多少，怎么学，他只为自己的选择负责。在师生关系问题上，多数存在主义者倡导在师生间建立“我与你”的关系。这种关系有利于双方平等和谐的相处，真诚地表现了具有主体性的人的关系。另外，它对身心尚处于发展成熟过程中的学生去实现真正的自由来说是至关重要的。所以，在对话与交流的师生关系基础上进行道德教育十分必要。

3. 简评

存在主义伦理学是继现象学之后或者说是直接从现象学观念中生长出来并迅速勃兴的哲学伦理学流派。从历史发展来看，它继德国的唯意志主义伦理学和法国的生命伦理学之后，以海德格尔、萨特为中坚代表达到了现代西方非理性或反理性主义道德思潮的高峰。从社会实际的视角来看，它是现代西方政治、经济、文化状况的集中反映，是资本主义社会中个人的生存危机在哲学上的表现。

首先应该值得肯定的是，存在主义伦理学紧紧抓住人的存在、价值、命运这一人学伦理学中的最为根本性的东西，甚至把它擢升至哲学本体论和伦理学的核心地位，从而具有前所未有的强烈的人学意识和价值关怀感。在一个人类仍然面临贫困与战争、“人类异化”的时代，存在主义的哲学至少能促使人反思我们所做的一切，去寻找正确的方向。另外，它的现实批判性、人学精神、价值意识以及对人的关切的道德责任感；它对现代西方社会文明中消极现象的揭示和批判；它在道德理论本身的建树，都不无积极的价值。

但在伦理观上，存在主义又表现了强烈的非道德主义倾向。在这种思想指导下的道德教育也许就是人们所批判的“无道德的道德教育”。这种教育在实践中的结果，通常就是教育中的极端个人主义和放任主义，实际上是取消了学校的道德教育。当然，存在主义看到了传统道德教育把人当做物从而造成了教育的“非人性化”和“非个人化”等弊端，提倡学生在教育中的自主性，重视个性和创造力的培养，这些都具有合理因素，对今天的教育仍有启示意义。

（三）分析道德教育哲学

分析哲学是20世纪以来在西方各国流传甚广、影响极为深远的一种哲学思潮。从20世纪50年代起，分析哲学的方法开始应用于教育、道德教育问题的研究。教育的分析立场因其注重道德的形式特征，关心道德教育的过程、蔑视道德教育的内容而独树一帜。主要代表人物有当代著名分析教育哲学家彼特斯、谢弗勒、索尔蒂斯、麦克莱伦等人。

分析哲学的道德教育观在哲学上主要受分析伦理学的影响。分析伦理学也称“元伦理学”“分析的道德哲学”，是20世纪上半叶西方伦理学界占统治地位的伦理学思潮。它与传统的规范伦理学相对立，主张用非自然主义（non-naturalism）的方法来研究道德价值问题，反对以自然属性（进化、快乐、欲望等）来规定伦理学概念。形式主义伦理学认为，伦理学的根本宗旨不在于解释事实真理，而在于研究道德语言（“人工的”或“逻辑的”与“日常的”）、逻辑、句法、语词等表达形式、功能、结构，分析道德概念彼此间的关系、规则、道德价值判断与科学事实描述的区别，强调道德判断的形式化、普适性特征。在价值立场上，坚持“中立”（neutrality），反对对任何道德观点、道德体系进行道德上的评价。

分析道德教育理论家在讨论道德问题时仍沿用了伦理学的分析方法，其理论特点主要表现在：主张从形式而非内容特征界定道德和道德判断；重视对教育、教学、道德、道德教育、道德教学等基本概念的分析，认为道德教育理论和实践中的混乱、冲突与道德教育领域中基本概念的模棱两可、含混不清有关，道德教育中的最大问题不是没有具体的道德教育计划和教学大纲，而是没有一个清晰的、科学的概念系统，道德教育理论的一个重要任务就是澄清这些概念；重视学生对道德推理过程的理解，强调道德推理的技能、技巧等形式品质的培养，反对道德内容的教授；认为道德教育必须是中立的，即教育内容不应是特定社会和集团的特殊准则和规范，而应该是人类普遍的价值和道德原则；作为教育者或价值的传递者，其应有的立场应该是承认道德判断和行为的普遍性，对各种价值保持“中立”。

分析道德教育理论的积极意义是明显的。它重视对道德教育概念的分析和论证，强调对道德教育的结构、功能进行严密的逻辑上的规定，这对于澄清理论上的一些模糊观念和实践中的盲目做法有重要价值。分析道德教育理论所分析和论证的一些基本范畴如推理、自律、道德原则、意图和行为已经引起了人们的广泛注意，并开始对学校教育的实践产生影响。另外，形式主义道德教育理论主张以一种普遍适用的道德原则代替特定的文化准则也得到了人们的广泛响应。然而，应当看到，形式主义道德教育理论过分追求道德的形式特征，过分崇尚对概念进行逻辑的、语言的分析而无视具体内容的传授和道德教育计划的建立，这对于急切寻求解决现实问题之教育途径的人们来说，显然是过于玄虚了，致使70年代以后分析道德教育开始使人感到厌倦。

（四）新托马斯主义道德教育哲学

新托马斯主义（Neo-Thomism）是贯穿于现代西方宗教神学哲学，包括政治学和伦理学等诸学科在内的主要宗教理论之一，是对中世纪圣·托马斯·阿奎那哲学在新的时代条件下的继承与发展。在新托马斯主义阵营中，法国哲学家马里坦（Jacques Maritain）无疑是一面旗帜。

1. 新托马斯主义道德哲学

马里坦从“存在的形而上学”（神学本体论）出发，构架了自己恢弘庞大的伦理学体系。他不仅深入研究了几乎所有的基本道德问题，而且也广泛触及道德与宗教、道德与政治、道德与法律、道德与社会学等宏观问题。在人性问题上，马里坦认为人性是共同的，且是不变的，人具有精神性的永恒的灵魂。上帝是一切事物存在的根本，人的这种不变的本性即来源于神的理性、神的恩赐。他认为“自然法”是道德价值的道德标准的客观依据。“自然法”一方面是神的理性表现、上帝“智慧”的传达，另一方面也是人的真正本性的要求、人本身所固有的本质。道德律的实质，其一是它的神性。道德律来源于上帝的理性，是上帝计划的一种表现，人们的行为规则是“由上帝根据天上确定的道德法则亲自指示下来的”①。其二则是它的永恒不变性。因为作为道德律之根据的上帝理性与人性都是不变的，所以道德律自然就是绝对的和永恒的。在现实生活中的道德只不过是“自然法的动态方案”或是由于偏离上帝的意志，人性的堕落使“动态方案”在内容上产生缺陷或偏差。

在新托马斯主义者看来，人类活动的最终目的就是获得幸福或占有无限的善。而幸福又可分两种：物质方面的幸福（物质享受）和精神方面的幸福（精神快乐）。追求物质生活的幸福固然是人的“一种基本权利”，但精神完善更为重要，它才是真正的幸福。这种真正的精神生活的幸福就是去爱上帝、力求接近上帝，因为幸福不是人创造的，是永恒的，是上帝带来的。而只有发展人的理性，发展人的精神，并抑制人肉体的物质的需要，才能完善人的个性和实现人的最终目的。这种理性不是认识自然界的理性或挑战偏见的理性，而是认识上帝的真理的理性。

2. 新托马斯主义道德教育观

马里坦在详尽探讨道德哲学的基本问题的基础上，对教育、道德教育问题发表了独特的观点。

（1）关于道德教育的目的

马里坦认为，道德教育的首要目的是塑造完美无缺的人。至于为适应

---

① ［法］马里坦：《道德哲学》。见中国社会科学院哲学研究所伦理学研究室编：《现代世界伦理学》，贵州人民出版社 1981 年版，第 95 页。

不同时期的变化向学生传递特定的文化遗产，为参与社会生活和成为优良公民作准备，为以后履行社会职能、为谋生或为家庭生活作准备等，都是教育的第二位的目的。这种完美人的基本品质应包括：具有理性，他的最高尊严在于智慧；具有敬业精神和合作意识；他作为一个与上帝密切相关的自由个体，其最高正义在于自愿服从上帝的命令；他作为一个有罪的且受到伤害的动物，想去预测生活，自由地祷告；他的最高完美性就在于爱，热爱真理，热爱美好生活和正义。显然，马里坦对教育目的的看法与他的道德的永恒原则息息相关。在马里坦看来，人有时虽然是历史的，但人的本性、价值、尊严、权利以及命运没有根本性变化，可能变化的只是我们关于人是什么的知识。

(2) 关于道德教育的方法及有关内容

马里坦区分了道德的直接形成方式和间接形成方式。道德的直接形成方式主要通过家庭和教会，间接形成方式主要是通过学校教育。他尤其重视通过学校对儿童进行道德教育。家庭教育是通过共同经历、各种生活尝试、日常劳动、亲情、父母的惩罚等进行的。教堂则通过教义、箴诫、圣礼、礼拜仪式、精神训练等进行教育。在学校教育中，对儿童的道德具有直接影响的有学校政策、日常生活、道德训练、纪律等。学校教育不应仅专注于直接教给学生关于善恶的知识，因为关于善的知识对保证行善有时是有限的。对教育来说重要的是应该去培养和解放智慧、形成和装备智慧。为此，具体知识内容的掌握和理性的训练是重要的。马里坦认为，要想使道德教育富有成效，学校必须教给学生两种类型的知识：自然的和超自然的知识。自然的道德知识体现在自然界的秩序及教给学生的人类崇高的伦理精神中，这些伦理精神又尤其体现在文学、诗歌、精美的艺术品和历史之中。因为这些作品包含了人类的道德经验和关于虔诚的知识。马里坦同时也强调学校也必须教给学生建立在信仰和宗教生活基础上的超自然道德知识。如前所述，超自然的道德才是道德的根本，学生在形成这种道德的过程中可以达到道德生活的最终目标——向上帝靠拢。

3. 简评

以马里坦为代表的新托马斯主义伦理学继承并发展了正统的天主教官方伦理学。它既注重伦理学自身的理论建构，也注重伦理学与政治、哲学等相关学科外部联系，并提出了一整套宗教道德理论。这大大增强了其理论内涵和现实渗透力。从上文对其伦理思想的简要叙述中我们不难窥见托马斯主义伦理学是紧密把握时代脉搏的现代的宗教伦理学。

首先，马里坦大量吸收了现代西方世俗哲学伦理学的理论成果，在肯定接受和否定批判两个方面对现代哲学理论流派或思想家的理论成就进行了许多引进和综合。例如，马里坦从对存在主义者批判中选择了人的存在和主体性作为伦理学的哲学铺垫，从各种人格主义和人道主义学说中吸收人学伦理学的方法，提出人性来源于神性，神人统一的观点。其次，马里坦的伦理学方法和风格也是现代的。他主张尊重人类生活的经验事实，又力图调和神学传统与科学之间的矛盾，尽量避免宗教伦理的武断和片面。再次，马里坦和许多现代神学家一样，放弃了从神到人，以神学排斥科学的做法，在不牺牲上帝作为一种完美的善行理想的前提下，极大地抬高人、科学与现实生活的价值地位。

马里坦的教育哲学为当代道德教育实践提供了一种选择。他的最大贡献在于强调智慧在道德教育中的作用。或许他对理性在道德教育中作用有点夸大其词并因此而受到指责，但他当初对道德教育中的反理性主义的警醒，在今天看来仍具有重要的意义。关于家庭、宗教团体、学校的道德教育以及各自在儿童道德发展中的地位问题历来是一个莫衷一是的问题。虽然很难说马里坦已经很好地解决了这个问题，但是，他在权利主义、教条主义、中立立场以及在强权和自由之间试图保持一种中间路线的努力无疑是独特的。

但是，马里坦的宗教伦理学尽管是现代的，却不是科学的，许多合理洞见往往最后淹没于宗教神秘主义之中。神学本体是其全部哲学的出发点。在马里坦看来，现代科学技术的进步、资本主义社会矛盾的危机、人的异化等现代社会的新问题都只能成为上帝存在的“新”根据。这实际上是掩盖了问题的实质，成为资本主义制度的卫道士。另外，马里坦的许多观点过于绝对化，甚至在宗教神学内部也有许多人对他的观点提出质疑。在马里坦的教育哲学中引起最大争议的可能就是他以宗教原则为基础来进行道德教育。这种教育在很多国家包括美国在内都会引起许多力量的反对。但实际上，就目前来说，由于社会历史的局限，宗教的作用、地位以及在道德教育中对其应作如何处置在很大程度上仍然是值得进一步思考和深入研究的问题。当然，宗教哲学的根本出发点是错误的，也正因此才使得马里坦的道德教育哲学有着先天的难以克服的缺陷。

第二节　学校德育的心理学基础

如果说人们应该如何思考道德是道德哲学解决的问题，那么人们究竟是如何思考道德的则是一个道德心理学问题。具体到个体的道德发展，归根结底是其内在的心理结构的形成及发展变化过程。就道德教育来说，既需要关于道德是什么以及什么样的道德才是理想的道德的理论作为基础，亦需要态度、行为的改造与变化是如何发生发展以及取决于什么因素的理论支撑。任何科学有效的学校道德教育计划、方案的制订及课程的设计都不可能不从有关儿童道德心理及其发展规律的研究成果中汲取营养。

一、心理学在学校德育发展中的作用

教育教学过程实质上是师生心理互动从而促使彼此心理结构不断建构的过程，所以，教育者的教育教学实践本身就体现为一种特殊的心理活动。如此，科学的教育教学实践必然是遵循人的心理发展规律与特点的实践。学校道德教育概莫能外。

纵观国内外教育教学的发展历程，从孔子的“不愤不启，不悱不发”“温故而知新”到苏格拉底的“产婆术”，正是对心理活动规律的自觉运用，才使朴素的教育艺术虽逾千年而仍光芒四射；从杜威倡导的进步主义教育运动到人本主义教育思潮，每一次教育教学发展中的飞跃、突破，无不是对心理学研究成果的自觉吸纳与融合；进入 21 世纪以来从维国斯基研究热的再次升温到建构主义生命力的重新焕发，是因为“最近发展区”与“学习应是学习者主动建构内部心理结构的过程”等基本心理学原理给教育教学理论与实践提供了最基本的科学依据和发展基础。考察教育教学的历史我们可以看出，只有到了皮亚杰的认知心理学为大部分人所接受的时候，教育教学理论才开始具备了较为坚实的基础，教育教学实践才步入了科学的轨道。其实，对于道德教育的发展来说，心理学的作用更为突出。如果说当代道德教育理论与实践已经取得了令人瞩目的成就，那么，应该是心理学的研究成果为其提供了最强有力的支持。

首先，道德心理学的研究成果推动了当代道德教育理论的发展。当代道德教育理论研究所涉及的学科领域十分广泛，但研究成果最丰富者当推哲学和心理学。20 世纪中叶以来出版的道德教育论著几乎无一不是以这两个学科作为基本框架，或以专门章节讨论道德哲学和道德心理学的研究成果作为阐发新理论的基础，或者就是从这两个方面建构、阐明自己的理论，似乎不考虑这两个领域的问题便无法谈论道德教育。从某种意义上讲，以道德哲学和道德心理学为基础规划道德教育理论，指导道德教育实践已经成为当代道德教育研究的一个普遍倾向。然需要指出的是，比之道德哲学等其他学科，道德教育理论的发展与当代心理学的研究有着更为密切的关系。这不仅表现在心理学研究为道德教育工作者提供了丰富的理论营养，使其对道德教育的理论阐发更具坚实的经验性基础，以致人们不得不承认心理学乃是“过去的20年时间里对道德教育作出最大贡献的学科”①，而且还表现在越来越多的研究证明上，有效的道德教育不仅有赖于对一种适当的成熟的道德观念的选择，更有赖于人们对与这种观念有关的态度、行为等如何发生发展及其影响因素、对儿童的发展水平及其心理结构发展规律的了解和把握。实践证明，对心理学研究成果的自觉吸收使当代道德教育理论对具体学校道德教育计划的制订更具说服力。

其次，道德心理学有助于学校道德教育实践的科学化、合理化。任何的道德教育实践如要收到良好的效果，能直击儿童的心灵，就需提高教育过程的针对性，即要准确理解和遵循儿童道德发展的内在规律。而心理学的作用就是对道德教育关心的这些问题作出回答：完成一个道德的行动需要什么样的技能和心理倾向？哪些心理结构（如人格发展、智力、性格）可能与道德有关？人们能否根据道德判断的理性化、复杂化程度而对道德判断作等级的划分？儿童道德发展所需的各种能力是如何随年龄的变化而变化的？以何种方式才能更有效地促进儿童道德的发展？什么样的环境和训练条件对儿童的道德发展来说是最重要的？② 对这些基本问题的回答构成了当代道德心理学研究的基本框架，也是科学、合理的道德教育实践方案制定的基本理论依据。当然，与道德教育有关的其他类似心理学问题还有，如在品德发展中，情感起什么作用，以何种方式起作用？儿童的道德行为如何实现，儿童何以能在外界压力下作出道德上正确的行为？儿童对规则的认识以及基于这种认识所作的是非、善恶判断是否有一个发展的内部时间表？等等。正是当代道德心理学围绕以上诸问题展开的深入研究，使人们对人类的品德心理有了更深刻、更准确的理解，也使人对如何通过教育发展自己的道德有了更科学的设计。从某种意义上说，道德教育实践的科学化、合理化过程是与道德心理学的研究密不可分的。诸如认知——发展理论对道德判断、认知等在儿童道德发展中的作用所进行的独特、详

---

① Elias，J. *Moral Education*：*Secular and Religious*. Robert E. Krieger Publishing Co.，1989，p. 65.

② Beck，C. et. al. *Moral Education*：*Interdisciplinary Approaches*. NewYork：Paulist，1971，p. 14.

尽的讨论，行为主义、社会学习理论对个体行为的获得、维持和改变等进行的考察，精神分析理论对情感特别是内疚、自居在品格形成与发展中的作用进行的富有成效的探讨等，都为道德教育实践的改进提供了重要的理论参考。以致人们意识到，“任何道德教育的方法，不管是世俗的抑或宗教的，除非考虑这些心理学理论，否则就不可能是合理的。”①

二、心理学对学校德育的贡献与局限

当代道德哲学家埃洛德·弗雷德里克（Frederrick E. Ellrod）曾指出：道德教育必须合理吸收和利用道德哲学和道德心理学的研究成果。如果说道德哲学因影响人们对道德概念、人以及伦理范畴的理解从而为道德教育提供目的，那么研究个体道德发展的心理学又会从哪些方面为道德教育作出贡献呢？或者说，道德心理学是如何影响道德教育过程的呢？

其一，与道德哲学相比，道德心理学对道德教育的影响首先表现在方法上。道德教育的方法是学校道德教育中最具操作性、最直观的部分，是教育思想和观念在实际的教育运作中的具体体现。道德教育方法的使用过程，也是教育理想、信念的执行和落实过程。道德心理学的研究成果就是通过改变教育的方法和操作，实现其对教育过程的影响。杜威在其《教育上的道德原理》一书中，把学校道德教育分为社会和心理两个方面。社会方面决定应当“做什么”，当属道德哲学的范畴，决定道德教育的“目的和结果”；心理方面则决定“如何”（How）做，影响“方法和精神”②。其实，这是和心理学的研究内容紧密相关的。既然道德心理学研究的是道德主体如何发展起来，如何根据道德标准进行思维和行动的，那么它也就为道德教育的方法提供了依据。道德教育就是将其理论发现应用于实践，确定计划、程序和方法的活动③。

道德心理学对于道德教育方法的意义，在于其研究所取得的成果和结论一方面检验着流行的教育方法的适切性、合理性，另一方面也实际地改

---

① Elias，J. *Moral Education*：*Secular and Religious*. Robert E. Krieger Publishing Co.，1989，p. 95.

② Dewey，J. *Moral Principles in Education*. Southern Illinois University Press，1975，p. 47.

③ Mclean，George F. et. Al. *Act and Agent*：*Philosophical Foundations of Moral Education and Character Development*. University Press of America，Inc.，1986，p. 6.

变着道德教育的方法。[①] 比如现代道德教育反对放任主义和外部强迫灌输的方法，即在于认知——发展理论研究证明，儿童的道德发展既非内在善的展开，亦非外在力量的简单模塑，而是儿童和环境在相互作用的过程中主体自身积极建构的过程，是主体活动和实践的产物，所以参与、活动、实践等是更合理的道德教育方法。在道德教育中，人们认为以组织不同思维水平的儿童就道德两难问题进行讨论比以权威自居的教师的说教更为明智，是因为研究发现儿童的道德的进步是在不断的认知冲突的激励下实现的，其更成熟的道德思想是在不同观点的碰撞中不断确认的。再如行为主义心理学家通过大量的动物实验得出行为的"逐步接近"原则，由此强调通过条件训练、奖励和惩罚等教育方法使行为逐渐达到教育者所期望的水平。而社会学习理论的研究成果则表明，行为不单是奖励和惩罚的结果，儿童仅仅通过观察、通过对他人行为的模仿即可获得大量新的行为并实现对行为倾向的激励和抑制，因此，在教育过程中向儿童提供适当的榜样就是十分必要的。当然，有的心理学研究并没有为道德教育提供积极合理的方法建议，但其研究成果或结论却为我们反思已有的教育方法提供强有力的理论证据，如哈特肖恩和梅通过"品格教育"测验得出的结论就显示：在学校中流行的道德课教学是无效的。

其二，心理学对个体道德发展规律的揭示影响着道德教育工作者教育思想、教育观念的改变。其实，当心理学的研究成果或结论进入到实际的教育过程并实质性地影响学校道德教育的实践操作时，说明教育工作者已经理解和接纳了这些结论和主张，其结果往往是教育工作者会重新审视既有的教育原则甚至自身的教育价值观。所以，心理学研究对儿童道德心理发展规律及其影响因素的不断揭示，远不止于对教育方法的影响，而是从更深层意义上影响教育者对原有教育思想、观念的反思和修正，甚至促使道德教育的总的原则发生变革。比如，心理学的研究成果表明，儿童的道德发展不仅是一个主体进行积极自我建构的过程，而且也是一个分阶段渐次递进的过程，当道德教育工作者理解这一结论并尊重其中的科学规律时，就会意识到应该放弃漠视儿童自身需要和主体能动性的做法和观念，而将尊重儿童兴趣和需要，调动儿童的主动性、能动性，培养其自觉的道德意识和道德行为习惯作为教育工作的基本原则；将了解和尊重儿童的发展水平，提供对于儿童的认知结

① 戚万学，唐汉卫：《现代道德教育专题研究》，教育科学出版社 2005 年版，第 53－54 页。

构来讲具有同化可能性的教育内容，以保证既能为儿童所接受又能刺激其道德的发展作为教育工作的准则。再有，道德心理学的研究成果证明，儿童的道德发展是在主体与环境相互作用，在人与人之间的交往、合作中产生的，而且这种发展是儿童品德心理结构的整体发展，品德的各内在结构要素是相互影响、互相促进的。所以，学校道德教育应该把生活性、实践性作为一个总要求，通过活动、实践锤炼儿童的品德；而且作为一项系统性工程，道德教育在其过程中既要注重道德认知能力的发展也要注重道德行为习惯的训练，同时更不能忽视道德情感的陶冶，既需充分发挥学校教育的作用，重视家庭的影响，也需将社会日常生活纳入儿童道德环境的设计之中，如此才能有一个完整的道德教育，进而培养出健全的道德人格。可以说，心理学的研究成果进入教育过程不仅有助于改变教育工作者的教育思想、观念，而且有可能促使整个道德教育发生深刻变革。

毋庸置疑，心理学对儿童道德发展的研究以及对其中规律的不断发现为学校道德教育的改进作出了突出的理论贡献。但是我们也看到，作为一种学科基础，心理学之于道德教育的发展作用也是有一定限度的。首先，对于道德发展问题，心理学倾向于回答“是什么”“怎么样”的问题，即只对道德发展的事实规律进行描述，而很少提供相应的干预方案，因此心理学的研究结论不会自发地影响学校道德教育实践，只有当其被教育者理解、接纳和消化以后，才会对道德教育实践有意义。比如，儿童的道德发展是一个在生活实践中自我积极建构的过程已为道德心理学诸多研究成果所证明，并且也早已被教育理论研究者积极引介到教育领域以指导具体的实践操作，但道德教育实践中仍大量存在着倾向于强迫灌输、严重脱离儿童生活实践的现象。其次，由于儿童的品德心理结构是复杂的，其发展有一般规律但也存在个体、群体差异，另外儿童的道德成长会受到各种因素的影响，如不同文化背景、不同道德传统会使儿童的道德发展年龄特征、对有些道德问题的认识有所不同，所以，心理学研究对儿童道德心理规律的揭示是有限的，每一种道德心理理论的结论都有其特定的适用性，故其对道德教育过程的指导也会局限于一定范围。另外，许多心理学的研究结论都是建立在实验室实验基础上的，由于实验室对于影响被试心理的各种变量进行严格人为控制，故而被试的心理反应环境会与现实生活环境有较大差别，因此其实验的外部效度即推广性也会受到一定限制，这样的研究结论应用于道德教育实践亦须谨慎对待。

总之，道德心理学对道德教育的突出贡献使人们不得不对这一学科的研究成果给予足够的重视，任何道德教育计划的制订、教育策略的选择都回避不了对这些领域的研究结论的参考与借鉴。当然，关于道德是如何产生、发展的，历来没有一个统一的看法，但这也正是道德心理学值得道德教育予以更多关注的原因。人的道德发展没有一个最终的状态，故而道德教育也不会有一个放之四海而皆准的模式。道德心理学更加广泛深入的研究将推动道德教育理论的进一步繁荣。

三、当代西方主要的道德发展理论

由于研究角度有别，理论家们对道德发展的解释也就有所不同。当代西方有代表性的并且对道德教育发展产生重要影响的道德发展理论主要有三种：一是通过研究儿童的道德判断的性质及其发展水平来解释道德发展规律的认知发展理论；二是关心个体内部的动机、思想、感情，强调儿童早期经验和早期情感与道德发展的联系的精神分析理论；三是认为儿童的道德是通过条件反射和观察学习而获得，并以此约束和调节自己的行为的社会学习理论。

（一）认知发展理论

道德发展的一个重要方面是道德认知的发展。自皮亚杰（1896—1980）开创道德认知发展研究的传统以来，关于道德的认知发展理论一直在道德发展理论中占主导地位。皮亚杰、柯尔伯格、特里尔、吉利根、艾森伯格等都对道德的认知发展进行了深入的研究并作出了不同的解释。其中对道德教育发展影响最大的当属皮亚杰和柯尔伯格（1927—1987）的道德认知发展理论。

1. 皮亚杰的道德发展理论

皮亚杰对儿童道德认知发展的研究集中体现在《儿童的道德判断》一书中。此书是心理学研究儿童道德发展的里程碑，在理论和方法上均为儿童道德发展的认知研究奠定了坚实的基础。在皮亚杰看来，发展就是个体与环境不断地交互作用以及个体对自身经历的建构过程。他对道德的分析是从个体如何根据自己的经历对社会关系、规则、法律、权威和社会习俗作出判断的角度出发的，因此，皮亚杰关注的是个体道德判断的发展。皮亚杰强调："我们建议所要研究的是道德判断而不是道德行为或情操"①，

---

① ［瑞士］皮亚杰著，傅统先，陆有铨译：《儿童的道德判断》，山东教育出版社1984年版，前言、第1页。

故而，个体对社会关系的理解和判断构成了皮亚杰道德发展理论的核心。

皮亚杰对儿童道德判断的研究首先是关于规则的，包括社会性游戏中对游戏者具有强制性作用的规则以及成人制定的那些具有特别道德意义的规则。在皮亚杰看来，一切道德的实质在于个体学会遵守一定的规则系统。他首先采用临床访谈法研究了儿童的游戏规则（皮亚杰研究儿童的道德发展是从观察儿童玩弹珠游戏开始的）。研究的内容包括“规则的实践”和“规则的意识”。规则的实践主要研究个体是怎样适应这些规则的，在每个年龄段和每个心理发展阶段是怎样遵守这些规则的；规则的意识是考察儿童对这些规则的意识程度，以及随着规则练习的不断发展或随年龄的增长儿童所产生的责任类型。其中，皮亚杰重点研究了规则意识。在考察了儿童的游戏规则后，皮亚杰转向研究成人制定的具有道德意义的规则，采用包含道德价值内容的对偶故事法探究儿童关于说谎的想法和公正概念。其中有一经典的对偶故事①：

A. 一个叫约翰的小男孩在他的房间里。家里有人叫他去吃饭。他走进餐厅。但在门后有一把椅子，椅子上有一个放着 15 只杯子的托盘。约翰并不知道门后有这些东西。他推门进去，门撞倒了托盘，结果 15 只杯子都被撞碎了。

B. 有个男孩名叫亨利。一天，他妈妈外出，他想拿碗橱里的果酱吃。由于放果酱的地方太高，他的手臂够不着。他需要爬到一把椅子上，并伸手去拿。在试图取果酱时，他碰倒了 1 只杯子，结果杯子掉在地上打碎了。

皮亚杰发现，不同年龄段的儿童对故事中两个男孩的过失程度评价不一，因为其道德判断的依据不同。

通过对儿童关于游戏规则的意识与执行的访谈以及对儿童的说谎及公正观念的研究，皮亚杰指出，儿童的品德发展是一个从他律到自律的过程，儿童的道德认知发展可分为以下三个阶段：（1）前道德阶段（约在 5 岁以前）。在这一阶段，规则对儿童的行为没有约束力，因为这些规则纯粹是运动性质和个人性质的，不是要求负责的现实。儿童还不能对个体的行为作出恰当的判断。（2）他律道德阶段（在 5～11 岁）。在这一阶段，儿童认为规则是神圣而不可违背的，是由成人制定的、永恒不变的。此阶段的儿童只是严格地从字面意义上理解外部规则，把责任和依附于责任的价值看成

① ［瑞士］皮亚杰著，傅统先，陆有铨译：《儿童的道德判断》，山东教育出版社 1984 年版，第 138 页。

是固在的、不受内心支配的。个体评价行为的依据是行为的后果而非行为的动机，如他们认为无意碰破15个杯子的孩子比因偷吃东西而打破1个杯子的孩子过失更大。对于公正感，他们认为服从就是最好的道德观念，服从成人的意志就是公正。(3) 自律阶段（始自11岁以后）。这一阶段的儿童认为规则是人们经过协商而制定的，具有一定的相对性。为了保障活动顺利进行，只要大家同意就可以制定并修改规则。即他们已能够理解规则的意义，并且能用规则自觉地约束自己的行动。这个阶段的儿童对行为的评价除了看行为的结果，还要考虑当事人的动机。他们对公正的看法已经能够考虑多人或情景因素。如在分配食物时，他们一般都认为多分一些给弱者、幼小者的做法是合理的。

2. 柯尔伯格的道德发展理论

继皮亚杰之后，采取认知取向研究儿童道德发展并提出系统理论的心理学家是美国哈佛大学教授柯尔伯格。柯尔伯格沿着皮亚杰开辟的研究儿童道德判断的路线，在儿童道德认知发展与道德教育领域取得了丰硕的研究成果，构建了其关于道德发展的哲学、道德发展的心理学以及道德发展的实践策略的庞大理论体系。迄今为止，对于道德教育来说，柯尔伯格提出的道德认知发展理论是最重要、最有影响的道德发展理论。正如英国《道德教育杂志》曾对柯尔伯格及其理论所评价的："他对道德发展和学校道德教育实践所做的贡献是无与伦比的，在他几十年所致力的这些领域里，他超过了他所有同时代的人。"①

在道德发展问题上，同皮亚杰一样，柯尔伯格也认为儿童能够主动地建构其内心世界、行动的意义。儿童有他们自己的关于价值观问题的思考方式，能主动地形成他们的道德观念，这些道德观念又形成有组织的思维方式。所以，柯尔伯格认为，儿童的道德成熟过程就是道德认知发展过程。柯尔伯格对儿童道德判断发展的研究采用的是开放式两难故事法，即每个故事中都包含一个传统的道德哲学问题：生命的价值和财产、人们相互间的责任和义务、法律和规则的意义等，这些道德问题之间存在着冲突且没有很容易的解决途径。下面的"海因兹偷药"就是柯尔伯格采用的经典两难故事之一：

欧洲有个妇女患了癌症，生命垂危。医生认为只有一种药才能救她，就是本城药剂师最近研制的一种新药。配制这种药成本为200元，但药剂

① *Journal of Moral Education*. Vol. 16, May 1987.

师却索价2000元。病人的丈夫海因兹到处借钱，最终才凑到1000元。海因兹迫不得已，只好告诉药剂师，他的妻子快要死了，请求药剂师便宜一点卖给他，或者允许他赊欠。但药剂师说："不成！我研制这种药，就是为了赚钱。"海因兹走投无路，在夜晚竟撬开药店的门，为妻子偷来了药。

问题：A. 海因兹应不应该这样做？

B. 实际上这样做是对还是错？为什么？

柯尔伯格在用两难故事研究儿童的道德认知时把道德判断的内容和结构作了区分。道德判断的内容指儿童思考了什么，包括有关的道德事实，供参照的道德观念及其相应的看法，具体而言就是个体在对道德两难故事反应中所用的问题、规范和要素。道德判断的结构指儿童怎样思考问题或思考的方式，亦即对具体道德内容进行思维加工的方法和过程。柯尔伯格先向被试读故事，让被试读故事中所涉及的道德冲突选择一个立场。柯尔伯格关心的不是被试最终的选择，而是儿童在这一选择背后的推理，即其道德判断的结构，儿童为维护其选择所给出的证据和理由。儿童的回答无对错之分，只是回答中所反映出的推理水平不同。柯尔伯格最初的研究是对72名10～16岁的男性被试进行了长达20年的追踪研究，正是根据儿童道德判断的结构（推理类型）的不同对道德发展的阶段作出界定，将个体的道德发展划分为三种水平六个阶段。详见下表：

柯尔伯格的道德发展阶段

发展水平	判断的基础	发展阶段	阶段特征
前习俗水平	道德标准存在于外部的、近似于物理事件中。对正确与错误、好与坏的判断的基础是行为产生的具体后果，而不是人们习俗上的一般标准	阶段1	以惩罚和服从为定向。为避免惩罚而服从高一级力量或权威。相信客观的责任，行为是否道德依据行为的后果来确定
		阶段2	以比较行为的工具作用为定向。所谓正确的行为就是那些可工具性地满足自己的需要（偶尔可满足他人需要）的行为；朴素的平等主义和交换互惠定向

续表

发展水平	判断的基础	发展阶段	阶段特征
习俗水平	道德标准在于遵从传统秩序和满足他人的期望。不管后果怎样，凡是按照家庭、集团或国家需要行事的就是好的	阶段 3	以人与人之间的和谐一致，或使自己成为“好孩子”为定向。与大多数人的刻板印象或自然角色行为一致，按意图进行判断
		阶段 4	以维护权威和社会秩序为定向。完成自己的责任、尊重权威、保持既定的社会秩序，尊重他人的既得期望
后习俗水平	道德来自于普遍适用的原则。努力摆脱集团和个人的权威来考虑价值，着重根据个人的选择自愿采取标准	阶段 5	以法定的社会契约为定向。既强调遵守法律，也强调法律是社会一致同意的产物，其目的在于使人们和睦相处；根据契约确定义务，避免侵犯他人的意志或权利，避免侵犯大多数人的意志和福利
		阶段 6	以普遍的伦理原则或良心为定向。根据良心作出的道德决定就是正确的。不但是对规定的社会规则，而且对适于普遍逻辑和良心的选择原则，连同相互尊重和信任，良心是一个直接的媒介

道德发展阶段的概念是柯尔伯格道德发展理论的核心。柯尔伯格认为儿童道德判断的发展都是按顺序经过这几个阶段的，不能超越，只能循序渐进，即道德判断系统与特定年龄和发展阶段相联系。个体道德发展的阶段则是以优势阶段来进行划分的。因为就个体来说，其在一定的发展阶段上往往不是使用单一阶段的推理，而是通常使用几个相邻阶段的推理，即其道德发展阶段是交叉的，在这种交叉中总有一个优势阶段。根据柯尔伯格的解释，一般而言，对于一个个体如果某一阶段的使用率超过50%，就是优势阶段。柯尔伯格后来开展的跨文化研究结果也显示，道德判断的发展具有固定不变的顺序，尽管不同文化群体之间有一些整体的差异，但这些发展阶段的整体趋势仍然不变。

3. 认知发展理论对学校道德教育的启示

源于皮亚杰认知发展研究的建构主义心理学对于道德教育乃至整个教育发展的影响都是深远的。当然，认知发展理论有许多不足之处，如过分强调认知在道德发展中的作用，而对情感和行为因素则相对重视不够等，但是，认知发展理论对儿童道德认知发展阶段及其规律的研究对于学校道德教育的发展的贡献也是不言而喻的。尤其是柯尔伯格的道德认知发展理论及其相应的道德教育主张不仅在西方道德教育界产生极大反响，对于我国学校道德教育也有着重要的启示意义。

第一，学校道德教育工作要有科学的心理学依据，符合儿童的心理发展规律。认知发展理论证实儿童的道德发展是有规律分阶段进行的，这就意味着儿童在不同的年龄阶段其道德发展任务是有差异的，因此学校道德教育工作方案应该根据不同年龄儿童的道德发展特征来制定。教育干预只有尽可能符合儿童的道德心理发展规律才会有针对性，进而收到实效。如柯尔伯格曾指出，为使学校道德教育富有成效，教师必须遵循以下原则①：①教师必须认识儿童当时所处的正在发生作用的道德发展阶段，亦即教师必须既是一个“道德哲学家”又是一个“道德心理学家”。②教师必须在儿童内心激起对有问题的道德情境真正道德上的冲突和分歧。因为儿童认识上的矛盾和冲突是促进儿童道德发展的内在动力。③要向儿童揭示比他现有水平高一阶段的道德思维方式。因为只有当成人的道德说理高于儿童一个阶段时，才会被儿童同化到他的思维中去。低于儿童理解水平的说理容易被儿童拒绝，而高于两个阶段的道德说理不能为儿童所理解。亦即儿童只能同化那些在发展的意义上适合于他们自身水平的道德说理。可以看出，柯尔伯格对教师的建议是基于其对儿童道德心理发展特点的深入研究。其实，西方许多国家的学校道德教育计划在制订、设计过程中都把柯尔伯格的儿童道德发展研究结论作为重要的理论依据。我国心理学工作者曾根据皮亚杰、柯尔伯格的研究模式对我国儿童的道德发展进行研究，发现我国儿童的道德发展趋势与柯尔伯格的发展阶段大体一致。这就是说，认知发展理论对于我国的学校道德教育工作也有一定的借鉴作用。

第二，学校道德教育应该避免教条式的强制性灌输。柯尔伯格认为，儿童对于道德问题产生认识上的矛盾和冲突是促进儿童道德发展的内在动

---

① 戚万学，唐汉卫：《现代道德教育专题研究》，教育科学出版社 2005 年版，第 32 页。

力，因此，道德教育的目的就是逐步培养、提高儿童在面临道德问题时明辨是非、作出正确的道德判断和道德选择的能力。所以，就道德教育的方法和途径而言，不能用灌输的方式来达到促进道德发展的目的，因为后者很难奏效。这无疑对于我国学校道德教育的实践改进有一定的启发意义。目前，教条式的强制性灌输仍是我国学校道德实践中一种惯用的教育方式，强调向儿童提供所谓的“正确答案”，而忽视激起儿童内心在道德上的分歧和冲突，忽视儿童道德选择能力的锤炼。说教式的教育使儿童缺乏与他人的道德交流，从而降低儿童理智发展的能力，同时也不利于培养儿童的创造精神和民主意识，妨碍儿童的道德心理向高级阶段发展。因此，道德教育要有效地促进儿童的道德判断和道德选择能力的发展，就应该尽可能地避免教条式的强制性灌输和形式主义的空洞说教。

第三，学校道德教育须重视非正式课程对儿童道德发展的影响。根据认知发展理论，既然儿童的道德发展是一个自我建构的过程，儿童能主动地形成自我的道德观念，进而形成一种道德思维方式，那么搞清影响儿童道德自我建构的因素对于学校道德教育实践就十分重要。柯尔伯格在谈到学校道德教育的途径时指出，学校里的正式课程固然是影响儿童道德发展的重要因素，但是道德主要还是一个行为问题而不是一个课程的教授问题。事实上，儿童获得的大量价值标准通常并不是来自学校的正式课程，而是来自正式课程以外的各种因素的影响。柯尔伯格把学校正式课程以外的一切能对儿童的行为、态度、价值观念产生影响的因素称为“隐蔽性课程”，他甚至认为它才“是一种真正的道德教育课程——一种比其他任何正式课程更有影响的课程”①。这就是说，学校环境对于儿童的道德发展起着重要的影响作用。因此，学校道德教育不仅要重视正式课程，也要重视诸如学校氛围、校园环境、师生关系等的道德教育作用。学校道德教育工作者应该根据实际情况积极地开发各种非正式课程资源，以最大化地增强学校道德教育对儿童道德发展的影响力。

（二）精神分析理论

精神分析学派主要是从心理发展的动力来分析、探讨心理发展的一般规律。弗洛伊德（1856—1939）是精神分析学派的创始人，他将无意识作为研究对象，从人格结构入手来探讨心理发生、发展的深层动因。精神分

---

① Power, C., and Kohlberg, L. “Using a Hidden Curriculum for Moral Education.” *The Education Digest*, May 1987, p. 13.

析学派的道德发展理论强调通过了解个体的冲动、情感和思想过程来理解个体的道德行为，这构成了这一道德发展理论的主要特征，也正是这一点使该理论受到了道德教育领域的重视。

1. 精神分析学派的道德发展理论

精神分析学派是围绕着人格结构来探究儿童道德的发生、发展的。精神分析理论认为，个体心理发展的基本动力来自于冲动、情感等，个体人格的形成与发展与冲动、情感等有着密切的关系，而人格的统整在个体的道德发展中起着关键作用。儿童道德的获得即在于人格结构中超我人格的发展。

弗洛伊德将人格结构分为三部分，即本我、自我和超我。本我是弗洛伊德人格结构中最重要、最基本的部分，它由先天本能和欲望组成，其活动奉行“快乐原则”，以追求快乐和满足本能欲望为目的，并且要求尽快得到满足，是无意识的、非道德的。自我介于本我和超我之间，是有意识的和理智的，奉行“现实原则”，它既要满足本我的本能需要，又要控制、压抑不被超我所接受的冲动，把本我需要的满足纳入现实的轨道，但其最终目的是为本我服务，会想方设法满足本我的要求。因此，为进一步控制本我、监督自我，还需要更高层次的控制系统，这就是超我。超我代表着社会的伦理道德，奉行“至善原则”。超我在于限制本我，指导自我，以实现理性化的自我。超我是人格的最后形式，而且是最文明的部分。人格结构内的三个系统在人格发展的各个阶段是相互联系、相互作用的。在正常情况下，当三者达到平衡状态时，个体所表现出的行为都是合乎道德规范的，人格将获得正常发展，但若三者平衡被打破，就会引起精神疾病，并有可能引发不道德的行为。

在弗洛伊德看来，儿童道德的获得就是其人格结构中的超我发展的结果。儿童的这种超我人格其实是儿童早期经验中成人道德标准的内化，反映的是一种更为深刻的家庭情绪。而儿童这种来自于其较亲密成人的道德标准一经形成，便发挥着控制本我冲动特别是那些与攻击和性有关的冲动的作用，并指导着儿童自我的发展。

那么，超我是如何使儿童的道德发展日臻成熟的呢？弗洛伊德认为，超我是通过两种途径在儿童的道德发展中发挥作用的，即良心和自我理想。良心反映的是儿童因受惩罚而内化的经验。当儿童因受某种冲动的驱使而作出不当行为时，父母便加以制止、惩罚、训练，儿童由此而内化的经验即表现为“良心”，它用以抑制以后类似行为的发生。父母的惩罚之所以能为儿童接受并内化为良心，弗洛伊德认为主要是由于儿童对父母有一种感情上的依附感。由于害怕失去父母的宠爱，儿童在受到惩罚时会将内心的攻击性倾向朝向自身进而产生自责、内疚感，并抑制以后的类似行为。儿童对成人的感情依附程度越深其自责、内疚的程度越强烈。而自我理想反映的则是儿童因受奖励而内化的经验。如果儿童作出适当的、合乎成人要求的行为，就会受到父母的鼓励、表扬，由此以后遇到类似的情境，儿童便会重复这种行为，并将这种内化的经验表现为“自我理想”，对以后类似的行为起到激励作用，并最终成为行动的标准。如此，儿童的超我通过良心和自我理想这两种形式将早期父母惩罚和奖励经验的内化，不断抑制和消除不良行为，逐步树立良好行为的标准，当儿童不再需要成人的奖惩而完全将成人的标准内化为自身的行为标准时，其道德发展已臻成熟。

2. 精神分析学派道德发展理论对学校道德教育的启示

精神分析学派将道德心理研究延伸至无意识领域，强调人格在道德发展中的作用，由此对道德心理学作出了特殊的贡献。当然，对于精神分析理论应用于教育问题尚在争论之中，并且对于精神分析学派也有来自各方面的批评，然而越来越多的事实也证明：“弗洛伊德的思想业已成为对人类行为各种解释的基础，而这些解释已经对教育的理论和实践产生了影响。那些认为学校乃是一些压抑人的机构的教育家通常要到弗洛伊德那里寻求支持。”① 精神分析学派的道德发展理论并没有为道德教育工作者提供具体的教育教学建议，但其分析个体道德发展的独特视角及相关的研究结论对于学校道德教育的理论与实践不无重要的启示作用。

首先，精神分析学派强调情感在儿童道德行为的形成和发展中的作用，对道德教育有着重要的启示意义。精神分析学派对道德心理学的重要贡献就在于其对影响个体道德发展的非理智因素进行了深入研究，它强调情感尤其是儿童早期的情感在道德发展中的作用，指出儿童是通过其所爱戴、敬仰的人来塑造自己的人格和道德形象，这对学校道德教育有着重要的指导意义。道德教育不仅要重视各种外部因素对儿童道德发展的影响，对儿童内部因素也要给予足够的关注。对于后者，道德教育不能局限于儿童的认知领域，而就如何利用和发挥情感因素在儿童道德发展中的作用也应进行深入的研究。

其次，精神分析学派对儿童早期经验在道德发展中的作用的强调，对

① Elias，J. *Moral Education*：*Secular and Religious*. Robert E. Krieger Publishing Co.，1989，p. 71.

于学校道德教育也有积极意义。根据弗洛伊德的解释，儿童的道德是其早期经验中成人道德标准的内化，那么儿童获得什么样的早期经验对于儿童的道德成长来说就十分重要。由于性质不同，这种早期经验既可能对儿童的道德成长起积极作用，也可能妨碍、阻止儿童道德的发展。所以，在道德教育问题上，人们要重视儿童的早期教育，但同时要注意这种早期教育必须合理得当。另外，学校道德教育在对道德发展出现障碍的个体进行道德引导时，也要考虑个体的早期经验对其道德发展问题的影响，以便提高教育引导的针对性。

（三）社会学习理论

社会学习理论主要探讨的是社会化问题，即社会是如何影响个体以使他们掌握社会规范，向着社会要求的方向发展。班杜拉（1925—）是社会学习理论的重要代表人物。他指出，个体在发展过程中并不仅仅通过与环境的相互作用来学习社会知识，同时能够在头脑中对知识进行操作以形成新的理解。班杜拉认为，观察学习是人类最主要的一种学习方式。他认为在影响儿童道德学习的诸因素中，主体的观察和对榜样模式的模仿起着决定性作用。

1. 班杜拉的观察学习理论

班杜拉的社会学习理论发掘了被前人所忽视的一种学习方式——观察学习。利用观察学习的原理，班杜拉设计了许多精巧的实验，研究了社会学习在儿童青少年社会化过程中的作用。

观察学习又称替代性学习，是指“通过示范和学习者的注视而进行的学习”。在班杜拉看来，学习并不像斯金纳等人所说的那样，个体必须通过操作亲自体验到操作的后果进而得到强化才能发生。班杜拉认为，人有通过语言和非语言形式获得信息以及进行自我调节的能力，这就使得个体能够通过观察他人所表现的行为及其结果进行学习。亦即学习者无须亲自参加活动，也无须亲自体验强化。只要通过观察他人在一定情境中的行为以及他人接受的强化就可进行学习。

班杜拉认为观察学习由四个相关联的子过程组成：①注意过程。这是一种选择性注意，在观察学习中起着关键作用，它决定着从各种示范、榜样模式中选取何种信息作为观察的对象。②保持过程。注意或观察到示范信息后对此进行编码并保存在记忆中，以待日后提取并用以指导个体的行为。③动作再现过程。将贮存的动作模式信息转化为适当的行为。班杜拉认为观察者为了再现示范动作和产生最佳的行为模式，必须具备一定的运动技能，这种技能既需要机体的成熟，也需要不断的实践，否则习得的模式就只能停留在外部表象的水平上。④强化和动机过程。班杜拉认为，个体习得了某种新行为，并不一定会付诸实践，因为个体还要受到强化引起的动机的调节作用。强化引起的动机决定了哪些习得行为通过观察能够得以表现出来。

班杜拉将强化分为三种：直接强化、替代性强化和自我强化。所谓直接强化指通过外界因素对学习者的行为直接进行强化。如成人对儿童的某种行为直接施以褒奖或惩罚。替代性强化则指学习者通过观察他人在某种情境下的行为的后果，而使自己受到强化。如儿童通过观察了解到攻击行为是不道德的、甚至是违法的，因为攻击行为受到了社会惩罚，这样有攻击倾向的儿童就会有意识地抑制自己的行为。自我强化指个体不是依靠外在的奖惩，而是建立自己内在的标准，对行为进行自我调节。这种内在的标准是随着心理的发展在社会化的过程中逐渐形成的。如儿童的某种行为只有符合成人的要求时才会得到赞扬，不久之后儿童就会将成人的这种要求内化为自己的判断标准。

班杜拉通过实验证明，观察学习在儿童道德发展中确实起着重要的作用。下面是他设计的一个经典实验：给三组同为 4 岁的儿童播放一部电影，电影内容是一个男孩坐在一个充气玩偶身上，并用拳头猛击这个玩偶。然后，让三组儿童分别观看另一部电影，只是电影中增加了对攻击性行为的反应的内容。第一组观看的是攻击—奖赏式，即攻击性行为受到表扬和称赞，并得到物质奖励；第二组观看的是攻击—惩罚式，即攻击性行为遭到强烈谴责，攻击玩偶的男孩挨打并狼狈逃走；第三组观看的是攻击—无奖惩式，即攻击性行为既没有得到奖赏，也未受到惩罚。在看完电影后，所有儿童立即被带到一个有充气玩偶和其他玩具的房间，实验者通过单向屏观察儿童的活动。结果发现：观看攻击—奖赏式电影的儿童表现出对攻击性模式模仿的最多；观看攻击—惩罚式电影的儿童对攻击性模式几乎没有什么模仿。这一实验表明，替代性强化增加了儿童对攻击反应的模仿，而替代性惩罚则降低了儿童对攻击反应的模仿，亦即道德行为的获得与观察学习或行为模式模仿有着密切的关系。接下来，实验者回到房间告诉每一个儿童，谁能再度模仿电影中的攻击行为，谁就可得到物质奖励。结果发现，这一诱因完全消除了三组之间的差别，所有儿童都再次模仿了那一攻击性行为。这表明，替代性惩罚仅能阻止或抑制新行为的表现或操作，但不能阻止新行为的习得。三组儿童在观看电影后实际上都学会了其中的攻击性行为，只是有的儿童表现出这种行为乃是因为他们看到此行为得到了奖励，有的儿童没有模仿这一行为，并非他们没有学会这一行为，而是因为其看到这一反应受到了惩罚。所以，一旦新的鼓励性诱因出现，所有儿童便都同样表现了这一新习得的行为模式。

班杜拉通过许多类似上面的精巧实验，从独特的视角揭示了社会学习在儿童社会化过程中的作用，尽管其研究结论由于是基于实验室实验，推广性会受到一定的限制，但其所揭示的观察学习与儿童道德发展之间肯定性关系的存在，对于道德心理学及道德教育确有着积极的贡献。

2. 社会学习理论对学校道德教育的启示

班杜拉用学习理论解释儿童道德和社会行为的获得、改变和维持等问题，强调榜样示范在儿童道德发展中的作用，突出榜样教育的重要意义，是有其较强的说服力的。班杜拉的社会学习理论不仅可以为儿童青少年违法行为的矫正提供帮助，而且对学校道德教育实践也有着深刻的启示。

首先，多种多样的榜样示范对于儿童道德行为的发展有着积极作用。根据班杜拉的研究结论，不同的榜样示范对儿童道德学习的影响是不同的。善的榜样可以教育儿童，恶的示范则可以把儿童引向道德歧路。所以，在道德教育中，无论是学校还是家长应注意在一开始就为儿童提供好的榜样示范，并对不良行为予以适当惩罚，以帮助儿童形成良好的道德行为习惯。

儿童观察学习的示范信息很多，不同形式的示范影响儿童学习的效果也有所不同。班杜拉将示范信息区分为三类：行为示范、言语示范和象征性示范。行为示范是最基本的形式，在观察学习中具有特殊的地位，班杜拉认为绝大部分观察学习都发生在日常生活中对他人行动偶然和有意的观察的基础之上。当儿童获得一定的语言技能之后，言语示范作为常用的反应指导方式逐渐取代行动示范。象征性示范是一种通过广播、电视、电影等象征性媒介传递行为模式的方式，其特点在于广泛性和间接性。即它既可以把一个榜样的一个新行为模式同时传递给不同地方的许多人，也可以使人们感觉到所不能直接接触的东西，从而使人们受到更为广泛的间接经验的影响。班杜拉强调，人们对大众传媒的依赖性越强，这种象征性示范的社会影响力就越强，并且“随着象征性示范的大量使用，父母、教师及传统的起示范作用的榜样在社会学习中也许不再占据主要的地位”①。三种

① ［美］阿伯特·班杜拉著，郭占基译：《社会学习心理学》，吉林教育出版社1988年版，第40页。

示范影响儿童道德学习所需要的条件及所发挥的作用有所不同。行为示范难以传递象征示范和言语示范所具有的等量信息，而口头言语和书面文字也很难同行为示范和象征性示范一样能引起人们长时间注意。象征性示范以一定的认知条件为前提，在观察者的言语能力未发展之前，行为示范较之象征性示范可能更为有效。在道德教育中，教育者应根据儿童的道德发展水平提供适当的榜样示范，巧妙地运用不同示范形式为儿童呈现多种多样的道德学习信息。

其次，学校道德教育要注意发展儿童的自我教育能力。班杜拉对强化的种类做了区分，并认为在直接强化、替代性强化和自我强化三者中，只有自我强化才是调节、控制行为的稳定力量。亦即只有当儿童把社会、学校、成人的要求内化为自己的要求，并利用这些要求进行自我评价、自我监督、自我调节时，才能形成比较稳定、一贯的道德行为。这对于学校道德教育有着实际的指导意义。即在道德教育过程中，应尽可能鼓励儿童通过实践把外部的道德准则要求内化为他们的内部标准，以使他们逐步实现自我强化，增强其对行为的自我调节能力。当然，对儿童的行为进行奖惩可以使其通过直接强化遵守学校、教师的要求或规则，或者通过对个别儿童进行奖励或惩罚也可使其他儿童产生替代性强化，进而受到教育。但这两种强化往往易使儿童的行为受外在动机驱使，如为了获得表扬或者避免受到惩罚等，难以形成自觉的行为习惯。所以，学校道德教育应引导儿童进行自我强化，激发其道德行为的内在动机，发展儿童的自我教育能力。事实上，个体也只有发展起自我教育的能力，不再依靠外在强化而进行道德行动时，他才是一个真正的道德自觉的人。

最后，在儿童早期应尽可能进行正面教育。班杜拉通过实验对观察学习中的新行为的习得和新行为的表现做了区分，即儿童在观察到一定的行为模式后，有的表现出实际行动，有的则没有表现，这并不意味着没有表现的儿童就没有学会新的行为模式。班杜拉认为决定行为表现出来与否的往往是是否具备表现这一行为的动机和条件，而非是否学会了这种行为。这对于道德教育具有重要的启示。毕竟，无论是日常生活中的行为模式还是影视作品中的人物形象总有好坏、善恶之分，并且从正反两方面影响着儿童，尽管坏人、恶行最终会受到法律的制裁，但儿童仍有可能学会其中的某些行为模式如暴力等。儿童在正常情况下因受诸多因素控制而使其停留在内部表象水平上，但一旦有适宜的诱因和条件出现，这种习得的行为就可能表现出来。因此，教育者应尽可能地对儿童进行正面教育，尤其在儿童早期，应为儿童多提供积极的行为参照模式，尽量避免消极因素对儿童道德发展的直接影响。

参考文献

[1] Carr，D. Three approaches to moral education. *Educational Philosophy and Theory*，1983，15（2），39-51.

[2] Chazan，B.，& Soltis，J. *Moral Education*. New York：Teachers College Press，1973.

[3] Dewey，J. *Moral Principles in Education*. Houghton Mifflin Company，1909.

[4] Dewey，J.，& Tufts，J. H. *Ethics*. New York：Holt，1908.

[5] Kohlberg，L. A cognitive-development approach to moral education. *The Humanist*，1972，32（4），13-16.

[6] [美] 威廉·弗兰克纳．善的求索——道德哲学导论，黄伟合等，译．辽宁人民出版社，1987.

[7] [美] 纳什卡赞迈斯，珀金森．从西方思想史上考究受过教育的人的各种概念．李乐天，译．见瞿葆奎主编．《教育学文集·教育目的》，人民教育出版社，1989.

[8] [美] 约翰·杜威．我们怎样思维·经验与教育．姜文闵，译．人民教育出版社，1991.

[9] [法] 萨特．存在主义是一种人道主义．见中国社会科学院哲学研究所西方哲学史组编．存在主义哲学．商务印书馆，1963.

[10] [法] 马里坦．道德哲学．见中国社会科学院哲学研究所伦理学研究室编．现代世界伦理学．贵州人民出版社，1981.

[11] 陈友松主编．当代西方教育哲学．教育科学出版社，1982.

[12] 赵祥麟，王承绪编译．杜威教育论著选．华东师范大学出版社，1981.

[13] 蒋晓．美国教育工作者的教育哲学探析．外国教育动态，1988（6）.

[14] [瑞士] 皮亚杰．儿童的道德判断．傅统先，陆有铨，译．山东教育出版社，1984.

[15] [美] 柯尔伯格．道德发展心理学．郭本禹等，译．华东师范大学出版社，2004.

[16] [奥] 弗洛伊德．精神分析引论．高觉敷，译．商务印书馆，2004.

[17] [美] 阿伯特·班杜拉．社会学习心理学．郭占基，译．吉林教育出版社，1988.

[18] 张文新主编．青少年发展心理学．山东人民出版社，2002.

[19] 郭本禹主编．当代心理学的新进展．山东教育出版社，2003.

[20] 戚万学，唐汉卫．现代道德教育专题研究．教育科学出版社，2005.

第四章 学校德育目的

唐爱民

【本章提要】

德育目的是学校德育最基本的理论问题之一。学习德育理论，就必须明确德育目的的内涵与特点、功能与类型以及德育目的的制定依据、改革完善的指导思想。这是提高人们对学校德育本质、规律的理性认识，科学有效地组织德育活动的基本前提。本章主要讨论如下问题：学校德育目的的内涵及其与教育目的、德育目标的辨证关系；德育目的特点；德育目的的功能；德育目的的类型；制定学校德育目的的主要依据；我国现行的德育目的及其改革完善等。

教育是一项道德事业，不仅自身体现着道德的要求，而且也内在地追求着道德的目的。教育的道德规定性和指向性反映在对学生道德品质的培育、道德人格的完善、道德成长的引导等方面，其本身构成了学校德育目的。德育目的不仅决定了教育的精神本性和价值特性，也决定了学生在道德成长与发展方面的规定性。“任何一个老师都应该有鲜明的道德准则：对教育目的一定要深思熟虑——假如你认为是正当的教育目的实际上全都出于误解而学生们则对此都一本正经地坚信不疑，那么他们多年的学生生涯很可能要毁于你手。”① 探讨学校德育目的问题，实质上就是在整个教育目的的框架下探讨教育的道德目的。它是德育原理的核心问题和任何德育理论均不能搁置的基本理论问题之一。

第一节 学校德育目的概论

学校教育是一种蕴涵着鲜明的道德内涵与价值诉求的实践活动，这种实践活动对于学生在道德品质发展方面的目标、标准、规格的要求或规定，就构成了德育目的。由此，德育目的所考虑的问题，其实就是如何从社会发展，从整个教育目的的结构性要求以及学生道德生长的客观要求诸方面，

① ［英］约翰·怀特著，李永宏等译：《再论教育目的》，教育科学出版社 1997 年版，第 20 页。

对学生品德发展的目标和规格的讨论与规定。一句话，德育目的表征着儿童接受何种目标的教育才能成为一个在道德上受过教育的人。德育目的是学校一切德育工作和德育活动的根本出发点和归宿，而要把握德育目的的实质及其实践意义，就必须对其核心问题作出基本的说明。

一、德育目的与教育目的、德育目标

目的性是人的一切实践活动的根本属性，自然也是教育活动的根本属性。“一切教育活动，都是直接、间接地为了达到一定的教育目的而展开的，一切教育目的又都是为了解决一定时期人的发展与社会发展之间的某种不适应或者说某种矛盾而主观预设的。”① 德育，作为培养人的道德品质的特殊的精神实践活动，也必须确定自身活动的目的，并在目的的牵导下制订德育计划，厘定培养目标，调控德育过程。

（一）德育目的与教育目的

所谓教育目的，就是对教育过程所要培养的人的质量、规格或素质的预期结果的规定。教育目的是教育活动的主体对客观现实之于人的素质发展的需要和可能的主观认识，以及之于人的素质发展的价值选择的统一。从其存在形态上说，教育目的可分为两大部类：理论形态的教育目的和实践形态的教育目的。前者是一定社会的人们根据现存的社会条件和教育目的的基本理论所提出的关于教育结果的价值取向，反映的是人们对教育的主观愿望或意向；后者是指从事教育工作或与教育发生直接联系的人在具体的教育实践活动中所实际追求的教育目的。理论形态的教育目的可称为应然的教育目的；实践形态的教育目的可称为实然的教育目的。实然的教育目的应当与应然的教育目的相一致，否则，应然的教育目的就成为一种主观的奢侈，教育实践也会丧失价值指向。

何谓德育目的呢？一般认为，德育目的乃是对德育活动预期结果的规定，是对德育活动所要生成的品德规格、质量、标准的概括。德育目的是教育目的在学校德育活动中的具体化。因而，德育目的也应体现理论性与实践性、应然性与实然性的统一。

德育目的是整个教育目的的有机组成，是全面发展的教育目的对学生道德品质方面的概括与规定。缺乏明确的德育目的，德育活动是不可能取得什么成效的。甚至杜威的“教育无目的论”思想也蕴涵着某种确定的目

---

① 扈中平：《教育目的论》（修订版），湖北教育出版社2004年版，第3页。

的。杜威心中的教育目的，一言以蔽之，就是在学生参与社会生活过程中学会建设一个民主主义社会。因为，不但“民主主义本身便是一个教育的原则，一个教育的方针和政策”，而且，“归根到底，民主主义的问题是个人尊严与价值的道德问题。”① 学校教育必须主动迎接民主主义的挑战。这里，杜威将民主主义上升到关乎人的价值与尊严的道德问题，关乎道德教育的根本指向问题。杜威将是否引导儿童参与社会生活视为判断道德教育意义的标准，认为为民主主义社会做准备的唯一途径是参与社会生活。“除了参与社会生活之外，学校就没有道德目的，也没有什么目标。”② 教育的一个基本目的就是给予学生进入生活世界的“某些在理智上和道德上的钥匙”。③ 可见，目的性是德育活动的根本特性。

（二）德育目的与德育目标

在德育理论中，德育目的与德育目标是不同层位的两个范畴，不宜笼而统之地加以混淆。德育目的属于上位概念，德育目标则属于下位概念。就其外延来看，德育目的大于德育目标；而就其内涵而言，德育目标则精于德育目的。德育目的是国家层面或社会层面对于受教育者品德发展的规格、质量、标准的总的规定，具有较强的国家观念或意识形态色彩，呈现出相对的普遍性、统一性。德育目标则是不同类型、不同层次的学校教育所要完成的较为具体的德育任务，或某一具体的德育活动所要追求的具体的目标，具有较为明显的差异性、灵活性、多样性。换言之，德育目的是学校德育活动所遵循的总的方向，而德育目标则是对各级各类学校具体的德育活动所要实现的结果的特殊要求；德育目的是一种哲学性陈述，是对所培养的人的品德素质的大致规定，德育目标则是对所培养的人的品德素质的一种具体的描述。德育目的既指向教育者又指向受教育者，而德育目标则更多地指向受教育者；对受教育者而言，德育目的是对所有接受教育的人的道德发展的较为抽象和概括的规定，是一种教育理想，而德育目标则是围绕德育目的展开的针对特定对象的较为具体和明确的规定，通常以德育任务体现出来。相对而言，德育目的具有一定的抽象性和理论性，通

---

① ［美］约翰·杜威著，傅统先，邱椿译：《人的问题》，上海人民出版社 2006 年版，第 26、34 页。

② ［美］约翰·杜威著，王承绪等译：《道德教育原理》，浙江教育出版社 2003 年版，第 12 页。

③ ［美］约翰·杜威著，傅统先，邱椿译：《人的问题》，上海人民出版社 2006 年版，第 74 页。

常不关注达成目的的程序、方法、手段，而德育目标类似于德育任务，它是较为具体、明确的。德育目的对一切德育活动都具有某种目标的统摄性与价值的牵引性，而德育目标则是在总的德育目的的指引下对丰富而具体的德育活动的拟设或规定，它对德育活动的影响是直接的、明示的。此外，德育目的具有相对的稳定性与普遍性，而德育目标则视教育类型、德育对象、德育内容等的不同而灵活变通。

德育目标的具体化、细致化、层次化的特性，使其不同于一般化、概括化、原理化的德育目的。在此意义上，德育目标可称为“具体的德育目的”或德育目的的具体化。如何将一般的德育目的转化为具体、细致的德育目标，以使德育目的呈现出某种系统性、严谨性、实践性的层次结构，是德育原理需要考虑的一个重大而困难的现实问题。对德育目的的贯彻执行应建立一个由抽象到具体、由长远到近期、由整体到局部的不同层次的转化体系，才能使总体的德育目的一步步转化为具体的可操作的目标，从而最终接近并实现德育目的。“任何终极性的德育目的都必须转化为一系列具体的德育目标才能避免流于空泛；而若每一个具体的德育目标不与其他平行的德育目标以及其上位德育目标联系起来，并且最终与德育目的、教育目的相联系，则一个个具体的德育目标也会因失去整体性而流于琐碎，失去其意义和存在的价值。”①

德育目的与德育目标是抽象与具体的关系，是一般性与特殊性的关系，是抽象规定与具体落实的关系。诚如《学会生存》所言：“目的与目标根本不同，你能测量目标，但不能测量目的。一个最后的目的是一种哲学力量，它是我们行动的先验的本质。培养自由的人和创造思维，最大限度地挖掘每一个人的潜力，这就是最后的目的。一个目标是独立于个人而存在的。”② 德育目的是一种教育意志、教育理想，德育目标则是对德育目的具体的、明确的规定或说明。

二、德育目的的特点

德育目的是对德育活动所欲达到的结果的预设，是制约整个德育活动

① 檀传宝：《学校道德教育原理（修订版）》，教育科学出版社 2003 年版，第 67 页。

② 联合国教科文组织国际教育发展委员会：《学会生存——教育世界的今天和明天》，教育科学出版社 1996 年版，第 183 页。

的根本出发点。德育目的的特殊性决定了它不同于其他实践活动的规定性。

(一) 德育目的的前瞻性与超越性

从思维逻辑上说，与具体的德育实践活动相比，德育目的具有逻辑先在性。换言之，德育目的在先，德育实践活动在后。人们从事任何一种德育实践活动之前，总是在思维上预设了这种活动所要达成的目标，在观念上形成了一种所要培养的人的品德发展的大体形象或质量要求。这种指向教育活动对象品德发展的“思维”“预设”“观念”“要求”就是德育目的。它是德育活动的一种主观要求。即德育目的是德育活动所要取得的结果在人们观念上的预先呈现，是对所培养的人的品德形象在人的头脑中的观念形态的呈现。一切德育目的都是人们对德育结果的某种主观要求，都具有某种主观性。人们对德育目的的不同规定与争论，都是源于人们对德育活动本质的观念上差异。必然地，要使德育目的具有某种程度的统一性，就应首先使人们的德育观念达致某种程度的统一性。不同国家对德育目的的不同表达，同一国家在不同时期对德育目的的不同规定，都是德育观念的差异或德育观念变迁所致。

德育目的的主观性反映在具体的德育活动过程中，就表现为某种前瞻性与超越性。这里的前瞻性，是指作为德育活动结果的一种预设，德育目的对整个德育活动所欲经过的流程及其达成的目标的规划、预见、设想，是对每一教育活动、教学环节、教学要素的道德结果所作的预先的计划和设想。没有这种前瞻性，德育活动便如同例行公事，从而失去德育的价值。诚如杜威所言：“教育（如果真正是教育的话）必须有养成态度的一种倾向。养成在明智的社会行动中表现出来的种种态度之教育倾向，是不同于灌输教条的教育倾向的，这正如确定明智的目标是不同于向空中随便乱放枪，而幻想无论如何总会有一只鸟儿可能飞来碰上其中某颗子弹的。”①

德育目的的超越性是其主观性的另一种表现。这里的超越性，是指德育目的应当由远及近地表现为对以适应既有的社会发展之于道德教育的需求的德育目的的超越，对现有的日常生活的道德价值的超越，对学生现有的道德发展水平的超越。超越性是道德之为道德，道德教育之为道德教育的根本特性之一。因为，“道德，作为人类的一种精神活动，它是对可能世界的一种把握。道德所反映的不是实是而是应是。它不是对人们现实行为

① ［美］约翰·杜威著，傅统先，邱椿译：《人的问题》，上海人民出版社2006年版，第42页。

的写照，而是把这种现实行为放到可能的、应是的、理想的世界中去加以审视，用应是、理想的标准来对它作出善、恶的评价，并以此来引导人的行为。”由之，“道德教育的要旨不在于使受育者了解现实生活中人们道德的理想是怎样的，而在使他们掌握：人们的行为可能是怎样的？应该是怎样的？道德的理想是什么？人何以接近这种理想？道德教育如果离开了这一要旨，它就不能成其为道德教育。”① 德育目的超越性的淡化，必定会导致德育目标失去层次性、序列性，导致德育活动毫无效率的机械重复。

（二）德育目的的客观性与现实性

德育目的具有主观性、前瞻性，但它又不是人们对教育活动欲求结果的纯粹的思维与逻辑的规定，不是人的纯粹意志自由的产物，更非随心所欲、凭空想象的结果。德育目的是人们对德育活动结果的预先的观念表达，但这种观念的表达必须基于客观现实，才能使所规定的目的具有现实性、可行性，也才使德育目的的意义、价值、功用得以真实而具体的呈现。德育目的所依据的“现实”包括三个方面：一是社会道德发展的实际及其发展趋势；二是学校道德教育的实际；三是受教育者的道德发展的实际及其趋势。因而，德育目的又具有客观性。“人的目的虽然是作为人的一种主观的东西存在于观念之中，但是这种主观观念又是从客观现实对象转化而来的。目的必须以客观现实为前提，目的的提出要以客观的因果性和规律性为根据。”② “道德教育作为一种教育活动、一种精神活动，它是要受物质的、现实的生活的制约的……精神生活并不能够脱离现实的物质生活，它必须现实化。”③ 缺乏客观依据和活动范围的德育目的，只能是人们纯粹理性的表达，只能是自我陶醉的精神胜利，对教育实践不会有实际的、有效的指导作用；它要么是多余的，要么是有害的。德育目的既来自于客观世界和教育实践，又作用于客观世界和教育对象。

德育目的客观性与现实性的实质在于，德育目的必须具有可能性、可行性，必须与道德主体现实的道德现状和实际的道德需求相统一。德育目的的设定不能仅囿于成圣成贤的高远理想和不切实际的高蹈理论，而应契合社会发展的时代要求和受教育者的道德需要，否则，德育目的只能沦为某种理论的奢侈。德育目的的“要害在于环境的设计能否与主体的接受状

① 鲁洁：《超越与创新》，人民教育出版社2001年版，第259页。

② 南京师范大学教育系编：《教育学》，人民教育出版社1984年版，第152页。

③ 鲁洁：《超越与创新》，人民教育出版社2001年版，第259页。

态联系起来。不进入主体接受的阈限，德育目的就是妄想。长远或超越性的德育目的既要有现实性，又要有实现它的具体方式。”①

（三）德育目的具有现实性与超越性相统一的规定性

德育目的既具有主观性、超越性，又具有客观性、现实性，是人的意识的主观性与现实世界的客观性的有机统一。只强调德育目的的主观性、超越性，就会使德育目的仅具理论理性；片面注重德育目的的客观性、现实性，又会使得德育目的囿于实践理性。这两种极端做法，在我国的教育发展过程中都有过深刻的教训。如在“极左”年代，我们不顾社会发展的现实和受教育者身心发展的现实性与可能性，片面强调德育目的的超越性，简单地将共产主义的理想目标搬至教育目的之中，极大地伤害了教育；而在当下，随着经济理性对社会发展的绝对支配甚至全面胜利，教育匍匐在经济理性、工具理性、实用理性膨胀的阴影中亦步亦趋，德育之精神培育、价值引导、人格塑造、品性完善之功能受到了不应有的忽视，造成了德育自身的畸形发展和对社会的不良影响，如不及时予以扭转，也必定会对德育的价值和社会的发展带来可预见的危害。这是人们片面强调德育目的的客观性所难以规避的后果。因而，主观预制的德育目的必须来自客观世界，反映客观世界。从此意义上说，德育目的不过是人们对客观现实的某种主观表达。

任何德育的理论和实践，都首先是德育目的的理论和实践；任何德育改革，也都是从培养何种道德素质、品德规格与质量的人而构思并展开的，因而也都是从德育目的的改革开始的。德育目的是德育理论和实践中的核心问题。德育目的应当是对道德教育的现实、未来的发展方向和预定发展结果的一种明示，是一切德育活动的目标导向。德育政策的制定、效果的评价、过程的优化等，都必须受德育目的的规范与制约。

三、德育目的的功能

德育目的的功能是指德育目的对整个学校道德教育活动和德育对象的品德发展所起的作用。德育目的不是仅具有观念意义的理论问题，它对整个学校道德教育的运行具有重要的实践价值。因之，它既是一个理论问题，也是一个实践问题。德育目的的主要功能可以概括为如下几个方面：

---

① 檀传宝：《德育原理》，北京师范大学出版社2006年版，第114页。

(一) 导向功能

德育目的是德育实践活动的起点，指导并支配着学校德育活动的整个过程。德育目的不仅为受教育者指明了道德发展的方向，预定了发展结果，也为教育者指明了工作方向和奋斗目标。因此，无论对教育者还是对受教育者来说，德育目的都具有目标导向作用。一切德育过程都是贯彻并实现德育目的的过程。德育过程是德育目的在实践中的展开，德育目的是德育过程在观念中的体现。德育观念、政策和具体活动的进行都应当具有明确的目的指向性，都应当在德育目的的引导下并朝着德育目的的方向迈进。德育目的可以给人以进行教育活动的责任感、使命感，鼓舞人们的热情，焕发人们的斗志。德育目的是学校全部德育活动的灵魂。德育活动的系统性、复杂性、多学科性，使得德育目的的导向性变得更为必要。

与此同时，由于德育是关涉受教育者道德成长与品德发展的精神活动，因而德育目的对受教育者而言也具有道德发展的导向作用。德育目的以某种道德理想召唤着学生的道德成长与品格完善，需要学生付出一定的意志努力而趋达目标。在此意义上，德育目的对德育对象具有动机激发和目标激励功能。优良的德育目的一定是对德育对象的道德成长起着价值导向或行为引导的目的，它本身就保有某种教育功能。德育目的的导向功能能够确保人们的活动不偏离目标，并对那些“经验至上”的行为或盲目自发的行为发挥着抑制作用。德育目的的导向作用还表现在将个体的活动聚合在统一的目标引导下的集体的活动，从而保证德育活动的整体性。

(二) 调控功能

德育目的一经确立，就对德育活动的全过程具有调控作用。这种调控作用包括两个方面：一是宏观调控；二是微观调控。宏观调控是指德育目的对整个德育活动的体系、目标、课程、过程、管理等具有支配、控制作用，是学校德育活动的灵魂；微观调控是指德育目的对具体的德育活动、德育方案、教学过程的调节、支配作用，德育活动计划的制订、内容的选择、教育手段与方法的运用也都应围绕着德育目的而进行。德育目的的宏观调控和微观调控都应当是既指向教师又指向学生的，不仅教师的教育与教学活动受德育目的的支配与调控，而且学生的道德成长和发展也应受德育目的的支配与规约。惟其如此，才能祛除德育活动的盲目性、机械性和各种形式主义的流弊。

德育目的的调控功能表现在对德育对象的道德成长上，就表现为规范功能。它不仅对学生的道德进步起着目标引导作用，而且对其道德行为也起着规范作用——对其优良道德行为的激励和对不良道德行为的预防。正如涂尔干的理解："道德是由预先决定行为表现的行动规范体系所组成的。这些规范规定着一个人在既定的情境中应该怎样行动；举止得当，就是从良知上服从。""道德是各种明确规范的总体，道德就像许多具有限定性的边界的模具，我们必须用这些模具去框定我们的行为。"因而，"道德的功能首先是确定行为，固定行为，消除个人随意性的因素。"在涂尔干看来，"道德基本上是一种纪律。"① 它不仅支撑着个体的道德生活，而且规定着其道德人格。"无论行为可能是什么，如果行为只指向行动者的个人目的，就不具有道德价值……我们可以得出结论说，用道德规范规定的行为，总是追求非个人目的的行为。"②

学校道德教育必须是既具有道德规范的内容，同时自身又体现道德规范性的教育。道德规范是一种常规道德和道德教育的价值尺度之一，没有道德的规范和规范的道德，学校道德教育的实效就无以确保。"任何一个道德当事人都应当重视道德行为中的核心内容，不仅当它们与当事人相一致时要重视它们，而且当它们与其他道德当事人相关时也要重视它们。这是道德价值的基本准则。"③ 规范功能是我们理解德育目的功能的重要内容。

（三）评价功能

德育目的是衡量、评价德育活动效果与效率的根本依据和标准。评价德育活动的质量，评估教师教学活动的质量，评定学生道德发展的水平等，都必须以德育目的为准绳、为标矢。德育目的是联结德育理论与实践的中介，对德育实践活动具有重要的激励作用。德育目的是检验德育活动结果的最终依据和标准，是德育活动的归宿。"德育目的是整合所有具体的道德教育评价标准的精神内核，也是德育评价的最高准则。"④ 德育目的通过具体的培养目标和丰富的教育活动而得以展现，但最终的结果能否达到德育目的的要求，还需作出评价；评价的依据只能是预先制定的德育目的。德育目的通过德育目标反映出来，德育目标通过具体的德育活动体现出来，

---

① ［法］爱弥尔·涂尔干著，陈光金等译：《道德教育》，上海人民出版社 2006 年版，第 23、38 页。

② ［法］爱弥尔·涂尔干著，陈光金等译：《道德教育》，上海人民出版社 2006 年版，第 45 页。

③ ［美］R. 赫斯利普著，王邦虎译：《美国人的道德教育》，人民教育出版社 2003 年版，第 38 页。

④ 檀传宝：《德育原理》，北京师范大学出版社 2006 年版，第 115－116 页。

德育活动的结果和效率的衡量需要德育目的来裁定。如果评价的结果与德育目的不一致，那么，德育目标与活动计划就需作出修正。评价的标准必须与德育目的的精神相一致，否则，评价就沦为形式主义从而失去了应有意义。

明确德育目的的功能具有重要的理论意义与实践价值。它对于人们理解德育的本质，落实德育的首要地位，澄清德育的模糊认识，淡化德育的“工作意识”，强化德育的“目的意识”，意义深远。德育不是一项具体的工作，而是学校教育一切工作的目的与归宿，[①] 只有在德育目的的意义上，才能真正理解德育的价值。

四、德育目的的类型

德育目的关乎德育活动的目标指向和教育的价值趋向。对德育作不同取向的理解，采取不同的价值观，就会产生不同的德育目的观。因而，人们在预设德育目的时，意见分歧，观点相异，关于德育目的的不同理论学说也各持己见，相互纠缠；人们对此也争论不休，见仁见智。这里，我们拟对道德教育发展史上有代表性的几种德育目的观作出概要性解释。

（一）神学本位论的德育目的观

所谓神学本位论的德育目的观，就是主张德育的目的在于使人摆脱人性，养成神性，信仰上帝，皈依上帝，追随全知、全能、全善的上帝。这是产生于古代西方社会并在当代西方余绪未绝的一种德育目的观。其中，中世纪基督教的德育目的观最为典型。彼时的学校道德教育，依循的是《圣经》的“摩西十诫”中的道德准则、清规戒律、宗教信条，目的在于通过律令的践行和禁欲主义的自我约束，为追求天国的永恒幸福做准备。神学本位论认为，“人的特征正是其超人、神人的性质。人不仅知道神，同时这种意识——宗教意识——又是他的本质特征，因此，完全可以把人定义为一个与神有着有意识内在联系的生物。”[②] 即是说，所有的道德问题都是神学问题，人是生而有罪且无德性的存在，只有向上帝忏悔，才能得到神的启示而具有德性。神学本位论的德育目的就是一种

---

① 参见袁振国主编：《当代教育学（修订版）》，教育科学出版社 1999 年版，第 225－226 页；黄向阳：《德育原理》，华东师范大学出版社 2000 年版，第 36－37 页。

② ［美］C. 谢·弗兰克：《社会的精神基础》，生活·读书·新知三联书店 2003 年版，第 92 页。

“神化”的教育目的——即拥有神性、达到神的境界、将人提升为神的教育目的，其“根本使命就是要帮助人去听从自己最高层的本性——神性之召唤，努力摆脱自然性，跳出自己作为人的生活经验，脱去‘人’的帽子，也就是在‘神人’中去除掉‘人’的因素，实现完全的神性而‘修成正果’，化成一个‘神’。”① 奥古斯丁的教父哲学、托马斯·阿奎那的经院哲学是这种目的观的集大成者。

在西方社会，宗教与道德教育有着极为亲近的源脉关系。以宗教教育代替道德教育曾是西方教育稳定的传统，至今在某些国家的道德教育体系中，宗教的精神与色调仍十分浓厚，学校教育中充斥着浓浓的上帝情怀。正如19世纪美国宗教哲学家马希所描述的：宗教是“正在生长着知识之树的元气”，它“并不是与教育系统中所应该教导的东西不同的和分开的；人们应该学习它，把它蕴藏在心里以备未来之用；它是一种渗透的和有生命的原则和力量，应该影响着它发展的每一个阶段和过程；它把灵魂的一切力量，（当它们在开展的时候）都置于它的神圣的和人道的影响之下。”② 只有在深刻的宗教精神中来理解道德教育，方能把握西方教育的真谛。

在某种意义上，宗教形塑着人们的灵魂。但随着教育的人文主义思想的勃兴和科学理性的彰显，神学目的观渐趋被世俗的、人性的目的观所取代，宗教对道德教育的一元决定性渐趋动摇，尘世的生活谋划和世俗的教育意旨进入了道德教育的视域。宗教教育难以一手遮天了。诚如涂尔干的考察：尽管一方面，“基督教的教育观念决不是没有道理的，即使它给自己包装的那种符号语言已经不再能够当成科学真理来接受，在这些符号底下，也依然有某种我们不应该抛弃的深刻的真理。”然而，另一方面，“即使学校一开始就在根本上具有宗教性，但换一个角度去看，它们一经构成，就往往会主动地表现出越来越浓厚的世俗性。这是因为，从它们出现在历史当中的那一刻起，自身中就蕴涵着某种世俗原则。”“学校从其源起之时，自身就孕育着神圣与世俗之间、世俗与宗教之间激烈的斗争。”③ 神学目的观的最大罅漏在于对道德的神秘化和对人性的戕害，尽管它看到了人与人

---

① 鲁洁：《做成一个人——道德教育的根本指向》，《教育研究》2007年第11期。

② ［美］约翰·杜威著，傅统先，邱椿译：《人的问题》，上海人民出版社2006年版，第329页。

③ ［法］爱弥尔·涂尔干著，李康译：《教育思想的演进》，上海人民出版社2006年版，第354、30页。

之间的道德关系，但却“把道德推向了整个现实世界之外，从而使道德问题完全成了神学问题，”① 它将道德推向了遥不可及的彼岸世界，根本无法对人的现实生活作出科学说明。神学本位论的德育目的观必然使人否弃身在其中的现实的世俗生活，否定人的正常需要与人性诉求，假借神圣之名而对人进行精神宰制，因而必然导致道德教育从虚妄走向虚假。因为，“人永远也成不了神，成为神只是一种妄想。”②

（二）个人本位论的德育目的观

所谓个人本位论的德育目的观，就是主张德育应以人的本性和道德需要为出发点而制定德育目的、建构德育活动的目的论。个人本位论的德育目的观，其旨趣在于强调个人价值对道德发展的作用，强调个人的道德主体性和道德的自由、自治。个人本位论一直是西方具有强势地位和影响的德育目的观，至今仍赓续未绝。19 世纪末和 20 世纪上半叶是个人本位论的全盛时期，卢梭、裴斯泰洛齐、第斯多惠、福禄培尔等通常被认为是个人本位论德育目的观的主要代表；而到了 20 世纪，个人本位论则继续高歌猛进，人的本性、人的价值、人的尊严、人的主体性成为道德教育的主题，从而与社会本位论一道成为贯穿于 20 世纪并相互颉颃、互竞短长的德育目的论。无论是杜威的实用主义，萨特的存在主义，罗杰斯、马斯洛等人的人本主义，马里坦等人的永恒主义，还是柯尔伯格的认知发展道德教育理论，拉思斯等人的价值澄清理论，麦克菲尔的体谅模式等，无不考虑道德同人的现实关系和实际利益，以人的道德本性、道德需要为出发点而设计道德教育的目的，在这些思想观念深处，人是道德活动的主体，人是道德教育的主题。

按照个人本位论的观点，德育目的应当根据个人发展的需要而制定，德育目的在于使人的本性、地位、价值得到完满的发展，如若以社会的要求来培养人，来规定德育目的，就会使德育成为一种外在于人的活动，成为一种对人性予以外在干预甚至宰制的过程。诚如存在主义教育哲学家奈勒的肺腑之言：“我越是考虑到今日公共教育的混乱情况，我就越发深信存在主义者揭示了改革教育的道路。我们的儿童像羊群一样被赶进教育工厂，在那里无视他们独特的个性，而把他们按照一个模样加工和塑造。我们的教师被迫，或者认为是被迫去按照别人给他们规定好的路线去教学。这种

① 李春秋主编：《新编伦理学教程》，高等教育出版社 2002 年版，第 4 页。

② 鲁洁：《做成一个人——道德教育的根本指向》，《教育研究》2007 年第 11 期。

教育制度既使学生异化，也使教师异化了。现在已经到了要改善的时候了。”① 个人本位论认为，个人的价值高于社会的价值。道德教育是由人来进行、以人为对象、以人的道德发展为终极目的的实践活动，人的价值、人的发展是其首先予以考虑的重点。

应当承认，个人本位论的德育目的观，对于凸显人的价值、人的尊严、人的个性、人的主题，对于开掘人性，都具有重大的现实意义，它对于克服长期以来道德教育中强制、灌输的价值取向也具有积极意义，然而，对个人道德价值的过分强调不可避免地导致道德教育中的个人主义、相对主义和对社会制约性的疏离，因而也带有自身的缺陷。

（三）社会本位论的德育目的观

所谓社会本位论的德育目的观，就是主张德育应以社会发展需要为出发点而制定德育目的、建构德育活动的教育目的论。也就是说，培养符合社会主流道德需要的公民，使受教育者实现个体道德的社会化，从而保证社会的存续和发展，是社会本位论的价值承诺。社会本位论是与个人本位论相对立、相制衡、相始终的德育目的观。个人本位论发展到极致之时，社会本位论便异军突起；社会本位论达致高潮之际，个人本位论便与之争锋。一般认为，19 世纪下半叶是社会本位论的鼎盛时期，洛克、赫尔巴特、孔德、涂尔干、凯兴斯泰纳、纳托尔普等通常被认为是社会本位论的主要代表。

社会本位论的德育目的观认为，个人的一切发展都有赖于社会。人无一例外地都是社会中的人。人的道德的发展，价值的彰显，都由社会来决定并通过社会来完成；是社会决定人而不是个人决定社会，人的道德发展依靠社会提供营养。正如 19 世纪的社会学家孔德所言：“真正的个人是不存在的，只有人类才存在，因为不管从哪方面看，我们个人的一切发展，都有赖于社会。”纳托尔普也如是说：“事实上个人是不存在的，因为人之所以为人，只因为他生活于人群之中，并且参加社会生活。”涂尔干更是一语中的：“我们本身最重要的部分，都是从社会得来的。”② 德育的最终目的在于促进社会的发展，个人只是实现社会目的的工具，德育过程就是把社会的道德观、价值观转化为个人的道德观、价值观。德育的最高目的是造就公民，而非培育人性。诚如凯兴斯泰纳所言：“国家的教育制度只有一

---

① 陈友松主编：《当代西方教育哲学》，教育科学出版社 1982 年版，第 119 页。

② 南京师范大学教育系编：《教育学》，人民教育出版社 1984 年版，第 160－161 页。

个目标，就是造就公民。”涂尔干也持相同观点：“教育在于使青年社会化——在我们每个人之中，造就一个社会的我，这便是教育的目的。”在涂尔干看来，教育目的必定是随社会发展而不断发展变化的，因而“无论在哪里，教育首先是在满足一些社会需要。”“人实际上因为生活在社会中才是人。”① 德育的目的在于塑造“社会我”而非“个体我”，社会的价值高于个人的价值。

涂尔干是典型的社会本位论德育目的观的代表。在他的思想中，道德的目的就是社会的目的，社会若欲保持稳定并按自身的形象塑造其成员，最有力的工具便是教育，而“无论什么时代，教育的器官都密切地联系着社会体中的其他制度、习俗和信仰，以及重大的思想运动。”因而，“要想真正地理解任何一项教育主题都必须把它放到机构发展的背景当中，放到一个演进的过程当中，它属于这个过程中的一部分。”② 每一个德育过程的开展，也都必须考虑到儿童生活其中的社会共同体及其道德环境。涂尔干将学校视为一种有组织的道德环境，他深信：“不管是哪一级的学校，都应该提供一个道德上颇具凝聚力的环境，紧密围绕在孩子们的周围，对他的整个本性施加影响。我们把学校比作一种社会共同体，(这就是）我们常说的所谓的学校的社会共同体。”③ 对学生的道德成长而言，学校教育的功能就在于能够为其提高一种道德和理智上的庇护。“在年龄较小的时候，当学生还是个孩子或者还处在青春期的时候，当他还缺乏足够的经验，不能够凭一己之力应对世事人情的时候，当他对自己初露端倪的个体特征还很没有把握的时候，让他听从于一种比较非个人化的管制，一种更加直接的控制，就是至关紧要的事情了。孩子生活的那个道德环境必须紧密地裹护他，以便能够更有效地支持他。”“道德傍依的感觉不管以什么样的形式表现在我们的自觉意识里，都是防御自我中心主义的坚实壁垒。”④

公允地说，社会本位论的德育目的观合理地认识到了社会发展对人的

---

① 张人杰主编：《国外教育社会学基本文选》，华东师范大学出版社1989年版，第11、13页。

② [法] 爱弥尔·涂尔干著，李康译：《教育思想的演进》，上海人民出版社2006年版，导言、第16页。

③ [法] 爱弥尔·涂尔干著，李康译：《教育思想的演进》，上海人民出版社2006年版，第35页。

④ [法] 爱弥尔·涂尔干著，李康译：《教育思想的演进》，上海人民出版社2006年版，第124、229页。

道德发展的决定性，它对于维护社会秩序，增进社会团结，促进社会的和谐发展无疑具有重要意义。然而，过于浓郁的社会本位色彩，又不免使德育忽视个体发展的主体性、主动性、创造性，忽视人的道德发展的个性和自主道德精神的发展，因之亦带有自身难以克服的局限性。

应当指出，对个人本位论和社会本位论的德育目的观的划分与阐释，只是根据不同学者在德育之于个人发展与社会发展的作用及其关系上的思想或价值取向的一种大致的概括，不具有绝对的意义，也不意味者两者是互不容忍、势不两立、非此即彼的关系。这种划分是出于理论研究的需要而非现实状态的写照。在现实的德育过程中，无论是过去还是现在，都不存在绝对的社会本位论或个人本位论。个人本位论不过是针对社会对人的发展的过分压制而强调个人的价值、尊严与地位；同样，社会本位论也不过是针对极端个人主义或放任自由主义脱离社会发展的轨道或损害社会整体的利益而强调社会存在的价值与作用。

个人本位论与社会本位论的德育目的观都是历史发展的产物，具有深深的历史逻辑的印痕。前者的隆盛时期正值自由资本主义的顶峰，反对社会专制、颂扬个人价值理所当然地成为当时社会思潮、教育思潮的主流；后者的繁荣正值资本主义制度业已确立但各种社会矛盾日益凸显的时代，肯定社会的需要与社会的价值，反对极端任性的自由主义、个人主义，也合乎逻辑地成为社会与教育发展的主潮。不从两者由以产生的历史背景中思忖各自的理论标榜及其价值与限度，就无法把捉各自的理论要害，也不可能对它们的关系作出辩证而周全的理解。

个人本位论和社会本位论的德育目的观既都有自身的理论价值，又都有各自的理论限度。它们共同的理论缺陷在于：以各自钟情的逻辑出发点片面强调某一价值的重要性，从而在处理德育与个人发展、德育与社会发展的关系时陷入了“二元论”的泥淖。个人本位论从社会现实对人的尊严、人性的价值的压抑、戕害出发，强调德育的目的在于发挥个人的价值，尊重人的主体地位，开发人的能动性与创造性，无疑是正确的，令人敬崇的。然而，它过分强调人的主体性、能动性，将人视为一个远离了具体社会的抽象的人，注重对抽象人性和道德的塑造与引导，没有观照人的道德发展的社会制约性，这就曲解了道德教育与个人发展、社会发展之间的复杂的关系。同样，社会本位论从“只要自由、不要责任”的极端个人主义对社会道德规范和价值秩序的破坏的现实出发，强调人的发展、人性的完善对社会的依赖性，注重社会现实对人的道德发展的决定性，突出德育服务于社会的价值追求，无疑也是正确的，有意义的。然而，它过分强调社会对人的干预与控制，看不到人的主观能动性对推动社会发展、保持社会稳定的积极作用，片面强调社会道德规范对人的影响，没有观照旧的社会道德秩序的变革和新的社会道德秩序的产生同样需要人的积极作用，而只注重人对现实社会的适应，看不到人对现实社会的超越，也不可能真正理解德育之于人的发展、社会发展之间的辩证关系。恰如杜威的深刻见解："我认为受教育的个人是社会的个人，而社会便是许多个人的有机结合。如果从儿童身上舍去社会的因素，我们便只剩下一个抽象的东西；如果我们从社会方面舍去个人的因素，我们便只剩下一个死板的，没有生命力的集体。"①

用个人本位论取替社会本位论，或者用社会本位论贬低个人本位论，都是片面的二元论，都无助于制定正确的德育教育目的。将两者相互割裂和对立的做法，只能进一步加剧相互之间的裂隙。两者是相互补充、互为制约而非相互排斥、互为否定的辩证统一关系。"在社会道德和个体道德的关系上，绝不只是社会道德单方面影响、造就了个体道德，而是两者相互影响、相互促进的双向互动过程。个体道德一旦形成，就会以其独特性的情感态度和行为方式对社会道德的建设发生积极或消极的影响。"② 学校道德教育事实上承担着协调人的发展和社会发展矛盾的中介转化地位，片面强调哪一点都无益于德育目的的科学理解。"对人的发展来说，教育促进着人的社会化；对社会发展来说，教育又促进着社会的人化。这样，教育便在人的发展与社会发展之间的矛盾中扮演着中介转化的地位。"③

（四）实践本位论的德育目的观

所谓实践本位论的德育目的观，乃指在实践中并通过实践使学生不断改善自己的道德生活从而形成一种善恶分明的行为方式的目的观。德育的实践目的论特别强调"在实践中通过实践而且为了实践的道德教育计划"。这种教育计划在德育课程上坚持活动课程的主导性地位，立足于学生的兴趣、需要和自主活动来组织课程，强调社会实践活动和道德实践能力在学生道德学习和发展中的积极作用；在德育过程和方法上，强调通过学生的

① ［美］约翰·杜威著，王承绪等译：《道德教育原理》，浙江教育出版社 2003 年版，第 356 页。

② 唐凯麟，龙兴海：《个体道德论》，中国青年出版社 1993 年版，第 18 页。

③ 扈中平：《教育目的论》（修订版），湖北教育出版社 2004 年版，第 11 页。

实践和感性活动来获得和实现道德价值；在教师观上摒弃权威灌输，强调教师的生活指导和师生合作之于学生道德成长的建构作用。①

实践本位论的德育目的观是对权威主义和认知主义德育目的观的一种反动或超越。权威主义德育目的观注重道德的规范性、强制性或约束性以及学生对道德规则的不理解的、单向服从，忽视了道德的引导性、创造性和自主建构性，否弃了道德作为彰显人的主体精神的“自由自觉活动”的本质规定性，因而只能导致道德教育活动的机械性和低效性；认知主义德育目的观则注重道德知识的教学、“关于道德的观念”的传授和传输的道德判断的培养，遮蔽了学生道德行为的改善之于德育活动的根本决定意义，混淆了道德上的应然与事实上的实然的区别，因而只能导致德育活动成为一种不得要领的形式主义。认知、推理既不是道德的本质成分，也不应该是德育的核心内容。学校德育的最终目的在于调动学生的自主活动，使其“在实践中通过实践或在做中并通过做实现知行的真正统一。因此，道德教育的真正目的就是做、活动或实践道德生活。”②

我们认为，实践本位论的德育目的观是对道德之实践本性和道德教育的实践指向性的深刻把握。因为，从其产生的本源看，道德是人类社会实践的产物；从其运行的过程看，道德只有在社会实践中才能体现自身的价值与功用。道德在本质上是实践的。离开了实践的经验依托与价值指向，道德就丧失了存在意义。“道德在活动、实践中并通过活动和实践诞生，通过活动、实践确证其存在，并在活动、实践中满足着主体最深刻的道德需要。”③ 就德育这一特殊的精神实践活动而言，学生的道德活动、道德实践本身就是目的。道德教育的本质绝不是知识，而是实践。“在实践的事务中，目的并不在于对每一课题的理论和知识，更重要的是对它们的实践。对德性只知道是不够的，还要力求应用或者以某种办法使我们变得善良。”④

对学生而言，情趣盎然的德育活动与丰富多彩的人际交往最能唤起其

---

① 戚万学：《道德教育的实践目的论》，《山东师范大学学报》（人文社会科学版）2001年第1期。

② 戚万学，唐汉卫：《现代道德教育专题研究》，教育科学出版社2005年版，第214－215页。

③ 戚万学，唐汉卫：《现代道德教育专题研究》，教育科学出版社2005年版，第214－215页。

④ ［古希腊］亚里士多德著，苗力田译：《尼各马科伦理学》，中国社会科学出版社1990年版，第230页。

对道德的真情实意，最能检验相互间的利益关系，也最能加深其道德经验。“即便在教室中，我们亦开始认识到：在仅是教科书和教师才有发言权的时候，那发展智慧和性格的学习便不会发生；不管学生的经验背景在某一时期是如何贫乏和微薄，只有当他有机会从其经验中作出一点贡献的时候，他才真正受到教育；最后，启发是从接受关系中，从经验和观念的交流中得来的。”① 德育过程不仅要求学生的理智参与，更强调通过其自身的活动来获得和实现道德价值。因而，活动和交往是学生道德发展的根源与动力，是德育过程的基础和源泉。无论是道德认知、道德情感、道德行为，都只能在学生的活动与交往中得以提升、激发和养成。

需要申明的是，并不是一切交往与活动都具有道德教育意义，只有那些能引发学生的价值思考、道德情感体验、道德意志锻炼的交往与活动才具有道德教育价值。不具有教育性价值的活动与交往，只会损害德育活动的效率。因而，如何组织富有创新性、趣味性、发展性的活动与交往，成为关涉学校德育实效的一个重大实践问题。

除了我们提到的如上四种德育目的类型外，还有主张以价值取向为划分标准的外在的德育目的与内在的德育目的、理想的德育目的与现实的德育目的。② 囿于篇幅，此不详述。

第二节　学校德育目的的制定

德育目的的制定绝非随意、轻率的行为。由于德育目的关乎德育活动的方向，调控着德育的全过程，并对其成效发挥着评价作用，故而，世界各国都非常注重德育目的的厘定。这里，我们首先在一般意义上分析制定学校德育目的的依据，然后结合我国德育目的的演变，对现行的德育目的及其改革完善作出初步阐释。

一、制定学校德育目的的主要依据

德育目的是人们关于道德教育所欲遵循的标准、达成的目标、活动的

① ［美］约翰·杜威著，傅统先，邱椿译：《人的问题》，上海人民出版社 2006 年版，第 28 页。

② 参见檀传宝：《德育原理》，北京师范大学出版社 2006 年版，第 118－119 页；檀传宝：《学校道德教育原理》（修订版），教育科学出版社 2003 年版，第 64－65 页。

结果的主观设想，是人们一定的道德价值观的主观呈现，是紧密地以社会发展的道德要求、青少年身心发展的规律为依据而制定出来的。这是制定科学的德育目的的基本依据。

（一）社会的历史发展及其对于道德建设和学校德育的时代要求

作为人们主观意志的一种表达，德育目的的制定必须基于一定的社会历史条件方能使其符合社会的历史发展对于道德建设和道德教育的时代要求。社会的历史发展成为制约德育目的的最显著的客观因素和最直接的客观依据。尽管人们的社会发展观不同，对社会发展的认识理解有异，但都无法否定社会发展之于德育目的的基础和决定作用。这一点，涂尔干的思想是非常深刻的，他认为，道德的起点是社会生活，社会的目标预示着、决定着德育的目的与目标。“真正意义上的道德生活领域的起点，就是集体生活的起点，换言之，只有在我们作为社会存在的意义上，我们才是道德存在……在个人之外，只存在一种精神实体，一种经验上可观察到的、能够把我们的意志与之联结起来的道德存在：这就是社会。除了社会之外，不会再有任何能够为道德行为提供目的的东西。”易言之，“我们的任务不是根据某种不存在的道德来塑造儿童，而是要根据当下存在或将会存在的道德概念来塑造他们。无论如何，这就是我们的出发点。”① 德育目的的制定，不能靠主观主义的决断，也不能抽象地从人的本性中寻求根据，只能综合地考察社会的历史发展与条件之于道德发展和道德教育的历史诉求。

德育目的是教育目的的重要组成部分，它的制定必须受社会历史发展的进程及其之于道德发展的影响，必须反映社会历史发展的道德吁求。“历史上各种类型的社会道德或阶级道德，以及这些道德体系的各个构成因素，从根本上说，都是从当时社会或阶级的利益和利益关系中直接引申出来，并且是为当时的利益和利益关系服务的。”② 不同的社会生产力发展状况和科学技术发展水平，是任何时代制定德育目的时必须加以考虑的基本依据。这是因为，变化了的社会生产力和科学技术发展水平，需要变化了的道德要求和相应的道德观，德育目的的制定必须体现、反映这种社会历史发展条件。尤其是当代，生产力的迅猛发展和科学技术的爆炸式跃进，使得人们的道德观发生了重大变化，遗传学、现代医学、克隆技术、网络技术、生态变化等都带来了

---

① ［法］爱弥尔·涂尔干著，陈光金等译：《道德教育》，上海人民出版社2006年版，第50－51、44页。

② 李春秋主编：《新编伦理学教程》，高等教育出版社2002年版，第12页。

新的道德问题与伦理思考，德育目的必须适时反映这些变化，跟上时代发展的要求。德育目的的确定也深受一定社会政治经济制度的制约。这是德育活动强烈的价值性和阶级性所内在决定的。德育作为道德传承与生产的一种精神活动，总是反映着在经济和政治上占支配地位的阶级意志与需要，以发挥维护、巩固统治阶级的利益与地位的诉求。政治经济制度对德育目的的决定性，使得德育活动的价值具有一定的意识形态性、阶级性，也使得德育在促进社会道德建设和维护主流价值观念方面的作用更加明显。离开了一定社会政治经济制度的决定性，德育目的的立场、方向都会产生混乱，从而无益于德育价值的彰显。随着我国改革开放和现代化建设的发展，道德领域和道德教育都面临着前所未有的新问题、新挑战，德育目的的改革必须紧密地建立在社会发展的基础之上，方能实现自身的完善。

社会的历史发展对道德教育的时代要求突出表现在特定社会对其公民在道德方面的基本要求，德育目的的制定必须反映并体现这种要求。这也是实现学生个体道德社会化的基本要求。如英国的德育目标就突出体现了英国的社会历史及其对英国公民的基本规定——培养具有优雅气质的绅士，培塑“英国人”的人格、情操、公民养成。其内容包括“四个核心”和“六个关系”。四个核心指尊重、公正、诚实、守信；六个关系指与最亲近的人的关系，与社会、劳动、生活的关系，与所有人（人类）的关系，与自己的关系（包括同辈），与非人类世界的关系（包括自然与环境），与上帝的关系。这已经成为英国道德教育的一种强势传统，至今仍以一贯之，余绪未绝。再如，美国学校道德教育主要通过公民教育来实现，其内容一般包括：美国的政治制度，宪法，公民的基本权利，劳动，纳税，守法，投票等公民义务；而学校道德教育中的具体内容包括：尊重他人，关心他人的幸福，承担社会职责，为人正直，虔诚的信仰等。美国全国教育协会教育政策委员会在其《美国民主教育之目的》中，把教育目标分为四类：①自我实现目标；②人际关系目标；③经济效率目标；④公民责任目标。其中公民责任目标包括12项内容：社会正义，社会活动，社会了解，审慎的判断，容忍，维护公共资源，科学的社会应用，世界公民，遵守法律，经济意识，政治责任，笃信民主。培养融入社会的、有教养的美国公民。这些目标无微言大义，但却纯真朴实，与美国社会生活的现实紧密相连。

（二）道德价值观及其对于道德建设和学校德育的哲学预设

德育目的是由人来制定的，而人对道德、道德教育的认识和理解又带有显著的主观性、差异性。面对共同的道德世界，若人们的哲学观、世界观、价值观、教育观不同，所形成的道德价值观就不同，对德育本质的理解就不同，德育目的的设计自然就有所差异。如果说，德育目的是人们关于德育活动的结果、标准的一种价值选择的话，那么，关于道德的价值观及其上位的哲学观的历史的、民族的、个体的差别，就注定了德育目的存在着历史性、民族性与地域性。有什么样的道德价值观，就有什么样的德育目的观。这在人类道德教育脉动的历史上表现得极为充分。比如，以康德为杰出代表的德国的理性主义，将道德和道德教育视为开启人的理性，丰富人的绝对精神，提升人的理念世界的力量，这也预制了德国道德教育的理性主义色彩；以萨特为主要代表的法国存在主义，则将道德和道德教育视为开掘人的自由本性，启发人的价值主体性，培育人的道德选择能力的活动，这预制了法国道德教育的存在主义或自由主义底蕴；以彼得斯、麦克莱伦等为代表的英国分析道德哲学，则将道德和道德教育视为澄清人的道德语言与逻辑，发展人的道德判断能力，培育人的普遍的道德价值的活动，这预制了英国道德教育的形式主义传统，同时，它与以洛克为代表的经验主义一道，使得英国道德教育蒙上了一层浓郁的古典性、保守性色彩；以杜威为旗手的美国实用主义，则将道德和道德教育视为"人为"地解决道德问题的过程，是儿童道德经验的不断积累和改造的过程，是通过社会生活、合作活动、民主探究等方式塑造完整的、有机的道德自我的过程，这也使得美国道德教育的实用主义、民主主义色彩更为浓厚。凡此种种，均表明不同的哲学观特别是道德哲学观、道德价值观，深刻而鲜明地影响着人们的德育目的观。

需要说明的是，由于道德哲学观、道德价值观构成并促进着一定社会的文化传统，因而，德育目的的制定又深受特定民族文化传统的影响。比如，中国传统德育中，明德亲民、止于至善的德育目的观，成圣成贤、内圣外王的德育目标观，克己内省、道不外索、改过迁善的德育方法论等，均带有中国传统道德文化的深深印痕；欧美传统德育中，重视道德的个人价值、本体价值或道德主体性的人文主义德育目的观，重认知、理性、逻辑、推理的德育过程观以及充盈着浓郁的宗教色彩的德育内容观等，也都是欧美世界文化传统在德育中的体现。

（三）青少年身心发展的规律对于学校德育的影响和制约

德育目的无论怎样设计，它都是指向人的，都是指向人的道德发展与品德完善的。因此，德育目的的制定还必须依据青少年身心发展特别是品德发展的规律。这是确保德育目的在理论上的科学性和实践中的有效性的基本条件。德育目的的确定只有从青少年身心发展的现状和品德发展的实际出发，才使其具有正确的目标指向性、价值规范性，才使得已经制定出来的德育目的能够在德育实践活动中得以有针对性地、切实可行地落实。否则，德育目的就仅囿于文件、字面、理论、宣传的意义而失却了基本的实践意义。事实上，关于青少年品德发展的规律，人们已经作出了许多宝贵的探索，即使在过去的一百年中，关于青少年品德发展规律、机制、模式的各种流派也喷涌迭现，异彩纷呈：既有人文主义的，也有科学主义的；既有自由主义的，也有保守主义的；既有宗教性的架构，也有世俗性的设想；既有认知主义、行为主义的设计，也有情感主义、精神分析主义的筹划；既有激进的勾画，也有温和的建构；既有现代性的建设，也有后现代性的颠覆；至于体谅关心、价值澄清、社会学习等模型的建树，更是此起彼伏，各领风骚。这些理论探索尽管对青少年品德发展规律的认识尚未达成共识，但毫无疑问都部分地揭示了儿童品德发展和学校道德教育所遵循的某些规律。只有自觉地参照、借鉴这些规律性认识并予以创造性的时代转换，才能保证德育目的的科学性、可行性和针对性。

二、我国现行德育目的及其改革完善

对学校德育目的事实分析及其本质的理解，应当有一个明确的价值指向，这就是服务于对我国学校德育目的的理解及其改革完善。

（一）我国学校德育目的的演变及现行的德育目的

就历史逻辑而言，我国现行的德育目的是新中国成立以来德育目的的历史承续与不断完善。新中国成立以来，我国的德育目的经历了一个不平凡的曲折发展历程。新中国成立伊始，以《共同纲领》中规定的“五爱”教育，即爱祖国、爱人民、爱劳动、爱科学、爱护公共财物的教育，作为整个学校德育的目的；嗣后，1952 年 3 月教育部颁布的《中小学暂行规程》将“五爱”这一总体性的德育目的具体化，与中小学的教育实际相结合，形成了包括爱国、国民公德和诚实、勇敢、团结、互助、遵守纪律等品质的小学德育目标，以及包括“五爱”在内的国民公德和刚毅、勇敢、自觉遵守纪律等优良品质的中学德育目标。为了适应社会主义改造的艰巨任务，1954 年政务院在《关于改进和发展中学教育的指示》中又明确了德育目的的“三个指向”，即“树立社会主义政治方向，培养辩证唯物主义世界观和共产主义道德品质”，体现了鲜明的政治色彩。1958 年，为适应社会主义全面建设的政治需要，中共中央、国务院又提出了“四个观点”的教育指向，即进行阶级观点、集体观点、劳动观点、辩证唯物主义观点的教育。至“文化大革命”前，德育目的基本上依此为纲领。十年“文化大革命”时期，德育目的完全以阶级斗争为指南，脱离了德育活动自身的特点与规律，走向了畸形化、革命化、政治化的歧途。

十一届三中全会之后，随着社会主义现代化建设工作重心的转移及人们对学校德育本质认识的深化，德育目的也随之发生了变化。1985 年中共中央《关于教育体制改革的决定》将“有理想、有道德、有文化、有纪律”作为新时期整个教育目的和德育目的的方针，这一方针在次年制定的《中华人民共和国义务教育法》和中共中央《关于社会主义精神文明建设指导方针的决议》中得到了法律和政策的确认。1988 年 12 月《中共中央关于改革和加强中小学德育工作的通知》重申了“四有新人”的德育目的观。1993 年中共中央、国务院制定的《中国教育改革和发展纲要》又进一步明确了“四有新人”的指导地位。1999 年《中共中央国务院关于深化教育改革全面推进素质教育的决定》，将“四有新人”提升至整个素质教育和德育工作的指针地位。2000 年中共中央国务院下发的《关于适应新形势进一步加强和改进中小学德育工作的意见》明确将小学阶段德育目标规定为“通过生动活泼的校内外教育教学活动，对学生进行以‘爱祖国、爱人民、爱劳动、爱科学、爱社会主义’为基本内容的社会主义公德教育、社会常识教育和文明行为习惯的养成教育。”将中学德育工作目标厘定为：“把学生培养成为热爱社会主义祖国的具有社会公德、法制意识、文明行为习惯的遵纪守法的公民，引导他们逐步树立正确的世界观、人生观和价值观，不断提高爱国主义、集体主义和社会主义思想觉悟，为他们中的优秀分子将来能够成长为共产主义者奠定基础。”随着基础教育课程改革的推进，2001 年国务院颁布了《关于基础教育课程改革纲要》作为改革的指导思想，进一步重申并明确了学校德育目标：“要使学生具有爱国主义、集体主义精神，热爱社会主义，继承和发扬中华民族的优良传统和革命传统；具有社会主义民主法律意识，遵守国家法律和社会公德；逐步形成正确的世界观、人生观、价值观；具有社会责任感，努力为人民服务；具有初步的创新精神、实践能力、科学和人文素养以及环境意识；具有适应终身学习的基础知识、基本技能和方法；具有健康的体魄和良好的心理素质，养成健康的审美情趣和生活方式，成为有理想、有道德、有文化、有纪律的一代新人。”根据这一指导思想，2002 年教育部组织制定了层次鲜明、具体可行的《品德与生活》《品德与社会》的课程标准，将德育的总目标概况为：培养具有良好品德和行为习惯、乐于探索、热爱生活的儿童；并从品德的知情意行方面规定了德育的分目标，包括：①情感与态度：爱亲敬长、爱集体、爱家乡、爱祖国；珍爱生命，热爱自然，热爱科学；自信、诚实、求上进；②行为与习惯：初步养成良好的生活、劳动习惯；养成基本的文明行为，遵守纪律；乐于参与有意义的活动；保护环境，爱惜资源；③知识与技能：掌握自己生活需要的基本知识和劳动技能；初步了解生活中的自然、社会常识；了解有关祖国的初步知识；④过程与方法：体验提出问题、探索问题的过程；尝试用不同的方法进行探究活动。不难发现，德育目标的生活化、具体化色彩更为明显了，从而为德育目的的可操作性及其对实践活动的指导价值提供了切实可行的依据。尽管这些目标显得较为驳杂，但贯彻其主旨的核心思想仍然是很明朗的，这就是：学校德育以培养“四有新人”为自身的目的。这可以从2004年《中共中央国务院关于进一步加强和改进未成年人思想道德建设的若干意见》这一体现国家意志的纲领性文件中得以确证。该意见明确规定：学校必须“坚持以人为本，教育和引导未成年人树立中国特色社会主义的理想信念和正确的世界观、人生观、价值观，养成高尚的思想品质和良好的道德情操，努力培育有理想、有道德、有文化、有纪律的德、智、体、美全面发展的中国特色社会主义事业的建设者和接班人。”

纵观新中国成立以后特别是改革开放三十多年来我国德育目的的发展变化，我国现行的德育目的基本上可以概括为：培养“有理想、有道德、有文化、有纪律的一代新人”。其中的“有道德”内涵丰富，既包括传统美德、现代道德，又包括家庭美德、社会公德和职业道德，还包括日常生活的公民道德以及社会主义、共产主义的政治道德。

应当说，我国的德育目的并没有仅停留在总体设计、政策宣传和理论论证上，而是与不同学段学校教育的德育目标相适应、相结合，注重学生的养成教育、文明规范教育，形成了较为具体、细致的中小学德育目标。如1993年制定的《小学德育大纲》较为详明地厘定了小学阶段的德育目标：培养学生初步具有爱国家、爱劳动、爱科学、爱社会主义的思想感情和良好品德；遵守社会公德的意识和文明行为习惯；良好的意志、品格和活泼开朗的性格；自己管理自己、帮助别人、为集体服务和辨别是非的能力等。1995年制定的《中学德育大纲》规定了中学阶段的总目标：培养热爱社会主义祖国的具有社会公德、文明行为习惯的遵纪守法的公民，引导中学生逐步树立科学的人生观、世界观，并不断提高社会主义思想觉悟。

同时还详细规定了初中阶段、高中阶段的德育目标。2001年9月全面推行的新课程改革，又将德育目标具体到每门课程特别是《品德与生活》《品德与社会》等德育课程之中，进一步实现了德育目的的目标化、具体化、学科化。

（二）我国学校德育目的改革完善应遵循的指导思想

应当指出，随着我国社会发展和教育改革的推进以及人们对德育本质、德育目的理解水平的不断提高，我国的德育目的还将处于不断调整、完善之中。那么，我国德育目的的改革完善应遵循什么指导思想呢？

第一，我国德育目的的改革完善应当合理反映我国社会主义的国家性质和改革开放的历史进程。无论德育目的如何改革，服务于社会主义现代化建设的教育立场和德育性质是不容动摇的，德育目的的制定与完善应当与我国的社会主义物质文明、精神文明、政治文明的历史进程相一致。因而，德育目的不能脱离政治教育、思想教育和社会主义道德品质教育而独自运演。然而，如若片面强调德育目的的政治意识形态，又可能不利于青少年的基础道德、生活美德和公民道德的形成与完善，从而使德育目的陷入偏狭的不良轨道。“过多地强调意识形态，会导致德育和道德教育的政治化，其强调基础道德建设的目的的实现会受到一定的负面影响。”① 德育目的的改革完善也应当与我国改革开放的伟大历史进程相统一，以与时俱进的时代精神，用“面向现代化、面向世界、面向未来”的开阔胸襟来勾画我国的德育目的，着力培养面向世界的中国人，“着力培养一代能够走进世界历史并推动世界历史发展”的人，因为理想不仅是“人的生命之光”，也是人“特有的存在方式”和创造性人格的基石。②

第二，我国德育目的的改革完善应当考虑到其自身的层次性和实践的可行性，防止高远的德育理想与现实的道德实际相脱离。德育目的是对德育活动应然目标的总体规定，要使应然目标变为实然目标，就必须确保总的德育目的应该并且能够细致化、具体性，以便于实际德育活动的贯彻执行。“教育的目标根本上在于给孩子一种必要的推动力，让他能以正确的方向开始人生之旅。所以，教育的目标必然要以一种特定的方式加以组织，

---

① 檀传宝：《德育原理》，北京师范大学出版社2006年版，第133页。

② 鲁洁：《超越与创新》，人民教育出版社2001年版，第427、407-408页。

使其有能力产生符合该目标要求的深刻而持久的效应。”① 英国学者怀特也指出：“对个人的道德要求应该保持在最低限度。这样的道德要求对他的时间和注意力侵犯得越多，他所拥有的追求自身利益的机会就越少。”因之，“学生可以选择一种可以同他的个人理想相调和的‘降低了要求的’道德标准。这在任何情况下都可能是最为合情合理的。”② 在教育实践中，英国的德育目标以学生平均道德水平（中线）为标矢，以道德中线以下的学生为对象，使其达到起码的德育要求，至于超越中线水平的更高的努力，则是学生自己的事情。③ 这种务实的做法非但未降低德育的效果，反而使学生实实在在地获得了最基本的品德。因而，德育目的的完善要预先考虑到自身的层次性和活动的可行性。德育目的既应该是对德育活动欲求目标或理想追求的一种设计，又应该是贴近实际、基于现实的一种科学规划；既应该有较高的要求（理想道德），又应该有最基本的要求（基础道德）。一句话，德育目的的完善应该体现先进性与广泛性的统一。要实现这种统一，就要在德育目的的设计之初，考虑到自身的层次性。德育目的的层次性实际上就是德育目的的具体化，这就要求所设计的德育目的应该是能够转化为不同层次的德育目标的目的，而不是一般的抽象表述。优良的德育目的应该是能够由总的德育目的转化为各级各类学校教育的德育目标，直至层次化为不同学段的较为具体的德育目标。如日本的德育目的就体现了较为理想的层次性，无论是小学还是中学，其德育目的都包括总则，各学科（如日语、社会、算术、理科、生活、音乐、图画或美术、家庭、体育或保健、外语等）的德育目标、道德课的德育目标、特别活动的德育目标等内容。这样，德育目的既具有层次性，又具有系统性。德育目的的层次性，是确保德育目的不脱离社会发展的实际和青少年道德心理发展水平的内在规律，防止德育目的过高、过空的基本要求。唯此，德育目的才变得切实可行，才能真正成为德育活动的指针、牵导，德育活动才能取得实实在在的成效。

第三，我国德育目的的改革完善应当遵循以人为本、以学生的道德成

---

① ［法］爱弥尔·涂尔干著，李康译：《教育思想的演进》，上海人民出版社2006年版，第35页。

② ［英］约翰·怀特著，李永宏等译：《再论教育目的》，教育科学出版社1997年版，第90-91页。

③ 陈桂生：《中国德育问题》，福建教育出版社2006年版，第46页。

长和品德进步为本的思想，立足于学生的社会生活，着眼于其道德境界的提升。德育目的是指向人的道德发展的，是指向正在成长和不断完善的青少年的品德发展的，因而，德育目的的改革完善应该立足于青少年自身的生活实际及其品德发展的要求，注意其个体发展、个人美德与社会发展、社会公德的结合，考虑到其德智体美全面发展的目标要求，遵循适应性与超越性相统一、传统美德与时代道德相统一、民族道德与全球道德相统一的原则，从而在促进青少年道德水平提高、道德境界提升的同时，获得身心的全面发展和素质的全面进步。道德教育只有建立在学生自觉、自为的基础上才可能产生效果。“既然道德的重要性在于增进人们的幸福，既然我们每个人对自身的幸福都存在着与生俱来的兴趣，那么道德目的的实现的最佳方法便是给每个人充分的空间，让他去追求自己的目的。”① 否则，“把我们现行社会的某些道德准则运用在儿童身上，不是在促进理性和自主。那会促进成年人在他们的行动中运用不适当以至荒唐的方法对待儿童。因为我们现行的道德准则中保留了很多野蛮时代的遗风（例如，惩罚、体罚的运用），很明显，把这些准则未经修改就运用于儿童那是不公平的。”② 因之，德育目的的改革必须考虑到德育实践过程中教育者的价值引导与学生个体价值建构的统一与协调，而我国学校德育目的“对德育对象考虑不足，德育对象的主体性发挥不充分也正是迄今为止中国德育实践的主要问题之一。”③ 与此同时，德育目的的完善还要紧密关注学生的生活世界，切入学生的生活经验，反映其课堂生活、校园生活、社会生活中的道德需求及价值冲突，引导他们在对日常生活的体验与超越中学会认同道德的目标追求，自主选择基于自身需求与个性发展的生活方式与道德理想，进而引导其在生活世界中逐步提升自身的道德境界。

参考文献

[1] 鲁洁．超越与创新．人民教育出版社，2001.

[2] 鲁洁，王逢贤主编．德育新论．新世纪版．江苏教育出版社，2000.

---

① ［英］约翰·怀特著，李永宏等译：《再论教育目的》，教育科学出版社 1997 年版，第 116－117 页。

② ［美］詹姆斯·麦克莱伦著，宋少平等译：《教育哲学》，生活·读书·新知三联书店 1988 年版，第 322 页。

③ 檀传宝：《德育原理》，北京师范大学出版社 2007 年版，第 6 页。

[3] 班华主编．现代德育论．第二版．安徽人民出版社，2003.
[4] 檀传宝．德育原理．北京师范大学出版社，2006.
[5] 檀传宝．学校道德教育原理．修订版．教育科学出版社，2003.
[6] 戚万学，杜时忠．现代德育论．山东教育出版社，1997.
[7] 戚万学，唐汉卫．现代道德教育专题研究．教育科学出版社，2005.
[8] 黄向阳．德育原理．华东师范大学出版社，2000.
[9] 陈桂生．中国德育问题．福建教育出版社，2006.
[10] 扈中平．教育目的论．修订版．湖北教育出版社，2004.
[11] 张人杰主编．国外教育社会学基本文选（上，下）．华东师范大学出版社，1989.
[12] 唐凯麟，龙兴海．个体道德论．中国青年出版社，1993.
[13] 李春秋主编．新编伦理学教程．高等教育出版社，2002.
[14] 南京师范大学教育系编．教育学．人民教育出版社，1984.
[15] 鲁洁．做成一个人——道德教育的根本指向．教育研究，2007（11）.
[16] 戚万学．道德教育的实践目的论．山东师范大学学报：人文社会科学版，2001（1）.
[17] 联合国教科文组织国际教育发展委员会．学会生存——教育世界的今天和明天．教育科学出版社，1996.
[18] ［古希腊］亚里士多德．尼各马科伦理学．苗力田，译．中国社会科学出版社，1990.
[19] ［美］约翰·杜威．人的问题．傅统先等，译．上海人民出版社，2006.
[20] ［美］约翰·杜威．道德教育原理．王承绪等，译．浙江教育出版社，2003.
[21] ［美］詹姆斯·麦克莱伦．教育哲学．宋少平等，译．生活·读书·新知三联书店，1988.
[22] ［美］R. 赫斯利普．美国人的道德教育．王邦虎，译．人民教育出版社，2003.
[23] ［美］C. 谢·弗兰克．社会的精神基础．生活·读书·新知三联书店，2003.
[24] ［法］爱弥尔·涂尔干．道德教育．陈光金等，译．上海人民出版社，2006.
[25] ［法］爱弥尔·涂尔干．教育思想的演进．李康，译．上海人民出版社，2006.
[26] ［英］约翰·怀特．再论教育目的．李永宏等，译．教育科学出版社，1997.

第五章　学校德育的主体

张洪高

【本章提要】

对道德、学校德育本质和规律的认识与把握，要依靠德育主体来进行，而品德的形成，更是德育主体积极作为的过程。因此，学习德育理论，需要对德育主体有深入的认识。本章主要讨论教师主体、学生主体及德育过程中的师生关系。通过本章的学习，主要认识教师的职业道德及班主任的德育职责，理解儿童品德发展的基本规律及民主、平等、共生的师生关系之于学校德育的重要影响。

人具有主观能动性，学校德育必须充分发挥人的主体性。教师是德育的主体，教师的人格和能力是德育的关键性中介因素，忽视教师的主体作用就无法顺利开展学校德育。学生是道德学习和发展的主体，学生的需求和心理发展规律制约着教师作用的发挥，忽视学生的主体作用就无法取得预期的德育效果。做好学校德育工作，必须对教师主体和学生主体进行深入的认识。

第一节　教师与学校德育

作为学校德育的主体，教师的德性修养与教育存在着密切的关联，教师的言行必须符合特定的职业道德规范。班主任作为教师的一员，在学校德育中拥有独特的作用，肩负着重要的德育职责。

一、教师的德性修养与职业道德

教育的伦理意蕴对教师的德性提出了特定的要求，而教师的德性修养不仅与教育的伦理要求相关，还与自身的职业幸福紧密关联。我国教师职业道德规范对促进教师德性的提升起到了积极的作用，但还需要从专业视野进一步反思。

（一）教育伦理与教师德性

教育本身具有伦理性，教育的伦理意蕴体现于教育目的、教育内容、教育手段等方面。教育的伦理意蕴对教师的德性提出了适切性的要求，而教师则是教育伦理意蕴的体现者，教师德性是教育伦理要求的必然逻辑结果。

教育的原初含义可以让我们看出教育的伦理意蕴。从对中文“教育”概念的词源学考察来看，“教育”中的“教”和“育”最初是分开使用的。许慎在《说文解字》中作出了解释：教，上所施下所效也；育，养子使作善也。“教”和“育”合在一起为“教化”“规范”“培育”之意。可见，教育本身含有使人向善之意，本身就具有道德的含义，或者说教育本身具有伦理意蕴。教育具有伦理的性质，在黑格尔看来，“教育的绝对规定就是解放以及达到更高解放的工作。”① 他认为，教育的本质就是伦理的解放，或者说，教育把人从人的自然质朴性中解放出来，从人的行为的主观性、情欲的直接性、偏好性中解放出来。家庭中的美好伦理关系是自然质朴的，一旦进入文明社会从家庭伦理向社会伦理过渡时，就会遭遇到普遍性与合理性的缺乏，只有教育才能培养出人的普遍性伦理品质。因此，从教育的目的来看，教育就是培养有教养的人的社会实践活动。

教育的内容包括知识和技能等，但是这些内容只有包含有价值的内容，即这些内容能够影响人的灵魂和人格，并且可能对受教育者产生积极的影响时，才能真正称得上是教育的内容。从教育的手段与方法来说，教育不同于灌输、训练等，教育是在人与人之间展开的，它必定要尊重受教育者的意愿，采用合乎伦理的方式、方法、手段、途径等进行。因此，无论是教育的内容和教育的方法，都内涵着伦理的意蕴。

教师是教育的主要担当者，承担着实现教育的伦理性的责任。因此，教师在教育过程中要尊重教育的伦理意蕴，并积极采取措施来实现教育的伦理性。教师承担着育人的责任，在教育过程中，教师应该本着向善的目的教育学生，认真选择包含有积极价值的教育内容，采取尊重学生人格的教育方式、方法，此外，教育的伦理性还包括教师要恰当处理教师与学生家长、其他教师等之间的伦理关系。教育的伦理性，无论是教育的目的、教育的内容还是教育的方法、手段方面的伦理性，都对教师的德性提出了适切性的要求，也只有具有德性的教师才能真正实现教育的伦理性。

（二）教师德性与职业幸福

德性与幸福存在着必然的联系，亚里士多德就认为幸福的生活一定是

① ［德］黑格尔著，范扬，张企泰译：《法哲学原理》，商务印书馆 1996 年版，第 202 页。

合乎德性的生活，德性是获得幸福体验的先决条件。教师德性，也称为“教师道德”，是指教师“在教育职业活动中所形成的比较稳定的道德观念、行为规范和道德品质的总和”。① 教师德性包括教师善、教师的教育良心和教师的教育理解能力。其中，教师善是教师向善的品性，是教育的基础和出发点。教师善包含对学生无私的关心和引导，表现为教师善良的心胸和对学生的包容、关怀，表现为对学生的循循善诱、引导和鼓励。教师的教育良心是教师在教育教学专业活动中所形成的高度责任心和自我约束精神，是教师的专业德性品质。教师的教育良心是教师德性的核心品质，需要通过专业活动的积淀，通过对教育的深刻感悟慢慢形成。教师的教育理解能力是指教师对教育本质的深刻理解、对教师职责的深刻理解以及对学生深刻认识的能力。

教师德性是作为教育专业人员的教师在教育教学活动中所表现出来的专业品质与实践精神。教师德性不是自然而然产生的，而是教师在深入理解教育的本质、教师的责任和使命的基础上，通过长期的道德的教育实践活动而形成的一种自觉的职业道德品质，即亚里士多德所说的“通过做勇敢的事而成为勇敢的人，通过做正义的事而成为正义的人”。教师德性是教师专业发展的重要内容，它既是教师专业发展的明显标识，也是促进教师领悟生活和工作意义与价值的必备条件。教师德性可以通过促使教师领悟教育的本真意义来体悟职业的幸福感，从而进一步增强发展的动力。

幸福是人的一种主观上的心灵体验，是一种快乐的感觉，表现为对人生美好生活的憧憬和对现实生活的积极态度。教师的职业幸福是指教师在从事教育职业时基于需要得到满足、潜能得到发挥、力量得以增长所获得的持续快乐的体验。教师的职业幸福需要教师在教育专业活动过程中经过主观努力和创造才能得以实现。教师德性与教师的职业幸福是一种相互促进的关系。

教师德性创造着教师的职业幸福。教师德性是教师在长期的专业实践过程中，在深刻理解教育本质的基础上，通过道德的实践活动逐渐积淀而成的。教师德性既能够有效地促进教师的专业发展，又能使教师体悟到教育的意义和对生命的理解，从而体验到职业幸福。教师德性之所以能够使教师体验到职业幸福，是因为教师对教育的责任、执著和对学生的爱使他们的教育更成功，更具有成就感和幸福感。教师德性是一种内在于教师心

① 朱贻庭：《伦理学小辞典》，上海辞书出版社2004年版，第279页。

灵深处的自觉的道德品质，它使教师建立起自己的内心道德法庭，在道德问题上获得了更大的内在自由。教师的角色本来就需要教师遵循与其身份相一致的职业规范，需要教师以道德上可以接受的方式对学生施加积极的影响，促进学生全面发展，从而实现教育的终极目的。教师德性正可以使教师对教育投入真挚的感情、对学生投入更多的心血，从而与学生拥有更多的生命交融的故事，更容易获得教育的成功，也就更容易体验到与学生相处的欢乐和意义，体验到教育的真谛，体验到教育职业的幸福。因此，教师追求德性的过程就是追寻教育职业幸福的过程。

教师的职业幸福是教师的永恒追求，也是教师提升德性的动力来源。教师的职业幸福来源于教育的成就，当教师以道德的行动和智慧促进了学生多方面发展，自己的努力工作获得了各方面认可的时候，教师工作的动力就会极大地增强，相应地，教师也就更愿意进一步加深对教育意义和教育职业价值的理解。教师的职业幸福感越强，教师工作起来就越有动力，也就愈加关注自身行为对学生的影响，从而更加有意识地完善自己的个性，自觉地培育卓越的德性，实现教师德性与职业幸福的良性循环。教师的职业幸福感越强，生活就越充实，生命就更加有意义，更加精彩，也就更愿意完善自己的个性品质，从而实现职业幸福与生活品质的良性循环。

（三）我国教师的职业道德

教师职业道德，亦称为“师德”，是指教师在职业活动中的道德要求和道德表现。在教育实践中，教师依靠社会舆论、传统习俗、内心信念、职业要求和思想感化的力量，来调整与学生、其他教师、家长、社会之间的关系，规范自己的行为。教师在道德实践中，对道德的选择、评价和修养等，都必须遵循一定的原则和规范。教师的职业道德，既是社会的要求，也是个人生活和自身个性发展的需要。

世界上最早的关于教师职业道德的法规是1896年美国乔治亚州教师协会颁布的《教师专业伦理规范》。最有影响的教师职业道德规范是1929年美国全国教育协会颁布的《教学专业伦理规范》，1963年被修改为《教育专业伦理规范》。

从中国来说，1983年全国教育工会召开老教育工作者座谈会，讨论教师职业道德问题，对各地学校开展师德教育起到了有益的推动作用。1984年，在总结各地学校制定师德教育规范、开展师德教育经验基础上，教育部和全国教育工会联合颁发了《中小学教师职业道德要求》（试行草稿）。该试行草稿对教师职业道德提出了六点要求，规定了教师个人在处理与国家、社会、家长、学生以及同事之间的关系时理应遵循的道德规范。

1991年国家教育委员会和全国教育工会在总结1984年《中小学教师职业道德要求》的基础上，重新修订、颁布了《中小学教师职业道德规范》。该规范的基本精神与1984年的《中小学教师职业道德要求》保持一致，但也反映了新的时代要求。市场经济体制的建立和改革开放政策的实施对我国传统道德价值产生了重大影响，部分教师受到“全面经商”浪潮的影响，这种新形势对教师职业道德建设提出了新的要求。1997年，国家教委、全国教育工会修订并颁布了《中小学教师职业道德规范》，增加了“廉洁从教”的条目，旨在引导教师抵制社会不良风气的影响，形成良好的道德风尚。

进入21世纪以来，我国师德规范逐渐凸显其专业性和现实可操作性，对各类不同性质的学校提出了各自的师德教育规范。2000年，教育部、全国教育工会颁布《中等职业学校教师职业道德规范（试行)》，进一步完善我国教师职业道德规范教育的内容。该规范对中等职业学校教师在职业道德方面提出六项要求，特别突出强调青年教师的师德建设工作。中等职业学校、高等学校等不同类型学校教师的职业道德标准及其教育机制受到重视。2008年5月，四川汶川大地震发生之后，关于师德问题再次引起社会的热议。同年6月，教育部在其官方网站上公布新修订的《中小学教师职业道德规范》征求意见稿。2008年9月1日，教育部、中国教科文卫体工会全国委员会发布了重新修订的《中小学教师职业道德规范（2008年修订)》。其内容为：①爱国守法。热爱祖国，热爱人民，拥护中国共产党领导，拥护社会主义。全面贯彻国家教育方针，自觉遵守教育法律法规，依法履行教师职责权利。不得有违背党和国家方针政策的言行。②爱岗敬业。忠诚于人民教育事业，志存高远，勤恳敬业，甘为人梯，乐于奉献。对工作高度负责，认真备课上课，认真批改作业，认真辅导学生。不得敷衍塞责。③关爱学生。关心爱护全体学生，尊重学生人格，平等公正对待学生。对学生严慈相济，做学生良师益友。保护学生安全，关心学生健康，维护学生权益。不讽刺、挖苦、歧视学生，不体罚或变相体罚学生。④教书育人。遵循教育规律，实施素质教育。循循善诱，诲人不倦，因材施教。培养学生良好品行，激发学生创新精神，促进学生全面发展。不以分数作为评价学生的唯一标准。⑤为人师表。坚守高尚情操，知荣明耻，严于律己，以身作则。衣着得体，语言规范，举止文明。关心集体，团结协作，尊重同事，尊重家长。作风正派，廉洁奉公。自觉抵制有偿家教，不利用职务之便牟取私利。⑥终身学习。崇尚科学精神，树立终身学习理念，拓宽知识视野，更新知识结构。潜心钻研业务，用于探索创新，不断提高专业素养和教育教学水平。[①] 从新修订的规范中，我们可以看出，“保护学生安全”这一条被首次纳入其中。新修订的《中小学教师职业道德规范（2008年修订）》增强了可操作性，这正是过去的规范薄弱的一环。其中的条目是教师经过努力可以养成的良好行为习惯，且每一条目的最后都列举出教师不应该做的行为。

（四）教师专业发展视野中的职业道德

在理想追求上，教师职业作为一种行业应是一种专业，这首先是由教师劳动的特点决定的，第一，教师的劳动具有教育性，包括价值性和道德性；第二，劳动主体和对象的主体性；第三，劳动关系的复杂性；第四，劳动过程评估与管理的困难。[②] 由于教师的劳动具有这些特点，人们正逐渐地将教师的职业看做是一种专业。教师专业化运动最早开始于17世纪末教师培训机构的产生，18世纪中期以后由于义务教育普及对于教师教育需求的增强，真正的教师专业化才开始。20世纪后期，随着全球化、知识社会和终身学习时代的到来，如何提升教师的专业化水平以适应时代发展的需要成为教育界关注的焦点之一。

在教师专业化的运动中，人们逐渐开始从专业的视野审视教师的职业道德。人们发现，传统的教师职业道德规范抽象、模糊、未分化，专业性较低，而教师专业化运动的发展则要求教师职业道德规范更加具体、明确和规范，不能继续停留在简单照搬一般的职业道德规范，教师职业道德规范所建立的伦理标准都应该有较为充足的专业和理论的依据，充分考虑教师专业工作和专业发展的特点与实际。[③] 从美国来看，在20世纪，教师职业道德规范逐渐变得明确和具体起来，1975年，美国全国教育协会颁布了《教育专业伦理守则》，在其中规定了教师必须履行的职责。到了20世纪80年代，美国教师教育协会明确提出教师应该掌握关于教育专业方面的知识要求。

---

① 教育部、中国教科文卫委员会：《中小学教师职业道德规范》（2008年修订），《人民教育》2008年第18期。

② 檀传宝：《教育劳动的特点与教师专业道德的特性》，《教育科学研究》2007年第3期。

③ 檀传宝：《教育劳动的特点与教师专业道德的特性》，《教育科学研究》2007年第3期。

我国的教师职业道德规范总体呈现出专业性缺乏的特征，一方面表现为缺乏合适的伦理原则的指导，另一方面表现为缺乏专业性和操作性。我们以中国教育部和全国教育工会颁布的《中小学教师职业道德规范（2008年修订）》为例，以专业视野来检讨这一规范在专业性方面的缺失。该规范共包括六个德目，在每条德目之后对其具体内涵做了简单解释。

这一规范存在的主要专业性缺失表现在以下两个方面。第一，教师工作的专业特性不够。部分条目与其他行业的职业道德规范没有本质区别，如“爱国守法”“爱岗敬业”“关爱学生”等，可以被改造为“爱国守法”“爱岗敬业”“关爱××”等。而且，对这些条目的解释也缺乏专业性，如“爱国守法”被解释为：热爱祖国，热爱人民，拥护中国共产党，拥护社会主义。全面贯彻国家教育方针，自觉遵守教育法律法规，依法履行教师职责权利。不得有违背党和国家方针政策的言行。“为人师表”被解释为“坚守高尚情操，知荣明耻，严于律己，以身作则。衣着得体，语言规范，举止文明。关心集体，团结协作，尊重同事，尊重家长。作风正派，廉洁奉公。自觉抵制有偿家教，不利用职务之便谋取私利”等。从专业性角度进行评价，这一规范显然缺乏应有的专业性，因为专业性的最重要标准之一就是指某一行业规则的不可替代性。第二，规范的制定较为随意、片面、抽象。1975年美国全国教育协会制定的《教育专业伦理守则》由前言和教师“对学生的承诺”及“对专业的承诺”16个条目组成，涵括了教育专业生活的主要问题，且规定得具体、有针对性。如在“对专业的承诺”中，该守则指出“基于深信教育专业服务品质直接影响国家人民的福祉，教育工作者应当全力提升专业水准、带动行使专业判断的风气、吸收值得信任的人投入教育生涯、防范不合格的专业实习”。具体的条目要求则包括“不得蓄意运用专业职权发表虚假言论，或隐藏有关能力与资格的资料事实”（第1条）、“不得协助已知在品格、教育或其他相关属性上不合格者获得专业职位”（第3条）等。而我国的《中小学教师职业道德规范（2008年修订）》的规定，就制定得比较粗糙、抽象，且缺乏教育自身的专业性、复杂性与针对性。

以专业视野来建设教师职业道德规范，既是保证教师言行符合基本伦理要求的需要，也是保障教师行使专业权利的需要，更是保障教师维护伦理标准、获得教育专业生活意义的需要。对于教师职业道德规范建设，国内有学者尝试从专业视野按照教师所面临的四种基本关系和三个基本层次来构建了教师职业道德规范体系。从横向来看，教师职业道德规范体系包括道德理想、道德原则、道德规则；从纵向来看，教师职业道德规范体系包括四种关系：教师与教育事业的关系、教师与学生的关系、教师与其他教师和教师群体的关系、教师与家长及其他相关人员的关系。

纵向层次教师职业道德规范的内容为：第一，对待教育事业的道德。具体包括：其一，理想层次：忠诚并献身于人民的教师事业。其二，原则层次：忠于职守，依法执教，为人师表，积极进取。其三，规则层次：不准有违背国家法律、方针政策的言行，不准参与和支持有损于国家利益的活动。不得在申请或晋升某一专业职务或职位时，出示虚假的专业资格证明或做虚假的陈述。不准利用专业职务或专业工作（如招生、考试等）的便利，收受他人的财物。不准做污染或破坏教育的物质环境和精神环境的事，如故意损坏教学仪器设施、说脏话等。不准在工作时间做与教育、教学工作无关的事（如炒股等）。不准旷课、随意调课和对工作敷衍塞责。不准在课堂上抽烟和使用移动电话、寻呼机等影响课堂教学正常进行的机器。不准弄虚作假，虚报或篡改个人工作绩效。不准瞒报或篡改出现的重大教学事故。不准衣冠不整。第二，对待学生的道德。具体包括：其一，理想层次：热爱学生，诲人不倦。其二，原则层次：平等、公正、民主地对待学生。其三，规则层次：不准以任何借口歧视、侮辱学生，不准使用威胁性语言以及体罚或变相体罚学生；不准以民族、性别、地域、家庭背景、是否有残疾、学习成绩以及身心发展水平为由偏袒或歧视学生；不准以奖惩学生等教师专业职务所拥有的权力或其他由师生关系所带来的便利，谋求诸如推销商品特别是书籍、参考资料等私利；不准以任何借口向学生索要财物或接受学生的馈赠；不准超范围、超程度、超时间加重学生学业负担；不准以个人的好恶，取消、取代或操纵正常的学生自治团体的活动；未经学生本人的允许，不准以任何借口查阅学生的日记和私人信件；如果不是由于令人信服的教育目的或法律的要求，不得泄露教育过程中获得的有关学生及其家庭的信息特别是隐私方面的资料；不准因个别或少数学生不轨而责备或处罚全体学生；不准因学生违反纪律而加罚与违反纪律无关的任务（如因违反课堂纪律而加罚作业等）；不准利用教师优势地位和便利条件与学生谈恋爱。第三，对待其他教师和教师群体的道德。具体包括：其一，理想层次：教育集体和其他教师的利益和需要高于个人利益和需要。其二，原则层次：相互信任和尊重，协同工作，共同发展。其三，规则层次：不得以任何借口在公开场合或学生面前采取造谣中伤或诽谤等方式诋毁其他教师或教育集体的人格、声誉、威信和工作绩效；不得抄袭、剽窃、贬低他人的学术、科研和教育成果；不得利用职务的便利和影响，妨碍其他教师的正常工作；无正当理由，不得违反教育集体共同作出的决定或制定的规则擅自行动，特别是在个人意见与教育集体的意见发生冲突时。不得帮助明知在品格、教育或其他有关品质上不合格者混入教师队伍或晋升高一级专业职务或职位。第四，对待学生家长或其他相关人员的道德。具体包括：其一，理想层次：真诚相待，主动参与。其二，原则层次：主动沟通，平等相待。其三，规则层次：不准向学生家长或相关人员提出非教育问题的批评，也不准因学生的原因，训斥、侮辱家长和其他相关人员。不准暗示家长体罚或变相体罚学生。不准向学生家长或其他相关人员索要钱物或谋求其他方面的便利和好处。不准以民族、性别、地域、经济状况、职务、职业、是否残疾及相貌等原因偏袒或歧视学生家长及其他相关人员。①

二、班主任与学校德育

班主任作为一名教师，与普通科任教师相比，有着自身的独特性。他们承担着独特的角色，因此在班级德育中具有特定的职责，发挥着独特的作用。

（一）班主任在班级德育中的独特作用

所谓班主任，是指“学校中全面负责班级工作的教师。学生班集体的教育者、组织者和指导者，校领导的助手和骨干，联系学生与教师、家长、社会教育机关的纽带”。② 要正确认识班主任在班级德育中的独特作用，首先需要了解道德教育三个方面的规律。

第一，道德教育是一种具有强烈主体特征的活动。这一方面表现在道德即是主体的道德，不仅没有主体便没有道德，而且即使有了主体，如果主体不信仰、服膺这一道德也同样没有道德；另一方面表现在任何道德的获得和现实力量的发挥必有赖主体的配合和参与，有赖于道德主体对冲突价值观念的理性思考和判断，有赖于道德主体在现实生活中的具体实践。任何道德教育要取得满意的结果，就不能不考虑学生的自由意志、积极参与和主动实践，就不能不考虑学生的内在需要和现实的发展水平。由此看

① 傅维利，朱宁波：《试论我国教师职业道德规范的基本体系和内容》，《中国教育学刊》2003 年第 2 期。

② 顾明远：《教育大辞典》，上海教育出版社 1998 年版，第 123 页。

来，忽视学生的主体参与和实践精神的教师权威说在理论上是成问题的，在实践中是无效的甚至是有害的。

第二，道德教育的本质是要把前人的道德创获或现实的、合理的、正当的道德价值传授给正在接受教育、正在成长的一代。任何道德教育形态、任何道德教育形式莫不如是。教育思想家们争论更多的只是我们在什么思想指导下，以什么方式传授这种价值。教师中立理论承认任何可能的价值观点，接受学生在教育过程中的任何选择，在理论上已经陷入极端相对主义——个人相对主义，在实践上则极易导致混乱。此外，教育的过程也不单纯是一个价值澄清的过程，它更应是一个价值和行为的改变过程，其中，教师的公众理想形象和社会代言人的地位是明显的，也是重要的。

第三，道德主体的形成需要教育、教师的帮助。也即是说，虽然伦理学充分地证明了自主或主体性乃是道德的本质特征，但儿童的心理发生过程却显示，儿童的自主理性能力也是在教师的指导下，在教育的干预过程中得以发展的，是在儿童充分理解道德规则、道德判断的理由后才得以实现的。所以，建立在学生自主活动基础上的道德教育，也许意味着在成人和儿童之间有更复杂和更亲密的接触，结果是更多而不是更少地受成人的指导。

了解了上述道德教育三方面的规律后，我们再来看我国班主任在德育中的作用。我国政府历来颁布的关于班主任的教育文件都有对于班主任德育作用的阐述。2004 年，国务院颁布的《关于进一步加强和改进未成年人思想道德建设的若干意见》指出：充分认识加强中小学班主任工作的重要意义。中小学班主任是中小学教师队伍的重要组成部分，是班级工作的组织者、班集体建设的指导者、中小学生健康成长的引领者，是中小学思想道德教育的骨干，是沟通家长和社区的桥梁，是实施素质教育的重要力量。2009 年我国教育部颁布的《中小学班主任工作规定》阐述了班主任在班级德育中的独特作用，具体如下：

首先，班主任是班级日常思想道德教育的主要实施者。与普通科任教师相比，班主任对班级德育投入的时间、精力最多，实施的德育计划最系统、最完整，实施德育的渠道最多，在班级德育中扮演着教师群体中骨干力量的角色。班主任是班级德育工作的主要实施者，包括班集体建设的指导者、班级日常德育工作的组织者、各种德育力量的协调者等。

其次，班主任是中小学生健康成长的引领者。中小学生在学校里的发展应该是积极向上的，健康的，班主任在班级德育中负责促进学生的健康成长。中小学生健康成长包括生命安全和发展、身心和谐、品格健全和素质全面发展。所以，班主任要在中小学生的品德发展、学习进步、日常生活指导、职业生涯指引、心理辅导、权利保护等方面成为学生健康成长的引领者。①

再次，班主任是中小学生的人生导师。班主任是学生成长过程中的“重要他人”，尤其是在青少年时代，班主任对学生的学习、生活、品格、情感、态度、价值观乃至整个人生所起到的作用是“人生的桥梁”“人生的道路”。班主任对学生健康发展承担着人生导师的角色，这是其他任何人都难以替代的。②

(二) 班主任的具体德育职责

班主任是一种特殊的角色，履行着特殊的具体职责。班主任的德育职责是班主任在班级德育中所负有的职务和责任。我国政府颁布的各种文件对班主任的德育职责作了具体的规定。目前最新的文件就是教育部于 2009 年 8 月出台《中小学班主任工作规定》（以下简称《规定》）。《规定》的第三章“职责与任务”的第八条阐明了班主任的德育职责：“全面了解班级内每一个学生，深入分析学生思想、心理、学习、生活状况。关心爱护全体学生，平等对待每一个学生，尊重学生人格。采取多种方式与学生沟通，有针对性地进行思想道德教育，促进学生德智体美全面发展”③。如果把班主任的德育职责进行分解，可以分为如下几条主要的德育职责。

第一，建设良好的班集体。班集体是班级德育工作的平台和基础，对学生影响极大。班主任通过组建班集体，对学生进行集体教育。通过集体教育的作用，可以有效地促进学生的社会化，促进学生个性化品德的形成，促进学生自我品德教育能力的培养。通过集体教育的作用，有利于培养学生的集体主义观念，增强学生的集体主义情感，形成学生的集体主义行为。④ 建设良好的班集体，是班主任的中心德育职责，班主任应该把主要精力投入到良好班集体的建设中去。

第二，组织教师集体和家长集体。班级德育是一项系统的复杂工程，

---

① 韩东才：《班主任基本功——班级管理的基本技能》，暨南大学出版社 2009 年版，第 11 页。

② 韩东才：《班主任基本功——班级管理的基本技能》，暨南大学出版社 2009 年版，第 12 页。

③ 教育部：《中小学班主任工作规定》，《班主任》2009 年第 9 期。

④ 檀传宝：《德育与班级管理》，高等教育出版社 2007 年版，第 304-309 页。

学生的品德发展是全时空的，班级德育需要班主任、科任教师以及家长等各方面力量密切配合、相互支持、鼎力合作，才能收到良好的效果，从而达到班级德育的目的，没有其他力量的参与，班级德育难以做好。所以，班级德育需要科任教师和家长共同来完成。在班级德育中，班主任是教师群体、家长群体的核心，班主任应该团结、依靠各科任教师和广大家长，形成一个以班主任为核心的、有明确目标的教师集体和家长集体，按照一致性的教育原则，共同实施班级德育。

第三，落实学校德育管理目标，制订班级德育工作计划。班级德育管理是一种有目的的活动，要根据我们教育的目的和学校德育目标的具体要求，从本班实际出发，组织学生讨论，并提出全班为之奋斗的德育目标和具体措施，制订出每个学期的切实可行的班级德育工作计划，不断引导学生前进。

第四，做好班级德育常规工作。班级德育常规管理不仅是落实班级德育工作的一个具体的环节，也是班集体正常工作的必要条件。忽视班级德育常规管理工作，必然会造成班集体的混乱和失调，进而影响班级德育管理目标的实现。所以，班主任要周全地考虑，做好班级德育常规工作。

第五，组织、指导学生参加各种校内外活动。活动与品德的形成关系密切，学生良好的行为习惯都要在实践活动中形成，班主任通过组织各种贴近学生生活实际的具有教育意义的活动，来丰富学生的生活，使学生学会为人处事的行为规范，最终通过做道德的事成就有道德的人。

第二节　学生与学校德育

作为自主构建品德的主体，学生在学校德育中占据着特殊的地位，为了有效地实施德育，必须对儿童品德发展的基本规律有着清晰的认知，特别是对基础教育阶段的儿童品德发展特点进行深入的分析与理解。

一、学生在学校德育中的地位

对学生在学校德育中的地位的探讨，可以从哲学、伦理学、教育学三个角度来展开，并层层推进。

（一）从哲学的观念看学生的地位

从人与外部世界的关系来看，人是认识和改造世界的主体，被改造的世界是客体。从观念上来看，笛卡尔的“我思故我在”确立了近代唯理主义主体性哲学范式。唯理主义主体性哲学范式是一种莱布尼茨单子式的主体性，它强调认识论意义上的主客二元对立，从而导致了人与自然、人与人之间关系的紧张和恶化。进入20世纪，主体性哲学开始反思传统主客对立的主体性的局限和危机，从而出现了从单子式主体性哲学走向主体间性哲学的转向。主体间性哲学强调人与人之间的关系不是“我”与“他”的关系，而是“我”与“你”的关系。在这种关系中，人与人之间不是单纯的目的与手段的关系，每个人都既是目的，又是手段，人与人之间能够相互理解、宽容、和谐平等相处。从这种意义上说，学生与教育者是一种平等相处，共同发展的关系，学生在学校中是教育的主体，是自身道德发展的主体。

（二）从伦理学的观念看学生的地位

人是道德的主体，人与道德密不可分。“道德与主体的关系已经紧密到这样的程度，即不但没有主体，便没有道德，而且即便有了主体，但如果主体并不敬仰和服膺道德，也同样没有道德。”[①] 由于道德缺少一种“最后的制裁力量”，由此便决定了道德之现实力量的发挥，必须有赖于主体的配合或参与。在道德与主体分离甚或对立的情况下，要么主体公开践踏道德，要么间接或隐蔽地践踏道德。但无论哪一种情况，都将导致道德效能的丧失。所以，道德与主体必须是统一的。

人作为道德主体，从根本意义上讲，道德实质上是人为满足自身需要而创造出来用以认识、肯定、发展和完善自己的手段。所以，从本体意义上讲，人是道德价值存在的真正代理者、承载者，它表征着作为道德主体的人之存在本身的目的性。从认识意义上讲，只有人才能够最充分地利用自己在与大自然的斗争中所获得的自主意识和认识能力，自觉地认识、体验和理解道德所体现的人与人、人与社会之间的关系以及人在社会中的地位，从而赋予道德以丰富的生活内涵和人生意义，表现着自觉意识这一人之为人的类本质特征；从实践意义上讲，人是道德行为的真正执行者，道德作用机制的现实的启动者，而且只有人才能在自己的对象性活动中不断完善社会关系，在接受社会规范制约的同时，能动地改造规范并完成对自己的肯定，表现出人的自为性特征。[②]

因此，道德在本质上是一个高度自主、自觉、自为的人的领域，是人

---

① 夏伟东：《道德本质论》，中国人民大学出版社1991年版，第149页。

② 戚万学：《活动道德教育论》，南开大学出版社1994年版，第79页。

的主体特性得以最深刻展示的领域，也是一个以人的主体性为支撑、为基石的领域。

（三）从教育学的观念看学生的地位

按照唯物辩证法的观点，事物发展的外因只是条件，内因才是根据，外因必须通过内因才能起作用。德育过程一方面固然是一种价值性的环境或影响，但这一环境或影响起作用的先决条件乃是德育对象接受这一影响。“德育过程实际上也是德育对象自身在道德等方面不断地建构的过程。德育应该是环境与生长的统一，价值引导与个体价值建构的统一。”①

主体性应该是学校道德教育所遵循的基本原则。学生的活动应该而且必须是自由、自主的活动，学生的道德发展、道德学习是一个主动摄取、积极为之的过程，是一个与主体自身的活动息息相关的过程，而不是一个任由外部塑造、被动接受的过程。教师在学生的活动过程中不应起支配、控制的作用，不应该强迫或命令学生去活动。这一点，对于实现促进学生过一种负责的道德生活这一道德教育的终极目的来说是绝对必要的。在道德教育中，学生的自由之所以必需，就在于没有这种自由和自主，学生就不可能获得真正有价值的道德知识，就不能为其行为负责，因而无助于属于自己的道德生活的建设。②

可见，无论是从道德教育的目的、手段、方法，还是从道德教育的价值观出发，学生都是道德教育的主体。

二、儿童品德发展的基本规律

儿童品德发展虽然受各种因素影响，表现比较复杂，但还是呈现出某些基本的规律。此外，儿童品德发展在小学阶段与中学阶段又表现出不同的特点，需要我们作出不同的区别与有针对性的考虑。

国内外道德发展理论虽然在研究的出发点和所得结论方面殊为不同，但在有关儿童道德发展的内在机制、一般趋向、影响因素等问题上却取得了许多共识，这些共识我们暂且称为儿童个体道德发展的基本规律。对这些规律，我们大致作如下概括。

（一）品德发展是行为主体活动和实践的结果

把道德的发展单纯地看做是内在固有善的展开是错误的，同样，把道

① 檀传宝：《学校道德教育原理》，教育科学出版社2003年版，第6页。

② 戚万学：《活动道德教育模式的理论构想》，《教育研究》1999年第6期。

德完全诉诸于文化环境的影响和外部的强制也是荒唐可笑的。道德既不是固有“道德种子”的自然成熟，也不是单纯外部环境影响的结果，而是主客体相互作用的产物，是活动和实践的结果。

我们承认道德是通过主客体的相互作用，在活动和实践中获得发展的，但是，我们所说的实践是能动的社会实践，而不是只具有个人意义的具体活动或人的精神活动。道德存在的客观基础是社会中人与人、人与集体以及人与社会的关系。作为协调这种关系、协调这种关系中冲突的社会道德规范和道德规则，只有当主体参与这种关系之中，并通过亲自体验、处理这种社会关系，才能获得对它们的深刻理解和认识，才能不断深化自己的情感体验、磨炼自己的道德意志，从而形成坚定的道德信念以及在这种信念支配下自觉的行为习惯。因此，人的活动和实践是一种社会性活动和实践，是在一定的社会关系系统中进行的。正是这种活动和实践，正是在这种活动和实践过程中，社会道德个体化、个体道德社会化才能真正实现统一。活动和交往不仅是思想品德形成和发展的源泉，而且也是检验道德发展水平的标准。一个人的思想品德如何，一个人的道德发展至何种程度，只有在一定的社会关系中，只有在与别人的交往过程中才能得以表现、得以证明。我们正是从这种意义上说活动与交往乃是道德教育的基础，科学地组织集体活动乃是学校道德教育的有效途径。

（二）矛盾和冲突是促进个体道德发展的直接动力

道德发展来自主客体的相互作用，来自行为主体的活动和实践。但是，通过主客体的相互作用促进道德发展并不是无条件的，也不是任何活动都有益于道德的发展。只有当儿童目前的道德状态与客观的道德环境处于某种矛盾状态，只有当这种矛盾状态能够激起儿童积极思维、积极向上的力量时，才能有效地促进道德的发展。矛盾是一切事物也是道德发展的根本原因和动力。

在道德发展过程中，矛盾关系主要表现在个人与个人、与集体、与社会的利益和需要之间的矛盾和冲突。归根到底是个人利益与社会要求、社会道德规范、道德规则的矛盾。当一个人面临一种道德情境或道德问题并要求行为作出抉择时，这种矛盾关系便表现得最为突出和强烈。在一种利益冲突的情境中，如果行为主体自觉否定自身不合理的个人利益，肯定他人或社会的利益，那么，这种冲突和矛盾的不断解决就会促进个体道德向社会所期望的方向发展。相反，如果个体选择的是一种损害别人的正当利益和社会利益的道路，那么，这种选择和冲突的解决就只能助长个人主义的道德，继续发展下去则可能导致道德堕落。因此，外部客观的道德环境总是不同程度地影响个体内部的道德结构，改变个体原有的道德结构。但是，外部的道德环境并不直接决定个体的道德面貌，个体的内部选择和对外部的接受程度对其起着很大作用。这里的教育意义在于，学校道德教育不只是向学生提供一种良好的道德环境，而且必须了解他们目前的道德状态并充分利用这种状态，使学生自觉克服自身的有悖于社会需求的欲望，把社会的道德要求变成个体的内部需要。

（三）道德的发展是有阶段性的连续发展的过程

儿童的道德发展是有阶段性的，各阶段都具有自己的独特性。儿童道德的发展所经历的一系列阶段形成了一个与成熟有关，但不是由成熟决定的固有的发展顺序。就个体而言，道德的发展尽可能有早迟、快慢，但只要发展，就必须遵循这一发展的顺序，道德发展的各阶段虽有各自不同的本质特点，但发展的各阶段又形成了一个连续的、互相衔接、互相交叉的统一的整体，在整个阶段序列中，前一阶段是后一阶段发展的基础，后一阶段是前一阶段发展的必然结果，在前一阶段已孕育着下一阶段的萌芽，后一阶段同样也包容了前一阶段的特征。此外，现代道德心理学的大量研究表明，儿童道德发展的过程也是一个从不自觉到自觉，从单纯受外部环境的支配到受行为主体自我控制的过程。

（四）个体品德的发展是品德各要素协调统一的发展

同其他任何事物一样，儿童的品德也是作为一个结构而存在的。虽然目前人们对这一结构的构成成分有不同的看法，但比较能够为大家所接受的一种意见是，把道德认识、道德情感、道德意志、道德行为、道德动机和需要作为完整的品德结构的几个基本要素。

组成品德的各要素不是孤立存在的，而是一个彼此相互联系的统一整体，在个体的品德发展中，每一个因素都是不可缺少的。没有正确的道德认识，就不能保证道德行为的目的性和方向性；没有一定的道德情感体验，就很难产生积极的道德态度；缺少道德意志，就难于调节、控制行为；没有道德行为，道德认识、道德情感、道德意志就无法表现；同样，没有道德动机和需要，道德行为也就没有了动力，就无法确定某一道德行为的意义和性质。所以，各因素相互作用，相互影响，共同反映着一个人的品德面貌。品德各要素的统一性和整体性，决定了品德发展的协调性和统一性。不存在某一因素单独优先发展，其他诸因素随后发展的情况；也不存在某几个因素优先发展，另外的因素停止不发展的情况。品德各要素中任何一个因素的发展都需要其他几个因素的相应发展为基础，同时又都影响其他因素的发展，任一因素发展的不充分、不完善都有来自其他因素发展不充分的原因，同时又进一步削弱其他因素的发展。在现实中，虽然存在某一行为主体某几种因素发展较好，而其他几种因素相对较差的情况，但并不能以此否认品德各要素协调发展的规律。

（五）个体品德的发展是品德形式和内容的统一发展

个体的品德可以按照形式和内容两个维度来划分，品德的内容是某一社会的基本道德要求或行为规范，表现在个体的品德面貌上即是一定道德价值观念的形成。品德的形式即品德的结构，表现在个体的品德面貌上即儿童的道德、观念已达到的水平或阶段。

同任何其他事物一样，品德也是形式与内容发展的统一体。品德的内容是品德存在的基础，品德的形式是品德存在的方式。内容总是一定形式下的内容，形式也总是一定内容的形式。没有内容的发展就无所谓形式的发展，没有形式发展的单纯内容的发展同样也是不存在的。内容变化到一定程度总会引起形式发生变化，形式的发展又总是需要一定的内容与之相适应。品德正是在形式和内容的互动统一中发展的。

第三节　学校德育过程中的师生关系

教育过程中的师生关系问题，历来是教育学所关注的根本问题之一，也是一个长期争论的问题。师生关系在教育活动中有着举足轻重的地位。因为教育活动都是在教师与学生之间展开的，没有教师与学生之间的交往关系，教育关系便不能成立，教育活动便无法产生。“师生关系是教育活动的表现形式，也就是说，师生关系就是教育本身表现的方式。教育活动存在于师生关系中，它不仅仅是教育发生的背景，它本身就是有意义的教育活动，具有教育性。”① 师生关系是学校教育生命力的最重要的因素之一。无论是多么先进的教育理论，多么完美的教育实验设计，如果缺乏良好的师生关系，都无法实现其初衷。

我们通常把师生关系理解为教师和学生在完成教学任务中产生的一种交往关系，看做是附属于教育或教学的副产品。虽然人们常常认识到师生

① 金生鋐：《理解与教育——走向哲学解释学的教育哲学导论》，教育科学出版社1997年版，第126页。

关系对学生的活动具有很大影响，但并没有把师生关系看做是教育活动本身的表现方式，没有认识到师生关系作为教育活动本身所具有的教育价值。对师生关系产生这种理解的关键原因是把知识教学看做是教育的主要活动，认为师生关系是围绕知识的传递和接受而形成的。在这种情况下，教师把学生看做是知识的接受者，而学生把教师看做是知识的传递者，虽然其中存在着一定的人际交往，但作为精神整体的人的自觉的理解和沟通不存在，师生关系因而失去了“教育意义”，只是作为教学的必要条件而存在。① 我们应该转变这一错误观念，正确认识教育过程中的师生关系。

在道德教育过程中，师生关系是非常重要的教育因素。因此，道德教育过程中学生与教师究竟应该具有怎样的关系也是备受争议的问题。我们先追溯道德理论家对这一问题的不同看法，再具体论述道德教育过程中的师生民主、平等、共生关系的构建。

一、德育过程中的师生观概述

德育过程中的师生关系，历来众说纷纭。综观道德教育理论界的观点，对德育过程中师生关系问题的思考可以用三种观点来概括。

(一)“教师中心主义”模式

这一观点的支持者在哲学上主要以经验论和环境决定论者为代表，在社会学上则主要以结构功能主义者涂尔干为代表。他们普遍强调环境、教育和教师的作用。英国教育家洛克认为所有的“世间实情”、绅士应该具有的品质或社会的规范，“做导师的人应该随时灌输给他，应该用尽一切办法，使他懂得，使他彻底信服。”② 法国教育家涂尔干则认为，教育应主要是一种权威的活动，教师则是这一权威活动的具体执行者，教师是“社会与儿童之间的中介人，是社会强制儿童的代表者”③，“教师也是他所处的时代的伟大道德观念的解释者”④。这种师生关系模式过分强调教师的绝对权威，教师处于主体地位，而学生只是被动地接受知识的容器，处于客体

---

① 金生鈜：《理解与教育——走向哲学解释学的教育哲学导论》，教育科学出版社1997年版，第127页。

② ［英］约翰·洛克著，傅任敢译：《教育漫话》，人民教育出版社1985年版，第95页。

③ ［法］迪尔凯姆著，胡伟译：《社会学研究方法论》，华夏出版社1988年版，第7页。

④ ［法］Durkheim, E. Moral Education ［M］. New York: Free Press, 1961. p. 155.

地位，这是典型的教师中心主义师生关系的表现。这种师生关系有利于系统的道德知识的传授，但由于忽视了学生的主体性，学生的道德学习效果并不是太好。

（二）“学生中心主义”模式

此观点以美国的价值澄清学派和英国的劳伦斯·斯滕豪斯（Stenhose，L.）的观点为代表。在价值澄清理论的倡导者看来，“价值源于个人的经验和生活，源于个人在与复杂和变化的环境相互作用过程中自由的和审慎的选择，因此，价值是个人的事情，是个人思考和选择的结果。”① 在价值澄清的过程中，教师的地位应该是中立的。所谓中立，一方面是指教师不能将任何特定的价值、信仰或价值观强加给学生，他的作用在于发展一系列不包含任何特定内容的澄清技能或技巧；另一方面是指教师自己的价值、信念、行为和个人的生活方式不能影响他的教学，教师不能把自己的价值观作为唯一的价值观灌输给学生。斯滕豪斯也强调学生自身的作用，坚持教师中立的观点，他认为这样做，“一方面是为了避免教师把自己的观点强加给学生，另一方面是为了使学生自由探究从而更有利于形成自己的价值观点”②。在这种师生关系模式中，教师在某种程度上可以避免灌输的诘难，但在学生没有获得一定的价值观基础之前，学生很难形成自主意识和自主能力。这虽然考虑到了道德教育过程中学生的重要性，但由于教师的价值中立，师生之间仍然没能形成理想的关系。

（三）折中的师生关系模式

鉴于“教师中心主义模式”与“学生中心主义模式”的片面性，教育理论工作者提出了“教师主导，学生主体”“师生互为主体”“复合主体”等有关理论学说。这些观点大都认为道德教育过程是师生双方共同活动的双边过程，力图在“教师中心论”与“学生中心论”之间寻找一种恰当的平衡，体现出在师生关系上追求平衡的价值取向。但从实践——建构学习观这个角度出发，折中的师生关系也不是理想的师生关系，因为这种关系没有真正体现师生对话关系的本质。

从以上对几种师生关系的剖析来看，造成以上师生关系的根源主要是

---

① 戚万学，杜时忠编著：《现代德育论》，山东教育出版社 1997 年版，第 377 页。

② 戚万学，杜时忠编著：《现代德育论》，山东教育出版社 1997 年版，第 379 页。

二元对立思维方式、对科学技术的盲目崇拜以及传统文化的影响。①

首先，它们都没有超越“主体—客体”认识的范畴，大都受到二元对立思维模式的局限。特别从笛卡尔的“我思故我在”开始，物质与精神、主体与客体、事实与价值、人与自然等之间的对立不断加强，近代主体哲学的地位开始被确立。这种主体哲学在认识活动中区分主客体，并且预设主体的优先地位，从而造成了主客体地位严重不平等。受此哲学观的影响，人们强调主体对客体的利用、控制、占有，从而导致生态失衡，同时也造成了社会人际关系的不平等。这直接影响到教育领域的师生关系，在师生关系中要么强调教师的绝对权威，要么强调学生的绝对中心，即使在“双主体论”师生关系中，也难以达到真正的师生平衡，从而使教育失去它真正的意义。

其次，对科学技术过分崇拜，使教育失去灵魂，从而也影响着师生关系。科学技术作为最富有革命性的生产力，改造着世界，为人类创造了巨大的物质财富，为人类提供了日益众多的消费产品和休闲娱乐。正是科学技术的这种威力，使越来越多的人对它顶礼膜拜，以为科学技术可以解决人类的一切问题，包括物质的和精神的，从而导致了物质主义、工具主义盛行。学校道德教育受此影响，主要围绕知识传授来开展教学，在教学过程中，教师被看成科学技术、文化传承的“机器”，学生是教育这个最大的加工厂中批量加工出来的“标准件”，而作为“人”的教师与学生被忽略了。教育只重视教会学生生存的手段，从而忽视了对学生人文精神的培养和关怀，忽视了引导学生理解生活的意义。

二、构建民主、平等、共生的德育师生关系

师生关系是一个综合概念，其内涵非常丰富。可以从教育学、心理学、哲学、社会学等角度进行审视和研究。从教育学上看，师生关系是教育者和受教育者之间的关系；从心理学上看，师生关系是认知、情感和意志等相互作用的关系；从哲学上看，师生关系是主体间关系；从社会学角度来看，师生关系是一种不同角色之间交往的关系。因此，师生关系包括教育关系、心理关系和社会关系，本文仅指师生之间的教育关系，具体来说就是德育关系。在现代道德教育中，民主、平等、共生的师生关系是理想的德育师生关系。

---

① 徐洁：《民主、平等、对话：21世纪师生关系的理性构想》，《教育理论与实践》2000年第12期。

（一）民主的德育师生关系的构建

所谓民主，是指人民有参与国事或对国事有自由发表意见的权利，或者说是指共同体中的多数人掌握国家权力的国家形式、政治制度。所谓民主的德育师生关系，是指在学校德育中，教师和学生都有权共同参与德育管理，有权对德育活动自由发表意见，师生相互尊重彼此的权利，不允许任何一方在德育中有专制的表现，而是由多数人决定德育管理和德育活动。

构建民主的德育师生关系，一方面是基于社会的需要。当代世界各国正逐步进入民主化时代，我国也正在从专制化时代进入民主化时代，这是生产力发展的根本要求。民主社会要求政治、经济、教育等领域都要实现民主化，而师生关系在德育中的民主化既是时代发展的要求，也是教育领域民主化的重要表现之一。构建民主的德育师生关系，另一方面是基于对学生个体的尊重。个体都有追求自由、反抗压制的天性，对自由的意识和理解内在地决定着人对民主的要求和民主参与的积极性。学生有追求学校德育民主管理、反抗德育专制管理的天性，有追求对学校德育自由发表意见的天性。构建民主的德育师生关系，正是为了尊重学生的这一天性，为了满足学生的这一需要。在构建了民主的德育师生关系之后，学校教育能够更好地培养教师和学生的民主精神、民主能力，并促进公民人格的形成，最终促进公民社会的建立，促进生产力的发展；在构建了民主的德育师生关系之后，学校的民主生活得以开展，学生的民主天性得到了尊重，学校教育能够更好地促进学生人格的健全发展，促进学生更全面的发展。

民主的德育师生关系是对“教师中心主义”师生关系的消解，是对教师专制的消解。构建民主的德育师生关系，首先，学校管理者和普通教师要更新观念，树立通过教育实现民主社会的理想，树立尊重学生民主权利的观念。这些观念决定着学校管理者的言论和行动，决定着学校的规章制度的制定，决定着课堂教学的实践，决定着学校德育的方方面面。观念先行，学校管理者和普通教师的民主理想和民主观念树立后，学校的师生关系随之就会发生很大的变化。其次，学校管理者组织制定保障民主的德育师生关系得以实现的蓝图和规划，制定保障民主的德育师生关系的规章制度，在这个过程中遵守由多数人决定最后决策的原则，为民主的德育师生关系的展开提供制度保障和行动榜样。再次，践行民主的德育师生关系。践行民主的师生关系可以从三个方面展开，一是践行学生民主参与学校德育管理的生活。在关于学校德育蓝图规划和德育管理规章制度的制定上，保障学生与教师一样有参与的权利，学校中的重大德育决策都要征求学生的意见和建议，并由多数人形成最后的决策，真正地尊重多数人的意见。二是践行学生民主参与班级德育管理的生活。在班级德育管理和德育活动的开展上，保障多数学生的决策权。教师引导学生自主决定开展德育活动的合适形式和内容，自主地发展自身的道德能力，在必要时，教师提供恰当的指导、建议和帮助。三是践行课堂教学中的民主生活。在课堂教学过程中，在对待道德问题的观点上，淡化教师权威。教师不能压制学生多元化的观点，既要尊重少数人的合理的价值观，又要提倡多数人的价值观，允许学生自由探索，自主建构道德品质。

需要注意的是，构建民主的德育师生关系，不能以“民主”取代“权威”，更不是提倡“学生中心主义”。纵观我国教育界关于学生主体性理论的嬗变，20 世纪 80 年代，我国教育理论界提出了“教师为主导、学生为主体”的观点，而后又提出了“教师、学生双主体”的观点，近年来又提出“教师和学生主体间性”的观点，这种师生关系理论的嬗变，使民主观念深入人心，民主越来越向学生倾斜，教师的权威不断遭到批判，甚至有消解的危险，这其实是对师生关系的误读。从本质上看，民主和权威对教育都是不可缺少的，两者不是对立的关系，而是在某种程度上可以统一起来的一对范畴。民主离开权威容易陷入无政府主义和民粹主义，权威离开民主容易形成专制主义，两者相互制约。教师既需要法律赋予的权威，更需要由专业能力和人格魅力带来的权威，这两种权威相互作用，缺一不可，共同组成教师的权威，通过这种权威来保障民主型师生关系的建立并顺利实施。

(二) 平等的德育师生关系的构建

所谓平等，是指人们在社会、政治、经济、法律等方面享有相等待遇，也泛指地位相等。所谓平等的德育师生关系，是指在德育活动中，师生在交往中，虽然存在着社会角色的差异、知识多寡的差异以及经历的差异等，但是双方在人格上是平等的，应受到同样的尊重。

构建平等的德育师生关系，一方面是基于民主的需要。平等是民主的一个主要的基本规定性，它是指大众一起以人人平等的原则来讨论和解决问题，处理事务。在德育过程中，为了实现师生交往的民主化，学生应该有平等的资格与教师一起开展德育活动，一起探讨德育问题，一起处理德育问题。只有学生人人与教师一样有平等的资格，才有可能真正实现德育的民主化。构建平等的德育师生关系，另一方面是基于对个体人格的尊重。

人都有被平等尊重的基本价值追求，人都希望自己和别人一样被当做“人”来对待。德育是培育学生品格的活动，更需要教师以道德的手段来进行道德教育，平等的师生关系正是“道德的”教育的应有之义。教师与学生只是所承担的社会角色不同，只是知识的先知者与后知者，但是并不存在尊卑关系，他们的人格是各自独立的、平等的，教师必须理解、尊重学生。

构建了平等的师生关系之后，学生的积极性才能真正被调动起来，师生之间才能在平等的基础上共同参与德育管理和德育活动，并按照多数人同意的原则形成德育的决策与计划，才能真正实践民主的德育师生关系。构建了平等的德育师生关系之后，学生才能深切感受到被尊重的氛围，学生的平等追求才能被满足，才能亲其师、信其道，教育才能取得良好的效果。

要构建平等的德育师生关系，首先，学校管理者和教师树立人人平等的思想。学校管理者与教师通过讨论进一步明晰为何学生与教师是平等的，为何要构建平等的德育师生关系，学生与教师在哪些方面是平等的，以及如何做到平等等内容。通过讨论，才能澄清在平等问题上存在的误解，才能认识到追求平等的根本依据，才能增强进一步促进平等的决心和信心。其次，学校管理者制定保障平等的师生关系得以顺利实现的规章制度和具体措施。平等思想的树立是构建平等师生关系的前提，规章制度的制定是构建平等师生关系的保护伞，具体措施的规划是构建平等师生关系的良好开端。最后，践行平等的师生关系①。一是践行师生在德育交往中地位平等。师生是权责主体，法律赋予每个人神圣不可侵犯的权利，任何人或团体都不得以任何方式或名义否认个人的权利，同时师生必须履行一定义务，遵守法律和社会道德规范。无论是在学校的、班级的还是课堂的德育管理及德育活动中，应该保证学生和教师拥有同等的地位，而不能轻视学生的身份。二是践行师生在德育交往中的知识平等。师生双方在知识面前处于平等地位，无贵贱、尊卑之分，教师与学生是“先知”与“后知”“知之较多”与“知之不多”的关系。因此，教师在与学生探讨知识时，应该理性地探讨，以理服人，而不能强词夺理，以教师的身份压制学生。三是践行师生在德育交往中的人格平等。师生双方是具有独立人格与尊严的自由主体，应该互相尊重。因此，在教育活动中，教师应该注意要尊重学生的人

---

① 李定仁，罗儒国：《民主平等师生关系的生成机制探析》，《高等理科教育》2005 年第 4 期。

格，特别是当老师批评学生时，应首先想到保护学生的主体地位，保护学生的自尊心。

需要注意的是，在构建平等的德育师生关系时，要准确理解德育中师生双方的社会角色。教师和学生是处于特定的德育结构中的两个不同的主体，教师和学生分别承担着不同的角色，即施教和受教、指导学习与主动学习的关系。教师的职责在于教书育人，学生的任务则是在教师指导下进行学习，从而促进自身品德的发展。尽管教师和学生都是德育过程的主体，但他们的角色是有差别的，主体作用也不同。教师作为从事专门职业的工作者，是德育活动的主要设计者、管理者和组织者，他们引导学生学习，促进学生自我发展；学生是受教育者，尽管也有一定的自我选择和决策的权利，但在总体上应理解和服从教师。

（三）共生的德育师生关系的构建

“共生”（symbiosis）这个概念最早出现在生物学领域，是指“两种不同的生物生活在一起，相依生存，对彼此都有利，这种生活方式叫做共生”。后来“共生”这个概念被移植到哲学和社会科学领域，指“人类之间、自然之间以及人与自然之间形成的一种相互依存、和谐、统一的命运关系”。[①] 所谓共生的德育师生关系，是指在德育过程中，师生双方交互作用，彼此相互依存、相互激励、共同进步，从而达到教学相长，最终使双方不断发展、不断进步的生长模式。

构建共生的德育师生关系，一方面是基于教育的需要。教育本来就内涵着伦理的意蕴，要求教师以道德的方式进行教育，只有如此，才能取得良好的教育效果。在德育中，学生的德性应该不断提升，但是如果教师的德性停滞不前，教师就无法身体力行地为学生作出良好的榜样，导致教师的言行脱节，从而失去学生的信任和敬仰，也就致使学生无法从内心真正服膺于教师的道德引领。构建共生的德育师生关系，另一方面是基于教师个人的专业发展需要。虽然德育的根本目的是提升受教育者的道德水平，但是，教师作为教育者不是“蜡烛”，不能因为要照亮别人而燃烧自己。教师不但要从职业生活中获得幸福感，更要从职业生活中获得持续不断的发展动力，获得自身职业能力和水平的不断提升。从教育现实来看，教学相长是能够做到的，教师通过教学而不断地学习新的东西，可以获得专业能力的不断提升。由此看来，学生和教师都要从德育中获得发展的动力，并

---

① 吴飞驰：《关于共生理念的思考》，《哲学动态》2000年第6期。

真正实现各自人格的不断完善。所以，德育中的师生关系应该是共生的关系。

构建共生的德育师生关系，首先，从理念上，学校管理者应该明确在德育中，不仅有教师对学生品德的正面影响，也有学生对教师品德的正面影响，双方的影响是相互的。其次，在制度上，学校管理者应该制定保障共生的德育师生关系的规章制度，为共生的德育师生关系提供良好的环境。再次，践行共生的德育师生关系。一是践行学校管理者与学生共生的德育师生关系。学校管理者在德育中，应该与学生共同进步，不断提升自身的德性。二是践行班主任与学生共生的德育师生关系。班主任自觉创设师生共同生活的德育平台，使师生有充足的时间一起学习与生活，在相处的过程中，相互学习，相互鼓励，相互促进，共同提升各自的德性。三是践行普通教师与学生共生的德育师生关系。教师在课堂教学中，与学生共同探讨道德问题，表达各自对道德问题的看法，讲述不同的道德故事，观点相互碰撞，思想相互启迪，人格相互感染，在此过程中，师生实现了道德的共同成长与进步。

参考文献

[1] 谢光辉主编．常用汉字图解．北京大学出版社，1997.

[2] 朱贻庭．伦理学小辞典．上海辞书出版社，2004.

[3] [德] 黑格尔．法哲学原理．范扬，张企泰，译．商务印书馆，1996.

[4] 教育部，全国教育工会．中小学教师职业道德要求（试行草案）．江苏教育，1984 (12).

[5] 教育部，全国教育工会．中小学教师职业道德规范．人民教育，1991 (10).

[6] 国家教委，全国教育工会．中小学教师职业道德规范．人民教育，1997 (10).

[7] 教育部，中国教科文卫委员会．中小学教师职业道德规范（2008年修订）．人民教育，2008 (18).

[8] 檀传宝．教育劳动的特点与教师专业道德的特性．教育科学研究，2007 (3).

[9] 台东师范学院．教师服务伦理规范．东师校刊，2000 (10).

[10] NEA (National Education Association), NEA Handbook, Washington DC, 1977.

[11] 王丽娟．教师专业道德的发展阶段初探．北京师范大学硕士学位论文，2003.

[12] 傅维利，朱宁波．试论我国教师职业道德规范的基本体系和内容．中国教育学刊，2003 (2).

[13] 张焕庭主编．西方资产阶级教育论著选．人民教育出版社，1980.

[14] [英] 约翰洛克．教育漫话．傅任敢，译．人民教育出版社，1985.
[15] 张人杰主编．国外教育社会学基本文选．华东师范大学出版社，1989.
[16] [法] 迪尔凯姆．社会学研究方法论．胡伟，译．华夏出版社，1988.
[17] Durkheim，E. Moral Education. New York：Free Press，1961.
[18] Chazan Barry. Contemporary Approaches to Moral Education. New York：Teachers College Press，1985.
[19] Raths，L.，Harmin，M.，and Simon，S. Values and Teaching. Columbus，Ohio：Merrill，1978，2nd ed.
[20] Downey，M.，and Kelly，A. V. Moral Education：Theory and Practice. Harper and Row Ltd.，1978.
[21] 瞿葆奎主编．教育学文集·德育．人民教育出版社，1989.
[22] 赵祥麟，王承绪编译．杜威教育论著选．华东师范大学出版社，1981.
[23] [美] 约翰·杜威．我们怎样思维·经验和教育．姜文闵，译．人民教育出版社，1991.
[24] Beck，C. "A Model of Dialogue for Democratic Moral Education：Theory and Practice". Presented at the Annual Meeting of the A. M. E.，Athens，Georgia，November 8，1991.
[25] 教育部．教育部关于进一步加强中小学班主任工作的意见．班主任，2006 (9).
[26] 教育部．中小学班主任工作规定．班主任，2009 (9).
[27] 班华．论班主任的职责与德育的关系．小学德育，2009 (18).
[28] 戚万学．活动道德教育模式的理论构想．教育研究，1999 (6).
[29] 夏伟东．道德本质论．中国人民大学出版社，1991.
[30] 戚万学．活动道德教育论．南开大学出版社，1994.
[31] 檀传宝．学校道德教育原理．教育科学出版社，2003.
[32] 陈会昌．道德发展心理学．安徽教育出版社，2004.
[33] 冯维．小学生心理学．西南师范大学出版社，2003.
[34] 林崇德．中学生心理学．北京出版社，1983.
[35] 金生鈜．理解与教育——走向哲学解释学的教育哲学导论．教育科学出版社，1997.
[36] 戚万学，杜时忠编著．现代德育论．山东教育出版社，1997.
[37] 徐洁．民主、平等、对话：21 世纪师生关系的理性构想．教育理论与实践，2000 (12).
[38] [德] 康德．道德形而上学原理．苗力田，译．上海人民出版社，2002.

第六章　学校德育的课程（上）

刘丙元

【本章提要】

德育课程集中体现了道德教育的目的和要求，具体反映了道德教育内容，同时又决定着道德教育方法和教学组织形式的选择。它是道德教育评价的重要依据之一，在个体道德学习与道德发展的过程中发挥着独特的作用。本章主要内容是：讨论德育课程的内涵及其学科价值；分析道德教学与其他学科教学的关系；探讨道德学习的概念与类型；阐述德育课程在学生道德学习过程中的作用。

任何教育教学的目的和要求都最终体现在课程上。设置什么样的课程以及如何组织和实施课程，不仅关系到教育教学内容的选择和确定，也反映着为教育教学活动提供什么样的依据。因而，课程是学校一切教育教学活动的中介，是对学校教育教学进行管理与评价的标准，是实现学校教育教学目标的基本保证。也正因为如此，教育改革也总是以课程改革为核心。道德教育因其教育目的和要求不同于其他教育，所以，德育课程无论是从内容上还是从组织形式上都有其特殊的要求。科学理解德育课程的内涵，明确其与其他学科课程的区别与联系，了解它在促进学生道德学习中的特殊作用，有助于我们更好地理解道德教育究竟应该教什么以及怎样教，有助于我们在道德教育过程中对教学组织形式和方式方法进行正确的选择。

第一节　课程与德育课程

把道德教育作为一门学科或课程来开设在实践中由来已久。由于德育课程与影响儿童的品德发展有关，执行的是育德职能，与其他课程相比，作为“课程”属概念的德育课程便有其独特的性质。对德育课程内涵的确切把握是正确理解道德教育内容及其在学生道德学习中作用的前提。

一、课程的基本含义

课程不仅集中体现了教育要求，具体反映了教学内容，决定了教学方法和教学组织形式的选择，而且还是教育、教学评价的重要依据之一。从

20 世纪 20 年代起，一些国家就逐渐将课程问题作为一门独立的学科加以研究，而在我国，90 年代中后期才掀起了课程研究的高潮。由于关于课程研究的历史较短，目前理论界对“课程”范畴的认识和界定仍无统一、确定的看法。

关于课程的概念古今中外有着不同的理解。在我国，“课程”一词始见于唐宋时期。唐代孔颖达为《诗经·小雅》中“奕奕寝庙，君子作之”一句注疏，提到“教护课程，必君子监之，乃得依法制也”。朱熹在《朱子全书·论学》中，曾有“宽著期限，紧著课程”“小立课程，大作工夫”之说。他们所讲的课程含有所分担工作的意思，与我们现在所理解和使用的课程不同①。

在西方，“课程（curriculum）”一词源于拉丁文，意为“跑道”。根据这一词源，最常见的课程定义是“学习的进程（course of study)”，有引导学生继续前进并达到预期培养目标之义。随着课程理论和实践的发展及人们对课程本质的不同理解，出现了许多种关于课程的定义。1991 年出版的《国际课程百科全书》列举了九种有代表性的课程定义：

（1）在学习中，为了使学生和青年掌握团体思维和行动的方式，而将潜在的经验按照一定的顺序组织起来。这一套经验就叫做课程。

（2）在学校指导下学生所获得的全部经验。

（3）学校应给学生提供的一种总的、完整的教学内容的实施计划，以使学生有资格获得毕业证从而进入专业或职业领域。

（4）课程是一种方法论上的探究，旨在探讨能体现教师、学生、学科、环境影响学科内容的各种方式方法。

（5）课程是学习的生活和计划，是一项指导生活的计划；课程构成了人们及前人积极的活动趋势。

（6）课程是一种学校计划。

（7）为了在学校帮助下使每个学生的个人和社会能力获得不断地、有意义地发展，通过知识和经验的重建而形成的，有计划和有指导性的学习经验以及预期的学习结果。

（8）课程基本上必须包括五大领域的严格学习：掌握母语并系统学习语法、文学和写作；数学；科学；历史；外语。

（9）课程被认为是有关人类经验的日益广泛的可能的思维方式——不

---

① 廖哲勋：《课程学》，华中师范大学出版社 1991 年版，第 26 页。

是指结论，而是指结论产生的方式以及建立这些结论即所谓真理并使之发挥效用的背景。

目前我国学术界对课程的解释可大致分为两类：一类是从较为严格的意义上对课程加以界定，认为课程主要指学校范围内有目的、有计划、有组织地实施的各种教育影响。如把课程理解为学校学科的总和或一门学科①，或理解为功课的范围和进程②，或理解为教学内容③。另一类则是从更宽泛的意义上理解课程，认为课程即对学生身心发展产生影响的因素或一切有教育意义、教育作用的影响因素的总和。它不仅包括学校内部的教育影响因素，也包括学校外部的教育影响因素；就学校内部来说，既包括有目的、有计划、有组织的教育影响因素，也包括无明确目的、计划、组织的影响因素。

综观上述对课程的各种解释，可以看出，从狭义上讲，课程即课业及其进程，指学校开设的教学科目的总和以及它们之间的开设顺序和时间比例关系；从广义上讲，课程即学校中有组织的教育内容，指为了实现教学目标而规定的教学科目及其目的、内容、范围、比重和进程的总和，它不仅指知识技能方面的内容，还包括思想品德、行为习惯、身体素质等各个方面；既包括课内活动，也包括课外活动。④ 当然，由于“课程定义因研究者或实验者对课程进行探讨和思考时采用的概念的不同而有所不同。因此，离开具体的研究、论文、说明或政策性文件等背景，就无法具体地界定。如何定义取决于在什么意义上使用这一概念”⑤。基于此，我们将在更宽泛的意义上使用“课程”这一概念，亦即课程指一切对学生身心发展产生教育影响的因素或一切有教育价值、教育作用的因素。就学校课程来说，既包括正式课程或显性课程，也包括非正式课程或隐性课程。

二、德育课程的内涵

无论我们从何种意义上界定课程，究其实质，都是指“由一定的育人目标、基本文化成果及学习活动方式组成的用以指导学校育人的规划和引

---

① 《中国大百科全书·教育》，中国大百科全书出版社 1985 年版，207 页。

② 吴杰编：《教学论》，吉林教育出版社 1986 年版，第 5－6 页。

③ 陈侠：《课程论》，人民教育出版社 1989 年版，第 17 页。

④ 李剑萍、魏薇主编：《教育学导论》，人民出版社 2002 年版，第 160 页。

⑤ 廖哲勋：《课程学》，华中师范大学出版社 1991 年版，第 28 页。

导学生认识世界、了解自己、提高自己的媒体"①。概而观之，课程的基本构成包括三个要素：教育目的、教育内容、学习的途径或方法。基于此以及前面对课程概念的理解，我们可以将道德教育课程理解为：为了促使学生形成某种品德，由一切对学生品德发展有影响力的教育因素组成的规划和内容的总和。

尽管从定义上，道德教育课程包含了与其他课程同样或相似的要件，但从性质上讲，道德教育课程作为一种课程形式却有其独特之处。首先就教育目的而言，道德教育课程旨在帮助学生形成正确的信念以及实践这种信念的生活与行为方式，即引导学生过一种善"善"、恶"恶"的道德生活。尽管道德教育课程也强调知识的获得、道德认知能力的发展，但其目的并不在使学生掌握固定的知识体系，而是通过这种途径提高学生对生活的理解能力，以助其对道德生活的改进。其次，在内容上，道德教育课程既是由一定的认知经验组成的，同时也是由一定的情感、行动经验组成的，因而它不单是一系列固定的规则系统，更不像其他课程那样有固定的知识体系以及由此组织起来的相对统一的教材。最后，对于教学方式方法，道德教育课程也有其独特的要求。既然课程的目的是指向道德生活实践的，且影响学生道德发展的因素也是多种多样的，那么教师的教就不能仅仅依靠直接的知识讲授，学生的学也不能局限于规则知识的诵记。道德教育课程的性质注定要求教学的方式方法必须是多样化的。

道德教育课程的独特性使其在设计和设置上体现出广泛性、复杂性、多样性等特点。比如，在空间上，道德教育课程涵盖了校内、校外，课堂内、课堂外；在时间上，既有系统、持续的教育内容，也有偶发性、暂时性的教育内容；对于影响学生的内容性质，既有可见的实体性的，也有不可见的非实体性的；在对教育内容的控制程度上，既有有意识的、人为控制的教育影响，也有较为自发的教育影响。所以，道德教育课程包括正式课程或称显性课程、非正式课程或称隐性课程。在我国，道德教育课程具体体现为学科课程或理论课程、活动课程或实践课程等。如 1993 年由原国家教委颁发并正式实施的《九年义务教育全日制小学·初级中学课程计划（试行）》，就将我国小学、初级中学阶段的道德教育课程主要分为两部分：一部分为"学科"，包括思想品德课、思想政治课、劳动、社会等；一部分为"活动"，包括晨会、班团队活动、社会实践活动、校传统活动等。道德

① 廖哲勋：《课程学》，华中师范大学出版社 1991 年版，第 28 页。

教育课程的独特性以及其设计和设置上的特点，体现出了道德教育本身的特性，所以，对于道德教育课程的内涵，更适于广义上的课程理解。

第二节　德育课程与道德教育的内容

如果美德是可教的，那么接下来的问题就是：教什么以及如何教。其实，这也正是道德教育课程理论需要回答，但至今却仍是一个争论不休的问题。尤其是对于能否把道德教育的内容单独进行组织，并作为一门学科来开设，更是成为德育课程理论争论的焦点。

一、德育课程独特的学科价值

道德教育能否作为一门学科来开设，或者是否有必要进行单独的道德教学？理论界有三种不同的代表性观点。支持者认为，单独的道德教学是必要的，也是可能的，因为任何社会或文化都先于个人形成了一整套道德、价值规则体系，教育的主要职责就在于向年轻一代传授这些道德经验和精神财富，所以，人们完全有可能通过反复的说理、宣传和灌输来培养学生良好的品格。反对者则认为，把道德教育作为一门学科来进行直接的道德教学，这在理论上是错误的，在实践上也是不道德的，因为根本不存在一成不变的道德和价值标准，更无人人必须遵循的道德戒律。任何道德都是经验的产物，都随经验的增加而发展变化，因而，道德是个人的、相对的，每个人都有权利选择自己的价值标准并依此行动，任何他人不能也不应该将某种价值观念强加给个人。道德教育在于尊重学生的自由选择，发展其道德判断和推理能力。道德灌输只会使学生服从权威，而不可能获得真正的道德财富。亦即“没有教出来的道德这回事”[①]。第三种观点则采取了折中的立场，认为道德教学与尊重学生的自主权利和培养道德判断能力的矛盾并非不可调和，完全肯定和简单地否定道德教学都是错误的，合理有效的道德教育应该把规则的直接教学和学生自主理性的培养结合起来，亦即既传授道德知识，又要培养道德推理的技能，发展道德选择的能力。事实上，正如霍尔指出的，“在我们这个多元社会里，尽管这种直接的灌输方法

① Kohlberg, L. “Psychological View of Moral Education”, *The Encyclopedeia of Education*. Vol. 6, The Macmillan Company & The Free Press, 1971, p. 399.

是无效的，然而，任何道德上放任的企图也没有取得更好的结果。”① 所以，克里夫·贝克明确指出，“学校必须既教技能又教内容”②。

我们原则上支持上述第三种观点，即把道德教育作为一门学科来开设，有其理论上的合理性，亦有其实践上的必要性。这主要是因为：

首先，道德领域同其他任何知识领域一样，有着自己独特的范畴、过程和方法，因此通过特定的教学组织形式阐明道德的有关原则、规则及其范畴，帮助学生更好地理解道德价值的意义，具有逻辑上的合理性。同时这在实践上也是必要的，因为通过其他知识领域的教学不可能满足道德教育的全部要求，另外，诉诸学校的一般影响也不可能对学生道德的形成和发展产生最全面、最深刻的影响，或者说产生不了最优的教育效果。威尔逊甚至认为，“把道德作为一种附加的或边缘的课题加以对待只能招致灾难”。③

其次，学生自主道德发展需要相应的道德认知能力为前提。没有对道德问题、道德规则的理解能力，学生也不可能发展起真正的自我道德。所以，学生需要掌握一定的道德知识，需要对道德规则、行为准则有一个正确的理解。道德教学最主要的功能就是传授道德知识，发展道德认知能力，而且，道德教学由于对道德知识进行了精心组织，并且采用更为有效的方式方法，从而使学生对教学内容掌握的更系统、更快捷，对道德的意义理解更深刻，这就为学生将外在道德要求转化为内在的需要，进而进行道德上的自主发展创造了条件。另外，对道德问题、道德情境等知识性的掌握和理解本身就是道德判断和道德推理能力的基础，加上教学过程中师生之间、学生之间的交流、合作、活动等，必然会促使学生的道德判断和推理能力向更高水平发展。从某种意义上讲，没有道德知识的教学就没有道德教育。

最后，其他学科“教学的教育性”难以保证道德教育目的的充分实现，教育实践中需要专门的道德课教学。可以说，道德课教学具有其他任何学科教学无法替代的作用。诚然，从理论上讲，其他各门学科的教学均具有教育性，但毋庸置疑，无论这些学科包含有多么丰富的道德、政治、思想内容，它们都不可能完全承担起系统的道德知识传授和专门的道德认知能

---

① Hall, R. T. *Moral Education: A Handbook for Teachers*. Winston Press, Inc., 1979, p. 12.

② Beck, C. et al. *The Moral Education Project*, *Year* 3. Toronto: Ontario Ministry of Education, 1976, p. 3.

③ 戚万学，唐汉卫：《现代道德教育专题研究》，教育科学出版社 2005 年版，第 226 页。

力培养的任务，因为在实际的教学中，教师和学生都无一例外地是把获得本学科的知识、发展相应的认知能力作为首要目的。事实上，即使是在没有片面追求升学率的学校氛围中，其他学科的教学的教育性也是有限的，往往更多体现的只是理论或形式的意义，从而难以保证道德教育全面性以及道德教育目的的充分实现。专门的道德课教学尽管不能完全弥补其他学科之一般道德影响的缺憾，但在发展学生的道德认知能力方面至少具有其他学科难以比拟的优势。

近些年来，实施单独的道德课教学，其可能性也为许多国家的道德教育实践所证实。如仅亚洲就有新加坡、日本、孟加拉、马来西亚、印度尼西亚、中国等十几个国家在中小学开设了专门的道德课，有些国家在大学、师范院校也设置了道德课或道德教育课。而且，这些专门的道德教育课程在不同国家不同程度地显示了成效。正是基于此，有人把道德课教学看做是当代道德教育自觉性增强的重要标志。①

当然，进行专门的道德课教学极易流于说教和灌输，但这并不意味着这一弊端完全不可克服。现在越来越多的理论家在承认直接道德教授之学科价值的前提下，积极探讨与道德教学相匹配的教学组织形式与方法，以保证道德教学既能使学生感兴趣，又能富有成效。如讨论法和角色扮演法这两种教学方法目前已被广泛采用并且也已被证明确实有效。当然，有效的道德教育方法远不止这两种，道德教育的目的和道德本身的复杂性以及学生道德发展的规律决定了道德教育不可能只采用单一的教学组织形式。针对不同的道德教育内容、学生不同的道德发展任务，将会出现更加丰富的教学策略、教学方法。

二、道德教育的主要内容

如果说道德教育可以作为一门学科来单独开设，那么接下来的问题就是：道德教育“教什么”？这个问题不仅要求考虑哪些内容适合并且有必要进行道德课的教学，而且还要求考虑如何来组织或编制这些内容。

一般而言，确定道德教育的内容，首先应明确道德教育应当培养学生具有哪些品德，如学生发展的政治方向和应掌握的思想与道德规范等。其次，应考虑道德生活自身的特点，既要体现道德的历史性和继承性，也要

---

① 戚万学，唐汉卫：《现代道德教育专题研究》，教育科学出版社 2005 年版，第 227 页。

考虑道德的时代性和发展性；既要体现道德的普适性，更要尊重不同国家、不同民族的道德文化差异。概括来讲，道德教育的内容包括三个方面：其一，与自我或个人有关的，如真诚、诚实、守纪律、勇敢、善良、容忍、自尊、自我完善等；其二，与社会有关的，如合作、公民权利和义务、公共精神、慈善和考验、尊重他人、社会公正、尊重人的尊严和权利、劳动等；其三，与国家和世界有关的，如爱国主义、国家意识、忠诚、和平、国际理解、国家间关系、人类皆兄弟的思想等。近些年来，随着人们对环境恶化、生态失衡等全球性问题的反思和关注，有关环境、生态保护等方面的内容也正逐渐被纳入到道德教育的内容中来。另外，道德教育应根据学生道德发展的任务确定教学内容的层次和重点，以适应不同道德发展水平学生的需要和特点。如小学阶段侧重于日常行为举止的规范教育，中学阶段的重点则在于做人的基本道理的引导。

道德知识涉及人的生活的各个方面，所以有必要对这些内容进行重新组织，以便于道德教学，但道德领域的知识又不像科学知识那样有着客观严密的结构体系，这也就决定了道德教育的内容不可能如其他学科一样，预先将客观的材料编成系统性的教材。因此，人们一般都反对按知识本身的逻辑体系来编制道德教材，而主张道德教育的内容应按要传授的德目来组织。事实上，在实践中，只有极少数国家有正规的教科书，大部分国家都是通过设置“道德教育读物”“道德教育学习手册”等形式来作为道德教学的素材，还有一些国家则通过图片、影视、幻灯、录像等手段来传授教学内容。

根据原国家教委颁发的《小学德育纲要》和《中学德育大纲》，目前我国中小学德育的内容主要包括：①文明礼貌、遵守纪律的教育：对小学生提出适当的要求，训练他们的行为举止；教育学生遵守社会公德，自觉遵守纪律。②道德教育：通过掌握道德原则和标准使学生学会如何规范自己做人。③心理素质教育：培养学生良好的交往心理、学习心理、个性心理。④爱国主义教育：对学生进行祖国常识的教育，增强国家和民族意识；加强历史和国情教育，培养和激发他们的爱国之情，增强他们的自豪感、责任感。⑤集体主义教育：培养学生集体主义观念和价值观；培养学生的集体主义情感和团结协作的精神；引导学生正确处理国家、集体与个人利益的关系。⑥革命思想和革命传统教育：教育学生树立共产主义的远大理想；教育学生继承和发扬革命传统；教育学生把远大理想与个人当前的学习实践活动联系起来。⑦马克思主义基本观点教育：对中国共产党的正确认识和党的路线、方针、政策和形势的教育；政治基本常识教育。⑧民主与法制教育：培养学生的民主思想和参与意识；法律常识教育，培养学生遵纪守法的行为习惯。⑨劳动创造的教育：教育学生树立正确的劳动观点和态度；教育学生爱护公共财物和劳动成果；树立爱科学、学科学、用科学的新风尚。

三、道德教学与其他学科教学的关系

一旦道德教育成为一门正式的课程，也就意味着其有着相应的独特的教学内容，但我们也势必面临这样的问题：如何区分道德教学与其他学科教学的道德教育任务？或者，道德教学与其他学科教学应该处于何种关系状态？对此问题，我们认为应该明确以下两方面认识：

一方面，把道德教育作为一门正式的课程开设，并不意味着其他学科可以免除道德教育的责任。的确，道德教学在系统地、有计划地向学生传授道德知识，进而帮助学生形成一定的道德观念和道德理解能力方面有其独特的作用，但道德教育绝非是可以通过某一门学科的教学就能完成的。专门的道德教学不可能承担也承担不了所有的道德教育任务。所以，开设专门的道德教学课程并不意味着可以免除其他学科的道德教育责任。

另一方面，道德教学不可能彻底地独立于其他学科之外。事实上，我们对道德之生活意义的诠释，对人类命运、尊严、利益、幸福等道德价值的理解总是诉诸人类历史、地理、语言、科学等学科素材，而且，道德教育的实践操作效果也依赖于教师的教学方法、风格态度及其思想感情。因此，道德教学不可能彻底地独立于其他学科之外，其他学科教学的道德教育因素不仅客观存在，而且与专门的道德教学在某些内容上总会有些交叉与相互渗透。

基于以上两方面，我们认为，简单地否认专门的道德教学的价值不可取，而过分强调道德教学的作用，忽视其他学科教学的道德教育意义，或者把道德教学与其他学科教学从道德教育意义上截然分开也是错误的。尽管道德教学和其他学科教学的道德教育任务有所区别并各有所侧重，但不宜作泾渭分明的划分，而应该将道德教学的独特优势与各科教学的道德教育潜能相结合，最大化地发挥道德教育课程对学生的影响力。

第三节　德育课程与学生的道德学习

如同其他课程一样，道德教育课程内容的确定、组织，具体课程方案的设计、实施除了从教什么和如何教角度考虑以外，还要考虑学生如何学。

但与其他课程的不同之处在于，学生道德学习的复杂性或影响学生道德学习、道德发展因素的广泛性，使道德教育课程的组织所涉及的因素更加繁多。只有对学生如何习得道德以及影响学生道德学习的诸因素有一个充分的、全面的了解，我们才能知晓学校道德教育能在多大程度上以及从哪些角度或内容上有效影响学生的道德发展，从而能够有针对性地设计、组织道德教育课程。也就是说，了解学生“如何学”构成了教师“如何教”的逻辑前提和依据。

一、道德学习的概念与类型

“道德学习”是与“道德教授”相对而言的，它主要是从学生的角度，探讨学生在道德上的发展变化，即他是如何习得道德的。以往的道德教育理论一般较为重视对教师教的研究，而相对忽视对学生的道德学习的研究，随着教育研究由重视教的研究向重视学的研究的转向，近年来，道德教育领域也开始自觉审视和关注道德学习问题。

（一）道德学习的含义

学习是动物和人类生活中普遍存在的现象，是有机体适应环境的手段之一。但人的学习不同于动物的学习，它是一种社会现象，受人类社会的历史发展规律的支配，是个体掌握人类社会历史经验的过程。心理学家一般将学习定义为个体后天与环境接触，获得经验而产生行为变化的过程。在教育情境中的学习，是在教育目标的指引下，学习者获得经验而产生行为变化的过程。学生在学校中的学习与日常生活和工作中的学习不同，它是在教师的组织领导下，有目的、有计划、有组织地进行的。从教育实际出发，依据学习的内容及结果，通常可以把学生的学习分为三类：知识的学习，动作技能的学习，社会生活规范的学习。学生的道德学习则属于第三类。

对于道德学习的理解，不同的理论流派从各自的研究角度出发给出了不同的解释。如认知理论认为道德学习是儿童与有机体的一种互动或对话，社会学习理论则把道德的学习归结为个体对外部模式的模仿和外部力量的强化，精神分析理论强调道德学习是儿童早期对父母奖惩的内化，是早期的一种情绪反映等。我们认为，对道德学习的一般理解应从道德的本质与特点入手。道德表现为一系列的社会规范，而社会规范都是特定的社会价值观的体现。社会要求其成员按照这种价值标准行动。由于个体的社会行为对社会生活及社会秩序有着直接的影响，而参与社会生活的个体有着千差万别的价值观，为维护社会生活的稳定，就必须使人们普遍认可的价值固定化，使之成为一种规范，作为稳定而持久地指导人们参与社会生活的行为准则。因此，社会规范本质上是一种价值标准。道德学习是以社会规范为载体的，所以，从本质上讲，道德学习是一种价值学习①。

作为一种价值学习，道德学习与知识学习、技能学习的方式有所不同。知识学习指向于人类活动的对象，主要解决“懂不懂”的问题，强调接受理解，借助于概念、命题、判断进行，通过同化或顺应过程不断地实现从已知到未知的转化，从而形成个体的认知结构。技能学习来自活动的主体，主要解决“会不会”的问题，强调熟练操作，关键是形成动力定型，产生自动化的行为反应倾向。而道德学习是个体交往经验的习得，它并非单纯来源于对象或主体，而是来源于两者的关系之中，是关于主客体关系的价值体验。道德学习主要解决“信不信”的问题，强调潜移默化、个体觉悟和行为实践，其实质是学生品德建构的过程。简言之，道德学习是一种以社会规范为载体的价值学习，是一种通过接受、内化道德标准，以体验为核心，以实践—建构为基本途径，形成主体道德信念与行为模式的学习。

（二）道德学习的类型

根据学习的不同形式或途径，可以把道德学习分为三种类型：认知式学习、体验式学习、实践—建构式学习。

1. 认知式学习

所谓认知式道德学习，主要是指主体通过对道德概念、规范等客观知识或价值意义进行认知、判断、推理，进而将道德价值、规范内化成自身的认知结构内容并用于指导行为的过程。由于认知式道德学习是学习者充实、丰富自身道德经验的过程，而且其获得的道德经验往往是一种间接经验，所以，这种道德学习形式更多地表现为对道德知识的接受过程。

认知式道德学习是学生顺利适应社会道德生活的手段之一，对发展学生的优良品德有着重要的作用。但是，由于认知式学习更多的是主体对既有的道德知识信息进行摄入、加工、内化，所以，许多对知性道德持反对态度的人对这种道德学习的必要性及其合理性并不认同，以致“在对主知主义或知性道德的声讨日益复加的声势下，人们人为地放大了其缺陷，大有颠覆道德知识、规范之内在价值的冲动，犯了泼水弃婴这样的低级错误”②。其实，任何个体的道德发展总是以一定的道德认知为基础的，没有

---

① 戚万学等：《道德学习与道德教育》，山东教育出版社2006年版，第13页。

② 戚万学等：《道德学习与道德教育》，山东教育出版社2006年版，第15页。

对道德价值、规范的前提性认识，个体就无以进行道德判断和推理，那么也就没有道德选择和实践。正如美国著名伦理学家麦金太尔指出的，“认识不是拥有自由的充分条件，但常常是一个必要条件。如果我不能自由地理解我的欲求的原因和性质，不能自由地重新评估它们，那么，我就不能仅仅因为得到了自己所想要的东西而获得自由。”① 而且，道德价值、标准也总是以规则、原则的形式客观存在，并且需要道德主体进行了解、掌握的。“只要我们的道德概念是概念，只要我们的道德词汇是词汇，那么，就必须有使用它们的标准。除非有使用它们的规则，否则，它们就不是我们语言的一部分。规则是可教和可学的，是社会所确立的，也是社会所分享的。”②

2. 体验式学习

道德情感是品德结构的构成要素，也是推动个体品德发展的动力之一，所以情感体验式道德学习是主体进行自身道德建构的重要途径。所谓体验式道德学习，是指学习者通过亲历道德事件，直接感受其中的道德境遇、道德态度等，进而产生道德情感，并促使自身形成某种道德信念或行为模式的过程。

在实际的道德生活中，某一具体的道德事件不仅包含着道德行为，而且总伴随有某种道德情感，这种道德感不仅体验在事件中的道德行动者身上，同时也会为处于此情境中的其他人感受到。“一切人的心灵在其感觉和作用方面都是类似的，凡能激动一个人的任何感情，也总是别人在某种程度内所能感到的。”③ 当然，此时的道德情感可能是积极的，也可能是消极的，但无论情感的性质如何，都可能会导致体验者的道德心理的发展变化。这种现象使体验式道德学习成为个体道德成长中一种普遍存在的学习方式。对于情感在道德发展中的作用，英国18世纪的哲学家休谟就曾大加肯定，并在其道德哲学中进行了着重论述。休谟强调情感在道德中的决定作用，他认为，道德总是蕴涵着某种具体的情感规定，道德决定是由情趣作出的，情感构成了道德行为的动因。“趣味，由于它产生快乐或痛苦并由此构成幸福或苦难之本质，因而就变成行动的动机，是欲望和意欲的第一源泉和动

① ［美］阿拉斯代尔·麦金太尔著，龚群译：《伦理学简史》，商务印书馆2003年版，第199页。

② ［美］阿拉斯代尔·麦金太尔著，龚群译：《伦理学简史》，商务印书馆2003年版，第53页。

③ ［英］休谟著，关文运译：《人性论》（下册），商务印书馆2005年版，第612页。

力。"[①] 后来，弗洛伊德从另一个角度揭示了情感对于个体道德发展的意义。而且，如休谟指出的，情感可以通过同情等心理过程进行传递。这使体验式学习的产生成为可能。心理学中的移情理论研究揭示，移情可以推动道德与亲社会行为的形成和发展，这也证实了体验式道德学习的存在。

其实，道德情感不仅是个体道德发展的动因，也是个体道德结构中的重要内容。在真实的生活遭遇或人为创设的道德情境中，学习者会因体验到情境中的情感而导致自身道德结构的改变，当然也会因情境的刺激而进一步强化自身原有的道德结构。因此，体验式道德学习既可以是一种自发的、被动的过程，也可以是主体自觉的、主动的活动。

3. 实践—建构式学习

实践—建构式学习是个体最重要、最基本的道德学习形式之一。所谓实践—建构式道德学习，是指学习者通过进行自身日常的生活实践或参与有组织的道德实践活动，调整自身的道德认识、道德情感和道德行为模式，不断建构、优化自身品德结构的过程。实践—建构式道德学习是一种综合性的学习建构过程，需要道德结构中各要素的积极参与，其最终结果也是个体道德结构整体的发展变化。

个体道德的发展是一个复杂的多因素参与影响的过程，它不仅需要以必要的道德认识为前提，以相应的情感体验为中介，而且需要一定的实践经验来强化，需要具体的道德行为来磨炼。道德行为模式的实践，既是道德认识、道德情感发展的结果，也是对道德认识、道德情感发展水平的验证，同时它还会反过来进一步强化道德认识、情感。个体的道德结构就是在各个要素的相辅相成过程中不断得到优化的。实践—建构式道德学习体现了个体道德生成的主体性和实践性特征。没有实践，也就没有个体道德的真正建构。在人类思想史上，"道德本质上是实践的"是一个绵亘古今的主题，即道德的发生发展是源于实践的，同时也是指向实践的，实践对于道德来说是目的也是一种手段。比如，马克思主义经典作家就把道德理解为人的现实活动，"理解为人的实践"[②]，并且确立了实践在人类道德发生发展中的地位。现代马克思主义伦理学家继承了马克思主义经典作家的观点，同样把道德纳入人的活动、实践框架加以解释。苏联伦理学家阿尼西

① ［英］休谟著，曾晓平译：《道德原则研究》，商务印书馆2001年版，第146页。

② ［苏］列宁著，中共中央马克思恩格斯列宁斯大林著作编译局译：《哲学笔记》，人民出版社1956年版，第30页。

莫夫认为，“如果离开人们的实践活动，离开他们的多种多样的实际行为，而孤立地研究道德意识的本质、特性、结构的话，显然是不可能完全、充分地理解他们的。”① 所以，在他看来，“行动之外没有道德”。事实上，在生活实践中，个体道德发展的水平最终体现在其行动的水平上。黑格尔对此有着非常概括、明确的表述：“人做什么事，他也就是什么样的人……人不是别的，正是他的一系列的行动。”② 由此可见，在个体的道德成长过程中，道德学习的目的不是知识，而是实践，而实践道德又是主体之为道德主体的确证过程。所以，实践—建构式道德学习过程既体现了学习者学习道德的目的，同时又是学习者道德成长的必由路径。

需要指出，尽管学生的道德学习可以分为以上三种形态，而且三种道德学习形式各有其典型的特征，对学生的道德发展各有其特殊的作用，但是，三种道德学习方式在学生的实际道德生活中并非是被机械地单独使用的。人的道德发展总是在认知、情感、行为的相辅相成中进行的，某种要素的发展并不能促进人的整个品德结构的有效形成。所以，在实际的道德生活中，学生往往是综合运用各种道德学习方式来建构自身的道德，只是在不同的情境中，可能会对某一种学习方式有所侧重。

二、德育课程在学生道德学习过程中的作用

学生的道德学习是一个复杂的过程，这不仅表现在道德学习是一个多种学习形式共同参与的过程，而且还表现在影响学生道德学习的内外因素的广泛性上。道德教育课程作为一种特殊的教育影响因素在促进学生的道德学习方面具有更为积极的作用。

（一）影响学生道德学习的主要因素

从宏观上讲，学生的道德学习是受主、客观因素共同影响的过程，具体来说，大体可分为学生的个体心理因素、社会因素、学校教育因素。

1. 影响学生道德学习的个体心理因素

影响学生道德学习的个体心理因素一般包括遗传素质、成熟程度、心理发展水平三个方面。

---

① ［苏］C. 阿尼西莫夫著，石毓彬译：《道德是人活动的一个方面》，《现代世界伦理学》，贵州人民出版社1981年版，第47页。

② ［苏］C. 阿尼西莫夫著，石毓彬译：《道德是人活动的一个方面》，《现代世界伦理学》，贵州人民出版社1981年版，第48页。

遗传素质是指个体从上一代继承下来的生理解剖上的特点。它是个体心理发展同时也是道德学习、道德发展的生理基础。如苏联道德教育理论家马里延科就强调："对每个学生来说，生物组织是他道德特性的培养基础。""像性别、年龄和个性类型的差别，以及不同种族的生理特征、生理缺陷和病理反常现象、暂时性的生理和心理变态等生物特性都会影响学生道德品质的发展。"① 道德发展需要正常的认知、活动能力等一些基本条件，如先天生理缺陷或患有先天性疾病，往往会导致个体对道德规则和自己的言行难以有正确的理解和评价，进而难以形成正常的情感体验，从而影响其正常的道德实践能力的发展。先天遗传的神经类型对个体品格的形成和发展也有着较大的影响。"尤其是神经类型的典型特征，会影响学生及其行为的道德发展。"② 如心理学根据人的高级神经活动特征将人的个性倾向性划分为胆汁质、黏液质、多血质、抑郁质四种气质类型，不同气质类型的个体表现出不同的个性特点，对环境的适应性也有所差异。个体的这种差异尽管不能完全左右道德的发展，但对个体道德品质的形成、道德行为的表现形式却有一定的影响。性别差异对品德发展的影响也为研究所证实。这主要表现在，虽然在总的道德发展上并无明显差异，但不同性别的儿童在行为的表现形式和品德因素的分布上却有不同的特点。如女性更多地表现出遵从规则的倾向，而男性则具有更大的灵活性和自主性。这主要是因为在社会习俗背景下，人们对行为的评价通常表现出更多的性别倾向性，才使不同性别的人行为有了不同的道德意义。

成熟程度是指在正常的环境和适宜的教育影响下，个体的机体动作和心理方面的特征所达到的水平或阶段。这是道德学习的准备状态。事实上，正如心理学研究所揭示的，个体的身心发展是一个沿着一定先后次序逐步实现的过程，后一阶段或水平总是在前一阶段或水平的基础上发展而来的，次序不可逾越，更不可颠倒。因此，道德发展水平在某种程度上也体现着个体身心成熟水平。对于成熟程度在个体道德发展中的作用，学者们曾有不同的看法。如环境决定论者完全否认成熟在个体道德发展中的作用，认为个体的道德发展完全取决于后天环境的影响，这一主张以英国哲学家洛

① ［苏］伊·斯·马里延科著，牟正秋，王明辉译：《德育过程原理》，人民教育出版社1985年版，第73－74页。

② ［苏］伊·斯·马里延科著，牟正秋，王明辉译：《德育过程原理》，人民教育出版社1985年版，第75页。

克的“白板说”为代表。而成熟论者则认为个体的道德发展完全服从于个体已有的成熟程度，任何道德的成长都必须以人的成熟水平为最基本的物质条件。这一看法以格赛尔为代表。其实，完全否认成熟的作用或者把道德发展完全归因于成熟的观点都是不可取的。只要我们承认个体的道德发展是一个由低级向高级、由简单到复杂的过程，就是肯定了成熟在道德发展中的作用，但同时，我们也应该看到，后天的环境或教育因素既可以促进也可以延缓个体相应阶段道德发展的水平。

个体已有的心理发展水平对其道德学习亦有着重要的影响。如个体的认知发展水平、自我意识等与道德发展的关系非常密切。一定的认知能力是道德学习的必要条件之一，决定着个体对道德知识的理解深刻程度、对道德规则的掌握广泛程度等，是道德发展到一定阶段所必备的工具。个体的自我概念、自我评价能力则是影响道德学习的另一重要因素，它直接影响着个体对自身与他人关系的认知倾向性，同时也是个体道德认知能力发展的重要基础。比如个体的社会观点采择能力在个体道德学习乃至个体整个道德发展中具有特殊的重要意义。个体对友谊、权威、同伴以及对自我的认知发展水平，在很大程度上是其社会观点采择能力发展水平的反映和体现。①

2. 影响学生道德学习的社会因素

社会环境是影响学生道德学习的重要因素，也是学生获取道德知识的重要源泉。或者说，社会环境既为学生的道德自我建构提供一种背景，也为学生的道德发展提供现实的生活支持。随着我国社会生活的不断变革，社会意识结构日益复杂，社会环境对学生道德发展的影响也日益广泛。其中，家庭、同辈群体、大众传媒等在学生的道德学习中所产生的影响尤为深刻。

家庭作为社会的基本单元，是影响学生道德学习的最重要社会因素。“家庭在对孩子进行道德教育中起着极其重要的作用。善良、富有同情心、同志情谊感、热爱祖国、尊重各民族人民等品质就是在童年初期养成的。”② 就家庭自身因素来说，影响学生道德学习的方面也很多，主要包括父母自身因素、家庭氛围、家庭教养方式等。研究表明，父母的受教育程度对子女的道德学习有显著的影响。受教育程度的高低会影响父母对子女

① 参见张文新主编：《青少年发展心理学》，山东人民出版社 2002 年版，第 268－274 页。

② ［苏］弗·符·戈别奇亚著，王长青，毛树智译：《青少年犯罪的心理与教育》，《外国心理学》1981 年第 2 期。

进行教育的自觉程度以及教育方式，会影响到父母能否根据子女的特点进行及时的教育和合理的帮助，进而影响到子女分析和处理道德问题的方式。大量的证据表明，受教育程度高的家庭的子女不道德行为的比例明显低于受教育程度低的家庭的子女。另外，父母自身的道德面貌及其对子女的期望程度、对子女的养育态度也会对子女的道德学习产生重要影响。所谓“有其父必有其子”，这既可说明父母的言行对子女的道德影响，也可说明父母的期望对子女道德成长的作用。父母自身因素的差异往往导致不同的家庭气氛和教养方式，这不仅影响到子女的道德发展，甚至对子女人格的养成也会产生重要的影响。研究表明，良好的家庭氛围不仅可以培养子女正确的学习动机，丰富子女的道德情感，而且更容易使子女养成优秀的品德和个性。相反，不当的家庭氛围或教养方式如溺爱、放任、过分保护、否定或家庭成员关系不和谐等则易导致子女养成不良习惯或个性品质不健全。所以，卢梭有句名言：“家庭生活的乐趣是坏风气的毒害的最好良剂。”这可以说是对家庭因素在子女道德成长中的作用的最恰当描述。

同辈团体是指在社会化过程中尚未成熟的个体联合而成的特定的社会—心理团体，其在个体年龄上没有严格限制。父母、同伴分别在不同的活动领域对青少年的成长产生重要影响，如在休闲、娱乐、自由交往、消费等方面，青少年更倾向于自主或采纳同伴意见，但在遇到复杂的生活情境和进行未来重大事件的计划、决策时，父母的意见要重要得多。由于同辈团体是在平等基础上成员自由选择组成的，在团体中的交流与合作能够在很大程度上满足青少年民主、平等、相互尊重、展现自我以及兴趣等心理需要，对青少年个体有着极大的吸引力，同时也会对青少年的道德学习产生重要的影响。因为同辈团体一经形成，就会产生自己的亚文化结构，有自己的价值标准和行为规范，并且对成员的行为有一定的约束力或指导作用。所以，不同性质的同辈团体会对青少年的道德成长产生不同的影响。积极的团体是青少年社会化的重要途径，对于青少年自觉遵守规则等行为习惯的养成及相互尊重、平等合作等意识、品质的发展都有着十分重要的作用。但是，不良的同辈团体却易对青少年的道德发展产生消极影响，众多研究表明，反社会等不良行为与青少年加入不良同伴关系有着密切的联系，而且不良同辈群体会进一步增加其成员的不良行为。①

---

① 参见张文新主编：《青少年发展心理学》，山东人民出版社2002年版，第201-203页。

大众传播媒介是学生道德学习的另一重要社会影响源。大众传播媒介是互联网、广播、影视、报刊、文学读物、戏剧等通信和信息传播的载体的总称。大众传媒便捷、高效的信息获得与传递方式，对人们的生活产生着重大影响，其传递什么样的信息直接支配着人们的人格与精神发展。20世纪初德国的哲学家雅斯贝尔斯在谈到大众传媒的作用时就曾指出："这一具有自身道德标准并且实际上对世界有精神支配作用的特殊阶层之形成，乃是我们时代的特征。这个阶层的命运同时就是这个世界的命运。没有新闻界，现代世界是不可能生存的。"① 大众传媒对儿童品德发展的影响是不言而喻的。它通过其社会监督、文化传承、娱乐等功能可以多种途径、多种形式、多种角度揭批社会生活中的各种假恶丑，褒扬真善美，维护社会公正，以人们喜闻乐见的形式传播社会认同的价值观念、行为准则，从而成为正在成长中儿童的最强有力的教育者。大众传媒随着科技的发展，其信息传播手段日益先进，信息传播方式日益灵活多样，这使得它可以覆盖到人们生活的各领域、各时段，其提供的以抑恶扬善为主题的形象作品、互动活动等为儿童道德学习提供了丰富的内容，对促进儿童的道德发展起着积极的作用。但同时，我们也应看到，大众传媒也传播着一些不健康的信息，如色情、凶杀、暴力等内容充斥于各种媒体，这会对儿童的道德学习产生不良影响。研究证明，少年儿童最易受影视节目、文学作品的影响。事实也证明，某些青少年之所以走上违法犯罪道路，正是受到大众传媒中一些不良信息的影响。

其实，影响学生道德学习的社会因素远不止以上几方面，可以说，只要是个体生活、活动涉及的场所、机构，生活中经常接触的人物，都可能成为影响其道德学习的因素。而且各种影响因素都不是孤立地对个体的道德学习产生作用，它们往往错综复杂地交织在一起，共同影响个体的道德发展。当然，在个体不同的发展阶段，不同的历史文化背景下，上述各因素的道德影响力可能会有所不同，但这些复杂的影响源的存在却是我们在组织和设计德育课程时无法回避的。

3. 影响学生道德学习的教育因素

对于在校学生来说，影响其道德学习的最重要、最一般的客观因素就是学校教育。学校教育影响因素不仅包括教师、教学活动、教育内容，还

---

① ［德］雅斯贝尔斯著，王德峰译：《时代的精神状况》，上海世纪出版集团2005年版，第90页。

包括校内其他各种因素组成的非正式课程或隐性课程。

教师对学生道德学习的影响是不言而喻的。只要学生在学校接受教育，就必然产生师生之间的交往，其道德学习就不可避免地受到教师的影响。教师对学生道德学习的影响，不仅表现在其广博的知识和对道德规则的深刻正确的理解能有效帮助学生形成正确的道德判断上，而且师生之间的情感交流也会影响到学生的道德行为。更重要的是，教师个人以及群体的道德态度、道德言行对于学生的道德发展有着巨大的影响作用。“教师的世界观，他的品行、他的生活、他对每一现象的态度都这样或那样地影响着全体学生”。所以“一个教师也必须好好检点自己，他应该感觉到，他的一举一动都处在最严格的监督之下，世界上任何人也没有受着这样的监督”①。因而，教师在与学生交往中的言谈举止，无论是出于有目的的教育动机或实际教学活动中的正常表现，还是日常生活中的自然流露，都可能会对学生的道德学习产生深刻的影响。“教师有时并没有意识到他们所从事的这些日常工作就是道德教育活动，但儿童是意识到这一点的。”②

各科教学活动也是影响学生道德学习的一个极为重要的因素。正如前文所述，各种文化课的教学活动不只是科学文化知识的传授，同时也承担着对学生进行道德教育的任务，即教学必体现教育性。科学文化知识中蕴涵着丰富的道德内容，学生学习这些内容的过程也是在建构自身道德结构的过程。其实，向学生传授科学文化知识不只是发展其理智能力，也是为其道德发展提供必要的支持。正如苏霍姆林斯基所说：“学生在学校里学习的知识是有关自然界、社会和人的思维规律的基础知识，这是形成人的世界观的基础。”当然，各科教学活动中所包含的道德教育要素并非是自然而然地显现的，这需要教师自觉地对这些要素进行挖掘，并正确而巧妙地融合于知识教学过程中。

除教师和正规的教学活动外，学校内其他形式的道德教育影响因素也非常丰富。如学校氛围，包括校园内的组织气氛、学生的学习风气、人际关系、校园文化等，对学生的道德发展有着潜移默化的影响力。而且由于这种影响是在学生的长期耳濡目染中产生的，所以具有相对的稳定性和持久性。美国曾有学者专门研究了班级气氛对学生道德行为的影响，结果发

---

① 陆有铨：《皮亚杰理论与道德教育》，山东教育出版社 1984 年版，第 171 页。

② ［美］柯尔伯格著，魏贤超，柯森等译：《道德教育的哲学》，浙江教育出版社 2000 年版，第 14 页。

现，如果班级的主导因素不健康，将会影响到该集体的几乎所有成员。我国类似的研究也表明，良好、稳定的班风对改造学生的不良道德行为习惯具有明显的效果。①

由于学校教育是有目的、有计划、有组织的活动，所以，人们十分重视教师及正规的教育教学活动对学生道德学习的影响，但往往忽视校园内一些不太引人注意的非正式因素的作用。如学生团体，校园舆论、学生亚文化等，这些因素往往是自发的起作用，但一旦被学生接受和传播，就会对学生的道德学习产生重大影响。因而可以说，校园内处处隐含着影响学生道德学习的要素，时刻都会出现影响学生道德学习的人物、事件与问题。

（二）德育课程在学生道德学习过程中的作用

道德教育课程作为影响学生道德发展的最主要的教育因素，在有效促进学生的道德学习，帮助学生形成正确的道德观念，养成良好的行为习惯方面具有其他课程难以替代的特殊作用。

首先，德育课程使学生的道德学习成为一个主动的、发展的、开放的过程。德育课程既然是为促进学生的道德学习而施加的外在影响，那么在组织、设计、实施过程中总是基于某种目的并且也是为了贯彻这一目的，这种教育目的具体表现为课程的总目标和分目标。这些课程目标又最终体现在对学生道德学习的具体要求上，即课程目标转化为学生道德学习的目标。所以，德育课程本身的目的性使学生的道德学习也有着明确的目的。德育课程使学生明确自己的道德发展的总目标，同时也对自身的情感态度、价值观、能力、知识等方面在不同学段的发展要求有着清晰的了解。亦即德育课程不仅为学生的道德发展提供动机，而且引导其将道德发展面向未来，面向更高的道德境界，面向更广阔的道德生活世界。如德育课程使学生了解到，个体的道德发展不仅要遵守具体的日常道德生活规范，还要养成表里如一的德性，不仅要对自己生活世界中的人充满着真诚的道德情感，还要有更广阔的爱国主义情感和国际主义胸怀。德育课程目标体现出全面性、基础性、序列性，表现出对学生道德发展的多重期待，从而促使学生专心致志地学习，更加注意有显著教育作用的各种材料和过程，由此，学生的道德学习便成为一个主动的、发展的、开放的过程。这种性质的道德学习也最能促进学生的道德发展，正如杜威指出的："所谓有效的学习，就

① 戚万学等：《道德学习与道德教育》，山东教育出版社2006年版，第236页。

是知识的获得是从事有目的的活动的结果”①。

其次，德育课程能为学生的道德学习提供更全面的内容材料，且内容的组织更符合学生道德学习的要求，更有针对性。因为我们把德育课程理解为“一切具有道德教育性质、道德教育的意义和作用、对学生的品德发展有影响力的那些教育因素”②。所以，它在空间上包括学校内外、课堂内外的教育影响；在时间上包括集中的、持续性的影响和随机的、暂时性的影响；在自觉程度上包括有意识、有计划的系统影响和不同程度的自发的影响。亦即德育课程能够尽可能地调动一切教育因素，最大程度地影响学生的道德发展。德育课程的内容都是经过精心选排，尽管对道德生活经验进行了浓缩，但涵盖学生道德生活的方方面面。在内容的组织、设计上也是基于学生道德发展的需要和基本规律，所以更符合学生道德学习的要求。如综合化的课程设计使每一学段课程内容力求体现多重价值，整合多种学科内容。生活化的德育课程遵循不同阶段学生生活的逻辑，以学生的现实生活为主要源泉，以密切联系学生生活的主题活动为载体，主张从学生成长、发展与生活实际出发，从学生思想品德发展的现状、问题和需要出发，尊重学生已有的生活经验。而且德育课程面向学生逐步扩展的整个生活世界，涉及所有对学生有意义、有兴趣的题材。

最后，德育课程可以有效提高学生道德学习的能力。德育课程的设置是建立在对学生的知识学习、技能学习和道德学习这三种不同类型的学习方式之区分的基础之上的，也就是说，德育课程与其他课程相比，更强调尊重学生的道德学习的特殊性，尊重学生道德发展的特殊需要，从而使道德教育工作更具针对性、主动性和实效性。因而，德育课程也应该是最有助于学生道德学习能力的提高，最能有效促进学生道德发展的课程。德育课程不仅重视道德学习中的认知因素，同时也重视道德学习中的行为与情感内容，所以德育课程中的道德课不是知识课，它强调的是促使学生把知识转化为信念，把道理转化成行动，在学生的情感、态度和价值观上下工夫，使学生有内心的体悟。德育课程追求的是促进学生整个品德结构的建构，其目的是指向实践的。由此，在德育课程中，教的材料与学的方法是统一的，道德信念与道德实践是统一的，即道德教育的“方法从来不是材料以外的东西”，“方法不过

① ［美］杜威著，王承绪等译：《道德教育原理》，浙江教育出版社 2003 年版，第 120 页。

② 戚万学：《活动道德教育论》，南开大学出版社 1994 年版，第 157 页。

是材料的有效的处理——有效就是花费最少的时间和精力利用材料达到一个目的”。① 德育课程在学生的道德学习过程中，不仅提供必要的道德知识，而且帮助学生掌握道德判断、推理的方法，不但使学生了解道德价值标准，而且帮其学会道德选择，并引导其将这种选择付诸实践进而形成习惯。可见，德育课程不仅有助于学生品德的发展，而且有助于学生发展自己的道德智慧。“学生的一部分学习，而且是非常重要的学习，在于变成许多方法的主人。”② 其实，德育课程源于学生的生活，指向学生的生活，并且是为了学生的生活，但德育课程无法提供生活的全部样态，展示不了全部的道德情境，所以，德育课程特别关心培养学生的道德学习能力，这是德育课程的意义所在，同时它也体现了学生道德发展的需要。

总之，德育课程作为影响学生道德发展最重要的教育因素，在促进学生的道德学习方面具有独特的优势，是学生有效道德学习不可或缺的中介和载体。学生不仅可以从课程学习中直接获取是非善恶观念和道德规范标准，并依此正确评价和处理人与人、人与社会、人与自然的道德关系，而且可以在它的帮助下发展起高水平的理智能力，从而为自己适应未知的更为复杂的道德境遇提供有力工具。学生既受到观点鲜明的正面引导，同时也得到不同形式的潜移默化的道德熏染，从而促使内心的道德信念更为坚定，行为更加主动。德育课程为学生的学习提供了更为丰富的道德世界，也使学生的道德成长走向更高境界成为可能。

参考文献

[1] 戚万学，唐汉卫．现代道德教育专题研究．教育科学出版社，2005.

[2] 戚万学等．道德学习与道德教育．山东教育出版社，2006.

[3] 戚万学．冲突与整合——20世纪西方道德教育理论．山东教育出版社，1995.

[4] 王健敏．道德学习论．浙江教育出版社，2002.

[5] 李剑萍，魏薇主编．教育学导论．人民出版社，2002.

[6] 袁桂林．当代西方道德教育理论．福建教育出版社，2005.

[7] 张楚廷．课程与教学哲学．人民教育出版社，2003.

① ［美］杜威著，王承绪等译：《道德教育原理》，浙江教育出版社2003年版，第90页。

② ［美］杜威著，王承绪等译：《道德教育原理》，浙江教育出版社2003年版，第96页。

第七章　学校德育的课程（下）

张香兰

【本章提要】

德育学科课程是德育课程的主要形态，德育课程是一种特殊的课程形式，是德育原理内容体系中不可或缺的组成部分。本章主要讨论德育课程的类型及当前德育课程改革的理念和目标。讨论的德育课程类型为：德育学科课程、德育活动课程和德育隐性课程，德育活动课程和德育隐性课程是德育学科课程的必要补充。当前德育课程改革在课程理念和课程目标方面有着新的突破和要求，对德育课程实施起着导向作用。

德育课程是学校德育目标、内容的具体体现，是开展学校德育的重要环节，也是德育目的实现的保证。学习研究德育课程，不仅需要了解德育课程的一般知识，更要理解和把握具体的德育课程的基本类型。这里主要讨论德育课程的三种基本类型及当前德育课程改革的理念和目标。

第一节　德育学科课程

学科课程有着悠久的历史，中国古代的六艺、古希腊的七艺，都是最早的学科课程。学科课程至今仍是世界各国主要的课程形态，也是我国学校中占据支配地位的课程。德育学科课程是学校的正式课程，也是学校实施道德教育的正规课程。了解德育学科课程的内涵、理论设计和实践运用，对于发挥学校道德教育的作用具有重要意义。

一、德育学科课程的概念

德育学科课程是在学科课程概念的基础上发展而来的。要理解德育学科课程，首先须理解学科课程的内涵。

（一）学科课程

学科课程又称“分科课程”，是以学科知识为基础、根据学科逻辑和受教育者的发展水平而编排的课程。学科课程有一系列不同类别的学科组成。

学科课程具有三个特点[①]：①各学科由各种不同的间接经验组成，各科内容取材于相应的科学领域；②各学科依据育人的不同要求而设置，不同类别的学科具有不同的育人价值；③不同类别的学科按照一定的顺序予以排列。

学科课程既有优点也有缺点。学科课程因遵循学科的逻辑体系而具有结构性、系统性、简约性等优点，有利于学生学习和巩固知识。学科课程的缺点主要表现在两个方面，一是由于学科课程以分科为基础，忽略了不同学科知识之间的联系，割裂了知识的整体性，不利于学生对知识的整体性掌握；二是学科课程因为由不同学科的间接经验构成，忽视了学生的生活经验，容易脱离学生的生活实际。

（二）德育学科课程的概念

广义上的德育学科课程指承载着德育目标和任务的学科课程，包括两类，一类是专门的德育学科课程；一类是各学科课程中包含的德育因素。狭义的德育学科课程是指专门的德育学科课程，本书是在狭义上使用这一概念的。

关于德育学科课程的理解，有学者认为，“所谓专门的道德教育学科课程就是指以专门介绍道德价值、规则的原理与知识体系，提高学生道德认知与判断能力等为主要内容的课程。”[②] 也有人认为，“德育学科课程就是这样一种课程：即在学校教育系统内以专门介绍道德价值、道德规范为主要内容的，以促进学生道德发展水平为主要目的，以一门课程的形式存在的道德教育方式。”[③] 有关道德价值、道德规范的知识和原理是德育学科课程的基本内容，它凸显了德育学科课程以道德知识为核心的特点。

我们认为，所谓德育学科课程，是指学校专门开设的以培养学生的道德认知和道德实践能力为目标，向学生系统传授道德知识、观念和价值体系的课程，是学校进行道德教育的主要渠道。这类德育课程根据社会对受教育者的品德要求和受教育者的年龄特点，并根据道德知识固有的逻辑体系来加以组织、设计，通过课堂教学的形式传授给学生。“它主要是从有关道德知识的教学与学习着手促进学生的道德知识、道德情感和道德行为的发展的。”[④]

---

① 廖哲勋，田慧生主编：《课程新论》，教育科学出版社2003年版，第47页。

② 檀传宝：《学校道德教育原理》，教育科学出版社2003年版，第127页。

③ 刘黔敏：《德育科学课程：从理念到运行》，南京师范大学博士论文2005年，第10页。

④ 戚万学，杜时忠：《现代德育论》，山东教育出版社1997年版，第137页。

二、德育学科课程的理论设计

20世纪以来的西方道德教育理论学派林立，纷繁众多，但多数从对西方传统道德教育的反动开始。西方传统德育课程是与宗教课程和权威灌输性道德教育联系在一起的，它有以下几个特征：①在性质上，它是一种强制的，灌输式的教育；②在目的上，它试图通过一切可能的方法和措施使学生接受并最终形成特定社会所要求的固定的价值观念和道德行为习惯；③在内容上，所要传授给学生的乃是从可推崇并为大多数人一致认可的、具体的道德细则、规范或宗教教条；④在方法上，通常诉诸直接的问答式教学、规劝、说服、纪律、强迫执行、训诫、奖励和惩罚以及榜样等。[①]当代道德教育理论即是对上述传统道德教育的反叛。它们普遍反对传统德育中向学生硬性灌输社会的道德规则、行为准则以及宗教的戒律等“美德袋”式的教育方式，主张启发儿童的道德自觉、凸显个体的主动积极性、强调道德的知与行的统一。这些观点各异的道德教育流派基于各自的立场、观点，提出了不同的德育课程思想。比较有代表性的有以下几种：

（一）杜威的德育课程思想

20世纪初杜威强烈反对传统德育课中过分重视道德知识传授乃至灌输的倾向，他认为，学校道德教育的内容可以包括两个方面：一方面是学校生活和各科教学中包含着丰富的道德教育内容，因此不必在学校专门开设道德教育课程；另一方面是学校的教师要使儿童和青年获得最大可能数量的“道德观念”，使这些观念成为他们主动的观念，从而成为指导他们行为的动力。学校道德教育要明了“道德观念”与“关于道德的观念”的区别。“道德观念”是人们品性的一部分，是人们行为的动机，是“在行为中见效果，使行为有所改进，变得比另外情况下更好”的那种观念[②]；而“关于道德的观念”，是“关于诚实、纯洁或仁慈的见解，在性质上是不能自动地使这些观念变为好的品性或好的行为”的观念[③]，这样的观念对人的道德行为影响甚微。如果在学校里设置专门的德育课程教授“关于道德的观

---

① 戚万学：《冲突与整合——20世纪西方道德教育理论》，山东教育出版社1995年版，第3、9－11页。

② 赵祥麟，王承绪编译：《杜威教育论著选》，华东师范大学出版社1981年版，第97页。

③ 赵祥麟，王承绪编译：《杜威教育论著选》，华东师范大学出版社1981年版，第97页。

念”，也即“直接的道德教育”，但效果有限，“即或是最好的，总是相对地在数量上比较小，在影响上比较轻微的。”① 因此，学校里不必设置专门的道德教育课程。有关“道德观念”的教育，则是以间接地方式通过学校生活的所有机构、手段和资料等整个生活给予学生道德训练。“一切能发展有效地参与社会生活的能力的教育，都是道德的教育。”② 所以，“道德教育应集中在把学校作为社会生活的模式这一观念上。”③

学校式的社会生活和各科教材即是杜威所提倡的德育课程。学校的责任应该是为儿童设计符合儿童需要的各种活动，使儿童在集体生活和各种活动中得到道德认识和行为的发展。因为，“最好的和最深刻的道德训练，恰恰是人们在工作和思想的统一中跟别人发生适当的关系而得来的。”④ 各科教材也是学校进行道德教育的载体。杜威指出，“道德的目的是各科教学共同的和首要的目的，”所以，“指导如何把道德价值的社会标准加诸于学校所使用的教材上面，就是十分重要的。”⑤ 各科教材的内容必须与社会生活紧密结合，使儿童通过教材理解社会活动情况，与儿童实际生活脱离的教材不是好的教材。例如，地理课的道德教育价值，在于它描述了有关人与自然相互影响的内容，说明了人既依赖自然环境又可以改变自然环境的道理。历史教材是解释当今社会关系的手段，其道德教育的价值在于把历史事件作为解释现在的手段，促使人们更好地理解现在的社会生活。

(二) 价值澄清理论的德育课程思想

20 世纪 60 年代，路易斯·拉思斯（Louis Raths）等人著的《价值与教学》一书出版，标志着 20 世纪美国最有影响的道德教育理论流派之一——价值澄清学派正式形成。拉思斯等人认为，儿童在家庭和学校所表现出来的行为问题，是缺乏相应的价值观而引起的。经过大量的实证和追

---

① 赵祥麟，王承绪编译：《杜威教育论著选》，华东师范大学出版社 1981 年版，第 99 页。

② ［美］杜威著，王承绪译：《民主主义与教育》，人民教育出版社 1990 年版，第 377 页。

③ 戚万学：《冲突与整合——20 世纪西方道德教育理论》，山东教育出版社 1995 年版，第 179 页。

④ 赵祥麟，王承绪编译：《杜威教育论著选》，华东师范大学出版社 1981 年版，第 5 页。

⑤ 戚万学：《冲突与整合——20 世纪西方道德教育理论》，山东教育出版社 1995 年版，第 181 页。

踪研究，他们发现，“当具有某些行为问题的儿童被授以某种价值观经历时，那些问题在强度和频率上经常有所缓和。”① 该学派对传统德育课程的说教方式进行了批评，认为传统德育课程无法培养儿童真正的价值观。价值澄清学派坚持“价值是相对的”观点，认为价值源自个人的经验，不同的经验会导致不同的价值观，并随其个人经验的积累和改变而变化。因此，个人有选择价值的自由，是无法依靠外界的传递而形成自己的价值观的。所以，价值澄清学派主张，道德教育的重点要从关注价值内容转移到澄清个人价值的过程中去，也即教师在道德教育中所起的作用是帮助学生澄清他自己的价值观而非将教师认可的价值观传授给学生，简言之，教师不能试图教学生任何具体的道德价值，学校也不必设置专门的价值教育课程，向学生传授具体的价值观念。而是应该注重学生的生活经验，让学生在生活中思考、评价、总结，并作出选择，形成价值观，教师的作用只是在于帮助学生学会如何进行价值澄清。因此，可以说，“价值澄清与其说是一种德育理论学派，不如说是一种道德教育实践方法，拉思斯等人曾明确把《价值与教学》的副标题定为‘课堂中价值观的运作’，因此，价值澄清理论对传统德育课程的批评和否定，与其说是对传统教学方式的否定，不如说是提出了一种新的德育课堂教学方式。”②

（三）道德认知发展学说的德育课程思想

劳伦斯·柯尔伯格（Lawrence Kohlberg，1927—1987）是美国当代著名的道德心理学家和道德教育理论家，他创立的认知发展道德教育理论和实践体系在世界道德教育领域久负盛名，对美国及其他国家和地区的道德教育理论的发展和学校道德教育实践产生了巨大影响。

道德认知发展理论也极力反对传统德育课程并提出尖锐的批评，认为传统的道德教育是以道德品格就是一个“美德袋”为基础的。这一美德袋是由诸如诚实、责任、友谊、服务以及其他一些价值等一系列普遍被人们赞同的品格组成的。这些美德通过说教，给予实践的机会，从而教给儿童。但这种说教式的道德教学对儿童的道德品格的影响微乎其微，甚至是无效的。“道德教育课的结果的研究性评价是以对道德知识（在口头上表示信奉

---

① ［美］路易斯·拉思斯著，谭松贤译：《价值与教学》，浙江教育出版社2003年版，第9页。

② 佘双好：《当代西方道德教育流派德育课程理论的特征与局限》，《清华大学教育研究》2000年第3期。

这种习俗准则）的增长的测量为依据的，同时也以对如同在实验中测定的诚实或服务行为的增长的测量为依据。研究性评价的这些结果是令人极端失望的。”“在道德行为的实验性测量中，大多数品格教育课并没有引起相应的道德行为上的变化。”①

柯尔伯格在基于道德哲学和道德心理学研究的基础上，提出了“三个水平六个阶段”的道德发展阶段理论。他认为儿童的道德发展呈现顺序不变的阶段性，道德教育的目的应该以促进儿童的道德思维发展为目的，在教师的指导下，使儿童的道德阶段向更高水平的阶段发展。因此，在学校道德教育中，教师不能向儿童直接教授道德准则和规则，不能把教师自己认同的道德价值观灌输给儿童，而应该通过教师的引导，促使儿童掌握具有普遍性的人类伦理原则。

柯尔伯格的道德课程观包括两个方面的内容：一是学科课程。柯尔伯格所指的学科课程不是专门的德育课程，事实上，他极力反对设置专门的道德教育课程，而是主张把道德教育统整于社会研究、历史等课程中去。“道德教育不应以‘学科’的形式出现，而应融合于整个课程中去，因为任何学科除了能够提供‘事实’外，也能提供‘价值’的论题。为达成实用的目的，该方案将道德两难困境的讨论，统整于历史、社会和英文等正课中。”② 而在这些课程的道德教学中，也不是直接讲授道德价值规则或原则，而是通过道德两难的课堂讨论计划为学生提供积极参与道德决策的机会。以讨论道德冲突为中心的学科课程其目的是为了促进学生的道德思维的发展，是一种道德教育理性课程。

二是隐性课程，即道德环境，它是指学校的管理和非正式的社会关系以及由此产生的道德气氛。所谓道德气氛是指个人作出道德决定时的社会情境。经过研究，柯尔伯格发现，“道德行为通常发生在社会或团体背景之中，背景则常影响个人的道德决策。个人在真实生活中的道德决定总是在团体规范背景或团体决策过程中作出的，并且，个人的道德行为常是这些规范或过程的函数。”③ 因此，道德教育的最好方法是“努力改进个人作出

① ［美］柯尔伯格著，魏贤超等译：《道德教育的哲学》，浙江教育出版社2000年版，第206页。

② 戚万学：《冲突与整合——20世纪西方道德教育理论》，山东教育出版社1995年版，第401页。

③ ［美］柯尔伯格著，魏贤超等译：《道德教育的哲学》，浙江教育出版社2000年版，第167页。

道德决定时的道德气氛。”① 隐性课程对学生的道德发展作用与学科课程同样重要，“虽然我们确实认为道德教育应该成为理智课程的一部分，但是我们认为它不应限于学校的正式课程。事实上，我们可以通过开发隐性课程所提供的资料最有效地实现道德教育的目的。”②

隐性课程的实施依赖于教育者的道德能力，即在他的学校或班级课堂里，能够凸显以人为目的的信念，能够给学生创设一种公正的环境，并使学生在这种公正的环境里学会公正的原则。因此，隐性课程的实施还有赖于民主的管理方式，能够通过道德对话的方式把关于公正的讨论引到课堂。柯尔伯格关于隐蔽课程的设想在他提出的“公正团体法”中得到实现。

（四）威尔逊的德育课程思想

约翰·威尔逊是当代英国著名的教育哲学家和道德教育理论家，他提出的道德符号理论在道德教育理论领域独树一帜。他认为，道德是人们解决道德问题的方式和过程，道德教育即是旨在培养道德上受过教育的人的技能和特性的过程。这需要通过直接的道德教学来实现，亦即道德教育要作为一门独立的学科来教授，要在学校里设置专门的德育课程。

威尔逊的直接道德教学观是基于他对“道德上受过教育的人”的理解而提出的。在威尔逊看来，一个道德上受过教育的人，应该具有以下品质③：尊重和关心他人的态度；对情感的觉识能力；掌握有关的知识；运用上述各要素的能力；作出什么的决定；把这种决定转化为行动；把所有这些因素结合起来产生正当的行动和适当的情感，具备这些品质的人，是自主的、理性的、理智的、心理健康的、以现实为定向的人。

威尔逊认为，“在道德上受过教育的人”这一概念逻辑上要求有直接教学的参与。所谓直接的道德教学，是指“向学生直接教学和解释道德方法论。”这里的方法论不是“特定的道德价值观和信仰的直接灌输，而是解释作出理智的道德决定的逻辑基础。换言之，我们要呈现给学生的是‘如何实践’道德：如何在道德问题上下决心，他需要怎样的才能进行道德思考

① ［美］柯尔伯格著，魏贤超等译：《道德教育的哲学》，浙江教育出版社 2000 年版，第 167 页。

② 戚万学：《冲突与整合——20 世纪西方道德教育理论》，山东教育出版社 1995 年版，第 401 页。

③ 戚万学：《冲突与整合——20 世纪西方道德教育理论》，山东教育出版社 1995 年版，第 237 页。

和行动”①，也就是使学生能够理解和实际运用上述道德要素。因此，学校里应该设置专门的道德课程，类似于学校里开设的其他科目。如果“把道德作为一种附加的或边缘性课题来对待只能招致灾难。”② 就像儿童不可能自己创造数学定理一样，“他们也不能完全凭借自己的选择即可获得正确的道德规范，我们不仅要帮助学生形成科学的和数学的思维，而且要帮助他们形成自己的道德思维。”③ 威尔逊认为，在道德领域，确实存在一套固有的方法，这些方法应直接教给学生，即引导学生掌握识别和解决道德问题的方法，使学生能够倚靠它处理各种情境、解决各种问题。“‘直接方法’意味着必须明确而坚定不移地把‘道德思维’作为一门学科列入课程表：使学生很容易识别这门学科，不会把它和其他类型的学习混淆起来；要使他们非常清楚自己是在学习一些东西（而不仅仅是被刺激或引起兴趣和关心），而且是在学习有关道德的一些东西而非其他。如果我们不能确保这一点，那么整个工作将完全没有意义。”④ 他强调，要保证教授“道德思维”的时间，每个中学每周要有两次专门教授“道德思维”的时间，并定期检测教学的效果，以检查学生对道德方法的掌握情况。为了训练学生的道德思维能力，威尔逊组织编写了中小学道德教育教材丛书《道德入门》。

威尔逊强调直接的道德教学，并不反对其他形式的道德教育，社会生活、学校结构、师生交往也能促进学生道德要素的发展，但它们不能代替直接道德教学。总之，威尔逊坚信直接道德教学在道德教育中的作用，主张把“道德思维”课列入学校课程表，不要把它与其他课程混在一起，以保持道德课程的独立性。

（五）品格教育的德育课程思想

与价值澄清学派和道德认知发展理论提倡不教授具体道德价值的课程思想不同，20 世纪 80 年代复兴的品格教育强调道德教育内容的直接传授。品格教育有着明确的核心的道德伦理价值，是直接的而非间接的道德教育。品格教育确信存在人类所普遍共享的客观道德真理，学校品格教育的内容应该围绕这些客观真理组织。美国“品格促进联合会”把学校品格教育的内容浓缩为六点：信赖、尊重、责任、公平、关怀和公德。具体地说，“信

---

① ［英］威尔逊著，蒋一之译：《道德教育新论》，浙江教育出版社 2003 年版，第 177 页。

② 戚万学，杜时忠：《现代德育论》，山东教育出版社 1997 年版，第 323 页。

③ 戚万学，杜时忠：《现代德育论》，山东教育出版社 1997 年版，第 323 页。

④ ［英］威尔逊著，蒋一之译：《道德教育新论》，浙江教育出版社 2003 年版，第 187 页。

赖”包括诚实、不欺骗、不偷窃、坚持真理、效忠国家、忠于家庭等；“尊重”包括尊重别人、宽容差异、举止礼貌、语言文明、用和平方式处理愤怒与争执；“责任”包括做好本职工作、自控自律、谨慎可靠；“公平”包括照章办事、不存偏见、不推诿过失、倾听别人意见；“关怀”包括善良、热情、宽恕、助人；“公德”包括合作、参与、和睦、遵纪守法、尊重长辈、保护环境。品格教育的提倡者坚信这些内容是学生未来成功和形成健康、人道的社会的关键因素。

在课程的设置上，品格教育的课程分为三类：第一类是专门的品格教育课程，第二类是渗透品格教育的学术课程，第三类是隐性的课程。

专门的品格教育课程强调核心价值和美德的讲授，以及道德决策和技巧的训练，着重于学生的道德认知能力培养，强化学生对价值和美德的理解。这类课程目的明确，有确定的目标、内容和教育组织形式。有的是一些研究中心开发的商业性课程，如品格教育协会的课程、杰弗逊教育中心的品格教育课程、CDP 的品格教育课程等；有的则是学校自己编制的课程；另外，J. W. Berry 的《生活技巧丛书》、A. D. Johnson 强调特定品格的传记“价值故事”系列、载有讨论生活中道德问题的报纸《儿童周报》等，也是被广泛采用的教材。①

渗透品格教育的学术课程，是指要将价值教育融合到学术课程之中，尤其是社会科学、人文科学类课程。“如果我们没有利用这些课程培养学生的价值和伦理意识，我们将错失一个极好的机会。”② 学校在教授学生学术课程知识和技能的同时，还要教授一些价值观，以使学生通过学术课程的学习理解各种价值和美德。这类课程有以下特点③：①核心价值和美德的统摄性。教师明确并在教学中贯彻教学意向，即所要培养的价值和美德。②强调学生和教师的主体性。强调学生的主动参与、自主学习，教师起指导或辅导作用，师生关系是平等交往的关系。③情感性。正因为发挥了教师和学生的各自主体性，教学过程便处于一种积极的氛围中，学生的内在学习动机得到了激发，理性学习和情意学习实现了交融。

---

① 郑富兴：《德育情境的建构——美国 20 世纪 90 年代中小学校的品格教育实践》，《比较教育研究》2001 年第 4 期。

② Thomas Licokona. Educating For Character：How Onr Schools Can Teach Respect and Responsibility. NewYork：Bantan，1991. pp. 162－163.

③ 郑富兴：《德育情境的建构——美国 20 世纪 90 年代中小学校的品格教育实践》，《比较教育研究》2001 年第 4 期。

隐性的课程是利用学校教育情境或经验以潜移默化的方式进行的，例如教师作为示范者和指导者要发挥价值教育的作用；学校以一套核心价值和美德为核心营造良好的校园环境，学校的建筑和环境的布置，学校的出版物，学校的各种奖励、仪式和校训等，都应显示出该学校推崇的核心价值和美德；班会活动则在教室里直接生动地呈现出责任和尊重等核心价值。

三、德育学科课程的实践运用

世界上各个国家的学校德育课程设置各有不同，有的设有专门的德育课，有的没有专门的德育课，而是将道德教育渗透于其他学科课程之中。

英国和德国都有专门的德育学科课程。英国专门开设宗教课和道德课对学生进行直接的道德教育，宗教课注重传授一些基本的、各教派共同具有的宗教知识，注重阐述人生、人与自然、人与社会的关系，使学生能用传统宗教的观念来理解；道德课以直接的方式向学生传授社会认可的道德价值观，联系青少年的特点和生活实际，注重培养学生观察、分析道德问题的能力。同时，辅以其他学科和活动来体现其道德价值观念。①

德国的学校道德教育也与英国的学校道德教育一样，专门开设宗教课对学生进行道德教育，同时辅以其他学科的德育。

法国在学校里也设有专门的德育学科课程——公民道德课通过课堂教学，直接向学生传授公民学的知识体系和道德规范，培养学生的公民品格和道德品行。同时，注重通过其他课程的教学，进行道德教育。

美国实施的是全方位渗透的道德教育方式，即没有专门的道德教育课程，而是将道德教育融合于其他各科教学之中，主要通过社会学科或公民课来进行。

东方许多国家，如日本、韩国、新加坡等国家通常在学校设立专门的道德课，同时强调将道德教育目标贯彻到学校全部课程的教学和各项工作中，并且渗透到社会的各个领域，形成全方位实施道德教育的格局。

日本于1958年设置专门的道德课，培养尊重人的精神，造就致力于创造富有特色的文化、和平、民主及对国际社会做贡献的日本人。1977年颁发《中（小）学德育课教学大纲》，标志着日本德育课程设置的规范化。②

---

① 钟启泉，黄志诚：《西方德育原理》，陕西人民教育出版社1998年版，第343-345页。

② 石郦平，张倩苇：《战后日本中小学德育课程的改革及其特色》，《比较教育研究》1995年第5期。

韩国各年级的道德课都由“个人生活”“家庭近邻学校生活”“社会生活”“国家民主生活”四部分组成。从小学1～2年级，道德教育课的名称是“正当地生活”。3～6年级的道德教育课关注的是培养儿童基本的道德习惯，了解道德准则和规范，并发展道德判断能力。在此基础上，7～10年级主要让学生理解道德原则，并形成自发的道德心。高中阶段（11～12年级）可通过选学“公民道德”“伦理学与思想”和“传统伦理学”三门课而进行道德学习。①

新加坡将道德教育课程作为中小学生的必修课，直接承担着向青少年正面传授公民与道德知识、行为规范，提高其道德认知水平的重要任务，是学校进行公民道德教育的主渠道。

在我国，德育学科课程与语文、数学、外语、物理、化学等其他学科课程一样，具有明确的课程计划（教学计划）、课程标准（教学大纲）、教科书，有专门的教师、固定的教学时间、必要的教学时数等，是我国德育课程中最基础、最主要的课程类型。如我国现行课程计划中小学阶段的“品德与生活”“品德与社会”，初中的“思想品德”及高中的“思想政治”，都是必修课程，是学校对学生进行道德教育的主要方式。德育学科课程与德育活动课程、德育隐性课程以及各学科的德育一起构成了我国现行的德育课程体系。

我国的德育学科课程，作为学校德育的主要课程类型，以加强中小学生思想品德教育为主要任务，通过引导学生掌握道德知识、价值规范，提高学生的道德认知能力和道德判断能力，促进学生良好品德的形成和社会性发展，使他们逐步形成正确的世界观、人生观和价值观，为成为具有良好政治、思想、道德素质的公民奠定基础。

第二节 德育活动课程

一、德育活动课程的含义

活动课程（activity curriculum）又称经验课程、儿童中心课程等，是指从儿童的需要和兴趣出发，以儿童的经验为中心组织的课程，是与学科

① 冷剑丽：《韩国道德教育课程设置的主要特色及启示》，《世界教育信息》2006年第4期。

课程相对应的一种课程形式。其主要特点是：以儿童的活动为课程的中心；以儿童的兴趣和需要为基本出发点；课程的主要目的不是传授与实际生活脱离与学生生活经验脱离的所谓系统的文化知识，而是帮助学生解决他们当前认为重要的问题，并且设法扩大和加深他们已有的兴趣和生活经验；课程实施不是通过教师的灌输，而是通过学生自己的活动，通过学生自己的探究而进行。①

杜威是活动课程的代表人物。他认为按照事实和规律组织的传统学科课程割裂和肢解了儿童生活世界的统一性和完整性，忽视了儿童的兴趣和感情，忽视了儿童的经验，造成儿童和课程的脱节。杜威认为，课程应该以儿童的发展为目的，以儿童的兴趣和需要为出发点，把儿童的态度、动机和兴趣等因素与各门科目的事实和真理之间相联系，强调通过游戏、活动作业、手工、烹调、表演和实验等来扩展儿童的社会经验。教学就是使儿童“从现在的经验进展到以有组织体系的真理即我们称之为各门科目为代表的东西”，② 是改造儿童经验的过程。教材只是儿童经验改造的材料，教师只是学生学习活动的顾问和指导者。杜威的活动课程论对传统的学科课程产生了极大冲击，通常被视为对学科课程的反动。

事实上，活动课程和学科课程并非水火不容。虽然活动课程与学科课程有着根本的不同，学科课程强调学生学习间接经验，在课程设计、编排上强调学科知识的逻辑性、系统性，活动课程强调学生学习直接经验，强调学生通过实践活动获得亲身体验，但二者并非完全对立的关系。从人的经验来源上讲，既需要直接经验，也需要间接经验。因此，学科课程和活动课程可以相互补充、协同作用，以为学生提供完整的经验来源。即使力倡活动课程的杜威，也并非完全否定学科课程的作用，而是在批评学科教材只是作为儿童生活的替代品或一种外加附属品的基础上，提出应该“把教材放在整个有意识的生活之中，以便它分享生活的价值”③ 的观点。

活动课程的价值已经被充分认识并在实践中体现，在我国，活动课程已经成为一种与学科课程并列的课程类型。1992 年，教育部（原国家教育

---

① 戚万学，杜时忠：《现代德育论》，山东教育出版社 1997 年版，第 338 页。

② 赵祥麟，王承绪编译：《杜威教育论著选》，华东师范大学出版社 1981 年版，第 81 页。

③ 赵祥麟，王承绪编译：《杜威教育论著选》，华东师范大学出版社 1981 年版，第 93 页。

委员会）颁布了《九年义务教育全日制小学、初级中学课程计划（试行）》，指出："活动在实施全面发展教育中同学科相辅相成"，并对"活动"课程的类型作出了具体规定，"本课程计划设置晨会（夕会）、班团队活动、体育活动、科技文体活动、社会实践活动和校传统活动等。"并指出，活动课程设置的目的是"使学生受到政治、思想、道德教育，扩大视野，动手动脑，增长才干，发展志趣和特长，丰富精神生活，增进身心健康。"显然，这里的活动课程是一般意义上或较广泛意义上的活动课程，不仅包括道德教育的目的，也包括智育、体育、美育等目的。2001 年，中国教育部又颁布了《基础教育课程改革纲要（试行）》，要求"从中小学至高中设立综合实践活动课程作为必修课程，其内容主要包括：信息技术教育、研究性学习、社区服务与社会实践以及劳动技术教育"，以"增进学校与社会的密切联系，培养学生的社会责任感"。这里的综合实践活动也是广泛意义上的活动课程。

本书所指的德育活动课程是与德育学科课程并列、互为补充、相互增益、相互渗透的一种课程类型。"一方面，它有一般意义上的活动课程的特点，另一方面，又不完全等同于一般意义上的活动课程概念。"① 德育活动课程是指学校从学生的需要、兴趣出发，有目的、有计划、有组织地设计各种活动，并引导学生主动参与，以增进学生的道德理智和道德实践能力，改善学生道德生活的课程类型。

对德育活动课程的理解需把握以下几个关键点：

（1）德育活动是学生主动参与的，不是被迫接受的；

（2）德育活动课程以培养学生的道德理智和道德实践能力为目的；

（3）德育活动课程是学校教育计划的一部分，是有目的、有计划、有组织的进行的，而不是自发的。

二、德育活动课程的特征

德育活动课程除了具备一般活动课程的特点之外，与德育学科课程相比，还有自己内在的特征。

1. 实践性。实践性是德育活动课程的根本特征。肯定德育活动课程的实践性特征主要基于实践性是道德教育的根本特征这一观点。道德教育的目的主要不是在于使学生掌握社会的道德规范、准则和价值观，而在于使

① 戚万学，杜时忠编著：《现代德育论》，山东教育出版社 1997 年版，第 338 页。

学生形成道德行为习惯、行为方式。道德在本质上是实践的。判断一个人是否是道德的，不是依据其“知道什么”，而是要依据其“做了什么”，一个人的行为是判断其是否道德的根本标准。“无论从什么角度对一个人进行道德的判断，最终都只能通过行为的考察，只能通过其对道德要求的实践情况来加以判定。一个外在的善行虽然并不一定是道德的行为，但一个自称出自善良动机但却极恶劣表现的行为无论如何不具道德的价值。”① 道德教育的过程不仅要让学生形成道德认识、道德信念，更重要的是要让学生在实践活动中体悟道德认识，把道德认识自觉内化为道德行为。德育活动课程就是为学生提供由道德认识转化为道德行为，并形成道德行为习惯的中介。活动是个体道德形成和发展的根源，也是道德个体实现其意义或价值的根本途径。在活动中，引导学生把抽象的道德认识与自己的生活体验结合起来，增强对道德规范、价值观的感性认识，加深对道德规范、原则的理解，并自觉地去践行道德规范、道德原则。

2. 主体性。与德育学科课程不同，德育活动课程特别强调学生的主动参与，尤为凸显学生的主体性。德育活动课程的主体性表现在三个方面：第一，自主性。是指学生对德育活动具有自我决定、自我决断的自主意识，它是发挥学生主体性的前提和基础。在德育活动课程中，教师不是一个支配者和领导者，而是一个引导者和合作者，学生具有作为主体的自由和意识，对活动的目的、设计、态度有明确的认识，能够依据自己的爱好、兴趣对活动作出选择。第二，主动性。主动性是主体的根本性质，也是主体活动的根本特征。德育活动课程的主动性特征是指学生在教师的引导下，有目的、有意识地通过活动提高道德认识，践行道德规范，是学生主体性的根本表现。在活动初期，学生根据自我认识和自我评价确定自己参与活动的预期目标；在活动中，学生是被动应付学校的各项活动，而是自觉地通过活动调整自己原有的道德认知；在活动后，学生能够反思总结自己的得失，明确下一步努力的方向。第三，创造性。指学生在德育活动中实现自我突破、自我超越、自我成长，它是学生主体性发展的最高表现。人的活动本身就具有某种创造性。德育活动的旨趣，就在于通过学生的创造性活动，使学生在“成人”的过程中实现德性的发展。德育活动中的每个学生个性不同，活动设计不同，实施的环境不同，活动在学生身上产生的效果也会不同，这也使德育活动具有创造性特征。德育活动课程的自主性、

① 戚万学，杜时忠：《现代德育论》，山东教育出版社1997年版，第343页。

主动性和创造性特征为学生主体性的发挥和培养提供了条件。

3. 生成性。德育活动课程的生成性包括两个方面，一个方面指德育活动课程因“无纲无本”而致的不同学校的德育活动呈现出多元性和开放性。我国现行德育学科课程实行“一纲多本”的教材制度，不同地区使用的教材不同，但这些教材的编写是在国家课程标准的指导下完成的，其根本理念和指导思想是一致的。相对于德育学科课程的“有纲可依”“有本可用”而言，德育活动课程则“无纲可依”“无本可用”，各学校需要根据本校实际自行组织设计德育活动课程，相比德育学科课程更具自主性、开放性、生成性的特征。另一个方面是指每所学校的德育活动课程具有生成性的特点。学校德育活动是有目的的活动，但活动有预设和生成之分。预设性的活动是指教师预先设计好的活动，包括预先设计好的活动目的、活动过程以及活动可能达到的结果等，预设的活动目的对整个活动过程起指导和调节作用，使活动按照预设的目的进行；生成性的德育活动是指在活动开展的过程中，出现之前未预料到的新情况，组织者临时改变活动的目的、过程等环节，最终获得德育活动预设目标之外的新效果的活动。这两种性质的活动都是德育活动课程的重要组成部分。但由于教育活动本身具有不确定性、生成性的特征，即使预设的德育活动也具有生成性的特征。

生成性的德育活动课程包括三个环节：一是活动过程中生成的新的德育资源。德育活动过程中离不开师生、师师、生生的互动和交往，而互动、交往过程中会产生新的教育资源，这种资源一般是隐蔽的、潜在的，需要教师敏锐地去感知、捕捉才能转化为显性的、现实的德育资源，即“生成性的德育资源”。二是活动过程中生成的新的德育目标。在活动过程中出现的新的德育资源，如果能被教师迅速而准确地判断出其德育价值，并将其转化成新的德育目标，即“生成性的德育目标”。三是活动过程的调整。由于原计划的活动过程中生成了新的德育资源和德育目标，活动过程也须作出相应的调整，生成新的活动过程。

三、德育活动课程的实施

德育活动课程是学校德育课程体系中的重要组成部分，应被作为正式课程纳入学校教育计划。德育活动课程也应该像其他课程一样，具有系统的课程目标、课程标准、课程评价等内容，但由于它的实践性、主体性、生成性的特点，以及德育活动课程理论研究的匮乏和德育活动课程实践的不完善，使得当前的德育活动课程存在着课程目标定位模糊、课程内容散乱、课程标准缺失、课程评价缺少科学性等一系列问题，给德育活动课程的实施带来了不少困难和挑战。

所谓“课程实施”是指把一项课程方案付诸实践的过程，是一个预期的课程如何在实际中运用的过程。由于德育活动课程的特殊性，难以像其他学科课程一样，具有一套较为完备的课程方案，使得德育活动课程是“在做中”求完善，“在活动中”求发展的。基于如上考虑，这里不对德育活动课程的建设进行深入的探讨，重点讨论德育活动课程实施应该贯彻的主要原则或指导思想。

1. 主体性原则

主体性原则是指德育活动课程的实施要从学生的兴趣和需要出发，发挥学生参与德育活动的自主性、能动性和创造性。

德育活动的主体性原则是由德育活动课程的“主体性”特征及道德教育的主体特征决定的。道德教育的目的是要培养能够独立地道德思维，有自主道德意识和自觉道德行为的个体，因而主体性是道德教育必须遵循的基本原则。德育活动课程的主体性特征也要求作为课程主体的学生的活动是学生自决、自为、自由的活动，不是被动、不情愿、不得不从事的活动。学生不是简单接受安排、进行形式化训练的工具，而是活动的主人。

贯彻这一原则，要求：①学生是德育活动的主体。应当在指导思想上，“始终把学生当做教育过程的主体，当作选择、决策、行动的主体和责任主体来看待。”① ②杜绝活动中的形式主义。从我国德育活动实践来看，以往学校开展的活动，多是“有组织”的活动，“一阵风”“走过场”等形式主义严重。“有组织”的活动，是学校和教师事先确定好活动的目的、活动的程序、组织的方式等具体要求，甚至许多活动的组织和开展事先未征得学生的同意，未考虑学生的需要和兴趣，只是学校和教师一相情愿地强制学生必须参加，学生常有抵触情绪，其效果很难达到组织者的预期。如果“有组织”的活动是“一阵风”“走过场”式的德育活动，根本无法激起学生参加活动的热情，既不能发挥学生的创造力，也不能满足学生的情感需要。这样的德育活动对学生而言仅仅是不得不完成的“任务”，难以实现学生主体性的发挥。

2. 生活化原则

生活化原则是指德育活动课程在保证德育的引导性的前提下，体现向

① 戚万学：《活动道德教育论》，南开大学出版社1994年版，第169页。

学生生活世界的回归。

德育活动课程必须贯彻生活化的原则，既是德育活动课程的目的之一——改善学生的道德生活的要求，也是德育活动课程的特征之一——实践性对它的要求。

从德育活动课程的特征来看，实践性是其根本特征。实践显然是社会生活实践，不是与社会生活脱离而营造的一个虚假的实践。从这点讲，德育活动课程的生活化也是其实践性特征的内在要求。

德育要实现改善学生道德生活的目的，是无法通过拒绝学生参与社会生活的方式实现的，而是只有使其在参与社会生活的过程中才能了解社会道德现状，进而参与社会道德的改革。在杜威看来，"教育既然是一种社会过程，学校便是社会生活的一种形式。"① 道德教育作为学校教育组成部分，"原本是生活世界的一部分。"② 因此，为了实现改善学生的道德生活的目的，德育活动课程必须实现对社会生活的适应和超越。

贯彻这一原则，要求：①德育活动要主动适应和超越社会生活。德育活动的设计不能离开社会生活，要把人们的道德生活向学生敞开，让学生面对生活世界中真实的道德问题；同时，还要发挥学校道德教育对社会生活的引领作用，德育活动设计要超越生活世界中的非道德的一面，体现对社会生活的超越和引领。②通过学校德育活动，加强与校外社会机构、学生家庭的沟通。学校、社会、家庭构成学生完整的生活世界，学生的道德实践能力的培养只依赖于学校显然是不够的，必须在学生的社会生活实践中才能得到真正实现。

3. 创生性原则

创生性原则是指德育活动课程的实施，不一定完全忠实地依赖课程方案，教师和学生在活动过程中根据实际情况对原有的课程方案作出修订，或者说，德育活动课程是教师和学生共同参与活动的结果，是教师和学生的活动实践对原有的文字性的课程方案进行不断修正和制订的过程。

德育活动课程必须贯彻创生性原则是由德育活动课程的生成性特点决定的。由德育活动课程的生成性特点可知，德育活动课程不同于学校开设

---

① 赵祥麟，王承绪编译：《杜威教育论著选》，华东师范大学出版社1981年版，第4页。

② 张华：《论道德教育向生活世界的回归》，见朱小蔓编：《道德教育论丛》（第1卷），南京师范大学出版社2006年版，第453页。

的其他学科课程，它没有统一的课程标准、实施建议、教学材料等，它是在学校开展的活动中生成的。换言之，德育活动课程不是预定的，活动开展之前没有一种完整的、规定好的课程，课程实施本身也是课程研制开发的一部分，课程是教师和学生活动经验的总和。

贯彻这一原则，一方面要充分发挥德育活动主体的创造性。学生是活动真正的主体，学生对活动的设计、展开、评价、反思、总结等环节都能够积极参与，教师要能及时获取学生对各活动环节的看法，与学生一道对活动不断作出修正和制订。另一方面，在活动中要避免僵化地执行活动计划的情况。学校或教师不要把德育活动计划实现的程度作为衡量活动开展的成功与否的标准，活动是动态的，受各种因素的影响，是不断变化的，执行活动计划的过程不是一个机械的、线性的过程。

第三节　学校德育隐性课程

一、隐性课程的概念

隐性课程是与显性课程相对的一个概念，又称隐蔽课程或潜在课程、非正式课程、辅助课程等。

杜威曾提出“附带学习”的概念，即指学生在正式学习中不仅获得知识或经验，还获得了知识之外的关于情意的经验。克伯屈进一步提出“伴随学习”，认为学生在正式学习过程中也获得了态度、理想、情感和兴趣。他们提出的“附带学习”和“伴随学习”的概念已经隐含了隐性课程的因素。首次明确提出隐性课程概念的是美国学者杰克逊（Jackson）。他在1968年出版的《课堂中的生活》中明确提出“隐性课程”的概念，认为，学生在读、写、算，或其他学术课程上的进步，并没有完全说明学校教育的结果，除此之外，学生还从学校生活的经验中获得了态度、动机、价值观和其他心理状态的发展。这种非正式的文化传递即为隐性课程。

隐性课程的概念提出之后引起了人们的广泛关注，吸引了许多学者的专门研究，也因此形成对隐性课程的不同理解。结构功能论流派认为，隐性课程是学生在学校及班级环境里的正式课程所未包含的知识、规范、价值或态度。现象诠释学流派从两个微观的角度对隐性课程进行了解释，他们认为，就学习内容而言，隐性课程是指与个体生活有关的情意方面的学习；就学习过程而言，是从学习者的主体意识出发，在意义与符合的社会交互作用中产生经验的交换和沟通的动态过程。社会批判理论流派认为，那些隐藏或渗透在学校组织结构、学生能力分组、课程实施方式及具体知识内容中的代表着不同社会阶层利益的道德规范、行为准则、价值观念等综合起来就构成了隐性课程。① 无论何种理解，人们对隐性课程之教育意义的认识是一致的。诚如罗兰恩特·梅根认为，“隐性课程是既非学校、又非教师所教的东西。无论教师如何开明、课程如何进步，以及学校的社会方向如何，总会有某些东西传递给学生。这些东西无须在英语课中讲授，也无需在集会中灌输，但学生总会从中学习到他们的生活观与态度。”②

关于隐性课程概念的界定，国内有学者认为，隐性课程是“学校情境中以间接的、内隐的方式呈现的课程”。③ “是在学校情境中由隐性校园文化组成的以间接、内隐方式呈现的课程。”④ “是指学生在学习环境（包括物质环境、社会环境和文化体系）中所学习到的非预期或非计划性的知识、价值观念、规范和态度，是计划表上看不到的课程。”⑤ “课内外间接的、内隐的，通过受教育者无意识的、非特定心理反应发生作用的教育影响因素。”⑥《国际教育百科全书》对隐性课程的定义是：“指这样一些教育实践及成果，它们在学校政策、课程计划上并没有明确规定，然而又是学校经验中常规的、有效的一部分。”⑦

尽管上述对隐性课程概念的界定意见殊异，各有侧重，但也存有共同之处。①从存在形态上看，隐性课程是学校政策、课程计划之外的，潜在地存在的课程；②从存在的意义上看，隐性课程影响学生的各个方面，包括知识、价值观、社会规范和态度等，尤以情意方面的影响最为显著；③从存在的时间上看，没有明确的时间限制，对学生的影响持久。

总之，隐性课程是学生学校生活经验的组成部分，是正规课程之外、以学生的体验为主、潜在影响学生发展的课程形式。

---

① 廖哲勋，田慧生：《课程新论》，教育科学出版社 2003 年版，第 52 页。

② 魏贤超：《整体大德育课程体系初探》，见朱小蔓编：《道德教育论丛》（第 1 卷），南京师范大学出版社 2006 年版，第 437 页。

③ 施良方：《课程理论——课程的基础、原理与问题》，教育科学出版社 1996 年版，第 272 - 273 页。

④ 廖哲勋，田慧生：《课程新论》，教育科学出版社 2003 年版，第 53 页。

⑤ 马云鹏：《课程与教学论》，中央广播电视大学出版社 2003 年版，第 128 页。

⑥ 班华：《现代德育论》，安徽人民出版社 1996 年版，第 149 页。

⑦ 檀传宝：《学校道德教育原理》，教育科学出版社 2003 年版，第 138 页。

二、德育隐性课程的概念

(一) 隐性课程对学校德育的特殊意义

隐性课程对道德教育的特殊意义是由其自身的特点和学生品德形成和发展的特点所决定的。

隐性课程的德育功能与隐性课程的概念密切相关。杰克逊在提出隐性课程概念的时候，就指出，隐性课程由规则、法规和常规组成，它对学生的社会化不可避免地发生着影响。布卢姆在 1972 年也指出，学校的组织方式、人际关系等社会学、文化人类学、社会心理学的因素对于学生的态度与价值观的形成，具有强有力的持续的影响。① 隐性课程以潜在的、内隐的方式影响着学生的认识水平、情感意志和行为方式的改变，其产生即是从其所含有的育德功能出发的，因此，可以说，“隐性课程概念本身有着与道德教育的天然联系”，是“一种价值性的影响。”② 它对学生思想品德的影响是理论性的德育课程所难以达到的。一方面，目前我国开设的德育学科课程，有重道德知识讲授轻情意培养、轻行为养成的弊端，加之其教学方式与学生的生活相脱离，使德育学科课程呈现出“冷若冰霜”的样态，缺少情感因素，也使其在学校和学生心目中处于尴尬之境地：课程计划虽突出强调其重要地位，但没有得到学校、教师和学生真正足够的重视，也即没有真正享有与语、数、英等科目同等重要的地位，只是因为升学考试中德育学科课程是必考科目，老师才不得不教，学生不得不学。曾有调查表明，思想政治课在高中所开设的所有科目中，被列为最不受学生欢迎的学科。而隐性课程的特点恰恰可以克服德育学科课程的不足，“从作用机制看，隐性课程通过个体无意识心理活动而潜移默化地影响个体的道德活动；从作用范围看，隐性课程可说是无所不包，它全方位地渗透于受教育者的生活之中，其深广程度是正规学校课程无法比拟的。”③

从个体品德形成和发展的特点来看，品德结构是由知、情、意、行四个要素组成的。个体品德的形成和发展是四个要素相互作用的结果，缺一不可，德育过程就是培养学生知、情、意、行全面和谐发展的过程，这仅凭显性的德育课程难以完成。如果说，德育学科课程可以完成“知”的培

---

① 钟启泉，黄志诚：《现代课程论》，上海教育出版社 1998 年版，第 182 页。

② 檀传宝：《学校道德教育原理》，教育科学出版社 2003 年版，第 139 页。

③ 戚万学，杜时忠：《现代德育论》，山东教育出版社 1997 年版，第 363 页。

养任务，德育活动课程可以完成“行”的培养任务的话，隐性课程则可以完成“情”和“意”的培养任务，而“情”和“意”在由“知”到“行”的转化中起关键作用。从这个意义上来讲，隐性课程可以弥补德育学科课程和德育活动课程的不足，与这两者一起构成一个完整的德育课程体系。

(二) 德育隐性课程的内涵

由于对德育隐性课程研究尚处于起步阶段，对德育隐性课程概念的理解即存有差异。较有代表性的观点有：①隐性德育课程是指学生从学校教育环境中所获得的思想道德教育方面经验的总和，是学校为了实现教育目标，以不明确的、内隐的方式，使受教育者获得的思想道德方面经验的教育内容和因素的总和；[①] ②德育隐性课程指在学校内外，凡是人们能够想到与看到的一切现象、事物、活动与观念都是广义的隐性德育课程；[②] ③隐性德育课程一般是指存在于课内外、校内外、间接的、潜在的、有目的的教育活动中，通过受教育者无意识的，非特定的心理反应发生作用的教育性经验的传递与渗透。[③]

上述对德育隐性课程的界定虽然角度不同，但都从影响方式上强调了德育隐性课程的间接性、内隐性，强调了德育隐性课程的目的性，具有一定的合理性。但尚未能突出德育隐性课程的特征，我们尝试从以下几个方面对德育隐性课程作出理解：

第一，从德育隐性课程存在的范围看，德育隐性课程包括学校内对学生品德形成和发展产生影响的一切有教育意义的因素，但不包括家庭、社会对学生有潜在影响的教育因素，因为它们虽然有教育意义，但不属于“课程”的范畴。

第二，从德育隐性课程的作用机制看，它应是间接、内隐、潜意识的。它隐蔽在各种显性的教育活动之后，也隐蔽于学校的一切教育环境之中；它的作用方式和效果都是无意识的，是通过学生无意识的、非特定的心理反应方式对学生的品德发展产生影响的，使学生在不知不觉中受到教育。

第三，从德育隐性课程的目的性看，应是有目的的。隐性课程的无意识性是从学生受其影响的角度而言的，但从教育者的角度讲，学校德育隐性课程也与其他课程类型一样，具有目的性，即教育者应该自觉认识并发

---

① 佘双好：《现代德育课程论》，中国社会科学出版社 2003 年版，第 27 页。

② 戚万学，杜时忠：《现代德育论》，山东教育出版社 1997 年版，第 364 页。

③ 冀学锋：《试论高校隐性德育课程设计》，《伦理学研究》2003 年第 2 期。

挥德育隐性课程的作用，巧妙地设计德育隐性课程，能够对德育隐性课程的效果有一定的预期。换言之，德育隐性课程对学校和教师而言是有目的、有计划的，对学生而言则是无意识的。

第四，从德育隐性课程的效果看，德育隐性课程难以进行科学的评价和衡量。因为学校德育隐性课程涉及多个方面，它们对学生品德的影响是整体性地发生作用，即难以将学生品德的发展准确地归因于哪个或哪些因素，往往是多种因素综合影响的结果，因此，对德育隐性课程的效果无法给予科学的衡量和评价。

综上所述，我们认为，德育隐性课程有广义和狭义之分。广义的德育隐性课程是指存在于学校中的一切现象、事物、活动等所隐含的德育因素；狭义的德育隐性课程是指学校中存在的有目的、有计划的，以间接、内隐的方式对学生品德的形成和发展产生潜在的、无意识的影响的一切教育因素或经验。

三、德育隐性课程的类型

德育隐性课程既存在于德育学科课程、德育活动课程以及其他学科课程之中，也存在于学校的教育体制或环境之中，是德育课程体系中覆盖范围最广的课程类型。因此，对德育隐性课程类型的划分众说不一，可以概括为三分法和四分法：

(一) 三分法

(1) 将德育隐性课程分为“各学科中的德育渗透”“校园文化建设”和“班集体建设”三类。① 这种划分方法认为，各学科的任务除传授知识和技能之外，还需培养学生的品德，教室环境、教学组织形式、教学方法、师生交往形式都是隐性教育因素；校园文化作为隐性课程具有潜移默化的教育作用，德育者应注重内部校园文化建设和管理，把它变成一种由教育者有意识控制和设计的隐性课程，以增强育人效果；班集体作为隐性课程的一部分，是学校德育的基础和主体。

(2) 将德育隐性课程分为“学校课程方面的道德教育隐性课程”“学校制度方面的隐性课程”和“校园文化方面的隐性课程。”这种划分法认为，有直接和显性德育的地方，就有隐性德育课程存在。德育的直接影响主要存在于学校课程、学校制度、校园文化等领域。“学校课程方面的德育隐性

① 班华：《现代德育论》，安徽人民出版社 1996 年版，第 153 页。

课程”包括三种，第一种是作为专门学科存在的德育课程与教学中存在的非预期的德育影响；第二种是各科课程及教学存在的不自觉和非预期的德育影响；第三种是德育的活动课程中隐含的与显在目标不一致的德育影响。“学校制度方面的隐性课程”是指班级和学校教育中领导体制、规章制度、领导风格、管理模式、教学组织形式等存在的非预期的德育影响。“校园文化方面的隐性课程”是指学校的物质与精神环境等方面潜在的道德影响。

（二）四分法①

（1）认知性德育课程中的德育隐性课程分为两部分，第一部分是指学校中专门的、旨在德育的知识性、认识性或理论性的课程——如公民课、大学生修养课、政治理论课等课程中隐含的德育因素。第二部分指专门的认识性德育课程之外的其他一切认识性课程中的育德因素与育德作用，以无形的、潜移默化的方式对学生的思想政治与道德发生着积极与消极的影响。

（2）存在于德育活动课程之中的德育隐性课程。在这种活动性德育课程中，前半部分是显性的、正规的活动性德育课程；后半部分是隐性的、非正规的活动性德育课程。

（3）教育体制中的隐性德育课程。所谓体制指每一个学生学习与生活于其中的那个环境——班级、学校、家庭与社会的组织与管理体制。就学校教育体制而言，包括学校的领导制度、科层组织，校长的领导风格、教师的教学组织与管理诸方面。

（4）学校教育、德育环境中气氛方面的隐性德育课程。所谓气氛指每一个学生学习与生活于其中的那个环境——班级、学校、家庭与社会的特定的风气和氛围。比如师生关系、教师人格与心理影响、班级心理环境的气氛等。

德育隐性课程的三分法和四分法，都把德育隐性课程分为两部分：显性课程存在的德育因素和存在于显性课程之外的其他学校教育因素。三分法把学校所开设的所有显性课程中隐含的德育因素归为一类，四分法则将显性课程分为认识性的德育隐性课程和活动性的德育隐性课程，两种划分方法都强调校园文化中存在的德育隐性课程。

上述关于德育隐性课程的分类，都有其合理性和科学性。我们认为，

---

① 魏贤超：《整体大德育课程体系初探》，见朱小蔓编：《道德教育论丛》（第1卷），南京师范大学出版社，2006年版，第438－439页。

可以在上述分类的基础上进一步规整，即将德育隐性课程分为两大类，即存在于学校显性课程中的德育隐性课程和存在于学校文化中的德育隐性课程。此种划分的理由是，无论德育学科课程、德育活动课程，还是其他学科课程，其中所蕴涵的隐性德育因素都是该课程本身所“附带的”，是与该课程共存的，因此可以统称为显性课程中的德育隐性课程；无论学校体制，班级气氛，抑或学校制度，实质皆属于学校文化范畴，故可归为学校文化一类，统称为学校文化中的德育隐性课程。由此，学校文化中的德育隐性课程可分为三种，即学校物质文化中的德育隐性课程，学校制度文化中的德育隐性课程和学校精神文化中的德育隐性课程。

有关德育隐性课程的研究，尽管已经引起许多学者的关注，但已有研究仍然停留在较浅显的阶段，许多涉及德育隐性课程实践层面的内容，诸如德育隐性课程的设计，德育隐性课程实施的策略，德育隐性课程的评价等，尚有待于进一步探索和研究。

第四节　学校德育课程改革的理念和目标

2001 年，国家教育部先后颁布了《基础教育课程改革纲要（试行）》和《义务教育课程设置实验方案》，并于同年秋季进行义务教育课程改革实验工作。在这次课程改革中，根据上述两个文件的规定，小学 1～2 年级开设《品德与生活》课程，小学 3～6 年级开设《品德与社会》课程，初中阶段开设《思想品德》课程，这标志着学校德育课程改革也拉开了序幕。随后，教育部在 2002 年和 2003 年，正式颁布了《全日制义务教育品德与社会课程标准（实验稿）》《全日制义务教育品德与生活课程标准（实验稿）》和《全日制义务教育思想品德课程标准（实验稿）》，2004 年教育部又印发《普通高中思想政治课程标准（实验）》，并于同年秋季在部分省市进行实验。我们把这次改革的学校德育课程称为德育新课程。学校德育课程改革是一项庞大的工程，涉及德育课程性质定位、德育课程目标的确立、德育课程内容的重新建构、德育课程实施的建议以及德育课程的评价等方面，限于篇幅，这里仅依据德育新课程标准，对德育课程改革起引领作用的德育课程的理念和目标予以扼要分析。

一、学校德育课程改革的基本理念

（一）回归生活

德育新课程改革贯彻了整体规划小学、初中、高中阶段德育课程体系的思路，强调德育存在于儿童和青少年的生活之中，他们的生活是德育课程的基础，也即德育课程要“回归生活”，这是德育新课程的基本理念。德育课程改革要“回归生活”是指课程标准的制定和教材的编写要从儿童的生活世界出发，再回到儿童的生活中去，不能脱离儿童的生活，即“课程和教材是由儿童生活世界转化而来，课程和教材又要再转化为儿童的生活世界（是已经改变和提升了的生活世界）。”① 鲁洁先生把“回归生活”概括为三个方面：第一，课程把生活作为本源，以生活为本。课程源于生活，即本课程所要学习的道德规范、社会知识等等皆从生活中来。德育新课程按照生活逻辑建构，改变了过去的学科逻辑体系。第二，课程是为了生活的。道德产生于、内在于（社会）生活。人们是为了（社会）生活而构建、提升社会的道德，培养、发展个体的品德，绝非为道德而道德。学习社会生活离不开道德的学习；道德学习的过程必定内在于社会生活学习过程之中。第三，通过生活学习生活。即儿童要过一种有道德的社会生活，必须通过生活中的学习才能达到这一目标，通过学习者自身的生活经验才能学习生活和道德。②

回归生活的德育课程理念存在于各个德育课程标准之中。例如，《品德与生活》的课程标准规定，品德与生活课程是以儿童的生活为基础，强调道德存在于儿童的生活中，儿童品德的形成源于他们对生活的体验、认识和感悟，只有源于儿童实际生活的教育活动才能引发他们内心的而非表面的道德情感、真实的而非虚假的道德体验和道德认知。良好品德的形成必须在儿童的生活过程之中，而非在生活之外进行，强调课程在与儿童生活世界的联系中建构课程的意义。③《品德与社会》强调儿童的生活是课程的基础。儿童的现实生活对其品德的形成和社会性发展具有特殊价值。课程

---

① 鲁洁：《再论“品德与生活”“品德与社会”向生活世界的回归》，《教育研究与实验》2004 年第 4 期。

② 鲁洁：《回归生活——“品德与生活”“品德与社会”课程与教材探寻》，《课程·教材·教法》2003 年第 9 期。

③ 教育部基础教育司编：《全日制义务教育品德与生活课程标准（实验稿）》，北京师范大学出版社 2003 年版。

以儿童生活为基础，但并非儿童生活的简单翻版，课程的教育意义在于对儿童生活的引导，用经过生活锤炼的有意义的教育内容教育儿童。[①] 初中《思想品德》课程强调初中学生逐步扩展的生活是本课程建构的基础，强调课程在学生逐步扩展生活经验的基础上，为他们正确认识自我，处理好与他人，与集体、国家和社会的关系，促进思想品德健康发展，提供必要的帮助。[②] 高中《思想政治》课程强调构建以生活为基础、以学科知识为支撑的课程模块。强调该课程要立足于学生现实的生活经验，着眼于学生的发展需求，把理论观点的阐述寓于社会生活的主题之中，构建学科知识与生活现象、理论逻辑与生活逻辑有机结合的课程模块。[③]

（二）学会做人

德育新课程的第二个基本理念是强调让学生学会做人，这是德育新课程的核心理念。德育本是使人成其为人的教育活动，传统德育课程片面强调道德知识的灌输和道德规范的教授，过于学科化、知识化，课程的出发点和归宿都远离道德教育的本真意义。“道德就是要人循着做成一个人的目的去生活，就此而言，道德就是成人之道。”“怎样去做成一个人”关涉人的根本生存方式，是道德的核心问题，而不只是“应该怎样去行动”的具体规范问题。[④] “道德教育从其根本旨归来说是成人（使人成为人）的教育，是成就人的德性的教育。”[⑤] 在此意义上，德育课程应该以引导学生“学会做人”作为其价值追求，而传统的德育课程是以教导学生“如何行动”，如何去践行道德规范为旨归，违背了道德教育“成人”的宗旨。而新课程关注的是让学生“学会做人”，关注学生的良好品德和社会性的发展，这个理念贯串小学、初中、高中整个学段的德育课程标准。存在些微差异的是，对不同学段的学生，“做人”的要求略有不同。例如，小学《品德与生活》规定：“引导儿童热爱生活、学习做人是课程的核心。根据低年级儿童的年龄特点，应当通过深入浅出的道德的、科学的、生活的启蒙教育，

---

① 教育部基础教育司编：《全日制义务教育品德与社会课程标准（实验稿）》，北京师范大学出版社2003年版。

② 教育部基础教育司编：《全日制义务教育思想品德课程标准（实验稿）》，北京师范大学出版社2003年版。

③ 中华人民共和国教育部：《普通高中思想政治课程标准（实验）》，人民教育出版社2004年版。

④ 鲁洁：《做成一个人——道德教育的根本指向》，《教育研究》2007年第11期。

⑤ 鲁洁：《关系中的人：道德教育的人学探寻》，《教育研究》2002年第1期。

为儿童形成积极的生活态度和实际的生存能力打下良好的基础，为他们在价值多元的社会中形成健全的人格和正确的价值观、人生观打下基础。”[1] 小学《品德与社会》规定：“帮助学生参与社会、学习做人是课程的核心。课程要关注每一个儿童的成长，发展儿童丰富的内心世界和主体人格，体现以育人为本的现代教育价值取向，培养他们对生活的积极态度和参与社会的能力，成为有爱心、有责任心、有良好的行为习惯和个性品质的人。”[2] 初中《思想品德》规定：“帮助学生学习做负责任的公民、过积极健康的生活是本课程的追求。初中学生正处于青春期，并向成年人过渡，自我意识和独立性逐步增强。在初中阶段帮助学生形成良好品德，树立责任意识和积极的生活态度，对学生的成长具有基础性的作用。本课程的任务是引领学生感悟人生的意义，逐步形成正确的世界观、人生观、价值观和基本的善恶、是非观念，学做负责任的公民，过积极健康的生活。”[3] 高中《思想政治》规定：“加强思想政治方向的引导与注重学生成长的特点相结合。课程要重视高中学生在心理、智力、体能等方面的发展潜力，针对其思想活动的多变性、可塑性等特点，在尊重学生个性差异和各种生活关切的同时，恰当地采取释疑解惑、循循善诱的方式，帮助他们认同正确的价值标准、把握正确的政治方向。”[4]

（三）突出学生的主体地位

德育新课程将突出学生的主体地位作为基本的原则，强调尊重儿童的基本权利，珍视他们生活的价值。

传统的德育课程以各种既定的道德规范和与之相应的观念作为主要内容，一方面，要求学生简单地接受，并按照这些规范和观念去行动，道德规范成了道德教育的主体，而学生却处于被塑造的客体地位。成为“一根根灌满了既定道德规范、概念的‘香肠’。”[5] 在此过程中，教师是唯一的

---

① 教育部基础教育司编：《全日制义务教育品德与生活课程标准（实验稿）》，北京师范大学出版社2003年版。

② 教育部基础教育司编：《全日制义务教育品德与社会课程标准（实验稿）》，北京师范大学出版社2003年版。

③ 教育部基础教育司编：《全日制义务教育思想品德课程标准（实验稿）》，北京师范大学出版社2003年版。

④ 中华人民共和国教育部：《普通高中思想政治课程标准（实验）》，人民教育出版社2004年版。

⑤ 鲁洁：《当代德育基本理论探讨》，江苏教育出版社2003年版，第95页。

主体，学生是有待教师改变的对象和客体，处于被动、服从的地位。实际上，学生才是其道德的主体建构者，通过与环境的互动，借着自己的选择才能实现自己的发展。另一方面，尊重学生的主体地位也是教学生"学会做人"的必然要求。"做人"包含三层意思："第一，人要意识到自己是个人，自觉按照人的样子去'做'才能成人，'做人'是人的一种目的性活动，是主体意识支配下的活动，而不是自然状态下的客体性的运动，'做人'就是要把自己当做人来看待，把'做人'当做目的来追求；第二，'做人'是人的意志性的活动，在成人的路上人会遭遇到各种矛盾和冲突，要尽力去'做'，付出意志的努力才能实现'成人'的目的，通常说'做人难'，它所隐含的意思就是，不付出意志的努力是成不了人的；第三，'做人'是人的践行活动，要成为一个人，不仅要有'成人'的意识（表现为目的、意向、认识等），更为重要的是要去'做'，要有相应的行动、行为表现，是在主客体相互作用的现实活动中才得以成就的，人只有在他自己的生活实践中才能成为人。"① 做人的内涵规定了做人是一个主体性的活动过程，只有当一个人自己真正去"做"时，他才有可能"做成一个人"。因此，发挥学生主体性也是道德教育"成人"的内在要求，这体现在各学段的德育新课程标准里。

小学《品德与生活》要求珍视童年生活的价值，尊重儿童的权利。认为童年生活蕴藏着丰富的发展内涵与价值，课程要尊重儿童参与学校生活的权利，让他们参与并享受愉快、自信、有尊严的学校生活；小学《品德与社会》教育的内容和形式必须贴近儿童的生活，反映儿童的需要，让他们从自己的世界出发，用自己的眼睛观察社会，用自己的心灵感受社会，用自己的方式研究社会；初中《思想品德》要求必须坚持正确价值观念的引导与启发学生独立思考、积极实践相统一是本课程遵循的基本原则，要求引导学生独立思考，鼓励学生在实践的矛盾冲突中积极探究和体验，通过学生自身的实践将社会规范内化为自己的内在行为要求，以促进思想品德的形成和发展；高中《思想政治》强调课程实施的实践性和开放性，要求引领学生在认识社会、适应社会、融入社会的实践活动中，感受经济、政治、文化各个领域应用知识的价值和理性思考的意义；要关注学生的情感、态度和行为表现，倡导开放互动的教学方式与合作探究的学习方式；使学生在充满教学民主的过程中，提高主动学习和发展的能力。

---

① 鲁洁：《做成一个人——道德教育的根本指向》，《教育研究》2007年第11期。

二、学校德育课程改革的目标

德育课程目标是德育课程的第一要素。德育课程目标是对德育活动进行的价值和任务的界定。在教育部颁布的各学段的德育课程标准中规定了相应学段的德育新课程目标，规定了每个学段中学生思想品德形成和发展所应达到的包括知识、能力、态度、情感和价值观等各项指标。

（一）各学段德育新课程的目标

1. 小学《品德与生活》的课程目标[①]

（1）总目标

培养具有良好品德和行为习惯、乐于探究、热爱生活的儿童。

（2）分目标

①情感与态度：

爱亲敬长，爱集体，爱家乡，爱祖国。

珍爱生命，热爱自然，热爱科学。

自信，诚实，求上进。

②行为与习惯：

初步养成良好的生活、劳动习惯。

养成基本的文明行为，遵守纪律。

乐于参与有意义的活动。

保护环境，爱惜资源。

③知识与技能：

掌握自己生活需要的基本知识和劳动技能。

初步了解生活中的自然、社会常识。

了解有关祖国的初步知识。

④过程与方法：

体验提出问题、探索问题的过程。

尝试用不同的方法进行探究活动。

---

① 教育部基础教育司编：《全日制义务教育品德与生活课程标准（实验稿）》，北京师范大学出版社2003年版。

2. 小学《品德与社会》的课程目标①

(1) 总目标

旨在促进学生良好品德形成和社会性发展，为学生认识社会、参与社会、适应社会，成为具有爱心、责任心、良好的行为习惯和个性品质的社会主义合格公民奠定基础。

(2) 分目标

①情感、态度与价值观：

珍爱生命，热爱生活。养成自尊自主、乐观向上、热爱科学、热爱劳动、勤俭节约的态度。

在生活中养成文明礼貌、诚实守信、友爱宽容、公平公正、热爱集体、团结合作、有责任心的品质。

初步形成民主、法制观念和规则意识。

热爱祖国，珍视祖国的历史、文化传统，尊重不同国家和人民的文化差异，初步具有开放的国际意识。

关爱自然，感激大自然对人类的哺育，初步形成保护生态环境的意识。

②能力：

能够初步认识自我，控制和调整自己的情绪和行为，初步掌握基本的自护自救的本领，养成良好的生活和行为习惯。

能够清楚地表达自己的感受和见解，能够倾听他人的意见，能够与他人平等地交流与合作，学习民主地参与集体生活。

学习从不同的角度观察、认识、分析社会事物和现象，尝试合理地、有创意地探究和解决生活中的问题。学习对生活中遇到的道德问题作出正确的判断和选择。

学习收集、整理、分析和运用社会信息，能够运用简单的学习工具探索和说明问题。

③知识：

初步了解儿童的基本权利和义务，初步理解个体与群体的互动关系。了解一些社会组织机构和社会规则，初步懂得规则、法律对于社会公共生活的重要意义。

初步了解生产、消费活动与人们生活的关系。知道科学技术对人类生

---

① 教育部基础教育司编：《全日制义务教育品德与社会课程标准（实验稿）》，北京师范大学出版社2003年版。

存与发展的重要影响。

了解一些基本的地理知识，理解人与自然、环境的相互依存关系，简单了解当今人类社会面临的一些共同问题。

知道在中国长期形成的民族精神和优良传统。初步知道影响中国发展的重大历史事件。初步了解新中国成立和祖国建设的伟大成就。

知道世界历史发展的一些重要知识和不同文化背景下人们的生活方式、风俗习惯。知道社会生活中不同群体、民族、国家之间和睦相处的重要意义。

3. 初中《思想品德》的课程目标①

（1）总目标

以加强初中学生思想品德教育为主要任务，帮助学生提高道德素质，形成健康的心理品质，树立法律意识，增强社会责任感和社会实践能力，引导学生在遵守基本行为准则的基础上，追求更高的思想道德目标，弘扬民族精神，树立中国特色社会主义共同理想，逐步形成正确的世界观、人生观和价值观，为使学生成为有理想、有道德、有文化、有纪律的好公民奠定基础。

（2）分目标

①情感、态度与价值观：

热爱生命，自尊自信，乐观向上，意志坚强。

亲近自然，爱护环境，勤俭节约，珍惜资源。

孝敬父母，尊重他人，乐于助人，诚实守信。

热爱劳动，注重实践，热爱科学，勇于创新。

尊重规则，尊重权利，尊重法律，追求公正。

热爱集体，具有责任感、竞争意识、团结合作和奉献精神。

热爱社会主义祖国，热爱和平，具有世界眼光。

②能力：

培养爱护自然、鉴赏自然、保护环境的能力。

发展观察、感受、体验、参与社会公共生活的能力，初步培养交往与沟通的能力。

初步认识和理解社会生活的复杂性，具有基本的道德判断和辨别是非

① 教育部基础教育司：《全日制义务教育思想品德课程标准（实验稿）》，北京师范大学出版社2003年版。

的能力，能够负责任地作出选择。

增强自我调适、自我控制的能力，学会理智地调控自己的情绪。

能够逐步掌握和不断提高搜集、处理、运用社会信息的方法和技能，学会独立思考、提出疑问和进行反思。

能够理解法律的规定及其意义，理解社会生活中的必要规则，能遵纪守法，增强寻求法律保护的能力。

③知识：

了解青少年的身心发展特征和促进身心健康发展的途径，认识个体发展与社会环境的关系。

了解我与他人、我与社会、我与自然的道德规范。

知道基本的法律知识，了解法律的基本作用和意义。

了解我国的基本国情、基本路线、基本国策和世界概况。

4. 高中《思想政治》的课程目标①

(1) 总目标

知道中国共产党是中国特色社会主义事业的领导核心，马克思列宁主义、毛泽东思想、邓小平理论和“三个代表”重要思想是中国共产党的指导思想，“三个代表”重要思想是马克思主义在中国发展的最新成果；了解中国特色社会主义现代化建设常识；学习运用马克思主义基本观点和方法观察问题、分析问题、解决问题；具备在现代社会生活中应有的自主、自立、自强的能力和态度；具有爱国主义、集体主义和社会主义思想情感；初步形成正确的世界观、人生观和价值观。

(2) 分类目标

①知识：

知道中国共产党始终代表中国先进生产力的发展要求，代表中国先进文化的前进方向，代表中国最广大人民的根本利益。

理解发展社会主义市场经济、社会主义民主政治、社会主义先进文化的意义。

了解辩证唯物主义和历史唯物主义的基本原理和方法。

理解当代中国的公民道德建设和法制建设的基本要求。

获得正确选择人生发展道路的相关知识。

---

① 中华人民共和国教育部：《普通高中思想政治课程标准（实验）》，人民教育出版社2004年版。

②能力：

提高用马克思主义立场、观点和方法面对实际问题，作出正确的价值判断和行为选择的能力。

提高主动参与经济、政治、文化生活的能力。

提高在社会生活中正确处理竞争与合作关系的能力。

培养为未来生活而自主学习、选择、探索的能力。

增强依法办事、依法律己和依法维护自身权益的能力。

发展采用多种方法特别是现代信息技术，收集、筛选社会信息的能力。

③情感、态度与价值观：

热爱中国共产党，坚定走中国特色社会主义道路的信念。

热爱祖国，热爱人民，关心祖国命运，增强民族自尊心、自信心和自豪感，弘扬中华民族精神，树立为实现中华民族伟大复兴而奋斗的志向。

关注社会发展，积极参加社会实践，诚实守信，增强社会责任感和民主法制观念，培养公民意识。

热爱集体，奉献社会，关心他人，乐于助人，倡导团结友善的精神。

乐于学习，尊重科学，追求真理，具有科学态度和创新精神。

热爱生活，积极参加健康有益的文化活动，保持昂扬向上的精神状态，追求更高的思想道德目标。

热爱和平，尊重世界各民族的优秀文化，关注全人类的共同利益，培养世界眼光。

总之，新一轮课程改革在课程功能上确立了三大目标，即知识与技能、过程与方法、情感态度与价值观，上述各学段的德育课程目标正是这三大目标在德育课程中的具体化。与以往的德育目标相比，德育新课程已经发生重大的突破和转变，由重知识传授向注重思维、情感和行为方式的培养转变，由只注重道德知识传授的一维德育课程目标向注重情感态度与价值观、能力、知识三维相统一的课程目标转变，体现了德育课程与时俱进的思想与时代精神。

参考文献

[1] 班华主编．现代德育论．安徽人民出版社，1996.

[2] 檀传宝．学校道德教育原理．教育科学出版社，2003.

[3] 戚万学，杜时忠．现代德育论．山东教育出版社，1997.

[4] 戚万学．活动道德教育论．南开大学出版社，1994.

[5] 钟启泉，黄志诚．西方德育原理．陕西人民教育出版社，1998.

[6] 教育部基础教育司编．全日制义务教育品德与社会课程标准（实验稿）．北京师范大学出版社，2003.

[7] 教育部基础教育司编．全日制义务教育思想品德课程标准（实验稿）．北京师范大学出版社，2003.

[8] 中华人民共和国教育部．普通高中思想政治课程标准（实验）．人民教育出版社，2004.

[9] 赵祥麟，王承绪编译．杜威教育论著选．华东师范大学出版社，1981.

第八章　学校德育的模式、方法与策略

李燕　唐汉卫

【本章提要】

学校德育的模式、方法及策略是学校德育理论与实践统一的最终体现。对学校德育模式、方法及策略的系统掌握有利于提高学校德育的实效。本章主要探讨三个问题：基于德育模式的含义系统梳理中外学校德育的主要模式；基于学校德育方法的分类侧重分析学校德育方法的特点及运用；关于学校德育的基本策略。

学校德育模式、方法及策略是现代德育理论研究和德育实践探索共同关心的核心问题之一。目前，国外学校德育在德育实践的基础上已经形成了较为成熟的模式，国内则进行了诸多富有成效的探索；作为学校德育模式重要组成部分的德育方法是德育目标实现、德育任务完成的重要保证。了解并掌握学校德育的模式、方法与策略的基本理论与要求，是提高学校德育实效的基本保证。

第一节　德育模式概述

德育有无模式是认识德育模式首先要思考的问题。德育发展史上曾存在着“模式论”与“情境论”之争：模式论认为儿童品德发展存在着某种相对稳定的模式，存在一定的规律性，因而德育也有一定的规律性；情境论则认为儿童的道德态度和道德行为是一种特殊的反应方式，是个体与周围环境相互作用的产物，儿童的道德发展没有规律性，一切依情境而变，德育也同样如此。后来，由于皮亚杰和柯尔伯格等人卓有成效的研究及实践，“模式论”逐渐占据了主导。现代德育理论特别是德育心理学的研究充分证明了儿童道德品质发展有一定的规律性。既然儿童道德发展有规律可循，那么自然地，学校德育就有其自身的运行模式。当然，随着时代的发展，儿童的道德发展会有所变化，德育模式也将随之变化，由此会出现多种德育模式并存的景象。

一、德育模式的含义

（一）模式的含义

模式由“模型”一词演化而来，由实物到思维再到行为的演变历程揭示了模式是实物、思维与行为的统一体。不同的研究者对模式作了不同维度的理解。美国学者比尔和哈德格雷夫认为：“模式是再现现实的一种理论性的、简约化的形式。”《现代汉语词典》将模式理解为：“某种事物的标准形式或使人可以照着做的标准样式。”可见，东西方的模式定义不同：西方主要从动态上揭示，从理论的简约性和对现实过程（或结构）的再现性来分析模式的特点；我国则从静态的方面去揭示它的典型性和可供模仿性的特点。

我们认为，模式是一种概括化的架构，比概念化的理论要具体，具有可操作性；它源于客观事物的原型，是经过人们思维加工制作出来的一种认识形式，也是一种可参照模仿的行为范型。总体来看，模式主要包括三个组成部分，即明确的目的、扎实的理论依据以及为完成特定目标而设计的具有可操作性的程序。①

（二）德育模式的含义

目前，德育模式的含义有多种。美国学者理查德·哈什、约翰·米勒和格林·菲尔丁合著的《道德教育模式》把道德教育模式界定为“思考教育背景下关心、判断、行动过程的方式”，强调“一种模式包括一种关于人在道德上如何发展的理论或观点，以及一套促进道德发展的策略或原则。因此，模式既有助于我们理解道德教育，又有助于我们实施道德教育。”②模式由理论向实践延伸发展而来。我国学者班华教授认为“德育模式是一种教育模式，是运用‘模式’研究法，对在德育现象中逐步形成的、相对稳定的、较为系统而具有典型意义的德育经验，加以抽象化、结构化，使之形成特殊的理论形态……德育模式是在一定的德育理念支配下，对德育过程及其组织方式、操作手段、评价机制作出简要的特征鲜明的表述。”它是由德育实践上升到理论高度形成的。我国学者李伯黍、岑国桢在《道德发展与德育模式》一书中认为：道德教育模式是在理性认识上形成的，是

---

① 汪凤炎等：《德化的生活：生活德育模式的理论探索与应用研究》，人民出版社2005年版，第52页。

② 参见黄向阳：《德育原理》，华东师范大学出版社2000年版，第211页。

一种由道德教育过程中诸多内外因素所构成的复杂的本质成分折射出来的。这些内外因素主要有各种不同的道德教育目标、要求、内容、过程、方法以及预期性效果。

综上，我们认为，德育模式是道德理论、道德发展理论、德育目标、内容及方法的组合方式，是在一定的道德与德育理论指导下，依据德育过程的规律、经长期德育实践而定型的德育活动结构及其方法的策略体系。它是德育理论与德育实践沟通的中介和桥梁，是德育理论的具体化与程序化，是对德育实践的概括化与简约化的描述。

（三）德育模式的分类

1. 西方德育模式的分类

在德育模式分类研究中，西方以美国学者哈什等人的研究为代表。他们在《道德教育模式》一书中，概括出西方具有较大影响的六种德育模式：理论基础构建模式、体谅模式、价值澄清模式、价值分析模式、道德认知发展模式和社会行动模式。

2. 我国德育模式的分类

我国关于德育模式分类的探讨也出现了不同的观点，有学者尝试概括出四种典型的模式：体验教育模式、情境教育模式、角色教育模式和讨论式模式。[①] 李伯黍、岑国桢在《道德发展与德育模式》一书中，把德育模式分为五类共 13 种具体模式。第一类是提高道德认识的德育模式，具体包括正确理解和掌握德育概念的模式、提高道德因果关系认识的模式和发展道德判断能力的模式；第二类是培养道德情感的德育模式，具体包括培养高尚道德情操的模式、形成正确的立身处世态度的模式和发展移情能力的模式；第三类是形成道德行为习惯的德育模式，具体包括榜样示范的模式、形成具有特定道德面貌新人的模式和培养行为自控能力的模式；第四类是促进道德社会化的德育模式，包括培养角色承担能力的模式；第五类是导引价值取向的德育模式，包括树立科学世界观的模式、确立正确人生观的模式和价值辨析的模式。

中西方关于德育模式的分类有利于我们系统认识学校德育模式，有利于把握德育模式的侧重点及其构成要素，有利于在德育实践中促进学生的道德发展。

---

① 参见黄向阳：《德育原理》，华东师范大学出版社 2000 年版，第 211 页。

二、西方学校德育的主要模式

西方学校德育的模式化发展始于20世纪中后期，与当时社会的发展关系密切，主要以美国与英国为代表。目前，西方学校德育的主要模式包括道德认知发展模式、价值澄清模式、体谅关心模式、社会行动模式以及品格教育模式。

（一）道德认知发展模式（the cognitive moral development model）

道德认知发展模式由皮亚杰（J. Piaget）和柯尔伯格（Lawrence Kohlberg）共同创立，其理论依据是道德发展论。道德认知发展模式基于儿童道德心理发展的基本规律，注重以道德两难问题促进儿童道德判断的发展。这一模式在学校德育实践中得到广泛应用。

1. 道德发展论

柯尔伯格的道德发展论（即道德判断发展论）提出了三个重要假设：

（1）道德判断形式反映个体道德判断水平。道德判断有内容与形式之分，其中，道德判断内容是指对道德问题所作的“该”或“不该”“对”或“错”的回答；道德判断形式则指的是判断的理由以及说明过程中所包含的推理方式，它是个体道德判断水平的基本体现。

（2）个体的道德判断形式处于不断发展中。依据9个类似的“海因兹两难”问题，柯尔伯格等人进行了跨文化研究，结果如下：第一，个体的道德判断处于不断发展之中，经历性质不同但有相互关联的三种水平和六个阶段（见第三章）。第二，上述三种水平、六个阶段按照不变的顺序由低到高的阶段逐步展开。第三，更高层次和阶段的道德推理能兼容更低层次和阶段的道德推理方式，反之，则不能。

（3）冲突和交往的情境最适合于促进个体道德判断力的发展。[①]

2. 道德教育论

道德认知发展模式主要以柯尔伯格为代表。柯尔伯格吸收了杜威的个人与社会相互作用说以及皮亚杰的认知结构说，在区分道德和非道德、确定道德冲突在人们作出道德决定中作用的基础上，采用“道德两难法”研究儿童的道德发展和教育问题，提出了道德认知发展模式。

---

① 袁振国：《当代教育学》，教育科学出版社1999年版，第237－240页。

(1) 学校道德教育的目的是促进学生道德判断能力的发展及其与行为的一致性

首先，柯尔伯格认为，儿童的道德发展是认知发展的一部分，儿童道德成熟过程就是道德认识的发展过程。儿童道德成熟的标志在于他能否作出正确的道德判断并形成自己的道德原则的能力，儿童道德的成熟首先是道德判断，然后是与道德判断一致的道德行为上的成熟。据此，他认为一个人的道德判断水平与他的道德行为基本上是一致的，个体道德判断能力的发展水平越高，道德判断与行为的一致性程度越高。因此，道德教育应以提高儿童道德判断能力为目的。其次，依据儿童的道德判断水平与其道德行为的一致性，柯尔伯格批判了学校道德教育中普遍存在的知行不一现象，认为儿童的道德判断与其行为普遍存在不一致，因此为了提高学生道德行为水平，学校道德教育应首先促进学生道德判断能力的发展。

(2) 学校道德教育应依据儿童道德认知发展的阶段性循序渐进地进行

道德发展阶段论认为，儿童的道德发展是连续的按照不变的顺序由低到高逐步展开的过程，更高层次和阶段的道德推理方式兼容更低层次和阶段的道德推理方式，反之，则不能；各阶段的时间长短不等，个体的道德发展水平也有较大差异，有些人可能只停留在前习俗水平或习俗水平，而永远达不到后习俗水平的阶段。这给学校道德教育提出了诸多要求。首先，应依据儿童的道德认知发展阶段实施学校道德教育。柯尔伯格认为，在对儿童进行道德教育时，应随时了解儿童所达到的发展阶段，根据儿童道德发展阶段的特点，循循善诱地促进他们的发展。其次，应关注儿童道德的“最近发展区”，促进儿童道德发展。柯尔伯格的研究表明，儿童的道德发展必须依次经过各个阶段，但不是所有儿童都能达到最高阶段的。尽管不能跨越各个发展阶段，但儿童总是能够超越自己已有的水平，达到较高阶段的道德判断水平。因此，要为儿童提供下一个阶段的目标，以利于儿童道德认知水平的发展。

(3) 强调社会环境对儿童道德发展的刺激作用

柯尔伯格认为，儿童遇到一个新的、不同的情境，以既存的认知结构不能解决时，则改变他的思考方式，这种新旧经验的交互作用，促进了结构的发展，因此道德形成与发展过程是儿童和社会相互作用的结果，是人的主观世界在社会文化环境作用下主动改变的过程。学校道德教育要想促进儿童道德发展就需要创设适宜的社会环境，以刺激儿童的道德认知冲突；同时，学校、家庭和社会要形成合力，创造良好的条件，广泛开展各种道德教育活动，提供略微超出儿童发展水平的社会道德问题让其讨论，以激发他们去实现更高阶段的道德水平，促进其思维模式向更高水平发展。

（4）倡导“道德两难法”（moral dilemma）

如何促进儿童的道德判断能力的发展呢？柯尔伯格认为带有冲突性的交往和生活情境最适合于促进个体道德判断能力的发展，因此，围绕道德两难问题的小组讨论是促进学生道德发展的一种有效方法。道德两难法即道德两难故事问答讨论法，旨在启发儿童积极思考道德问题，从道德冲突中寻找正确的答案，以有效地发展儿童的道德判断能力。

道德两难情境经典案例如“海因兹偷药”（Heinz's Dilemma）（详见第三章第二节），柯尔伯格围绕这个故事提出了一系列问题，让儿童讨论，以此来研究儿童道德判断所依据的准则及其道德发展水平。

A. 海因兹应该偷药吗？为什么？

B. 他偷药是对的还是错的？为什么？

C. 海因兹有责任或义务去偷药吗？为什么？

D. 人们竭尽所能去挽救另一个人的生命是不是很重要？为什么？

E. 海因兹偷药是违法的，他偷药在道义上是否错误？为什么？

F. 仔细回想故事中的困境，你认为海因兹最负责任的行为应该是做什么？为什么？

道德两难问题的来源有三个：一是假设的材料；二是专门的、特有的材料：以在特定的学科中所发现的事实为根据；三是真实事情：学生在生活中所碰到的问题。围绕道德两难问题，应该如何进行讨论与思考，需要注意提问的艺术，柯尔伯格把它们分为两个阶段：始动阶段与深蕴阶段。始动阶段的目的是突出道德论题和使情形复杂起来，教师的作用表现为：确信学生已理解这个道德两难问题；帮助学生面对问题；确定其中的道德成分；使学生阐述自己的判断；鼓励学生相互交流。深蕴阶段包括两个环节，即解说五种类型问题和突出临近阶段的道德争论。该阶段的教师需要从问题的引发者走向问题的澄清者和总结者。

（5）道德认知发展德育的实践模式

道德认知发展模式认为如果把学生单纯视为“德性口袋”，简单化地强行往这个口袋里装填、灌输道德概念，他们不能真正理解，道德判断能力不可能真正得到发展。因此，提出了两种基本德育实践模式：新苏格拉底德育模式与新柏拉图德育模式。

第一，新苏格拉底德育模式，即通过各种问题的情境，激发兴趣，引发学生思考，在自动探究中提高道德水平。它是柯尔伯格研究早期阶段

（一般认为在1973年前）主张的一种学校德育模式，日的是要借苏格拉底“产婆术”之法生产具有最高品德水平的圣贤良哲，其方法就是使用课堂讨论法，即在教育过程中应用各种情境，引发学生思考，提高其德性水平，关键是注重引发诱导的谈话教育。为了实施这一思想，有研究者设计了斯顿实验，结果既表明这一方法的实践效果，同时也证明教师能很好掌握其教育技巧。斯顿计划的成功，使柯尔伯格课堂道德讨论法声名远扬，在美国及世界推广开来。①

第二，新柏拉图德育模式，主要以公正团体法来培养学生的公民意识与行为能力。在反思新苏格拉底德育模式的时候，柯尔伯格意识到应当把培养社会需要的好公民，即对社会尽职尽责、信守社会秩序和维护社会或群体福利的人作为学校道德教育的目标。其教育模式是以柏拉图的“理想国”为假设根据，注重集体或团体教育的作用，引进直接的民主管理，通过共同参与和民主方法，在建立公正团体中接受公正教育，培养自觉维护社会秩序的好公民。1974年9月，柯尔伯格在麻省剑桥市剑桥中学设立实验学校全面检验其教育模式设想，实验中充分发挥学生的民主参与和自我教育功能，在教师引导下，学生自由讨论决定他们的行动，在建设团体中发展公正意识。实验获得了成功。②

3. 道德认知发展模式的影响及评价

柯尔伯格对道德发展问题的一系列研究在欧美世界产生了广泛的影响，其研究论著被译成多种文字，为各学派所引介和吸收，并进行了世界性的研究和实验，对现代学校道德教育的形成发展起了关键性作用，后继的理论探索一定程度上是在他的基础上发展起来的。

道德认知发展模式假定人的道德判断力是按照一定的阶段和顺序由低到高发展的，道德教育的目的在于促进儿童道德判断力的发展及其与行为的一致性，进而要求根据儿童已有的发展水平确定教育内容，运用冲突的交往或围绕道德两难问题的小组讨论等方式，创造机会让学生接触和思考高于其中一个阶段的道德理由和道德推理方式，引发学生认知失衡，引导其在寻求新的认知平衡之中不断地提高自己的道德判断的发展水平。因此，

---

① 桑新民主编：《新兴学科百万个为什么·教育学类》（第14卷），旅游教育出版社1993年版，第148－149页。

② 桑新民主编：《新兴学科百万个为什么·教育学类》（第14卷），旅游教育出版社1993年版，第149页。

认知发展模式的优点在于它有牢固的心理学、哲学和教育学的基础；对道德论题进行了大量卓有成效的实验，全力寻求解决特定的价值冲突的方法；承认人类发展的复杂性，承认社会因素对儿童道德发展的积极作用。

然而，任何一种理论都不是完美无缺的，柯尔伯格理论也不断受到批评。一是太过于强调认知的作用，忽视了道德情感、道德意志和道德行为在道德品质形成和发展中的作用，忽视了儿童品德发展的全面性。二是强调了道德判断的形式而忽视了内容的作用。柯尔伯格认为，一般来说一个道德问题都只有三种可能的回答——肯定、否定和犹豫不决。所以根据儿童道德判断的内容并不能把学生的道德判断水平区分开来，体现道德判断水平的是他们的道德判断形式，但是由此忽略了道德判断的内容。三是阶段理论也存有大缺陷，柯尔伯格道德发展理论颇具权威性，唯因研究对象全为男生，推论解释女生道德心理未必适用。四是如果教师在使用模式方面没有受到良好训练，他们就会滥用模式，从而给儿童的道德认知发展造成消极影响。

(二) 价值澄清模式 (the value clarification model)

价值澄清模式的代表人物包括路易斯·拉思斯（Louis Raths）、麦里尔·哈明（Merrill Harmin）、西蒙等。1966 年《价值与教学》一书的出版，标志着价值澄清作为一个独立的理论流派诞生。价值澄清模式旨在人的价值混乱时促进同一价值观的形成，并在这一过程中有效地发展学生思考和理解人类价值观的能力。

1. 价值澄清的理论假设

价值澄清模式基于杜威的经验论、人本主义心理学以及存在主义提出了两个最基本的理论假设：第一，当代儿童处于充满互相冲突的价值观的社会中，这些价值观深深地影响着他们的身心发展；第二，在当代社会中，根本就没有一套公认的道德原则或价值观。从这两个假设出发，他们认为，教师不能把价值观直接教给学生，而只能通过学习评价分析和批评性思考等方法，来帮助学生形成适合本人的价值观体系。①

2. 价值澄清模式的基本观点

(1) 学校道德教育的作用在于帮助学生澄清价值。价值澄清学派认为：价值来自于个人的经验，每个人都有自己的价值观，经验的变化导致价值的变化，因此价值从根本上是个人的，相对的，道德价值观念是不能教给别人的，教育不能强令儿童应该具有什么价值。学校德育的作用在于训练

---

① 冯增俊：《当代西方学校道德教育》，广东教育出版社 1993 年版，第 85 页。

学生，使其掌握作出价值判断和价值决策的方法，通过分析和评价手段，减少价值混乱，促进同一价值观的形成，从而发展学生思考和理解人类价值观的能力。也就是说，价值澄清模式的“主要任务不是认同和传授‘正确的’价值观，其目的是帮助学生澄清他们的价值陈述与行为。”①

（2）系统提出了价值澄清的构成要素。包括四个方面：一是关注生活。价值澄清模式的第一步骤，是将学生的注意力置于指示其所评价的事物方面。它们包括个体的行为、态度、目标、兴趣、抱负、感受、信念或担忧等。不管是个人内在的或是社会性的论题，只要它是和个人、现实生活有关联，就是价值澄清法的论题。二是接受现实。为求价值澄清，对于别人的立场、看法应抱持“无条件积极关怀”“和而不同”“不加裁断”的接纳态度。接纳将可协助别人接受他们自己，并诚实地待己待人。三是激发进一步思考。个人不仅要接纳别人或自己的论点，更要对其做综合性的反省。四是提高个人潜能。价值澄清法不但激励个人练习澄清的技巧，而且鼓励个人去思考自我指导的力量。②

3. 价值澄清模式的实施步骤与方法

（1）价值澄清的七个步骤

价值澄清的完整过程可划分为选择、珍视和行动三个阶段，具体包括七个步骤，任何观念、态度、兴趣或信念要真正成为个人的价值，必须符合这七个准则，缺一不可。

选择（choosing）阶段：①完全自由的选择。学生只有在自由的选择中，才能根据自己的价值观行事，被迫的选择是无法使这种价值整合到人的价值体系中的。②在尽可能广泛的范围内选择。提供多种可能让学生选择，有利于学生对选择的分析思考。③对每一个选择途径的结果加以充分考虑后进行选择。即对各种选择都作出理性的因果分析、反复衡量利弊后的选择，在此过程中，个人在意志、情感以及社会责任等方面都受到检验。

珍视（prizing）阶段：④喜爱作出的选择并感到满足。珍惜自己的选择，并为自己能有这种理性的选择而自豪，并将其看做自己内在能力的表现和生活的一部分。⑤乐于公布自己的选择。即以充分的理由再次肯定这种选择，乐意公开并与别人分享而不会因这种选择而感到羞愧。

---

① ［美］路易斯·拉思斯著，谭松贤译：《价值与教学》，浙江教育出版社2003年版，第1-2页。

② 冯增俊：《当代西方学校道德教育》，广东教育出版社1993年版，第85-86页。

行动（acting）阶段：⑥按做出的选择行事。即鼓励学生把信奉的价值观付诸于行动，指导行动，使行动反映出所选择的价值取向。⑦作为一种生活方式加以重复。即鼓励学生反复坚定地把价值观付诸行动，使之成为某种生活方式或行为模式。

由于特别强调价值观形成中的个体性而忽视了社会文化的作用而导致批评，拉思斯本人对理论进行了修正，他于1975年提出新模式并在1978年新版《价值与教学》中予以补充，他把价值澄清的过程分为五个阶段、十六个步骤。

思考阶段：在不同水平上的思考；批判性思考；高层次的道德推理；发散或创造性思考。

感受阶段：珍视、爱护；有良好的自我感受；意识到自身的情感。

选择阶段：从多种可能中进行选择；考虑后果的选择；自由选择；成就规划。

沟通阶段：清晰地传递信息的能力；移情——倾听、理解他人选择的心境。

行动阶段：重复地行动；一贯地行动；熟练地行动。

新模式强调了情感的作用，强调了选择中首先要考虑社会因素的制约。

（2）价值澄清的教学方法

价值澄清模式在学校道德教育中的运用，是通过许多具体的方法来进行的。拉思斯等人在《价值与教学》一书中提出的方法多达近20种，最主要的方法包括澄清应答法、价值表填写法和价值观延续讨论法。第一，澄清应答法（clarifying responses）是在课堂教学中进行的最主要的一种价值澄清方法。这种方法主要是运用一些设计巧妙的应答技术，激发学生对自己的价值观进行思考。澄清应答法是以“一对一”的交谈方式来进行的，它是“软性的”、随意的或激励性的。第二，价值表填写法（values sheets）是在不太适合口头交换的场景或问题时所运用的一种方法。比如，性、政治信仰等问题，运用价值表填写法则可以得到较为真实的信息反馈。这种方法要求教师设计和编制出一些价值表；在学生填写价值表前，教师要首先讲述或罗列一些社会问题，以引起学生思考；学生根据自己的看法，按价值澄清的几个过程去填写。第三，价值观延续讨论法（values continuum）对于一些带普遍意义的问题，为了在更大范围内让学生积极参与讨论，各抒己见，就需要运用价值观延续讨论法。价值观延续讨论法通常由“挑选讨论话题、让学生充分思考、充分展开讨论、论讨而得到体会”四个步骤组成。[①]

4. 价值澄清模式的影响及评价

价值澄清模式在价值冲突的背景中具有重要意义，它是道德相对主义思潮在道德教育中的呈现，具有实用性、操作性、现实性、有效性等特点，在西方被学校和教师广泛接受。

价值澄清模式的基本体系、原则完整；强调了主体内在因素特别是思维、情感以及个人内部的选择、评价过程在价值形成中的作用；其德育方法、策略具有较为广泛的适用性。从实践上看，其关心德育的具体方法，重视发展学生的道德意识、判断和选择能力，反对说教和灌输，要求每个人都尊重别人的价值观，与"多元"和"自由"的美国社会相适应。总之，价值澄清模式的优点包括尊重儿童的地位，引发儿童的主动性；注重发展儿童的道德意识、道德判断和价值观的选择能力；注重现实生活；具有很强的可操作性。

价值澄清模式也受到了批评。它过分强调价值的个性特征，过分强调价值的并存与冲突，容易导致相对主义的价值观，从而忽略价值的客观性和稳定性及共性的一面；同时也未能对道德价值和非道德价值加以区别，两者的形成机制和教育模式是否完全一致尚需深入探索。此外，它忽视教育内容，忽视行为训练和习惯的养成，过分强调个人的主观因素，忽视外部因素，诸如榜样、说理、限制选择、规章等的作用，显然也是该理论的不足之处。

（三）体谅关心模式（the consideration model）

体谅关心模式是由英国教育学者彼特·麦克菲尔（Peter Mcphail）等人于20世纪60年代提出的旨在培养学生的道德情感的学校道德教育模式。

1. 基本假设

1964—1971年麦克菲尔等人以问卷和访谈的实证研究形式，对英国中学13～18岁的男女学生进行了3次大规模的调查，要求他们分别记述一件对自己好、对自己不好、对自己谈不上好与不好的事件。基于对这些问卷及访谈资料的分析，他们提出了关于学校道德教育的基本假设。

第一，与人友好相处是人类的基本需要，帮助学生满足这种需要是教育的首要职责。调查结果显示，青少年学生对于人际关系中奉行坦率、互

---

① 冯文全：《论拉思斯的价值澄清德育思想及其启示》，《比较教育研究》2005年第1期。

惠和关心等处事原则的反响相当积极。进而认为，与人友好相处，爱与被爱，是人的基本需要，帮助满足这种需要乃是教育的首要职责。

第二，道德教育重在提高学生的人际意识和社会意识，引导学生学会关心，学会体谅。麦克菲尔认为，人与人之间的差别是表面的，相似性是深层的，所以能够相互理解，相互体谅，相互关心。关心人和体谅人的品性是道德的基础和核心。因此，学校德育的目的就是把个体从“那些打着个性幌子的破坏性和自我破坏性的冲动中解救出来，把个体从在不幸与不健康的社会中所养成的自我中心、自恋、自私和暴戾及其他特征中解救出来”，使学生学会体谅他人、关心他人。

第三，鼓励处于社会试验期的青少年试验各种不同的角色和身份。麦克菲尔认为，青少年期是“社会试验期”（a period of social experiment），是个体学会关心的关键期，在这一时期应当鼓励学生自由地试验各种不同角色和身份，角色尝试有助于青少年敏感而成熟的人际意识和社会行为的发展。

第四，教育即学会关心。麦克菲尔认为，尽管学生想自由地作出选择和决定，但他们欢迎反应灵敏的成年人的帮助；他们对树立好榜样并且践履自己认可的标准的成年人表示敬佩；试图保持中立的学生喜欢表现自信而且正直的家长和教师。麦克菲尔坚信，行为和态度是有感染力的。因此学校应引导学生关心他人、体谅他人的人际意识，注重营造相互关心、相互体谅的课堂气氛，应注重教师的道德表率作用。①

2. 围绕人际——社会情境问题的道德教育

体谅关心模式将道德情感的培养视为首要和中心的问题，并设计了学校道德教育课程。麦克菲尔和同事们开发了一套专门实施体谅关心模式的教材《生命线》系列教科书。《生命线》丛书是实施体谅关心模式的支柱，它由三部分组成：《设身处地》《证明规则》及《你会怎么办》

第一部分：《设身处地》，含《敏感性》《后果》《观点》三个单元，其中的所有情境都是围绕人们在家庭、学校或邻里中经历的各种共同的人际问题设计的，目的是培养学生体谅他人的动机。

第二部分：《证明规则》，含《规则与个体》《你期望什么》《你认为我是谁》《为了谁的利益》《我为什么该》五个单元，情境所涉及的均为比较复杂的群体利益冲突及权威问题，目的在于帮助青少年学生形成健全的同

① 袁振国：《当代教育学》，教育科学出版社1999年版，第251-254页。

一性意识，并把自己视为对自己的共同体作出贡献的人。在学生步入成年并即将在平等的基础上与其他成人共同生活、工作时，可能会产生很多问题，这一部分就是给学生找出解决这些问题的方法的机会。

第三部分：《你会怎么办》，含《生日》《禁闭》《逮捕》《街景》《悲剧》《盖尔住院》六本小册子，向学生展示以历史事实或现实为基础的道德困境，目的在于拓宽学生超越当前社会的道德视野，鼓励其形成更为深刻、普遍的判断框架。学生遇到了以历史事件为基础的戏剧性的道德困境，历史上的戏剧性时刻为其道德反省提供了出发点。可以运用描写不同的历史背景、事件的小说作为材料，以扩大学生的道德视野，使之超越直接的社会，以发展一种更为深刻、更为普遍的判断结构。

总之，这些教材有利于教师较全面地认识学生对特定人际—社会问题的各种可能反应；有助于教师较全面地认识学生在解决特定的人际—社会问题时可能遇到的种种困难；以便更好地帮助学生学会关心，等等。

3. 体谅关系模式的影响及评价

体谅关心模式是一种从情感入手的德育模式，尽管在理论上存在一些不足，但它提供了一套提高学生人际意识和社会意识的开放性情境教材，并且为教师理解和使用这套教材提供了一系列的教师指南，在西方德育实践中影响较大。《生命线》系列教科书是一套独具特色的德育教材，在英国课堂的2万多名学生中间得到现场检验，深受中学教师与中学生的喜爱。

“学会关心”是21世纪世界教育共同的价值选择与实践取向，也是我国21世纪教育改革的重要目标之一，体谅关心模式对于我国学校德育改革很有启发，在我国形成了具有特色的体验德育模式。

（四）社会行动模式（the social action model of moral education）

社会行动模式兴起于20世纪70年代的欧美各国，主要倡导者是美国德育学家弗雷德·纽曼（Fred Newman）等，其代表作是《公民行动教育：对中学课程的要求》《公民行动教育技巧》等。

1. 理论假设

第一，道德教育重在培养学生的社会行动能力。道德行动的前提，是有采取行动的能力。道德教育的关键，在于培养和提高学生的行动能力。正是基于这样的考虑，纽曼强调，社会行动模式重点在于培养学生的环境能力（environment competence），特别是培养他们的公民行动能力。纽曼认为，一个有道德的社会成员，应具备三种“环境能力”：其一是作用于客体的物理能力，包括美学能力，如绘画，以及功能性的能力，如建造房屋；其二是作用于人们的人际交往能力，这一能力包括对老幼的养育和对养育关系的处理，还包括像做买卖这样的经济手段和对经济关系的处理；其三是作用于公共事业的公民的能力，这主要是指学生对公共事业的参与能力，如参与选举并能帮助候选人获胜的能力，在各利益小组中的作用，如参与并改变消费者保护小组中的一些政策优先权的作用。

第二，社会行动是直接影响公共事务的自觉行为。

第三，社会行动模式的结构。纽曼指出，环境能力应当成为学校的一个重要目标，其他能力也不容忽视。为此，他设计了社会行动模式的基本程序：其一是制定政策目标，包括道德审议和社会政策研究；其二是支持目标的工作；其三是解决心理哲学难题。一个人投身于社会行动时，可能会遇到纽曼所谓的“心理哲学难题”（psycho－philosophic dilemmas）。如果要想在公民行动上有所作为就必须正视这些问题。①

2. 围绕社会问题课程的道德教育

纽曼把社会行动模式的设想，首先落实于美国威斯康辛州麦迪逊一所中学的“社会问题课程”（the community issues program）中。该课程渗透在学校的学科教学和学生的“社区参与计划”（community involvement projects）之中。

（1）与学科教学一体化的社会行动课程

基于学校德育的目标，该模式设计了一系列课程，具体包括政治法律课程、社会交往课程、社区服务见习课程、公民行动计划课程、文学作品中的行为计划以及公共信息课程，这些课程在中学时期的不同时间开设。

中学第一学期包括政治法律课程，旨在为学生提供直接的机会使其实际地观察和体验政治法律程序的过程，从而使学生了解现实。这门课要完成的另一任务是发展学生收集资料、作出正确结论的能力。社会交往课程，旨在使学生能在自己内心、人与人之间、小组中、公共场合四种情境中，顺利地进行书面、口头表达与交往。社区服务见习课程，让学生通过参加社会机构、政府机关和公共利益小组的自愿服务，了解政治法律程序课程中分析机构的一贯秩序，并能在社会交往课上运用语言技能来进行活动。

中学第二学期包括公民行动计划课程，要求学生作出能影响公共政策的行动。计划包括：为政治候选人进行工作，建立专门的青年机关，修订

① 黄向阳：《德育原理》，华东师范大学出版社2000年版，第261－265页。

管理规划等。这些工作所涉及的范围小到学校，大到当地机构乃至国家。例如学生在校内的权利、消费者的保护、种族间的合作等。需要学生具有游说的技巧、协商的技能、要求增拨基金、主持会议的能力，学生可以围绕这些能力，开设“技能诊所”，还可开设“计划咨询会议”等。试图解决这样一些论题：什么才是有意义的社会变迁？个体能否显示自己的不同？人类应如何控制自己？公共信息课程，要求学生研究信息传播渠道、媒介，并就对某一渠道、媒介的研究活动准备一份报告。从此报告中，教师可得知学生已取得的成就，而且学生的研究历程历历在目。

通过这些课程，学生可以发展如下能力，并最终达到影响社会、影响环境的能力：有效地进行口头交谈与书面交流；收集并富有逻辑地解释有关公共事务方面的问题；描述政治法律的决策程序；根据公正和宪法上的民主原则，从理论上证明个人关于有争议的公共论题和行动策略所作的决策的正确；与他人合作；讨论自己所亲身经历的具体事情以及他人的亲身经历，有助于解决个人在公民行动中所碰到的棘手的问题，能把这些问题同较为一般的有关人员的论题联系起来。

（2）社区参与计划

社区问题课程中包含三项为学生设计的社区参与计划。第一，“社区调查计划”，引导学生通过实地旅行、访谈、在社区机构中进行非正式观察以及其他手段收集社区的各种信息；第二，“社区志愿者服务计划”，学生们到孤寡老人家里帮老人干活，在日托中心工作，辅导功课，参加街区大扫除，这些社区服务活动，使学生处于直接帮助别人的环境之中；第三，“社区行动计划”，它要求学生采取支持的立场，并且努力促进符合这一立场的变革。纽曼指出，这三项社区参与计划可能存在一种发展性关系。当个体深入社区收集有关信息时，探索性研究更具有自我定向的性质。当个体可以帮助或关心他人时，志愿者的服务包含更多的参与。最后，在担当辩护角色时，学生以自主的行为人的面目出现，从事与较为广泛的社会背景相关的事务。

（3）课程评价

社会问题课程的评价，主要集中在四个方面：第一，熟练程度，即掌握公民行动的有关知识和技能；第二，成效，强调完成计划的重要性；第三，持之以恒，即认真对待计划，并全身心投入到活动之中；第四，愉快性，即学生从课程中得到的乐趣的总和。教师和学生不必期望所有的标准适用于每时每刻，而应当在优先考虑何种标准上达成共识。

（4）教师的角色及作用

教师在社会性的课程中，应充当三种角色：①信息员，即提供程序和策略的信息，提供社区中有关人、地方、资源的信息；②顾问，即教师要对所有计划中学生的一切需求作出答复，还要处理社区联系或行动策略的信息，更要处理学生情绪上、心理上、哲学上的棘手问题；专家；③活动分子，即教师要影响公共政策并积极参与这个计划。应当强调的是，教师对于自己充当的角色，都应当让学生感到舒服和可信。

（5）课程管理

课程管理包括三个方面：准备装备优良的公民实验室；为可能的风险与伤害负责任；建立一个由家长、学生、教师及社区领导组成的公民咨询委员会。①

3. 社会行动模式影响及评价

纽曼开发的社会行动模式，整合了道德认知、情感和行动等多个方面，并且将它们同公民投身社会变革联系起来，具有鲜明的行动取向。第一，它提供了一套集心理学、哲学、社会学和系统科学原理于一体的新公民教育体系，对探索发展学生道德认知能力与传授道德知识以及与培养公民社会行为三者的关系上提供了不可多得的新鲜经验；第二，在实践上发展了一套较完整的教育实施方法和程序，并且在使道德教育与其他学科和课程有机渗透乃至使教学与社会实践融为一体方面作了有益的尝试，尤其把复杂的社会行为的培养演变为课堂教育过程；第三，社会行动模式的课程计划给学生提供了一种主动参与民主过程的途径，而其他模式都没有给这种参与提供如此丰富的机会，这对推动当代西方学校德育改革作出了重大贡献。例如纽曼等人编写的《公民行动技能：中学英语－社会研究课程》（*Skills in Citizen Action*：*An English－Social Studies Program for Secondary Schools*）作为全国教材，在美国学校道德教育中产生了较大影响。

但也应注意到，纽曼的社会行动模式也存在着许多问题，主要有：第一，它的理论研究尚处初步阶段，远没能说明公民行动教育的理论依据，而仅仅表明遵循行为是重要的，然而，任何社会行动的产生都有极其复杂的条件；第二，模式的理论假设是“被管理者的同意”这一民主社会条件，然而，假如不具备这一条件，这种教育是否还能成立，培养的人有何作为；第三，公民行动教育费用太昂贵，尤其需建立设备齐全的公民实验室，这

① 黄向阳：《德育原理》，华东师范大学出版社2000年版，第271－275页。

在目前大多数学校是很难做到的；第四，该模式安排繁多的活动，势必影响其他相关学科教学，如何处理这种关系仍亟待研究；第五，评估的困难，也增加了人们对这一理论科学性的质疑。

（五）品格教育模式（the character education model）

品格教育是继道德认知发展、价值澄清理论之后当今美国学校道德教育的主要模式之一，是一项全员参与的、带有全国性的教育改革运动。代表人物是美国的托马斯·利考纳（Thomas Lickona）等。品格教育兴盛于19世纪和20世纪上半叶，重点在于培养学生良好的行为习惯。20世纪60年代，随着道德价值相对主义和社会问题的彰显，以亚里士多德的主张作为论证依据的品格教育方案被提了出来。20世纪80年代，品格教育运动在美国得以复兴并不断推进，渐渐成为学校德育的主流声音。20世纪90年代，品格教育受到了格外重视。一些教育家和政治家开始宣传对美德的关注以取代价值澄清。①

1. 品格教育的内涵

品格教育作为美国道德教育的一种理念和模式，有其深刻的理论内涵：古希腊的智慧一美德伦理学的复兴是品格教育兴起的哲学基础，品格心理学则是其兴起的心理学依据。

利考纳认为，品格是由行为中的价值、操作性价值构成的。具体而言，品格由三个相互联系的部分构成：即“道德认识”（moral knowing）、“道德情感”（moral felling）和“道德行为”（moral action）。

美国的一些学校对于品德教育的内涵认识不一，这造成了人们在理论与实践上的诸多困难，所以需要厘清。从组织的角度看，品格教育联合会把品格教育界定为：学校、家庭和社会审慎地努力帮助年轻人理解、关心和实施核心的道德教育观。著名的品格教育伙伴组织以及美国教育资源信息库的定义是：品格教育是以学校为基础，强调与家庭、社区的合作，帮助孩子理解、关心、实践系统的价值观念（涉及道德教育、公民教育和品格发展等多个方面）。1994年，美国国会批准的品格教育研究所的研究项目把品格教育的内容界定为，关怀、公民道德与公民的权利和义务、公平与公正、尊重、责任、可信以及其他被申请者认为适当的因素。“品格教育

① Bennett. W. J. Moral Literacy and the Formation of Character [A]. J. S. Benninga (Ed.) Moral, Character and Civic Education in the Elementary School. New York: Teachers College Press, 1991. pp. 131-138.

伙伴组织”于1999年又把品格教育定义为：学校、家庭和社区在帮助孩子理解、关心和实践核心伦理价值的有意识的努力。从研究者个体来看，《为品格而教》的作者托马斯·利考纳认为，品格教育是有目的地帮助学生理解、关心和实施核心的伦理价值观。《在学校发展品格：道德教育的现实选择》的作者凯文·赖安和凯伦·博兰认为，品格教育是教学生知道什么是善以及喜欢善并行善。威斯康本大学的阿兰·罗克伍德（Alan Lockwood）教授关于品格教育的定义则是：学校所倡导的、旨在与其他社会机构合作的活动，通过明显的影响能够产生这种行为的非相对主义的价值观，而直接和系统地塑造年轻人的行为。尽管目前品格教育没有统一的定义，但是，大多数观点都认为品格教育要围绕一系列的价值观展开。因此，品格教育的实质在于核心价值观的倡导和培育。品格教育提出的核心价值和美德虽然名目繁多，但总括起来大致有：慎思、勇敢、自律、公正、关心、尊重、负责、诚实。前四个属于西方传统的四主德，后四个则是针对当今社会青少年的道德现状而提出来的品格。

2. 品格教育的方法及实施策略

（1）品格教育的方法

不同的品格教育项目，在具体的教育方法上存在差异。归纳起来，大致可以分为三类：第一，直接教授，强调习惯的训练和美德行为的养成。第二，间接教授，强调品格教育必须有意识地利用学校生活的方方面面，不能将品格孤立化、法典化或者打包成教学单元。第三，通过社群建设来教授，强调道德社群的建设。阿瑟（James Arthur）就认为大众传媒、宗教社群、青年文化、同伴团体、自发组织，以及父母、姊妹，对儿童品格的形成都有重要影响。①

（2）品格教育的实施策略

利考纳是新品格教育的倡导者和研究者，尤其是他所提出的品格教育的学校方略和家长方略，对品格教育实践的深入推展具有十分重要影响。利考纳的12条品格策略是：重视教师的作用；在教室里创建一个道德社区；实施道德纪律；创建一个民主的教室环境；通过课程来教授价值；运用合作学习策略；培养学生的学习责任感和对学习价值的关心；鼓励道德反思；教授解决冲突的方法；培养教室外的关心；在学校里创建一种积极的道德文化；要求家庭和社区作为价值教育的协助者。具体可整合为三个

① 丁道勇：《品格教育：观点与评论》，《外国教育研究》2008年第3期。

方面：第一，整合品格教育课程，创造良好认知环境，教师要通过课程传授价值标准，将课程作为养成品质、价值观和伦理意识的手段。课程的品格教育可分为两类：一类是专门的品格教育课程计划；另一类是与学术课程教学整合的品格教育，“有效的品格教育包括有意义的、充满挑战的学术课程，这种课程尊重所有的学习者，并且帮助他们获得成功”。[①] 第二，优化学校德育环境，发掘隐蔽性教育资源。没有一个支持性和教育性的环境，品格教育计划就不会成功。把品格教育融入学生的生活世界，这就需要学校努力发掘隐蔽性教育资源，为学生的发展建构一个具有真实性的德育情境和积极向上的学校道德文化氛围。这是许多美国中小学校的普遍策略。第三，学校、家庭、社区协作，共同参与品格教育。美国一向注重家庭、学校内部环境渗透式的道德影响，使青少年在内外多种因素的影响中，在宽松的环境里，寻求适合自己发展的价值观念和生活方式，以成为适应美国社会发展的合格公民。学校与家长的合作主要表现在两个方面：一是家长志愿参与学校活动与教育；二是学校与家长经常沟通，给家长发放学校的价值观计划手册，让家长在安排学校的品质教育计划、家长参与计划上发挥主要作用。此外，学校会经常举办讲授养育孩子的经验讨论会。社区可通过提供经费的方式来资助出版，提供实习基地，为学校开展活动提供方便。同时，社区也会对学校德育课程的编排产生影响。其中，服务学习（service learning）是将社会服务和知识学习相结合的一种尝试，把学术性课程和学校所在社区的建设相结合。社区服务计划作为塑造青年人品格的潜在手段备受欢迎，有些州和学区还设有专门的社区服务项目。还有些学校把公众服务作为学生是否达到毕业水平的一个要求，例如，CARE 计划、KIDS（Kids Involved in Doing Service）计划、社区服务项目、为他人捐款捐物活动（Fund - Raisers and Drivers for others）、收养一个家庭活动（A-dopt a Family Program）等都是各具特色且行之有效的社区服务计划。[②]

3. 品格教育的影响及评价

品格教育运动的积极价值在于，它重新拾起道德传统，创立了新的综合性德育模式，取得了显著的德育实效。与其他道德教育模式相比，品格教育有自己的独特优势。与价值澄清模式相比，品格教育的价值相对性更少；与认知性道德发展模式相比，品格教育更容易实施。它可以让学生在

① 刘长海译：《美国品格教育质量标准介绍》，《基础教育参考》2005 年第 3 期。

② 杨益琴：《美国品格教育的发展与实施初探》，《当代教育科学》2009 年第 8 期。

不完全理解美德的情况下，奉行美德，尤其适用于对童年早期的儿童进行道德教育。①

总之，各种学校德育模式都产生了不同程度的影响，也都存在各自的局限，未来的发展趋势是将趋向综合化的学校德育模式。美国波士顿大学教授 K. 瑞安（Kevin Ryan）在总结了第二次世界大战后美国道德教育的得失以后，提出了“五个 E”的新道德教育模式，即取“榜样”（example）、“解释”（explanation）、“劝诫”（exhortation）、“环境”（environment）和“体验”（experience）五个英文单词的第一个字母。② 这一模式可以说是多元道德教育模式相整合的新产物，值得人们认真对待。

三、我国学校德育模式的新探索

自 20 世纪 80 年代以来，围绕当代青少年思想道德发展的新动向、新问题以及学校德育的实效性偏低、吸引力弱和魅力缺失等问题，我国德育理论研究者和实践者积极展开持续的理论研究，并且在德育实践领域开展科学有效的实验。他们创新和推进德育实践模式，更新学校德育的内容，优化德育的过程、途径和方法，使德育理论获得明显创新，德育实践改革获得长足进展。一些行之有效、富有吸引力和实践魅力的德育模式逐渐形成并被及时进行理论概括，比较有代表性的德育实践模式有体验德育模式、情感德育模式、活动德育模式、主体参与德育模式、生态体验德育模式、生命德育模式等。③ 另外，还有一些德育模式也产生了较大影响，如生活德育模式、欣赏型德育模式、制度德育模式等，这里我们重点介绍几种具有代表性的模式。

（一）情感德育模式

情感德育模式是在批判现实学校德育的唯认知主义、功利主义取向的基础上提出的。

1. 理论基础

情感德育模式强调“德由情生”，“认为情感和道德一样，都是从人的

---

① Atherton, J. M.. Virtues in moral education: objections and replies. Educational theory, 1988, 38 (3): 299-310.

② 潘发勤编译：《新的道德教育——“二战”后美国的道德教育及瑞安的五种学习模式》，《外国中小学教育》1996 年第 6 期。

③ 改革开放以来的教育发展历史性成就和基本经验研究课题组：《改革开放 30 年中国教育重大理论成果》，教育科学出版社 2008 年版，第 154 页。

精神系统的内部弥散性地起制约作用的。……情感既是一个活生生的人发生，并支持其道德性的内部动机系统，又是整体性地表达人的精神发育的外部表征，从人的情绪、情感可以触摸到一个人的整体精神面貌。"① 情感在个体的道德形成中具有特殊地位：一是人对道德信息的接受以情绪的活动为初始线索；二是人的道德价值的学习以情感一体验型为最重要的学习方式；三是人的道德行为的发生受情感的引发和调节；四是以情感为核心的动力机制是个体道德发展的内在保证。

2. 基本观点

第一，人的情感发展是道德教育的目标。第二，提高道德教育影响力和有效性的途径是人的情绪情感的特殊机制，这些特殊机制包括通过情绪感染、同感共受、情感场共鸣、情绪放大的机制、情绪强化的机制、情绪沟通分享的机制等。"道德教育若要真正成为一种抵达心灵、发育精神的教育，一定要诉诸情感。"② 道德教育应回归到最早的亲子关系中，回到儿童时期学校教育的师生、生生关系中。朱小蔓教授认为，学生的道德发展依赖于教师与学生的情感交融。师生之间的情感纽带对孩子的自尊心、成功意识以及对学校的学习生活都会产生一种积极的影响。

3. 实践策略

第一，通过亲身感受和体验发展情感品质。人的情感需通过亲身经历以获得感受乃至深刻的体验。第二，通过认知的发展培养情感品质。人的很多情感的出现是认知工作之后的结果，因而不能完全忽略儿童的认知发展。如果一个孩子认知发展不好，词汇量过少，思维表层化，那么，他的情感分化就会粗糙，很难用细致的语词表达细微的情感，无法体会深刻的情感，也很难实现情感的独特化和个性化。所以，应当充分发展儿童的认知，强调智德统一，充分利用各门学科，发展孩子的认知，同时利用不同学科培养孩子的情感与道德品质，从而提升德育质量。第三，利用行动培养情感品质。对孩子来说，学校德育是重要的，但非唯一的，有许多社会性的经验需要在课堂之外的活动中获得，因此需要通过活动扩展学生的社会性认知，增长其社会性经验。

（二）活动德育模式

针对传统学校德育中重知不重行的痼疾，活动德育模式主张实行"在

---

① 朱小蔓：《情感教育论》，人民教育出版社2005年版，第5页。

② 朱小蔓：《情感教育论》，人民教育出版社2005年版，第10页。

活动中通过活动而且为了活动”的德育，目的在于突出道德教育的主体性。这是一种侧重道德行为锻炼的德育模式。随着活动课程在中小学德育的实施，这种德育模式在我国德育实践中发挥越来越重要的作用。

1. 理论基础

活动与道德发展的关系是活动德育模式的理论基础。“活动”是指具有道德教育意义或功能的个人外部活动，或影响个人道德意识、道德行为、调节人际关系的外部活动。活动与道德发展的关系表现为：第一，活动是个体道德形成、发展的根源与动力，实施活动教育模式，就是通过由学生自主参与的、以学生的兴趣和道德需要为基础的、以促进个体道德的整体发展和社会和谐为目的的社会交往活动，促进学生加深对道德规则的理解，形成和发展学生自觉的道德行为习惯。第二，活动是学生自我教育的基础，具有道德教育意义。活动德育模式认为，“道德就是现实的人的活动，个体的自主活动既是德育的目的，又是德育的手段。作为目的，活动或实践道德生活应当成为学校德育追求的最高境界；作为手段，应将活动视为个体道德发生和发展的源泉，作为促进道德发展的手段加以运用。”①

2. 实践策略

第一，学校德育要树立主体性的教育观；第二，转变道德教育课程观，建立以活动课程为主导的道德教育课程理念和课程体系；第三，全面建立合作、民主的师生关系，由于活动德育模式中的“活动”必须是学生自由自主的活动，因而教师将肩负更多的责任，需要创设有助于启发学生主体意识、锻炼学生自主道德意识和道德实践能力的教育氛围，使学生由教育过程中的被动接受者变成积极参与者；第四，建立同学之间健康的合作活动环境，在合作和交往中培养学生的自我意识、自我评价能力、责任感和义务感；第五，建立学生参与学校管理、从事自我管理的教育管理机制，培养学生的参与、自治能力，增强其民主意识和责任感。②

3. 简评

活动德育模式针对传统灌输式道德教育模式所采用的灌输方法和忽视主体精神活动在德育中的重要地位这一弊端，突出强调了道德教育的主体性本质和道德教育的实践性特征。活动道德教育模式试图通过让学生自主参与活动，加深学生对道德规范的认识，养成学生的道德行为习惯来解决

---

① 李剑萍，魏薇：《教育学导论》（修订版），人民出版社2006年版，第290页。

② 戚万学：《活动道德教育模式的理论构想》，《教育研究》1999年第6期。

知、行统一这一道德教育问题，是对当代认知主义道德教育模式的反动与纠偏。

（三）生活德育模式

许多学者和实践者在探讨如何有效提高当代中国道德教育实效性的时代课题时，都将视角转向生活德育，从而使生活德育在当代中国德育界成为一个热门话题。

1. 理论基础

第一，马克思主义的道德观强调必须从实际活动着的人的现实生活过程中来揭示道德的起源和发展，扎根于人的现实生活的道德理论才是彻底的。所以，让道德回到生活世界的现实要求就是要立足于社会实践，立足于当前我国改革开放和现代化建设的实际。据此，生活德育认为，学校德育的取向是回归生活世界。第二，生活教育理论是生活德育的基础。杜威的“教育即生活”认为，“离开了参与社会生活，学校就没有道德目标，也没有什么目的”。陶行知的“生活即教育”也强调生活的教育作用，认为“没有生活做中心的教育是死教育。”① 教育与生活的联系为生活德育奠定了基础。第三，人本主义教育理论。人本主义教育的目的是培养完整的人，这给予生活德育一定的启发。另外，建构主义关于人是依据自己的经验来建构现实的观点也启发生活德育，道德的建构也同样如此。

2. 基本观点

（1）生活德育的含义。生活德育是从个体的现实生活、现实存在、现实活动出发，在生活中对个体引导和教育，通过有道德的生活来学习道德，养成道德习惯，并最终达到美而善的生活。学生通过生活学习道德应主要关注三个方面：社会大环境下的个人生活；学校环境中的个人学业生活；因遗传、家庭及其他原因导致的个人独特境遇，指导学生积极生活，学会反思生活，增强抗逆能力，提升生活质量。

（2）生活德育的目标。生活德育的目标是帮助学生在日常生活实践中学会按照一定的品德规范去生活，在实践中可解析为学会品德实践、学会品德体验、学会品德感悟、学会品德选择四个具体目标。生活德育的终极意义是“回到生活，以生活为目的，引导学生学会过有道德的生活，提升生活的意义和价值”。

---

① 陶行知：《生活即教育》，见《中国教育改造》，东方出版社1996年版，第150页。

(3) 生活道德学习的机制。生活德育强调在生活中进行道德学习，"生活中的道德学习是以我们拥有的道德本能为基础，通过接受暗示、非反思性选择和自主选择的交互作用而实现的。"① 其中本能（或曰善端）是道德学习的前提，接受暗示、非反思性选择和自主选择是道德学习的三种基本方式，三者不是孤立地发挥作用，而是交互综合在一起的。

3. 实施策略

第一，实施原则。生活德育模式倡导在实施过程中应遵循主体原则、关怀原则、主导原则、层次原则、情境原则与建构原则，其目的是把道德教育和时代要求结合起来，把道德教育和现实生活结合起来，把道德教育和体验诱发结合起来，把道德教育和自主创造结合起来。第二，实施过程。以"引导"为核心的生活德育过程包括四个环节，即引导一品德实践、引导一品德体验、引导一品德感悟、引导一品德选择，这个过程由主导性贯穿，可循环往复。第三，评价机制。首先是要及时给予行为以道德评价；其次是要完善道德评价的方法；最后是道德评价的标准要贴近生活，即既要体现道德的先进性，又要体现道德的广泛性。

4. 简评

生活德育是整体性、社会性、实践性、真实性、有效性德育，是对知性德育的全面超越。生活德育主张学校德育是对"人"的教育，必须尊重学生的人格，尊重学生的主体性；以现时的、自然的、真实的生活为基本途径；注重转变和深化学生的品德情感。

(四) 欣赏型德育模式

为解决教师引导与学生主体建构、道德相对主义与绝对主义之间的矛盾与冲突，我国学者提出了欣赏型德育模式，其目的在于倡导一种既要避免强制灌输，又要坚持正面价值教育的可操作的德育方案，让德育成为一个善美相济、充满人性意蕴的事业。

1. 理论基础

"欣赏型德育的前提是在德育过程中存在着可以被学生欣赏的审美对象。德育过程诸要素的审美化是这一模式建构的关键。"② 教育美包括教育活动的形式美、作品美和师表美三种形态。据此，德育过程诸要素的审美

① 高德胜：《生活德育论》，人民出版社2005年版，第58页。

② 檀传宝：《让道德学习在欣赏中完成——试论欣赏型德育模式的具体建构》，《北京师范大学学报》(人文社科版) 2002年第2期。

化包括：德育活动形式美的创造与欣赏；德育作品美的创造与欣赏；德育师表美的创造与欣赏。德育过程只有包含并体现这些要素，方能使德育成为自由的、幸福的事业。

2. 目标及实施步骤

（1）欣赏型德育的目标。欣赏型德育的目标“是道德学习在欣赏中完成，让孩子在欣赏道德人生之美、德育智慧之美的过程中，自觉自愿地接受道德的生活方式，使道德教育的价值引导与道德主体的自主建构两个方面在欣赏过程中得以统一。”①

（2）欣赏型德育的实施步骤。欣赏型德育模式的目标通过建立参谋或伙伴式的平等、多向的师生关系和审美化、情境化的德育课程来实现。“道德学习在欣赏中完成”的目标从时间的角度也可以分解为以下几个具体阶段：第一阶段：发现或建立欣赏的视角；第二阶段：展现道德智慧与积极人生的美丽；第三阶段：践行审美化的人生法则。欣赏型德育模式所追求的最终目标是鼓励学生践行审美化的人生法则。践行的方式是审美化的角色扮演和审美化的真实的道德实践训练。

3. 简评

欣赏型德育模式提出之后引发了理论上的后继研究与实践探索。从理论层面来看，欣赏型德育模式以其创新的思维在善与美之间架起了沟通的桥梁，既是我国德育理论的创新，又是在我国德育传统的基础上进行的探索。从实践层面来看，欣赏型德育模式不同于以往的德育模式，它为我们在功利主义、放任主义之间找到了一条道路，改变了以往的灌输式、说教式的教育手段，让被教育者在他人欣赏、自我欣赏中取得进步。它对提高道德教育的实效性，改变目前德育的低迷现状，具有深远的意义。不仅如此，欣赏型德育模式注重美好价值观、道德观的教授，使孩子接触好的品德并引发他们对品德展开模仿，使得美善的种子在每一个儿童的心中生根、发芽、茁壮成长。

（五）制度德育模式

制度德育是德育研究者为了克服德育困境而探索出的一种新道德教育模式，目的在于发掘制度的德育价值。

---

① 檀传宝：《让道德学习在欣赏中完成——试论欣赏型德育模式的具体建构》，《北京师范大学学报》（人文社科版）2002年第2期。

1. 理论基础

首先，制度与德育都内蕴养人以德的本体性价值。德育是制度性的学校教育活动，学校中的制度具有道德教化的价值。制度为德育创设道德性的环境，是德育的价值资源。其次，制度与道德的关系是制度德育的直接基础。有学者指出："制度与道德原本就有着亲缘关系，起源上同根同源，内容上相互渗透，功能上相互支撑，特点相异而又义理相通。"①

2. 含义及实践形态

(1) 制度德育的含义

有学者认为，制度德育是在学校道德教育中，以制度为内容或以制度的形式，引导学生学习和践行一定的道德行为规范，将特定的价值观传输给学生，在学生身上形成预期的道德品质和道德行为的道德教育形态。②

(2) 制度德育模式的实践形态

当前，道德教育实效低下的原因之一是道德教育忽略了制度的教化功能。学校德育应"倡导通过道德制度来教育人，通过制度德性达到培养个人德性的目的"。制度德育的实践形态有两种：一种是以学校中与学生的道德教育相关的各种规章制度为内容，对学生进行道德教育，这里的规章制度根据主体不同可分为班级制度、学校制度、区域制度、国家制度等不同的层次；另一种是以制度为形式的道德教育，也就是制度化的道德教育，如例行的每周升旗仪式、入队或入团仪式、"学雷锋活动""志愿者服务"等常规化的社会公益活动等。③

3. 简评

制度德育因现实与理论的合理性成为学校德育中一种现实的教育形态。但制度德育也存在局限，其局限性是由制度本身的性质和道德教育的复杂性所决定的。首先，作为行为规范的制度往往影响个体的行为习惯，但很难对道德信仰、道德精神境界以及心性养成产生影响。其次，制度德育一定程度上能够使个体具有一定的道德认知，能够规范与约束个体的道德行为，但无法完成道德教育的全部使命。从未来发展看，"学校道德教育中的

① 董建新：《制度与制度文明》，《暨南学报》（哲社版）1998年第1期。

② 檀传宝等：《问题与出路：若干德育问题的调查与专题研究》，浙江教育出版社2009年版，第235－236页。

③ 檀传宝等：《问题与出路：若干德育问题的调查与专题研究》，浙江教育出版社2009年版，第232页。

制度德育只有合乎内涵制度和道德在发生学上的原初意义，才是一种好的道德教育的现实形态。”①

（六）体验德育模式

体验德育模式是20世纪80年代以来提出的一种德育模式，它主要源于我们对灌输式道德教育的反思。

1. 含义及特征

体验是形成受教育者良好思想品德的重要条件，无论是道德认知、道德情感还是道德意志、道德行为的形成都需仰赖于体验。体验的过程是“生理和心理、感性和理性、情感和思想、社会和历史等方面的复合交织的整体矛盾运动”。② 所谓体验德育模式，就是以体验为途径开展的德育模式，它因受教育者地位的变化而成为主体体验德育模式；因体验的途经不同表现为活动体验德育模式、生活德育体验模式；又因体验的着力点不同而成为情感体验德育模式、生态体验德育模式。

基于体验德育的含义，我们认为体验德育具有如下特征：第一，实践性。实践是认识的来源和发展的动力，体验德育的一个突出特点就是在生活和学习的情境中，通过学生主动、积极的参与，促进感悟，升华为道德素养，从而由他律到自律，实现道德教育的内化。第二，权利和义务的统一性。体验德育区别于灌输式德育的一个重要特征就是学生是作为德育实施的主体充分享受其权利，因而凸显出学生在德育认知和德育行为活动中的权利和义务的和谐关系。第三，主体性。体验德育重视学生主动参与情境，对情境作出选择和判断，通过自我评价和对比评价提升道德情感，因此，强调的是学生德育活动中的积极性与能动性。③

2. 实践策略

体验德育是一种自主的、生活的、潜移默化的德育。体验德育在学校德育实践中表现为：第一，用生活的体验与经历点燃学生的同情心；第二，定期组织学生观看优秀电视节目；第三，引导学生以热点问题展开辩论，在论争中领悟道理；第四，开展德育问题的研究性学习，使学

---

① 檀传宝等：《问题与出路：若干德育问题的调查与专题研究》，浙江教育出版社2009年版，第248页。

② 沈建：《体验性：学生主体参与的一个重要维度》，《中国教育学刊》2001年第2期。

③ 孔令启：《尊重与塑造：我的和谐教育随想》，天津科学技术出版社2008年版，第175页。

生在体验中产生感受；第五，创造团结和谐的氛围培养学生的集体主义精神；第六，积极开展团体与文体活动；第七，实现德育生活化、现实化与细节化。

第二节　德育方法概观

一、德育方法的含义

德育方法是德育理论的一个基本问题，任何德育活动都需要借助一定的方法才能进行。关于德育方法的含义，国内代表性观点："德育方法是为达到德育目的，实现德育内容，在德育原则的指导下，运用德育手段进行的教育者和受教育者相互作用的活动方式的总和"，"它包括教育者的施教传道方式和受教育者的受教修养方式"。① 这种德育方法的含义包括了德育方法的三个基本要素，即德育目的或目标、多种影响方式的总和以及教育者与受教育者的共同活动。我们认为，德育方法是指在受教育者思想和道德主体人格建构过程中，为了实现德育目标、完成德育任务，教育者、受教育者共同参与德育活动所采取的各种方式方法的总称。具体包括教师影响学生、促进其思想品德形成的方法和学生在教师指导下自我教育的方法。

二、德育方法的分类与特点

（一）德育方法的分类

20 世纪 90 年代以后，德育方法的分类研究问题逐渐引起人们的关注，这里重点介绍三种有代表性的分类。

（1）依据德育方法的抽象程度分为两类，即方法论意义上的德育方法和具体方法意义上的方法。①方法论意义上的德育方法包括：第一，启发法。承认人性的善良或道德教育在人性上是可能的，认为道德教育并非在于简单的告知，而是调动受教者思维的积极性和能动性，在教师的指引下主动获得道德知识，发展道德能力。第二，塑造法。这一方法强调道德教育对个体道德成长的积极作用。第三，雕琢法。这一方法强调道德教育要根据对象的实际扬长避短地进行教育，道德教育要由小处着眼，次第进行。

① 胡厚福：《德育学原理》，北京师范大学出版社 1997 年版，第 286 页。

第四，树人法。这一方法强调道德教育应当是一种精神人格的整体培育活动，是一个需要日积月累、精心运作的工作。第五，系统法或综合法。这一方法强调对各种德育方法理念的综合协同。① 另外，还包括发现法和建构法。②具体方法意义上的方法包括：以语言交流为主的方法；以直接知觉为主的方法；以实际训练为主的方法；以陶冶为主的方法。②

（2）依据所要完成的德育目标的分类：思维训练法；情感陶冶法；理想激励法；行为训练法；修养指导法。③

（3）依据学校德育实施的主体将德育方法划分为两大类：第一类是自我教育的方法，强调受教育者在自我意识基础上产生进取心，并向自己提出道德学习任务，具体包括自我认识、自我体验、自我控制、自我评价、自我修养以及自我批评等方法。第二类是教师指导教育的方法，强调受教育者在教育者的指导下达到预期的德育目标，具体包括说理教育法、榜样示范法、品德评价法、实际锻炼法、情感陶冶法。此外，还有生活指导法和心理咨询法。④

（二）德育方法的特点

1. 德育方法的整体性

德育方法的整体性是指德育方法与德育系统各要素之间的关系及各德育方法之间的关系。具体体现在：第一，德育方法与其他德育要素的整体性。德育方法与其他德育要素的整体性，即德育方法子系统与德育要素系统所包括的其他五个子系统（德育目标、德育内容、德育途径、德育管理和德育评价）横向贯通，互相依存，构成整体。德育方法不应游离于德育整体系统之外，而是发挥它在整体中、系统中的应有作用。第二，德育方法体系的整体性。德育方法体系的整体性指德育方法本身系统内部的关系，即各种方法之间关系的统一性与协调性。德育过程的复杂性和德育对象的多样性与变动性，以及制约德育方法的诸多因素，决定了德育方法既是多种多样又是紧密相连的。不同的方法各有侧重，各种方法巧妙的变换和组合将使德育方法的整体效用得到充分发挥，最终达到德育目标。

---

① 檀传宝：《德育原理》，北京师范大学出版社 2006 年版，第 214－218 页。

② 南京师范大学教育系：《教育学》，人民教育出版社 1984 年版，第 444－459 页。

③ 檀传宝：《德育原理》，北京师范大学出版社 2006 年版，第 215 页。

④ 班华主编：《现代德育论》，安徽人民出版社 2005 年版，第 230 页。

2. 德育方法的多样性

在中外学校德育实践中，形成了扎实有效的多样化德育方法体系包括：以语言说理形式为主的方法，如谈话法、讲授法、讨论法、辩论法、演讲法等；以形象感染形式为主的方法，如典型示范法、情感陶冶法、影视音像法、小品表演法等；以实际训练形式为主的方法，如社会实践法、调查访问法、参观考察法、常规训练法、大型活动法等；以品德评价形式为主的方法，如奖惩激励法、表扬鼓励法、评比选优法、操行评定法等。[①] 此外，还有以自我教育为主的自我修养法、以制度为主规范制约法及以行为为主的行为训练法。

3. 德育方法的实践性

"道德根本上是实践的"[②]，德育根本上也是实践的。德育与生产劳动和社会实践的紧密结合，更凸显了德育方法的实践性。德育方法的实践性，体现为德育与实践的结合，目的是使德育回归学生的真实生活及引导学生为未来生活做准备，并在实践和生活中，强调学生的情感和体验，从而提高德育实效。

三、常用的德育方法

我们从以上三种分类的比较，可以看出，德育方法的分类存在共同点与差异，其中第三种分类是建立在现代教育教学理念基础上的，因此，我们认为，从德育活动实施的主体来看，分为这样三类可能更合适，即教师指导教育的方法、学生集体教育的方法以及学生自我教育的方法。具体介绍如下：

（一）教师指导教育的方法

教师指导教育的方法主要是指教育者指导受教育者并促其道德发展与品德形成的方法，主要包括说服教育法、榜样示范法、陶冶教育法、品德评价法、实践锻炼法。

（1）说服教育法。指借助语言和事实，根据学生的认识水平，通过摆事实、讲道理，充分地陈述理由，以影响受教育者的思想意识，使学生理解并接受某种道德观念，改变或形成某种态度，提高其思想道德认识，形成理性思维能力的方法。依采用的媒介不同，说服分为两类：语言文字的

① 詹万生主编：《整体构建德育体系总论》，教育科学出版社 2001 年版，第 425－470 页。

② 戚万学主编：《道德教育新视野》，山东教育出版社 2004 年版，第 28 页。

说服方式有讲授法、谈话法、讨论法、阅读书籍报刊等；运用事实说服的教育方式包括参观、调查、访问等形式。说服教育法要取得良好的效果，应注意：第一，应具有情感性，教育者要以自己饱满的热情、坚定的信念去唤起受教育者情感上的共鸣，激起思想波澜。要体谅、理解、爱护、关怀，情通理达[①]；第二，系统性与针对性统一；第三，真实性与艺术性统一；第四，民主性与权威性统一；第五，注意时机。

（2）榜样示范法。指以他人的高尚思想、模范行为、优异的成绩教育影响受教育者品德发展的方法。榜样示范法有教育者的示范、伟人的典范以及优秀学生的典型等多种方式。榜样示范法强调以德服人，注重感染力。运用榜样示范法应注意：第一，应注重激起学生对榜样的敬慕之情，使学生从内心产生对榜样的惊叹、爱慕、敬佩，增强学习的自觉性，深刻理解榜样人物的精神实质，自觉运用榜样提高自己的境界；第二，处理好榜样的远近和大小的关系；第三，引导学生对榜样进行分析，对照自己，找出差距，学习榜样的优良思想品质；第四，教育学生学习榜样要体现在行动中；第五，宣传榜样要实事求是。

（3）陶冶教育法。指通过创设良好的教育情境，潜移默化地使受教育者在思想、情操方面受到感染、熏陶的方法。陶冶是一种暗示的德育方法。情感陶冶的具体实施途径主要包括人格感化（教师的师爱）、环境陶冶、艺术熏陶。人格感化指通过教育者自身的品德、情操和对受教育者深切期望的态度来感染对象。环境陶冶指通过学校的物质文化和精神文化环境使学生受到熏陶和感染。艺术陶冶指通过音乐、美术、舞蹈、雕塑、诗歌、影视等文学艺术活动，使学生潜移默化地受到影响。陶冶教育法的特点表现为非强制性、愉悦性、隐蔽性、无意识性。陶冶教育法能丰富学生的情感，对学生行为起导向、制约作用。运用陶冶法应注意：第一，陶冶手段必须符合科学性和思想性要求；第二，注意与学生道德理性的培养紧密结合；第三，教育者要善于创设具有教育意义的“小气候”，对学生施加积极的影响。

（4）品德评价法。指通过对学生思想品德的肯定或否定，促进学生发扬优点、克服缺点的一种教育方法。品德评价的主要方式有：表扬奖励，批语处罚，评比，操行评定。运用品德评价法时应注意：第一，应以表扬为主；第二，批评惩罚要注意方法；第三，评价应及时，抓住时机；第四，

---

① 班华主编：《现代德育论》，安徽人民出版社2005年版，第232页。

评价应切合实际，实事求是，公平合理，奖罚分明；第五，评价应发扬民主，听取学生意见。

（5）实践锻炼法，指教育者组织学生按德育要求参加各种实际活动以形成良好思想品德的方法。包括日常实践和专门组织的行为训练。实践锻炼的主要功能在于培养学生的优良行为，养成良好的道德习惯，增强道德意志，培养品德践行能力。同时，通过实践锻炼加深对思想道德准则的理解，丰富道德情感。运用实践锻炼法应注意：第一，有明确的目的、周密的计划和严密的组织；第二，必须与说理教育相结合；第三，要有严格的要求和督促检查，要持之以恒；第四，要及时总结。

（二）学生集体教育的方法

学生集体教育的方法主要是指引导受教育者在参与集体的活动过程中使思想意识与行为习惯发生预期变化的方式方法。主要包括讨论法、公正团体法，这里重点介绍讨论法。

讨论法是指在教育者的组织下，受教育者用讨论与辩论等方式就某一道德问题各抒己见、澄清思想认识、寻求正确结论的一种方法。讨论法的主要目标是通过辩论或思考的过程使受教育者对有关道德问题得到澄清与解决，在解决道德问题的同时使受教育者的道德思维得到训练和发展。讨论法一般用于澄清受教育者道德上所形成的模糊认识。结果往往是由受教育者自己在受到其他人启发的情况下自主作出的，因而，是主体性和主动性比较突出的一种德育活动方式方法。这种方法在运用中也相对比较轻松，受教育者之间可以敞开心扉地进行。

运用讨论法应注意：第一，讨论的主题要切合学生的道德发展与生活实际，具有智力上的挑战性；第二，启发和鼓励学生解放思想，畅所欲言；第三，教师的注意力应重点放在过程中而非结论上。①

（三）自我教育的方法

自我教育的方法是指在教育者指导下，受教育者在自我意识基础上产生积极的进取心，为形成良好思想品德而向自己提出任务，进行自觉的思想转化和行为控制的方式方法。它是道德教育的最终目的，即形成自我教育的能力。这里的自我教育法主要是指自我修养指导法。学生进行自我修养包括自我认识、自我体验和自我控制等方面。自我认识是受教育者对自己的思想、言行的对错、优缺点的判断，这是自我教育的前提。自我体验

① 檀传宝：《德育原理》，北京师范大学出版社2006年版，第221页。

是伴随自我道德认知和评价所产生的情感体验，是对自己思想、言论、行为作价值判断时产生的道德情感。运用修养指导法要注意：第一，培养学生道德修养的自觉性，启发和激起学生道德修养的动机是修养指导法的首要环节；第二，帮助学生制订程度适当、确实可行的修养标准和计划，避免修养过程的盲目性。

另外，来自于其他学科如心理学中的心理咨询法也可以借鉴。一般认为，心理咨询法即运用语言、文字等媒体，通过询问、会谈、商讨、劝告等方式，在心理方面给学生以辅导、帮助和教育的方法。基于现代心理咨询观念，心理咨询法是师生交互作用的方法，因此我们将其引进德育，是为了解决学生在学习、生活及人际关系诸方面的心理和思想问题，培养健全人格。

四、德育方法的选择与运用

德育方法是德育过程的组成要素之一。在德育实践中，教育者能否正确地选择德育方法，成为影响德育实效的关键。

（一）德育方法的选择

1. 选择德育方法的基本准则

第一，重视学生品德发展的阶段性。在个体品德形成初级阶段，应授予其思想意识、规范、准则，进行疏导；在品德发展处于低水平阶段以传授道德知识、行为训练、习惯养成为主；高水平阶段以疏导、指导自我教育为主。第二，注重实效性。一是追求最大、最佳德育效果，争取德育目标的完成取得最大的正面成效；二是在保证最佳德育效果前提下追求最少的德育投入。

2. 选择德育方法的依据

第一，德育目标。德育目标是德育的预期结果。方法是为实现目标服务的，因此，德育方法的选择需考虑德育目标的特点和功能并从中寻求德育方法的要求。第二，德育内容。德育内容规定着德育方法的特定要求，不同的德育内容要求有不同的方法与之匹配。因此，德育方法的选择要分析德育内容的结构、性质、特点并确定它们对德育方法的要求。第三，受教育者和教育者。一方面，受教育者的心理年龄特点、思想品质发展状况、知识结构等对德育方法的选择与运用有很强的制约作用；另一方面，教育者的个性对德育方法运用的效果有较大的影响，因此，德育方法的选择，应充分考虑教育者个人的知识、经验、兴趣爱好、能力、气质、性格等因素，以发挥教育者自身之所长。第四，德育活动条件。德育活动是在一定的时空条件下进行的，宏观层次的社会文化背景及微观层次的团体氛围、人际关系等均对德育方法的选择产生影响，因此，也要根据这些客观条件的特点来选择。第五，各种德育方法的职能、实用范围和使用条件。马卡连柯认为，“没有任何十全十美的方法，也没有一定有害的方法”。[①]“任何教育的方法，甚至暗示、解释、谈话和公众影响等我们通常认为最通行的方法，也不能说是绝对有益的。最好的方法，在若干情况下，必然成为最坏的方法”。[②]因此，任何德育方法都有其职能范围及使用条件，选择德育方法须以此为依据，灵活运用。另外还需注意的是在选择方法时应该考虑多种方法的组合以达到教育艺术的境界。

（二）德育方法的运用

（1）运用德育方法要树立系统观，注意方法的组合。系统是相关要素组成的统一体，每一个系统的相关构成因素之间相互联系，相互影响。德育方法作为德育过程一个重要的构成部分，只有与其他构成要素融为一体，协调一致时才能发挥其应有的作用。另外，各种方法虽然各有其职能范围、使用条件，但各种德育方法均是为德育服务的，品德结构中的知、情、意、行互有区别，但又密不可分，运用德育方法时，最忌方法单一或片面。因此，要树立联系、整合、系统的观点，注意德育方法的组合。

（2）德育方法的运用以反灌输为特征。德育实践已向人们展示：人的德性的生成、发展、成熟，不是靠灌输，也不是靠外界授予的，而是在主客体相互作用中主体自身建构的。因此，重在主体自己的积极活动，包括外部的物质性实践活动和内部的观念性活动；着重依赖于主体的践行、体验、体悟。因此，德育方法的运用必须从学生的实际出发，充分尊重受教育者的主体地位，引导学生自己积极思考，发展其道德思维，提高其道德判断力。简单地说，就是要注重以启发式为指导思想，只有这样才能真正提高德育实效。

（3）德育方法的运用应符合儿童品德的发展规律。品德的形成存在着无律——他律——自律的客观规律，因此，德育方法的运用有其基本准则。

---

① ［苏］马卡连柯著，刘长松译：《论共产主义教育》，人民教育出版社 1962 年版，第 125 页。

② ［苏］马卡连柯著，刘长松译：《论共产主义教育》，人民教育出版社 1962 年版，第 237 页。

具体说来，在儿童思想品德形成的初级阶段，道德知识、行为规范的传授是必要的。随着年龄的增长、知识及阅历的丰富，儿童的道德判断力逐渐增强，要适时地进行品德形成的疏导，以引导儿童走向自我修养之路。也就是说，在儿童道德发展的初级阶段，德育方法以传授道德知识、行为训练、习惯养成为主，在其较高水平阶段，以疏导、指导自我教育为基本形式，以提高道德认识、增进道德情感、形成信念为主。另外，儿童的道德发展，不论其处于哪一个发展阶段，都是品德结构中知、情、意、行四大因素构成、组合的结果。因此，遵循儿童品德不同侧面的发展规律，并有意识地根据这些规律进行德育方法的选择和应用是必要的。

第三节　学校德育的基本策略

道德教育的基本策略可以视为教师为实现教育目的而采用的具体的方式方法、手段和措施。它主要从方法论的视角来探索教师在实践中应如何操作、如何行动才能有效地贯彻自己的教育意图。道德教育基本策略的探讨，不再停留在观念的、宏观的、理论的层面上来思考道德教育，而是转向形而下的、微观的、实践的方向上提出具体的行动建议。

基于教育理论的实践性品格，任何一种教育理念、思想都必须化为教育者的实际行动才有能体现出其存在的价值，因此，对道德教育实施策略的研究和开发也是极其必要的。长期以来，古今中外道德教育理论和实践工作者，从自己的理论假设或经验实际出发，提出和制定了许许多多行之有效的道德教育策略。有些策略已为广大教师所熟知，而有些策略对教育实践工作者来说还较为陌生，还没有发挥应有的作用。对林林总总的道德教育策略进行认真而系统的归纳、梳理、辨别和发展无疑将是一件十分有意义的事情。但限于篇幅和研究精力，我们无意对历史上出现的所有道德教育策略进行归纳整理，仅对几种国外主要的道德教育策略予以介绍，以供教育理论和实践工作者参考。

在具体介绍之前，我们认为，关于道德教育策略，有以下几个方面是首先应该引起人们注意的，否则，可能就会由于认识上的偏差而大大降低各种策略在实践中的效果。

第一，道德教育策略不是一元的，或者说不是只有一种道德教育策略，而是具有各种各样的策略。鉴于道德、道德教育的人文性、复杂性，人们在理论上对道德和道德教育存有各种不同的理解，在实践中也有各种不同的道德和道德教育形态，所以，作为方法而存在的教育策略也不是唯一的。道德和道德教育的高度人文化特质决定了道德教育的实施策略是无穷多样的。

第二，在各种各样的道德教育策略中，没有最好的、万能的策略。策略是为教育目的服务的，并主要体现为实践中的步骤、程序、技术、手段，因此策略本身无所谓好坏。另外，任何一种教育策略都有自己的适用范围，都是基于对道德、道德教育的特定的理解而提出，针对或侧重于道德教育的某一方面，任何一种策略都不可能解决道德教育中的所有问题。所以，各种道德教育策略在性质上可能有差异（比如传统和现代之分），但在功能上，没有哪种策略是最好的。在实践中，应该根据需要、根据所要解决的问题和所要达到的目标来选择适当的道德教育策略。

第三，策略对道德教育实践工作来说固然重要，但更重要的是在策略背后起支撑作用的教育活动中的精神、观念层面。所以，掌握一定的教育策略是必要的，但同时更要了解这种策略背后的理论依据。一方面，它们是一个整体，不可分割开来，不了解策略的形式依据，就会知其然而不知其所以然，就不可能真正的理解和运用策略；另一方面，策略作为工具和方法，是从属于一定的教育智慧和观念的。一般来说，教师只要有了自己的教育观念、形成了自己的教育智慧，自然就会逐渐摸索、创造出属于自己的策略。

第四，对具体的教育实践来说，道德教育策略永远只是一种建议，是供参考和借鉴的，而不是非如此不可的铁的规律和事实，不能生搬硬套。因为任何教育实践、教育情境都是独特的，不可重复。而策略作为教育理论整体的一个构成部分，尽管较之其他部分操作性和可模仿性更强，但仍不能把它简单地等同于生产技术，希望千篇一律，拿来就用，一用就灵。不同的策略适用于不同的情境、目的。即便是同样一种策略，在实施和运用起来，也不是按部就班、不可更改的。在具体的道德教育实践中，教师应该在了解、掌握这些基本策略的基础上，从实际需要出发对其加以灵活地选择、运用乃至创造性地发展。

罗伯特·霍尔在《道德教育：教师手册》① 中曾向教师详细描述了几种道德教育策略，并分别指出这几种策略在教授不同价值观时的运用方法。

---

① Hall，R. T.（1979）. *Moral Education：A Handbook for Teachers*. Winston Press，Inc.

霍尔认为，教师在课堂上进行道德教育是需要一定的策略的，而好的、真正有效的道德教育策略应该以学生为中心，帮助学生更好地作出道德决定，而不是仅仅向学生传授新的道德技巧或知识。他批评了那种传统的把道德教育的实质理解为“存储—提取”的做法，认为其过于重视内容的授受。而实际上每个人都习惯于作出道德决定，道德教育更应该侧重于从形式上提高学生的道德思考、判断和作出决定的能力，内容是次要的。为此，霍尔设计了五种基本的课堂道德教育策略，认为这五种策略从不同的方面来帮助学生掌握道德决定的技巧。一旦学生掌握了这些技巧，就可以适用于任何道德内容、扩展到整个社会生活范围内。而且这些策略也适用于低、中、高年级和成人的道德教育。在运用这些策略时，教师的作用是一个“促进者”——主要来设计适合于课堂的学习活动、激发和引导人际互动以及对道德教育过程进行评估。这五种策略分别是：意识策略（the awareness strategy）、辩论策略（the debate strategy）、推理策略（the rational strategy）、概念策略（the concept strategy）和游戏策略（the game strategy）。

一、意识策略

意识策略不是一种单独的方法，其实质是通过一系列的学习活动来使人们对自己的价值观有清醒的认识，并通过移情来把握他人的价值观。

（一）价值澄清是意识策略的源泉

霍尔认为，意识策略所进行的一系列活动最早源于价值澄清运动。价值澄清学派认为，现代社会是价值观多元化的，其中充满了冲突、矛盾，劝说儿童接受某种“正确的”价值的传统教育方法已不能胜任对儿童进行价值教育的任务。正确的做法应是指导学生在澄清自己价值的基础上，把这些价值观排出先后次序，进行自我选择并转化为行动。好的意识策略应该让学生对自己的价值观有清楚的认识，并带来认知上的不平衡（是或可能是），最终在自我认识的过程中经过思考来解决这种不平衡，确定自己的选择。洛克斯（Rokeach）认为，在对价值观、道德决定进行孰先孰后排序的同时，也可以对这些价值观进行深度分析。

例如：你最想成为什么人？（按先后排序1～6，把1填在第一个选择的前面，2填在第二个选择的前面，依次类推。）

________奥林匹克冠军

________联合国外交官

________内燃机发明家

________摇滚乐作曲家

________公司总裁

________基督教牧师或犹太传教士

你为什么最想成为第1种人？________

你选择的这种职业其重要性何在？________

其他职业可能有什么重要性？________

不难发现，上述活动包含两个步骤：首先让学生作出选择，其次引导他们进一步明确隐藏在该选择背后的价值观。在刚开始时，不要选用“价值”之类的术语，尽管这个词在生活中常常使用，但学生一般不会理解其真正的内涵，所以可用“你的选择有什么重要性”以及“为什么它是重要的”之类的话替代价值。学生常会捕捉教师感兴趣的关键词，久而久之学生才能在脱离具体情景的情况下来适应专业术语。这种价值澄清活动可以由简单到复杂进行。

例如：下面哪一项最重要？第二呢？第三呢？……

________言论自由

________自由选举

________宗教自由

________国家安全

________经济安全

这可谓典型的价值澄清活动。但和价值澄清策略相比，意识策略仅包括哈明和西蒙所谓的价值澄清之七个步骤中的三步：①自我独立作出决定，而不是依赖他人；②认识到自己优先看重的选择；③愿意公开肯定自己的选择。

（二）借助不同方式训练学生的移情能力

移情，即对别人的情感、动机和价值观的了解，是意识策略的一个重要方面，也是所有人文和社会科学都关注的问题，对道德教育而言意义尤为重大。移情超越了判断。事实上，通过以下方式，大多数价值澄清策略可以用来进行移情的训练。

（1）比较：在上述任何一个例子中，教师可以让学生把自己的答案和其他同学的答案作比较，然后写一段话来描绘其他同学是如何看待自己心目中重要的事情的。

（2）访谈：在上述问题中，可以让学生之间互相访谈而不是仅仅记下他人的答案。如果学生在进行互相交叉访谈之前并没有记录他人的答案，则这种访谈对被访者来说就成了自我意识过程，对访谈者来说就成了移情过程。

比较异同：这种方法可通过一例来说明：

例如：1. 你更愿意

________走在树林中

________走在海岸上

________去爬山

________骑自行车

2. 你更愿意

________出名

________富有

________快乐

3. 对你来说什么更加重要？

________友谊

________安全

________自尊

4. 你最喜欢哪种人？

________诚实的人

________快乐的人

________富有想象力的人

找出和你具有同样答案的同学，考虑一下你和那些同学的不同选择。列一张表格标出你们的异同。

（3）合作：即让学生结成小组来作出共同的选择。这种方法十分有效，尤其是当每个学生已经作出了自己的选择之后再来合作。因为完成共同的任务需要协商处理不同的意见，从而可以使人更好地了解他人。游戏中的协商可直接影响到每一个参与者，所以游戏中合作更有助于学生学会移情。

（4）预言：为了让学生意识到他人的情感，可让学生尝试对他人下一步的表现和行为进行预言。

例如：你的任务是预言你的伙伴将如何回答以下问题。除以下问题之外，你可以向伙伴询问任何你想问的问题。

1. 你要选举沃尔顿当总统吗？

________是

________否

2. 如果有人在等候室里吸烟而影响了自己或者他人，人们应予以制止吗？

________是

________否

3. 男人在婚姻中天然地处于优势地位吗？

________是

________否

在作出预言之后，向你的伙伴询问以下问题：

你的预言正确吗？________

你是否问出了更富有暗示性的问题？为什么？________

什么原因致使你作出了正确的预言？________

什么原因致使你作出了错误的预言？________

经验表明，教师如能熟练掌握以上几种移情方式，则能创造出自己的移情策略以更好地适应学生的不同需要和兴趣。

（三）意识策略的运用应充分注意讨论技巧

课堂讨论对道德教育来说至关重要。有些教师错误地认为，一场效果较好的课堂讨论仅仅是偶然发生的或者仅靠设计一些适当的具有启发意义的问题即足够。实际上这些看法是不足取的。学生常常不参与课堂讨论，是因为他们怕说出自己的观点，尤其是自己的观点和教师的、其他同学观点相冲突的时候，他们就更不愿讨论。课堂讨论有助于学生进行道德选择和决定，这对意识策略来说极为必要。学生由于缺乏人际互动和交流的技巧而在课堂讨论时常常显得较为害羞，所以意识策略应涵括一定的交流技巧。

某些特定的活动可以帮助学生获得讨论技巧。例如，当学生彼此之间不能注意倾听别人的发言时，则可以询问学生："谁可以先概括一下前一位同学的发言？"诸如此类的问题可以帮助讨论进行下去。其他如在继续进行讨论之前，要求学生对前一个发言的同学提问题或者要求想结束发言的同学用一个问题来结束自己的发言，而接下来要介绍想法的同学必须先回答这个问题。在讨论中，因为学生对讨论所涉及的问题需要思考，有些时候不可能立即作出回答，甚至需要教师的帮助，所以留出一定的"等待时间"（wait time）也是必要的。

（四）让学生自由、公开表述自己的观点

拉思斯和西蒙所提及的一项价值技巧应当引起人们的注意，即公开肯定自己的价值观。随着青年人对自我和他人的价值观了解得越来越多，必然也越来越清楚自己和他人的分歧。道德教育必须让青少年学会理解和接受这些分歧，否则，就会使得他们由于担心自己和别人不一致而无法作出自己的道德选择和道德决定。在现实生活中，这种担心和恐惧是真实的，人们害怕被视为“异类”。由此，被迫遵从成为当今时代道德危机的重要体现之一。道德教育应致力于建设良好的课堂气氛，让学生自由地表达、捍卫和变革自己的思想，教师也要尊重不同意见。“被迫遵从”本身即可以作为课堂讨论的话题。

下面的例子就是综合运用了以上各种策略（价值澄清、移情、讨论等），以让学生自由表达自己的观点。

例如：

如果你在考试中拒绝朋友抄袭自己的试卷，结果将会怎样？________

你会失去朋友的尊敬吗？________

尊敬的真正含义是什么？________

你怎样做才能既不让朋友作弊又不会失去朋友的尊敬呢？________

再如：

如果你想去结识某人而你最要好的朋友却不喜欢他（她），你将怎么做？________

如果越来越倾向于和某人交往，但你的其他朋友仍然不接受这个人，你觉得该怎么办？________

你将怎么做？________

你会接受事情的最终结果吗？________

可以采用角色扮演法让学生尝试回答以上问题，以作出自己的选择。

二、辩论策略

辩论策略在中世纪被称为诡辩术，已被成功运用了数个世纪。今天，辩论策略仍不失为一种有效的道德教育策略。辩论策略的实质是让学生基于自己的亲身经历和体验来为某一道德立场、价值观进行辩护，在辩论的过程中发展学生的道德认知、判断能力。柯尔伯格的道德认知发展理论为辩论策略提供了有力的佐证。辩论策略运用起来相对较简单。教师首先给学生提供一个假想的或实际存在的涉及道德问题的具体事件，让学生思考

和回答如果他们是事件的当事人，则将如何抉择。接下来教师就可以根据学生的回答将学生分成不同的小组或团体，意见相同的为一组。之后，给学生留出时间来思考、交流、梳理自己作出这种道德选择的理由。最后各组来陈述和论证自己的选择，批评别人的选择。在课堂上运用辩论策略可以通过角色扮演、录像、口头辩论等方式来进行，把不同的意见、观点列在黑板上或者复印以保证学生人手一份，因为这样做能使学生充分注意到每个细节、对问题的把握更加准确，效果会更好。

例如：

来自过去的“幽灵”

你的朋友乔治向你咨询。他和珍妮交往快一年了，彼此之间感情很深，计划在六个月后结婚。

乔治的问题是：大约七年前，他因和朋友一起抢劫商店而被捕入狱，服刑三个月。乔治认为自己从此以后就改邪归正了，目前他有一份可靠的工作并在此岗位上已经三年，他觉得自己已经吸取了教训，生活也已改变。

乔治不敢告诉珍妮自己曾经服过刑，害怕她不理解。乔治还担心珍妮的父母最终会知道这件事情并中止自己和珍妮的关系，何况珍妮的父母本来就不是很愿意接受自己。另一方面，乔治感到忧虑的是，在完全坦率、诚实的把这件事告诉珍妮之前，他是否应该结婚。

你会建议乔治告诉珍妮他的过去吗?

再如：

你是军队中的一名士官，你的国家正处于战争状态。你奉命看管 16 名未来得及被送到军营中的俘虏。

你们的军队丢失了阵地，得马上撤退。敌军进攻速度是如此之快，比你事先想象的要快得多，情况变得十分糟糕。你不能把俘虏丢下不管，但是你却没有足够的时间带他们一起离开。

你正要撤退的时候，接到上级命令——把俘虏全部枪杀，不能让他们跑掉。

你会执行命令吗?

任何话题，无论是一般的还是特殊的、过去的还是现在的，都可以用来做辩论的主题。许多教师采取了让学生自由辩论的方式，而有的教师则采取更加规范的辩论模式。

(一) 辩论策略的步骤

人们通常运用比较简单的辩论策略来实施道德教育。下文则提供了一种包含多种不同步骤的较为复杂的辩论策略供参考。

(1) 在课堂上提供事例。许多方式皆可被用于向学生提供用来辩论的事例。一般来说，建议把事例写在黑板上、投影或把事例印制出来人手一份。如前所述，这样学生可以自主地思考事例，需要的话还可以重新阅读。

(2) 给学生留出思考和准备自己观点的时间。先不要展开讨论，而是让学生思考、确定自己的答案，可以让学生举手示意自己的看法，比如是或否。

(3) 将一个班的同学分为不同的小组。根据不同的观点将学生分成不同的小组，每个小组人数最好限制在8人以内，以使每个同学在讨论的时候都有机会发言。接下来先让各小组内部讨论5～10分钟，提出本小组之所以持该观点的最佳理由。需要注意的是，如果几乎每位同学的观点基本一致，则无法分组，也不利于辩论。教师可对事例做些调整以使学生产生观点上的分歧。

(4) 开始辩论。给每个小组陈述自己的看法及其理由的机会，并回答反方的质疑，尝试探讨各种各样的选择可能带来的结果。

(5) 结束讨论。对正反方的观点和理由予以概括，请每位同学重新思考自己的选择，如果愿意的话也可以改变自己的观点。最后写下自己的最终选择和理由。

对大多数教师来说，经过一两次的试验，都可以熟练而有效地运用这种辩论策略。

(二) 教师如何选择用以辩论的事例

许多教师喜欢自己选择事例来作为课堂讨论的话题，但最好选择那些简单易懂的以便学生容易理解，有时候需要对事例进一步描述，这样能增强其真实性。同时，选择的事例还要符合学生的年龄和心理水平，能激起学生的道德思考。为了让学生能够积极主动地发现事例中的道德问题，一个十分有效的办法就是组织正式的辩论活动。在活动之前就把学生分成两组，让学生会对所要辩论的主题深入思考之后再来辩论。这种方法尤其适合于一些复杂的道德和法律问题。

值得注意的是，为发现好的可供辩论的事例，要确保该事例能够产生明确的是非问题或者能引发其他强烈的各种相反意见。“约翰应该报警吗?”就是一个能够带来两种不同答案的问题。而“约翰应该怎么做?”就存在各种不同的答案，不利于划分明确的派别来辩论。该问题更适合于后面所要谈到的推理策略。

辩论事例既可以从生活中选取，也可以虚构，不必非要讨论富有争议的而又极其复杂的社会问题。有些教师错误地认为，道德教育是这样一件事情——教师必须告诉学生自己的观点，像婚前性行为、堕胎、吸毒等诸如此类的事情。教师告诉学生应该怎么做就会使道德辩论无法进行，违背了辩论的初衷。如果教师要从生活中选取实际的事例来辩论的话，就要避开那些学生可能有确定无疑的基本一致的看法的事情。教师可以注意观察学生的校内外生活，其中有许多事例可以作为辩论的主题。

（三）通过促进课堂互动推进辩论策略的实施

辩论策略的成功与否有赖于学生的参与程度。许多教师之所以不愿意使用以学生为中心的策略，是因为这种策略实施起来比以教师为中心的策略可能要复杂。对于后者来说，教师可以不顾学生的反应而尽管讲授，也比较容易控制。但对于前者来说，教师就必须时时调动学生的积极性，一旦学生的热情不高，教师就要思考问题出在哪。另外，教师在调动学生积极性的同时还必须注意控制课堂的节奏、主题，把学生的注意力和兴奋点始终保持在所要探讨的问题上。

有些时候课堂辩论会面临一些问题，比如难以进行下去、学生的积极性不高等。在选择辩论的主题、事例时，教师应仔细思考、预测在辩论中可能出现的情况，一旦需要，教师就可以对事例进行更改，提出一些可以调动学生积极性的问题。例如，如果学生在某一事例中都一致认为应该弹劾总统，那么教师可以在事例中加上另外一个细节——或许国家正处于外来威胁之中而副总统不知情。这一细节的改变或许就可以改变一些同学的观点，使辩论进行下去。教师事先准备充分，辩论就可以起死回生。

还有一种方法也可以在辩论中激起不同的观点，即对大多数同学反对的意见提供辩护。比如，一个班的同学正在思考，“一个男孩的爱犬被人打死了，家长考虑是否应该把这件事情告诉他”。大部分同学的意见可能是“不应该告诉这个男孩”。这时教师可以指出，“如果家长不把这件事告诉孩子，这个男孩就有可能很生气，以后也不再相信家长告诉他的其他事情”。或者，教师也可以询问学生：“如果那个男孩认为家长从不告诉他重要的事情，他将会怎样？如果他因此而不再相信自己的父母，结果会怎样？”

上述两种方法都可以进一步调动学生的积极性，让争论的事情变得更加有趣，但也并非完美无缺。当教师努力的结果不够理想，仍然不能激发富有意义的辩论时，最好是换另外一个辩论的话题，而不是继续在这个事例上纠缠下去。很难预测学生的注意力和兴趣能够在一个话题上保持多长时间。有时学生会整堂课来辩论一个小问题，或者继续对以前讨论过的问题保持浓厚的兴趣。尽管难以对学生再次辩论某个问题的结果予以评估，但学生似乎从中学到了许多东西。一般来说，教师能够更好地意识到所探讨的问题是否还值得继续探讨下去。

教师需不需要直接参与辩论，这要视具体情况而定。有时学生对问题感到困惑、需要帮助，而有时学生又可以完全依靠自己作出决定。因此，教师应根据学生的反应、是否需要帮助来决定参与与否。如果学生在一个道德事例中感到困惑、完全被弄糊涂了，那么道德辩论就难以实现预期的效果，学生参与辩论的热情自然也会降低。

学生一旦熟悉了上述辩论策略，就可以利用黑板把每次辩论的结果记录下来。

例如：如果你在超市购物时，售货员多找了你一些钱，你会把这些钱送还给售货员吗？

是

原因	反对意见
她可能会报警。	警察并不能拘捕你或证实什么事情。
你会有犯罪感。	过一段时间就好了。
这些钱不是你的。	商店完全可以承受这点损失。

否

原因	反对意见
商店总是要价过高。	售货员将不得不自己垫上这些钱。
见者有份。	见者有份有时是非法的。
这是售货员的错。	当人犯了错，为什么不能帮她呢？
商店不会察觉。	商店会通过检查和防范更多的人来弥补小差错、小偷等带来的损失。

尽管不能把黑板上的记录看得比实际争论还重要，但可以作为一种总结和概括辩论结果的有效手段。根据黑板上的记录，教师可以让学生系统地写出自己支持或反对其中一方的理由。想要训练学生的移情的话，还可以让学生从对方的角度来谈谈对方的理由。

三、推理策略

同辩论策略一样，推理策略也提出问题在课堂上讨论，但两者所要达到的目标和课堂互动的方法存在很大差异。辩论策略重点在于为某一观点辩护，而推理策略目的在于通过理性的训练来找寻各种可能的行动方式并预测其结果。在实际运用中，这两种策略在许多方面是互补的。在辩论活动中，学生要作出道德上的决定并提供理由来为自己的选择辩护。而在推理策略中，教师则要求学生对问题的各种解决方式和可能的结果进行深思熟虑前不要作出判断和选择。推理策略更容易给学生留下这种印象：道德的决策过程是智力或理性运作的过程，而不是辩论策略所体现出的道德决策基本上是依赖于情感的。辩论策略是给学生提供现成的答案供其选择，推理策略则要求学生自己提出各种选择并思考其可能的结果。

决策技术对道德发展走向成熟来说至关重要。人们常常难以作出明智的道德选择，往往是因为已经作出的这些选择并没有变为现实。想象力、道德推理的技术在道德思考和决策中起非常重要的作用。

（一）通过运用假设、递进等讨论技术，训练学生的道德推理能力

对学生来说，经过思考、推理后的选择往往和听到某件事后当即作出的判断相反。可以通过某种讨论技术，让学生进行道德推理之前不要凭直觉急于下断语。这种技术并不复杂：通过一个简单的句子来提问，让学生回答。

例如：

士官授命枪决战俘，他应该怎么做？

如果面临决定是否用原子弹，杜鲁门总统可能会怎么做？

如果教师抓住了一个偷铅笔的三年级学生，教师应该怎么做？

学生只能用两种句式回答：

1. “如果……怎么样”，这种句式提出了可供选择的行动方案。

2. “可是然后呢？……”是通过讨论可能出现的结果对上个句式的回应。

上述回答方式并没有作出实际的决定，但有一种头脑风暴的效果。平常用的头脑风暴法对此很有帮助：

- 所有的观点都是可接受的
- 想到什么说什么
- 快速讨论
- 吸收别人的观点
- 可以重复以前的观点

讨论可以持续几分钟或更长的时间。因无法预测学生对一个问题的观点是多还是少，可在学生掌握讨论规则之前先试验一两次。即便是一次短暂的讨论，也要事先准备四五个话题。不能引发学生思考的话题对道德推理的训练来说没有什么用处。

（二）循序实施推理策略

在上一步的基础上，教师只要提供道德两难问题，并通过在黑板上记录的方法减缓讨论过程，则很容易转入推理策略。推理策略的本质是要让学生对道德问题所有的可能和结果进行周全的思考。学生一旦适应了辩论策略，很自然的就会习惯推理策略。当教师宣布自己的要求——仔细思考所提出的问题而不是马上作出判断，然后提供事例，接下来问应当怎么做而不是选择是或不是，两种策略的差别就显而易见了。

尽管在推理策略中运用的问题明显存在多种选择，但对问题及其答案的记录方式和辩论策略基本相同。两者的本质区别在于，辩论策略要求表明支持或反对，而推理策略中问题的答案是开放式的。

例如：

撞了就跑

你的好朋友丹，一天晚上开车到你家。一下车你就看见他喝醉了，他看上去很沮丧。他告诉你，他的车在路上擦了一个骑车的小姑娘。从后视镜里看到，小姑娘摔倒了。丹很害怕，尤其想到自己喝醉了，就没有停下来看小姑娘受没受伤。当时路上没有别人，丹敢说别人认不出他的车。丹问你他该怎么办?

你将怎么回答?

再如：

丢失和发现

一天下午，葛瑞格在城里走过一家银行的时候，看见一个老太太正好从银行走出来，一个褐色的信封从她身上掉到了人行道上。等葛瑞格走到那里，老太太已经穿过马路消失在百货大楼里。葛瑞格捡起信封——信封是敞开的——里面有375美元，信封上的名字是约旦太太。通信地址是匹兹堡的铁路养老基金会，葛瑞格知道那是城里的贫民区。

葛瑞格应该怎么做?

运用推理策略可以调动班级内每一位学生讨论的积极性，一旦学生掌握了推理策略的基本技巧，就可以将学生分为若干小组，每组人数控制在3～4人以内，以给每位同学充分思考和发言的机会。不论是以班级为单位集体讨论还是分小组进行，推理策略的步骤和程序都是一样的。首先，给学生提供特定的事例。其次，让学生提出所有可能的道德选择。最后，每位同学从中选取3～4个道德选择，并向其他同学描述每种道德选择可能带来的结果。

教师或许对学生所列举的各种选择持有不同意见——其中一些甚至令人无法忍受，教师应该对此表达自己的见解，对学生想象出来的各种道德选择施加适当的限制。但是，这种限制不是简单的禁止和强迫，这样会使学生不能充分的表达自己的观点。教师应该对那些不可忍受的、明显不应该的选择提出自己的反对意见。比如，丹的朋友应该建议丹逃离这个城市，葛瑞格应该把钱放回信封再丢到街道上。只有这样才能让学生感受到既能自由的选择又没有受到教师的胁迫。需要指出的是，接纳某种观点、允许其存在并不意味着要赞同这种观点。

各种选择及其可能的结果最好写在黑板或学生的作业本上，这样可以相互比较而不至于混淆。只要能把讨论的结果放在一起并有利于比较，则各种表格都可利用。教师可以把这些表格画在黑板上或复制好发给学生每人一份。下面就是其中的一种表格：

选择1：

____

结果：

____

选择2：

____

结果：

____

选择3：

____

结果：

____

上述表格对学生分小组讨论特别有用，因为它对讨论有一定的导向作用。久而久之，学生就会把它仅仅作为一种工具，而并不觉得神秘。通过练习，学生就会很快作出各种选择并预测结果，熟练运用道德推理策略。当然，教师一般希望学生能养成每天都进行道德推理的习惯，对每天经历的事经过思考后再抉择，这对学生的道德发展是非常有益的。

在进行道德推理之前，不能对学生的道德选择进行数量上的限制。如有必要，应鼓励学生增加表格和纸张以记录他们的选择，而不管这种选择看起来多么滑稽。在讨论过程中，应注意始终保持自由讨论的气氛，其中一个小组反对的意见可能为另一个小组所支持。学生越是积极开动脑筋，从中获益也越多。当用来记录的纸张或黑板基本写满之后，应让学生回过头来检查一下各种选择，并在前面标明哪种选择较好、是有利的，哪种选择不好、是有害的。

最终的道德决定是不可避免的，也是不能忽视的，但应在充分考虑各种选择及其结果后让学生作出道德决定。以下问题对此有帮助：

在所有可能出现的结果中，最重要的结果应该是哪一个？

在做道德决定的时候，你会选择一个附加的后果吗？

如果一种选择所导致的后果不大，你会对该选择忽略不计吗？

如果你是事件的当事人，你会作出哪种道德选择？

学生可能会一致同意最后一种选择，也可能不会。如果是前者的话，教师就可以让学生进一步讨论这种选择所包含的价值观。如果学生之间的意见分歧很大，不能达成基本一致，则教师就可以采用辩论策略。此时，运用辩论策略就不必严格按照步骤操作，因为学生对该问题已经有了一定的思考。如果对某一事例、问题的讨论已经进行得比较彻底，则可以让学生写一段话来陈述自己的选择及其理由，这也不失为一种有效的结束方式。

四、概念策略

概念策略侧重于人们在作决定和推理时所使用的概念，比如思考以下语句：

如果他有良心的话，应该不会那样做事。

她有权说出自己的想法。

他始终占用那辆车是不公平的。

她的年龄还没有大到不能承担那种责任。

他答应提供帮助并不是一件好事，我并不认为是一种敬意。

上述每一句话都包含一个概念——良心、权利、公平、责任、敬意。这些概念常用来描述一次决定或行动中的道德因素。诸如此类的众多概念在人们的社会生活中是最基本的，在具体情境中，人们也常从不同的角度运用这些概念。尽管权利、责任、人权等概念的内涵存有一定的模糊性、不明确性，但不可回避。而且，这些概念具有很强的扩散性和渗透性，可以帮助青少年从道德的角度来审视诸多的人类事务。

在如下陈述中：

诚实是最好的智慧。

患难之时，方可见真正的友谊。

她应该得到公正的审判。

不纳税就没有资格选举。

人人生来平等。

这些句子也包含了道德讨论中常用到的概念——诚实、友谊、公正、选举权、平等。这些概念尽管并没有提出明确的道德观念，但代表了在西方社会通行的价值观。在社会决策时，这些价值观是不能不考虑的。人们对自己或他人的行为作出判断时，也常常诉诸于诚实、友谊等标准。另外，公正、平等和选举权则被美国视为最基本的社会价值观而被载入宪法和法律，因此既是法律所规定的权利，也是重要的道德价值。

透彻地理解上述概念对学生的道德成长至关重要。个体性的和公共性的道德讨论常影响我们所作出的选择，使得很多选择并非发自我们的内心，因为要想向他人证明我们的行动是正当的，就有必要符合他人的标准。道德更多的是一种社会性存在，需要理解他人的价值观并分辨出哪些是我们这个社会所正式认可的、人们所期望的必需的生存技巧是什么。道德教育的一个重要目标就是帮助学生发展这些技巧。

培养个体的价值观是意识策略的重点，而概念策略则把这种意识置于社会整体背景中。价值并不仅仅是出于个体的情感，也不是人在孤立的状态中创造出来的，每个人在出生后都面临一个特定的社会环境——其中有丰富的传统文化及其价值观、各种生活方式等。达到道德上的成熟就意味着每个人要学会在一定的社会和文化框架中来确定自己的价值观。不管人处于什么样的环境，也不管各种环境中的价值观差异有多么大，道德教育总是基于一定的文化模式来开展。

在考虑上述道德教育的目标时，应该注意一定要避免灌输。如果坚持把某种社会价值观视为绝对不变的，或给学生留下一种印象——这些价值观构成了不可更改的道德律，那么我们就犯了严重的错误。灌输正是我们要竭力避免的。教授道德概念和社会价值观之所以重要是因其可以避免道德相对主义，但是如果走向道德绝对主义的一端，那么同样也会带来不良的后果，弄巧成拙。

在道德教育过程中，为避免绝对主义，教师须注意两点：一是要客观的教授各种价值概念，二是各种价值概念在本质上是模糊而复杂的。第一点意味着教师在进行道德讨论时要把自己的价值观完全排除在外，同时也要求教师熟悉西方文化背景下和美国社会中人们通常持有的价值观，比较了解体现在西方和美国的历史、文献中的价值观。总之，我们必须让学生知道一个社会之所以成为该社会的、它所特有的价值观，而不是尽力让学生相信这些价值观是绝对正确的、不可更改或批判的。当然，道德教育应该帮助学生形成自己的价值观。很多人认为教授社会历史中具有公共性的一些价值观是有用的。然而，当我们把这些公共性价值观当作学生务必遵守的道德标准时，我们就否认了学生的基本人权。

反对道德绝对主义或灌输的第二个理由与价值概念的本质有关。界定一个概念十分困难。首先，概念不是词（词仅仅是表达了这个概念），也不是一个实体。概念是一种对由物体、思想和感情等构成的综合性图像的描述。换言之，概念通常即为一幅表达事物的精神图像。如“狗”这个概念，它不仅涵盖了各种不同的种类的狗，而且也涵盖了一些与一个狗或一种狗根本毫无关系的思想。“椅子”这个概念也同样如此。或许先想到的是安乐椅，接下来想到的是摇椅，在此过程中，一个椅子为另一个椅子所取代。安乐椅有四条腿，而摇椅有两个摇杆；安乐椅可能有软垫，而摇椅可能没有。显然，椅子这个概念对不同的人而言具有不同的含义。表达同一种事物或思想的概念对不同的人来讲不可能含义完全一致。在掌握一个概念的本质含义之前，至少要了解这个概念所表达的许多事物。

“狗”和“椅子”只是两个简单的事物。在理解这两个概念时，我们自己的想象和我们所处的社会影响对其的界定。狗绝不会是猫，椅子也绝不会是冰箱。尽管对一个概念的解释永远不会有最终的答案，但个别的想象和社会对一个特定的概念能表达什么、不能表达什么总有最起码的限定。

这种限定更适用于概念所表达的具体事物，而不是对现实的抽象。而这正是导致道德教育复杂的原因之所在。比如革命的含义。有革命战争、工业革命和文化革命，也有以和平方式和暴力方式进行的政治革命和社会革命，此外还有日心说的革命。这些都是革命这个概念的一部分吗？有时甚至连“概念”本身也是很难界定的。

概念是如此宽泛、多样，所以，在教授价值观时想避免灌输和绝对主义也并不难做到。如果我们对所教的事物不能精确的界定，当然不能把它作为道德标准来让学生掌握。如果能够向学生准确地传达某一价值概念，那么要让学生知道，同一价值概念在不同的环境下、不同的人也有不同的理解。换句话说，学生要想形成自己的价值观，就得学会对不同的价值观进行思考。

(一) 概念策略的实施

任何教授价值概念的策略都应该明确概念是什么、不是什么。正如贝尔所说，“人们无法把概念教给某人或告诉某人，至少不能通过简单的认知方式来做到这一点……教授概念……实际上意味着通过学生已有的经验来促进其对既定概念的理解”。概念策略正是试图这样来实施，具体包含三个步骤：解释、辨析和建模。

1. 解释：引入概念

实施概念策略，第一步当然是选择一个概念，并向学生做初步的介绍：概念的名称、词典中的定义、两个相反的例子。就像介绍一名新同学一样，这个过程用不了多少时间，因为对概念的任何解释都是不充分的。有的教师担心，一旦向学生作出了关于某个道德概念的解释，学生就会学会并掌握了教师的说法。其实这种担心完全没有必要。如同通过教师的介绍不会真正了解一个新同学一样，尤其是对道德概念来说，只有学生在使用、纠正、探究、在生活中与之相处的过程中才能真正把握它的含义。尽管如此，对一个道德概念来说，教师作出基本的解释并给出相反的例子是概念策略的第一步。

例如：

词典对“和平”的解释是没有战争或敌对的行为。国家之间彼此签订和平条约，我们有幸生于和平年代，人们几乎总是喜欢和平，但有时也感到有充分的理由去发动战争（相反的例子）。

当人们在一个国家受到压迫或人权被侵犯时，尽管没有爆发战争，会声称这个国家并不和平。例如许多人认为南非并没有处于和平状态，尽管那里并没有战争。

还有的人认为和平意味着内部的满足，例如“平静的心理”或者犹太人用来打招呼的用语“您好”。

2. 辨析：澄清概念

概念策略的第二步和辩论策略、推理策略密切相关，与意识策略也有一定的关系。实际上，从辩论策略或推理策略过渡到概念策略十分自然，因为学生应该能够辨析他们所用的价值概念。在辩论结束的时候，教师可以在黑板上列举出正反双方所使用的价值概念，进一步来澄清这些概念的内涵。而在推理策略中，学生支持和反对的价值概念可以列举在每一种选择后面。如下表所示：

辩论——价值辨析表格

问题：

____

正方理由

拥护的价值观：

____

反对的价值观：

____

反方理由

拥护的价值观：

____

反对的价值观：

____

推理——价值辨析表格

问题：

____

选择 1：

____

结果：

____

拥护的价值观：

____

反对的价值观：

____

选择 2：

____

结果：

____

拥护的价值观：

____

反对的价值观：

____

在教授概念策略时，鼓励学生辨析与同一个或同一组价值密切相关的事例非常重要。在此过程中，支持或反对某一特定的价值观本身并不是最重要的，重要的是在一些事例中包含了某一价值观，而且学生对该价值观有探究的欲望。可以用表格把反映同一种价值观的事例放在一起，这样有助于学生对该价值的了解和辨析。

3. 建模：拓展并举例说明概念

通过图表或模型呈现对价值概念的理解。当然，模型本身并不能够精确地来说明一个概念，但它可以帮助学生理解。因此，模型没有对错之分，也不存在完美的模型。下面的图表是一个价值概念的基本框架，可以画在黑板上，之后由学生分小组讨论或评估。

概念策略表格

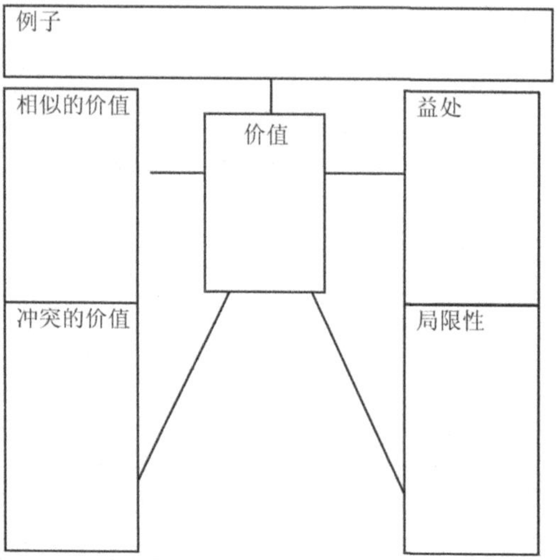

价值部分。价值概念是该模式的核心。在中间的这个方框内，可以用词典里的定义或人们日常生活中一般的理解对某一价值概念初步说明。

例如：

价值	价值	价值
诚实	和平	财富
坦诚地信息交流	没有冲突和紧张的状态	对土地或财物的拥有

在方框内可以填上更复杂一点的概念，比如爱和正义，只要不空着就行。但是，这种简单的解释既不充分也可能会歪曲了价值概念。

例子部分。可以围绕价值概念举些例子，这些例子既可以是先前讨论过的辩论策略和推理策略中的例子，也可以用新的案例。在某种意义上，想象出新的案例才标志着学生达到了概念辨析的目标。采取头脑风暴般的、自由讨论的方法有利于学生想象出新的案例：

关于该价值观的另一个案例是什么？

在什么情况下这种价值观才重要呢？

人们什么时候对这种价值观最感兴趣？

在你认识的人中，谁是最能体现该价值观的人？他（她）做过的什么事情最能证明他（她）是这种人？

这些例子可能会互相重叠，但无关紧要。因为学生是在从不同的视角来运用同样的例子来说明不同的价值观，有利于学生进一步认识和辨析这些价值。

益处部分。模式右上方的方框内要填上该价值观可能带来的益处。在道德教育中，教师经常犯的一个错误就是给学生列举很多抽象的好处来说明某一个价值观，而学生则从具体事务中思考。该模式要求教师从具体事件、个别案例着手来向学生说明某一价值观的益处。毕竟，如果我们向学生表明之所以提倡该价值观的原因，就应该告诉他们这种价值观到底有什么好处。以下问题可以帮助学生思考：

这种价值观有什么好处？

如果你按这种价值观去行动，结果会怎样？

如果事情像这样（该价值观表明的那样）的话，你将怎么做？

如果别人按这种价值观去行动，结果会怎样？

这种价值观会给社会带来什么好处？

例如：

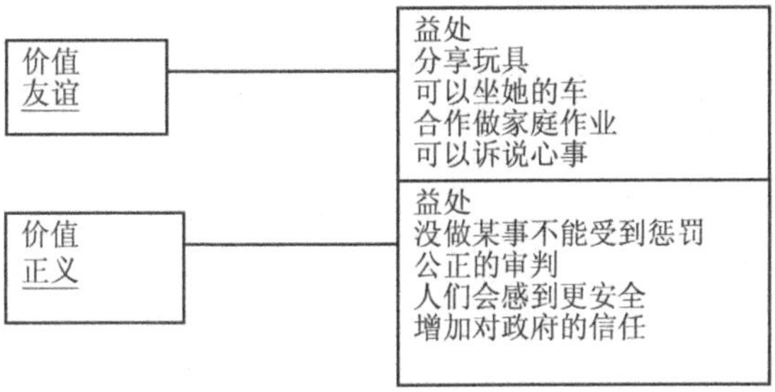

局限性部分。局限性与益处相对。任何价值都有其局限性，并且任何价值追求走向极端都会带来问题。在模式右下方的空格里应填上某一价值观的局限性。可以通过以下问题来启发学生思考：

那种价值会给你带来什么麻烦？

如果你过于按照那种价值观去行动，那么结果会怎样？

这种价值观总是一件好事吗？比如不计代价的和平。

人们对这种价值观会持怎样的反对意见？

这种价值观会受到法律的限制吗？

例如：

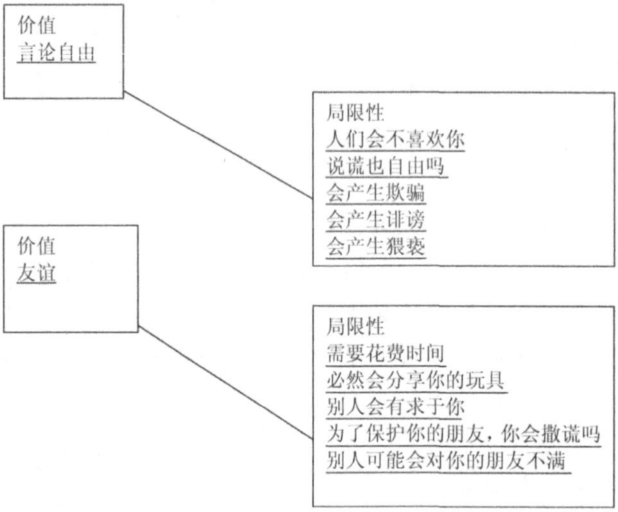

相似的价值。各种价值由于彼此相互支持或相对而联系在一起。在相似的价值这一空格里，可以列举同义词，也可包含那些在讨论中与核心价值呈正相关的价值观。例如，一个价值是否会因另一个价值的增强而增强，或会因另一个价值的减弱而减弱。在很多情况下，两个相似的价值之间的关系是暧昧不清的，有时互相支持，而有时又彼此冲突。

例如：

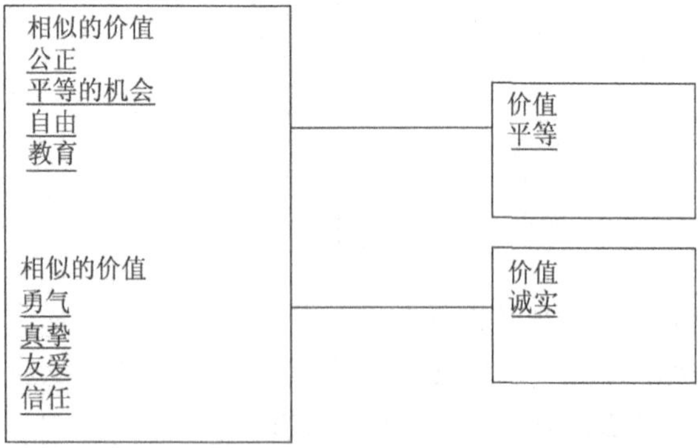

一些富有启发性的问题是：

什么词语和这个价值观的内涵相同？

如果一个人具有该价值观，那么，他还应该具有其他什么样的品质？

当某一特定环境或群体中存在该价值观时，你还期望从中发现其他什么价值观？

冲突的价值部分。唯有带来价值冲突的事例才能够真正引出道德问题。可从以前讨论过的事例中寻找相反的价值。辩论策略和推理策略的记录表格中反对的一栏也很有用。

比如诚实通常和友爱密切相关，但有时人们会因过度诚实而失去友爱。换言之，相似的价值有时是相互对立的。对诚实来说，友爱既可以置于相似的也可以置于冲突的空格里。这种明显的矛盾能够使学生更加深入的思考友爱和诚实之间的关系。

对辨析相互冲突的价值观有帮助的问题是：

与该价值观相反的价值是什么？

用什么价值（说法）可以表达同样的观念？

如果一个人并不符合某种价值观，那么该用什么来形容他（她）？

在以前的讨论中，为什么有的人认为这种价值观并不重要？

例如：

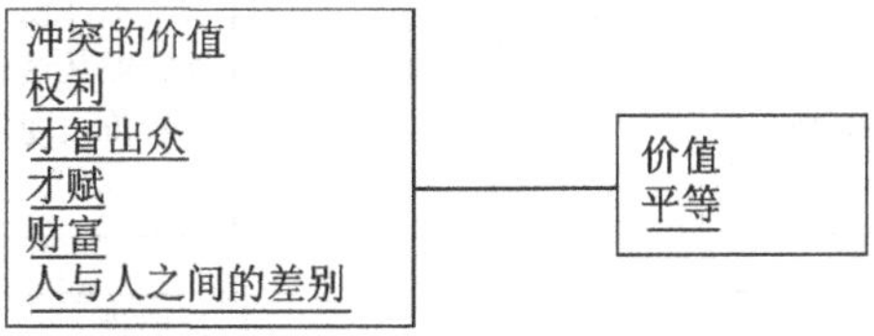

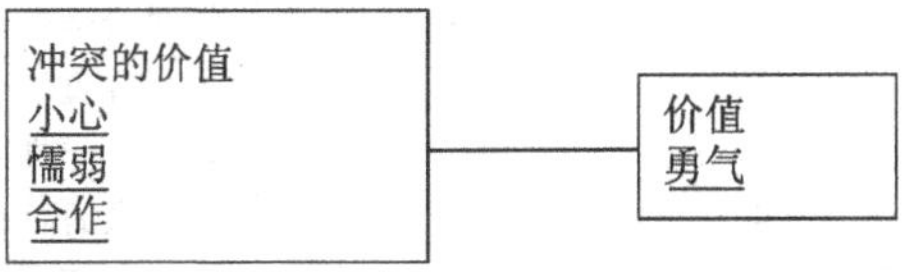

（二）构建概念模式的课堂策略

教师当然可以把上述概念模式写在黑板上，然后和全体同学一起来填写各项空格，但这只是引入概念策略的办法之一。运用概念策略，最好还是分小组进行。这样可以让更多的学生参与到活动中。尽管每个同学可以在自己的作业本上独立填写概念模式的空格，但在考虑用哪个概念、价值观时，还是通过小组讨论来决定为佳。

在小组讨论的过程中，学生会发现自己常常为概念所涉及的一些新内容所吸引。应该强调的是，在填写各个空格的时候，没有固定、非如此不可的步骤和程序。与核心概念相关的内容相互交叉重叠，也不能存在固定的程序。

教师可以事先或在分小组讨论的过程中为学生提供一些富有启发意义的问题，但一旦学生掌握了该模式的基本要领和框架，教师就不应该再给予这种直接的帮助。否则，构建概念模式的过程就变成了简单的回答问题的过程。然而，教师在头脑中得时刻准备好这些问题，以便在各小组讨论时用来引导学生。

以下图表中的问题对教师来说很有帮助，也可以把这些问题复制发给每个学生。

对实施概念策略有帮助的问题

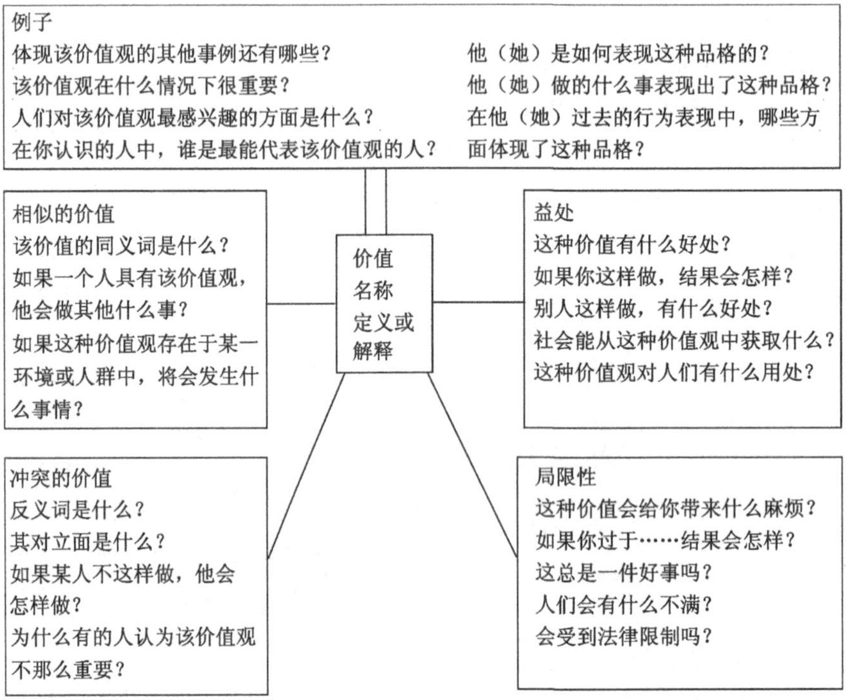

（三）价值概念和道德概念：从具体到抽象

概念策略关注的主要是一些社会价值，对于其他的一些价值像良心、权利、责任等重视的相对不够。由于这些价值比一般的社会价值更为抽象，所以在教授起来也有所不同。我们可以把稍抽象一些的概念称为“道德概念”，而把相对具体一点的概念称为“价值概念”。

我们之所以把重点放在价值概念上，原因很简单：这些概念容易掌握。

在日常生活中、在学生日常的谈话中，对价值概念运用的更多一些，因价值概念相对容易理解。如果不先让学生掌握价值概念，则较抽象的道德概念就无从掌握，绝大部分学生会感到讨论很困难，甚至根本进行不下去。如同学数学和物理一样，学生只有在掌握了基础知识之后才能学习抽象的理论。然而不同的是，学生在学数学和物理时，尽管对答案或答案的推导过程没有完全理解，但仍然可以服从权威，但在道德教育上，则没有这样的权威，没有人具有完全正确的道德答案。因此，所谓的知晓所有复杂的道德概念的道德专家是不存在的。

由此看来，从教育学的视角，过早地进行抽象的道德概念的教育并不值得提倡，但也不应把道德概念的教育一直推迟到高中才进行，应把握好时间和度的问题。不像社会价值概念，道德概念尽管彼此之间有一定的联系但共同点较少，相对独立一些。所以在教育中，很难有一套模式来适应于所有不同的道德概念。似乎为每一种道德概念提供一种教育模式效果最好。但实际上，在道德讨论中，并没有出现大量的道德教育模式，这里仅列举部分常用的模式。

●列举事例

父母有哪些责任？

你认为普遍的人权有哪些？

●列举相反的例子

每人都有权利拥有一辆汽车（飞机、工作）吗？

选举是一种义务吗？

●讨论问题事例

人有权利享受医疗保健吗？

人有权利得到最低收入保障吗？

如果人在做一件事之前并不知道行为的后果，那么，他应该为此事负责吗？

●比较理论

良心是来源于上帝还是来源于社会？

权利和义务分别是如何产生的？

●尝试解释

选举权包括选举政府所有官员的权利吗？还是仅能选举其中一部分官员？

新闻自由包括在报纸上刊登反对自己的竞争者的广告的权利吗？

●分析文本或一项陈述

列举在《独立宣言》中提到的权利。

“如果人拥有一项权利，那么，他就应承担一项义务。”这句话是什么意思？这句话总是正确的吗？

综上所述，任何概念，无论它看起来多么简单，实际上都具有模糊性、丰富性和较强的涵盖性，因此都不能只靠简单的定义并让学生记住的方式来掌握。概念只能在运用中才能真正为人所理解。

五、游戏策略

如同意识策略一样，游戏策略不只是单独的教育模式，更是一种学习活动。模仿游戏和角色扮演在教育中已使用多年，但教师更多地把它们看做辅助性的方法，没有真正发挥其教育作用。其中所隐含的观点是，教育是一种劳作，从玩中学不到东西。

教育所要达到的目标与儿童在游戏、角色扮演中的经历十分相近，从而决定了游戏策略是富有成效的。首先，在游戏和角色扮演中，儿童作为当事人必须作出道德方面的决定，这就为道德教育提供了必要的经验。其次，儿童在游戏中会意识到自我，并自然而然地进行移情。尤其是当儿童遇到道德上的两难问题，不得不作出决定、对他人进行必要的思考和关注的时候，移情就更容易发生。再次，游戏和角色扮演要求儿童预测道德选择的结果，这是道德教育的又一目标。最后，游戏、模仿和角色扮演往往比其他任何一种方式都有利于锻炼儿童的社会性互动能力。

（一）在课堂教学中开展游戏

既然游戏策略不是一种单独的教育模式，那么就很难用语言把它说清楚，最好的方法是用一个例子来说明如何开展游戏。

科尔曼（Coleman）曾描述过一个“民主游戏”，该游戏非常适合于道德教育。在该游戏中，参加者扮演立法者的角色，他们通过投票来支持或反对某些法案。同时，在投票时还需要选民的意见。来自选民的意见各种各样，但在很大程度上能影响立法者的决策，因为立法者的支持率很重要。在扮演立法者的过程中，学生就会感受到政客们平时所承受的压力，他们要平衡各方面的力量，作出政治上的交易。在进行第二轮民主游戏时，就可以加进去另外一个因素，即立法者对法案所持的观点。这样，他就不仅仅考虑选民们的意见，同时也要考虑自己的感受。总之，该游戏着重点在于：必须作出的道德决定、立法者感受的压力以及竞争、合作和妥协之间的互动。

民主游戏对道德教育来说不失为一种较好的游戏。在思考、创造游戏时，教师应注意以下问题：该游戏是否真正把学生置于决策者的位置？（有些游戏仅仅是模仿，所有的决定都已存在）当学生必须预测事情的结果时，是否存在各种可能性？该游戏要求参加者的互动（竞争和合作）吗？（有些游戏欠缺这种互动，互动仅限于参加者和游戏本身）

尽管在课堂中开展游戏没有完全固定的程序可循，但下述建议仍非常有帮助：

（1）在游戏过程中，教师决不要以平常的方式来控制课堂。学生在同一时间内在做着不同的事情，教师不应该对所有的学生同时评论，对学生最好的“控制”就是游戏本身。许多教师常一开始对此感到不适应，但有必要学会相信学生、相信所制订的游戏计划。

（2）当教师介绍完一个新的游戏后，应留出时间让学生进一步了解、消化游戏的内容，教师应有耐心让学生来讨论、分配游戏的角色。这并不会占用多少时间。

（3）学生在游戏刚开始时可能会出现错误，并没有按照游戏本身的路子来进行。这时教师就要给学生时间思考和纠正，并对那些认为游戏是玩给教师看而不是给自己玩的同学予以指导。

（4）等学生逐渐熟悉了一个游戏之后，或者游戏在开展过程中显示出不按原先的规则会更好，那么教师就没有必要非要让学生遵守事先的规则，游戏的规则是可以变的。有时候，教师会发现一个游戏改变了规则反而更有利于实现道德教育的目的。

（5）最后，游戏的后续活动和游戏本身同样重要。游戏结束后，可以让学生来比较彼此的经验，向他们询问一些问题：在游戏中的感受、体验、做法等。尽管不同的人从游戏中学到不同的东西，但这并不意味着不能让他们来分享彼此间的经验。

（二）角色扮演

在某些方面，角色扮演比单纯的模仿或游戏更难。比较而言，角色扮演需要更大的创造性。在其他游戏中、讨论中所需要的一些基本技巧在角色扮演中也同样适用。通过努力，教师和学生还是能够进行角色扮演的。角色扮演可以用来引出所要讨论的问题，也可以用来合作解决某个问题。角色扮演的一个明显优点就是它给人提供了机会来观察、思考某件事该怎么做。因为在角色扮演的过程中，无论是扮演者还是旁观的学生都实实在在的经历了一次道德决定，而不是凭空想象。

1. 设置情景

对道德教育来说，角色扮演所需要的情景就是那种需要道德抉择的情景。这意味着当要让人扮演某种角色时，必须有一个十分具体的问题需要回答或解决。

例如：

（1）假如你是一名教师，你的学生约翰偷了别人的铅笔，被你抓住了。在此之前，约翰已经偷了两次，你也忠告过他不要再偷别人的东西，这已经是第三次了。现在，你得决定是否把约翰的家长找来。

（2）假如你是一位不动产代理商，正要卖一幢房子给琼斯夫妇。你可以将有关房子的任何事情都告诉他们，但你必须决定是否将房子的水井干了这件事告诉琼斯夫妇。如果他们买下这幢房子，将不得不为凿一眼新水井花掉2000美元。

角色必须十分具体明确，同时要让学生自己作出道德上的选择。首先，在指导一群对角色扮演毫无经验的学生时，最好对每个角色进行详尽的描述。然后让学生在对角色有充分了解的基础上进行自由发挥。还有一点非常重要，那就是要富有想象色彩的、渲染性的向全体同学来描述角色，并把桌椅围成圈来布置一个场地，这样才可以调动学生进行角色扮演的积极性。此外，应给学生留出时间让其熟悉角色和情节、想象自己在角色中要说的话。准备的越充分，角色扮演才可能越自然、成功。

2. 互动

角色扮演活动不需要太长的时间，原则上最好控制在5分钟（有时角色扮演前的准备时间要超过扮演的时间）。应该事先告知学生大致时间，这样学生就不会为时间太长无话可说而犯愁。同时，还应该告诉学生，在扮演时，停顿一下想想要说的话也无关紧要。在长时间的角色扮演中常常需要教师的及时指导，但在时间较短的扮演活动中有时也是必要的。教师可以启发学生在扮演的过程说出自己想说的话。在某些情况下，教师的及时指导被视为干扰、打断，学生并不喜欢，而在另外一些情况下，特别在低年级学生中，教师的指导还是受欢迎的，并不会打断学生的思路。在角色扮演中，教师也可以扮演其中的一个角色，学生很喜欢教师的加入，尤其是那些学生难以理解、把握的角色。

3. 事后分析

角色扮演后的课堂讨论往往比扮演活动花费更多的时间，而且很容易导致学生再重新扮演一次。教师除了对学生要多加鼓励、让学生讨论角色扮演中的体验之外，还可以向学生提出以下问题：

你认为当他（其中的一个角色）这样说的时候，他（其中的另一个角色）会怎么想？

他（其中的一个角色）还可以怎么说，他（其中的另一个角色）又会怎么想？

他（其中的一个角色）的问题是什么？

如果他（其中的一个角色）决定这么做（把约翰的家长叫来），结果如何？

谁想按照刚才的设想再重新扮演一次，看看结果怎么样？

通过改变某些因素，最后这个问题可能会带来一次全新的角色扮演活动。

4. 团体决定

对不熟悉角色扮演活动的学生来说，一个非常有效的办法就是通过团体决定来扮演什么、怎么扮演。比如，团体可以由 6～8 人构成，并指定一名负责人，其职责就是确保该团体能够作出明确的决定。这样，在扮演过程中，每个人就没有成为焦点而带来的压力，个体所说的代表团体的意志。另外，哈雷提出来另一种减轻角色扮演者压力的办法。在一次角色扮演活动中，可以把核心人物的位置空出来，放一把椅子，之后找三名同学站在椅子后面。三名同学谁都可以发言，代表核心人物来说话。这样，扮演者就不会感到孤独，就会放得更开些。

在课堂讨论的许多情况中，角色扮演都可以来替代直接的问答。角色扮演能够帮助学生更准确的理解自己所说的话，使讨论的事件更加“真实”，同时也会对讨论的话题有所创造和发挥。关键在于教师是否愿意运用这些技术。

参考文献

[1] 李伯黍等．道德发展与德育模式．华东师范大学出版社，1999.

[2] 鲁洁．德育现代化的实践探索．江苏教育出版社，2003.

[3] 朱小蔓．情感教育论纲．人民出版社，2007.

[4] 戚万学．活动道德教育模式的理论构想．教育研究，1999 (6).

[5] 檀传宝．让道德学习在欣赏中完成——试论欣赏型德育模式的具体建构．北京师范大学学报：人文社科版．2002 (2)．

[6] 汪凤炎等．德化的生活生活德育模式的理论探索与应用研究．人民出版社，2005.

[7] 黄向阳．德育原理．华东师范大学出版社，2000.

[8] 刘惊铎．生态体验：一种新道德教育模式．教育研究，2006 (11).

[9] 桑新民主编．新兴学科百万个为什么（教育学类）．旅游教育出版社，1993，14.

[10] 檀传宝等．问题与出路：若干德育问题的调查与专题研究．浙江教育出版社，2009.

[11] 袁振国．当代教育学．教育科学出版社，1999.

[12] Hall，R. T. （1979）. *Moral Education：A Handbook for Teachers*. Winston Press，Inc.

第九章　学校德育的社会环境

徐湘荷

【本章提要】

在本章中，我们以环境作用空间的大小和个体是否直接参与为依据，将学校德育的外部环境分为宏观系统：社会政治、经济文化等社会大环境；中观系统：社区；微观系统：家庭；中介系统：大众传媒。其中，社会大环境为学校德育提供物质基础，影响学校德育的价值前提和行为范式。社区环境是个体道德生长最直接、最具体、最真实的社会环境。与宏观的社会政治经济文化背景和中观的学校环境相比，家庭环境影响的特殊性主要表现在：先主性、深刻性和互补性。大众传媒作为一种“拟态环境”，不仅影响德育对象、师生关系和德育模式，而且影响德育手段和方式。当代中国社会正处在一个转型时期，社会环境既为学校德育的发展提供了契机，同时也给学校德育带来了新的问题和挑战。如何优化学校德育的社会环境，需要政府、学校和社会各方面共同努力。

学校德育始终处在外部环境的“包围”之中，外部环境尤其是社会环境以其特有的方式和途径不断对学校德育发挥着全方位的、立体式的影响。它不仅引发学校德育活动的动机，引导学校德育的方向，而且还为学校德育提供材料，并影响学校德育的效果。

第一节　社会环境的德育价值

环境通常是指有机体生存空间内各种条件的总和。一般来说，人类生存和生活环境包括自然环境和社会环境，自然环境包括地形、地貌、气候、季节以及山川、湖泊、道路、空气、植物、动物等；社会环境包括人以及他们相互联系、相互作用的方式，例如家庭、群体、学校、社区、政府、阶级、国家、文化等。其中，社会环境对人的道德成长的作用最大。个体道德是个体在与社会环境相互作用的过程中形成与发展的。因而，我们重点关注的是社会环境。

一、社会环境与学校德育

我们所使用的社会环境专指学校教育外部的社会环境，虽然在现实中，不存在可将德育“剔除”在外的社会环境，但为了将其视为对象进行研究，在思想上进行分离是必须的选择。另外，以作用空间的大小和个体是否直接参与为依据，可将学校德育的外部环境分为宏观系统：社会政治、经济文化等社会大环境；中观系统：社区；微观系统：家庭；中介系统：大众传媒。本章拟按这一划分予以扼要阐述。

(一）社会环境的基本特征

与学校德育相比较，社会环境具有以下几个特征：

1. 开放性和多样性

德育对象的观念和行为受环境因素的影响，而这种影响在时空跨度上很难有一个固定的界定。从时间上看，社会环境覆盖了个体生命的全部历程；从空间上看，它对个体的影响是立体全方位的。所以，社会环境是一个没有固定界域的环境，是一个四面开放的环境。同时，社会环境包括大到社会政治、经济、文化环境，小到学校同伴群体的素质和学生的家庭环境，其存在形式具有多样性。

2. 系统性和复杂性

构成社会环境基本要素的各个方面，不仅分别自成系统，而且彼此之间结成了相互联系、相互制约的关系，形成了一种有机的环境系统。比如宏观的社会政治经济状况会影响父母的就业状况，而父母的就业状况会影响他们在家庭中的行为，由此影响父母的养育方式，进而影响个体的道德发展。另外，由于环境因素包含了善与恶、美与丑、先进与落后等各种各样的因素，本身并非一统，呈现出复杂性。

3. 动态性

环境不是静态的，而是一个不断运动的系统。环境内部要素或环境与有机体的相互作用引发各要素质的变化，从而使环境处于生生不息的运动变化之中。社会环境的子系统都处在一种动态的变化之中，大到政治体制的改革、经济的发展、信息的激增，小到个体所处的家庭和班级的变化，莫不如此。但环境变化的速度随其子系统性质的不同而不同，比如社会流行趋势变化速度很快，社会文化和心理变化速度较为缓慢。简言之，绝对稳定的、一成不变的环境是不存在的，环境的动态性是绝对的、永恒的。

(二）社会环境对个体道德成长的作用

社会环境是个体道德成长的原生态，对个体道德的发展有重要作用。确如杜威所言：“所需的信仰不能硬灌进去；所需的态度不能粘贴上去。但是个人生存的特定的生活条件引导他看到和感觉到一件东西，而不是另一件东西；它引导他制订一定的计划以便和别人成功地共同行动；它强化某些信仰而弱化另一些信仰作为赢得他人赞同的一个条件。所以，生活条件在他身上逐渐产生某种行为系统，某种行动方向”①。这里的“生活条件”就是个体所处的社会环境。具体说来，社会环境对个体道德发展的作用有：

1. 认识上的导向作用

社会环境作为个体长期生活于其中的、可知可感的一种具体生动的道德环境，对其道德认识的形成与发展具有重要的暗示作用和方向指示的作用。

2. 情感上的熏陶和感染作用

德育环境在陶冶青少年情感方面具有得天独厚的优势，因为其作用方式是潜在的和间接的，可以避免强制的道德说教所可能导致的抵触情绪逆反心理。

3. 行为举止上的约束和规范作用

环境对于个体的教育要求不是直接提出的，而是渗透在他们经常接触、参与的各种环境因素及活动中，使个体在不知不觉中感受到这种要求并按这种要求去行动，从而自然地体现出对青少年行为的一种特有的约束和规范作用。这种规范力量来自于青少年置身于其中的生活群体，来自他们须臾不可离的周围环境，它既不是抽象空洞的说教，更不是长辈的简单的压服，因而对青少年行为具有极大的影响力。

当然，说到底，德育社会环境的作用只是个体道德发展的外因，其作用的发挥还必须通过内因起作用。

（三）社会环境影响的特点

社会环境对个体的影响，不同于学校德育的影响，主要表现在：

1. 影响方式的内隐性

环境对人的道德的影响，是以内隐的、潜移默化的方式实现的，这种潜移默化的方式一般是通过社会顺从、暗示与模仿等心理机制而实现，常常表现出“润物细无声”的效果。“虽然这种‘环境的无意识影响’难以捉摸又无处不在，却影响着性格和心理的每一根神经。”② 这是杜威对环境渗

---

① ［美］杜威著，王承绪译：《民主主义与教育》，人民教育出版社2001年版，第13页。

② ［美］杜威著，王承绪译：《民主主义与教育》，人民教育出版社2001年版，第23页。

透式作用的深刻分析。

2. 影响作用的模糊性

一般来说，除学校德育这种专门化的环境外，学校德育的社会环境具有一定的自发性。它的影响作用往往是直观的、零碎的、偶然的、随机的，因而，它与个体道德发展是一种模糊相关联系。所谓模糊相关，是指社会环境的变化虽然会引起其他事物的变化，但这种变化无确定性和针对性，而且显现比较缓慢，多数起隐性效果。

3. 影响效果的双重性

一般来说，社会环境的各种要素一般都有正面的、健康的、真善美的部分，也存在负面的、不健康的、假恶丑的因素，因此，它们对个体的影响，既包含正面的影响，有利于促进个体健康向上、积极成长，也可能包含负面的影响，使个体受环境的影响可能沾染不良习气，甚至产生道德败坏，走向邪路等。因此，社会环境的对个体道德发展的影响是正面和负面并存，机遇和挑战共在。

（四）社会环境对学校德育的作用

学校德育系统始终处在社会环境的“包围”之中，社会环境以其特有的方式和途径不断对其发生着作用，形成全方位的、立体式的作用格局。

1. 激发学校德育活动的动机

根据马克思主义的观点，人的社会活动都是有目的、有意识的，即在特定的动机支配下进行的，人们社会活动的动机又是其背后的需要引起的。学校德育活动是典型的社会活动，它本身并没有自我服务的任务，其动机在很大程度上由社会环境的要求所引发。换言之，社会环境为学校德育提供启动力，具体表现为：首先，社会文化的发展从经济、政治、文化、心理诸方面产生出对学校德育实现范式质变的社会需求，其中内含着对新的道德体系、新的德育思想和新的德育体制的需求。其次，新的社会环境和社会文化还为学校德育的新范式创造条件。这既包含硬件（如经济、物质条件、师资等）、又包括软件，如支持变革的新的知识积累，社会氛围，新的社会思潮和教育理论的诞生及应用等。最后，新的学校德育范式取代旧范式这一变革所需的道德理论、德育思想的先驱和实践者等需要社会环境发展到一定程度才能产生。①

① 檀传宝：《德育原理》，北京师范大学出版社2007年版，第273页。

2. 引导学校德育的方向

学校德育的指导思想、目标原则的依据来源于社会环境，从古代传统的、一元化的社会演变到现代多元文化和多元价值体系社会，必然要求从注重培养儿童顺服和服从的精神到关注儿童道德认知能力的发展尤其是道德判断能力的培养，教会儿童道德判断和选择而不是教会儿童顺服已成为现代社会学校德育的主流目标。

3. 提供学校德育的材料

社会环境是学校德育得以进行的最基本的“信息源”。德育内容是对环境提供的材料精心选择的产物，学校德育课程中的绝大部分课题内容都取之于社会环境。学校德育活动的实际场景是对环境提供的材料予以精心设计安排，任何德育活动都是在特定的时空中进行的，为了求得德育的最大效果，德育主体总是要精心设计德育活动的各种场景，营造和渲染特定的气氛，以支持和烘托德育的内容，实现对德育对象全方位的影响。如教台场所的布置、教育时机的选择、语言工具的巧妙运用，教育气氛的营造等，都是德育主体根据德育目的、内容的需要和分析德育对象的特点后，对环境提供的各种条件精心选择、设计和组合的结果。所以，环境给学校德育提供着提供“原料”，构筑“教育平台”。

4. 影响学校德育的效果

一方面，社会环境对德育效果的影响具有方向性。与学校德育影响相一致的社会环境强化德育的效果，与德育影响不一致甚至冲突的社会环境会消弱甚至抵消德育的效果。另一方面，环境对德育效果的影响有大小之分。主要取决于下列因素：第一，环境本身的重要和强烈程度；第二，环境因素和德育主体与客体的相关程度；第三，德育对象自主性的强弱。

二、社会环境德育价值的实现

如前所述，社会环境对学校德育和个体道德发展的影响从方向上看是全方位的、多向度的，从程度上看是强有力的。但是，社会环境作为一种外在的影响力，并不是自发地发挥其德育影响的。社会环境发挥何种性质的影响以及影响到何种程度，即社会环境德育价值的实现，取决于社会的德育环境意识和学生个体的道德水平和心理需求。所谓德育环境意识，就是人们对环境因素在人的道德素质形成与发展中的作用予以高度重视的一种理性认识。[1]。它表现了对社会环境认识的自觉程度。一般说来，社会环境德育价值的实现可通过以下途径：

（一）制度建设

任何社会的学校德育都不可能是在与社会独立隔绝的情况下进行，打通学校与社会的联系，是社会环境德育价值实现的一个前提。所以，必须使制度和学校德育与社会联结起来；除了政府的教育机关和行为之外，还须有社区及全社会的文化教育功能的制度、机构存在，并有效地抑制不利的社会影响，使先进文化的教化功能现实化；必须有学校教育制度上的相关措施，使德育内容、过程、手段与其所处的文化背景、文化进步的方向以及德育在人的社会化过程中作用的要求等实现合理的衔接。[2]

（二）学校自身的建设

在现实生活中，学校不是被动地接受社会环境的影响，而是主动地反作用于社会环境，对社会环境产生辐射功能。所谓辐射功能，主要指学校通过师生、校风校貌、学校文化产品的对外传播，形成良好的社会效应，并且对学校自身的建设和发展也产生积极影响的能力和方式。今天，校园文化的辐射功能，主要通过学校师生、文化载体、文化产品、文化氛围而实现。一方面是培养学生，学校将培养能够鉴别、选择和评判社会环境影响的个体，自觉地抵制不良的社会环境影响等，并传播、感染、影响其他社会成员，会形成一种很强的文明辐射态势。另一方面是通过活动贯通社会环境和学校教育，不管是学校走出去，即通过学生的实践活动对社区乃至全社会形成正面的价值导向，还是学校主动把社会环境的子系统引进来，比方说家长理事会，对学校的办学思想、德育内容、方法、手段和效果进行评估，都不失为一种有益的尝试。

第二节　学校德育面临的主要社会环境

一、社会大环境与学校德育

社会大环境包含了国际和国内的经济、政治、文化等历史、现实和发展变化的趋势所构成的大环境系统，主要包含政治、经济、文化三个基本

① 李鸿军主编：《院校德育环境建设研究》，云南教育出版社1999年版，第20页。

② 檀传宝：《德育原理》，北京师范大学出版社2007年版，第275页。

要素。由于政治和经济的联系十分密切，经济的影响作用往往通过政治来实现，所以我们将社会政治经济环境对德育的影响予以综合论述。

(一) 社会政治经济环境与学校德育

1. 社会政治经济环境为学校德育提供物质基础

社会政治经济环境“不仅提供可供教育直接消费的货币形态的教育经费，实物形态的教育设施，还提供教育间接消费的经济范畴的劳动年龄人口和可用于智力活动的空闲时间”①。毋庸置疑，任何社会的学校德育都需要人力、物力、财力作为物质基础，而这些因素又受政治经济环境因素的制约。在经济上，生产力的发展程度决定着学校德育的产生及发展程度。在政治上，由于不同的政体对德育重视程度不同，往往通过教育投入及其在德育分配上的不同比重，从而影响学校德育所需要的人力、物力、财力等物质基础因素。此外，社会政治经济环境通过提供物质基础，还制约着学校德育的发展现模和发展速度。

2. 社会政治经济环境影响学校德育的价值前提

任何社会的德育都要以一定的价值基础作为前提。德育的价值前提为道德的自律提供一种终极的合理性的根据，并且具有能说服自己信从的功能。而价值前提的确立在很大程度上受社会政治经济环境的制约。首先，政治性质影响德育的价值前提，在威权制的社会里，道德的第一要务是服从，而在民主的社会里，更加强调个人的平等和理性。正如威尔逊所说：“如果你追求主人——奴隶制度，你只需要一些规则和一条鞭子；如果你追求自由，你就需要各种复杂的机制和交往的环境——信息、选举、争论、程序规则等的有效性。同样，在自由社会中，道德教育也需要更多的注意。”② 其次，经济运作模式也影响德育的价值前提。农耕社会，由于农业社会科学技术含量极低，身份等级差异明显且变化十分迟缓，所以农耕社会的德育往往把对权威的遵循、服从视为不证自明的道德公理。在工业社会，科学技术含量日益增多，人们的身份也不是按照先天赋有的等级来确定，而是鼓励人们通过自己的能力去获取相应的利益，并且具有变化不拘的特征。所以，工业社会的学校德育往往鼓励个体对民主、自由、平等、开放等价值的追求。

---

① 吴鼎福，诸文蔚：《教育生态学》，江苏教育出版社1990年版，第25页。

② 瞿保奎主编：《教育学文集·德育》，人民教育出版社1989年版，第682页。

3. 社会政治经济环境影响学校德育的范式

我们以西方学校德育的发展线索为例，西方学校德育从产生至今，大体经历了宗教化范式、权威灌输范式和理性化范式三个阶段。我们以宗教化范式和理性化范式为例来说明政治经济环境对学校德育的影响。在中世纪，西方学校德育范式是宗教化范式，所谓德育的宗教化范式是指学校德育是通过宗教形式、宗教机构而得以实现并受宗教所控制的范式。在这一范式中，德育的形式和内容均由宗教组织决定并为宗教目的服务。学校德育的宗教化与中世纪及前后西方政治体制上的政教合一特点有直接联系，并与古代科学技术落后、生产力不发达和自然经济占主导地位有千丝万缕的联系。近代以来，西方学校德育则采取理性化范式，这种范式认为道德的基本原理或最高原理是人类是同样神圣卓越的动物，知晓遵循道德原则、限制感性欲望的理由，这种理由就是“理性”。所谓的道德只不过是理性的人的自主、理性的选择所达成的一种契约，基于“所有人的普遍同意”，其内容是平等和公正。这和资产阶级民主革命的政治要求、工业革命的进一步展开、市场经济占主导地位都有直接联系。

（二）社会文化环境与学校德育

关于社会文化环境与学校德育的关系，我们主要从文化传统、文化类型、文化变迁三个方面来分析它们与学校德育的关系。

1. 文化传统与学校德育

文化传统是一个民族、国家或地区世代沿袭下来的具有悠久历史的文化特质或文化模式。有人将文化传统分为显型文化传统如服饰、饮食习惯、居住习俗、礼仪方式、庆典方式、婚礼程序等和隐型的文化传统如价值取向、心理倾向等。①

一般来说，在处于相对稳定的社会中，社会的文化传统与学校德育总是大致保持着相互适应的功能耦合状态。一定社会特有的文化传统弥漫于整个社会中，渗透在人们生活的各个方面，或显或隐制约着人们对下一代的教育方式。首先，从显型文化层次看，文化传统影响着人们对德育内容的选择。这是因为文化传统中具有明确外在特征的文化特质或模式（如礼仪方式、行为规范等）是构成人们社会生活不可缺少的要素，而这些要素又需要通过教育尤其是德育进行传递。其次，从隐型文化层次看，沉淀在人们深层心理

---

① 傅维利，刘民：《文化变迁与教育发展》，四川教育出版社1988年版，第26－30页。

结构中的价值取向和心理倾向是一种具有内在制约作用的强大力量，它具有广泛的渗透性，几乎影响人们所有的选择和行为准则。因此，作为隐型形态的文化传统将全面影响人们对德育目的、地位、作用、内容、以及方式方法的认识，从而使德育处处体现着一个民族的内在价值倾向。

2. 文化类型与学校德育

美国的文化人类学家玛格丽特·米德将整个人类文化分成三种类型：后喻文化，前喻文化和并喻文化。在米德看来，后喻文化的全部特点是对变化缺乏认识，对现存生活方式的普遍正确性予以持久的、无可置疑的认同。在这种文化中，成年人的过去就是新生一代的未来，每一代儿童都能不走样地复制文化形式，而缺少疑问、缺少觉悟乃是这种文化得以延续的两个关键条件。米德认为，典型的后喻文化是与世隔绝的、原始的文化，但那些十分复杂的文化也可能是后喻型的，因为这些文化同样表现出后喻文化的全部特点。[①] 中国传统文化在一定程度上具有后喻型文化的特征。[②] 在后喻型文化中，道德规范相对稳定，其道德教育模式往往是成年人将道德教育规范通过自觉的教导或榜样等途径传承或者灌输给儿童，并对儿童进行权威性调控。前喻文化是与后喻文化相对的一种文化类型，米德认为，前喻文化是现代交通、通信和技术革命迅猛发展、社会急剧变化的产物。过去，就一个文化系统内的经验而言，总有一些老年人比所有未成年人都懂得多，而现在，这样的老年人已无从寻觅。代表未来的是孩子，而不是父母或祖父母。年轻人按照自己的首创精神自由行动，他们能在未知的方向中为长者引路，而且，在这个世界中，人们已普通变得乐意接受各种观点相互冲突的局面，而不是正统观念。[③] 可以认为，当今世界，只要是以现代化为主导取向的国家，其文化或多或少都含有“前喻”的成分。但就整个文化结构而言，可称为“前喻”型的还只是少数发达国家，美国是典型的代表。[④] 在前喻型文化里，价值体系多元，在道德教育模式上，儿童往往主动超越现有的道德规范，而不是对以往现成道德规范的被动接受。位于两者之间的文化，米德称之为“并喻”型文化，指每代人都向自己的

---

① [美] 玛格丽特·米德著，曾胡译：《代沟》，光明日报出版社 1988 年版，第 22-35 页。

② 吴康宁：《教育社会学》，人民教育出版社 1998 年版，第 94 页。

③ [美] 玛格丽特·米德著，曾胡译：《代沟》，光明日报出版社 1988 年版，第 67-89 页。

④ 吴康宁：《教育社会学》，人民教育出版社 1998 年版，第 98 页。

同辈人学习为特点的文化。而在并喻文化中，由于社会的变迁导致文化的中断，使年轻一代丧失了行为的楷模，既然前辈无法向他们提供符合时代要求的全新的生活模式，他们只能根据切身的经历来创造，只能以在新的环境中捷足先登的同伴作为自己仿效的楷模，并喻文化由此而生。换言之，并喻文化的特点是全体社会成员以当时流行的行为模式作为自己的行为准则。实际上，米德也承认，这种以并喻方式作为文化传递唯一模式的社会实际上寥寥无几。人们在互相学习中有巨大的创造性，但由于缺乏理性和经验也可能带来盲目性。

3. 文化变迁与学校德育

文化变迁是随着时间的推移，在内外部因素的作用下，通过文化内部的整合而出现的，为人们所认同的、有别于过去的文化形态。① 文化变迁对学校德育的制约作用表现在两个方面：一是文化范式及性质的变迁制约着德育发展的方向。中国近代从西学东渐引起的“师夷长技以制夷”的武器引进，到推翻帝制、建立民国的体制变迁及最后“实现人的现代化”的深层呼唤，这种由物质层面制度层面进而上升为精神层面的文化性质的变迁，亦使中国德育思想经历了大体相仿的历程。二是文化变迁的速度制约着学校德育。当文化变迁遵循积累的法则处于量变时期，学校德育往往采取守成范式，主要任务是传授规范和稳定的价值体系；而文化变迁如遵循突变法则处于质变时期，此时，社会要求学校德育具备道德观的选择、定向和超越功能。② 当代世界范围内学校德育正面临着前所来有的危机和挑战，就与全球范围内日益加速的文化变迁有着直接联系。

二、社区环境与学校德育

（一）社区环境概述

社区是社会生活的基本单位，通常指是与一定地域相联系的社会生活共同体。作为一个社会实体，现代意义上的社区通常具有这样一些基本要素：有一定的生产关系和社会关系为纽带组织起来的共同生活的人群；有一定的区域界限；有一套自成系统的适应社区生活的制度和相应的管理机构；有一套相对完备的生活服务设施；建立在一定的经济、社会发展水平和历史文化传统基础上的社区文化、生活方式以及与之相连的社区成员对

① 郑晓云：《文化认同与文化变迁》，中国社会科学出版社 1992 年版，第 201 页。

② 檀传宝：《德育原理》，北京师范大学出版社 2007 年版，第 282－283 页。

所属社区在情感、心理上的认同感和归属感。社区的规模有大有小，小到一个村落，大到一个城市，都可视为一个社区，但对生活于其中的人们来说，其影响是深刻的，全方位的。苏霍姆林斯基曾经说过，单单在儿童上学和回家的路途上，他们受的思想教育就比在学校里待几个小时所受的教育都要强烈鲜明得多。社区环境是儿童道德成长最直接、最具体、最真实的社会环境。与宏观的社会政治文化相比，社区为儿童提供最直接的社会环境，社区环境以其生动的形象间接地反映整个社会的政治经济文化背景信息，对人的影响尤为强烈和深刻。换言之，政治经济环境通过社区的背景信息反映出来，社会宏观的背景不如具体的社区背景对学校的德育的影响更直接。尤其在政治经济发展非常不平衡的中国社会，这一现象尤为明显。虽然，社区背景受宏观社会背景的调控和影响。与学校相比，社区为儿童提供最真实的社会环境。在任何社会里，学校都是一种相对净化的社会环境；只有在社区，儿童接触的才是真实的社会环境，尽管社区环境可能鱼目混珠，可能良莠不齐，但就对教育目的来说，称得上“偶然环境”，其真实可感是儿童特定的生活条件。正是因其不同于宏观的社会环境和微观的学校环境，社区环境对人的影响才更为深刻。

（二）社区环境对学校德育的影响

1. 社区经济对学校德育的影响

目前我国实行的是就近入学的学区制度、中央和地方政府共担的教育经费投入体制，地方政府的教育经费投入状况与当地的经济发展程度息息相关。社区的经济发展程度直接影响学校德育供给和需求。从供给方面看，社区的经济发展程度直接影响德育手段、设施和人员的配给水平，在一定程度上决定了学校德育运行和发展的态势。同时，社区的经济发展程度对学校德育提出一定的要求。在一些简单经济和不发达地区，社区要求的仅仅是维持、支撑义务教育，对学校德育根本提不出本社区所独有的规范，即使有也只是起始性、启蒙性和保守性的。而发达国家的城市社区要求学校德育必须协助解决社区成员在本社区的发展中所呈现的职业、心理、竞争、人际关系上的一系列问题，因而对学校德育针对本社会面临的道德问题的解决有较“现代”的要求。①

2. 社区文化对学校德育的影响

社区文化是通行于一个社区范围之内的特定的文化现象，包括社区内

① 檀传宝：《德育原理》，北京师范大学出版社2007年版，第285－286页。

人们的信仰、价值观、行为规范、历史传统、风俗习惯、生活方式、地方语言和特定象征等。社区文化和价值体系以极其普遍的方式存在于社区的每一个角落，对社区的每一个人发生影响，并塑造着他们的人格特征。

首先，社区文化影响教育者的价值取向。学校每一位教育工作者，尤其是德育工作者，由于地缘关系都是该社区文化氛围之中的人，他们被社区的精神与气质所熏陶，其价值观念、知识体系、教育观念、行为方式等各个方面必然受社区文化的影响，为其人格打上极深的社区文化烙印。

其次，社区文化影响受教育者的品德表现。儿童走出校门和家门后基本上都是在社区中度过的，并且学校和家庭在一定程度上都受社区的影响。儿童的成长过程必然受到社区政治经济和文化设施、活动、制度、环境的制约和影响，这一过程就如同他们接受社区的方言一样自然。不同社区具有不同的文化特质。城市文化具有开放、进取、自由、崇尚创新的特点，而农村社区相对地受传统影响较大，如具有相对保守、封闭、安居而不重迁移、行为受伦理支配性强等特征。因此城市青少年一般视野开阔、思想解放、动手能力强、价值系统相对开放，而农村青少年则相对具有稳重、守纪、尊重权威、价值系统相对保守和封闭的特点。① 当然，社区类型并不只是仅有城市和农村的划分，每一个德育对象事实上都为一定类型的社区文化所直接影响或塑造，具有社区文化的烙印，这一点已被中外社会学、人类学等方面的实证研究所证明。

3. 社区机构及其活动对德育的影响

社区机构是指社区中的各种机构和设施，如学习和娱乐设施、社会活动、儿童保育机构、学校、医疗设施和就业机会等。这些资源的多少和质量以及与学校的结合程度会影响儿童和青少年的道德发展。我们以社区机构及其活动以及与教育的结合即社区教育为例来说明。现代意义上的社区教育是伴随着社会化大生产的发展和城市化进程，在世界范围内陆续出现和不断发展起来的。我国社区教育的兴起于 20 世纪 80 年代以后。根据我国国情和社区教育的实践，具有中国特色的社区教育的目标应该是：以社区为依托，以全体社区成员为教育对象，以提高全民整体素质和促进社区发展为宗旨，其实质是教育社会化与社会教育化的统一。

社区教育优化了学校德育的社会环境，创造了有利于学校德育的社会氛围，其原因在于：首先，社区教育统筹了儿童道德社会化诸因素。在个

① 檀传宝：《德育原理》，北京师范大学出版社 2007 年版，第 286 页。

体社会化过程中，有来自家庭、学校、社会诸因素的影响，这些影响可能目标上一致、内容上交叉、形式上互补，也可能相反，这样，就制约了各自作用的发挥。而社区教育可以统一协调各类教育，起到统筹社会化诸因素的作用，在实践中形成了学校、家庭、社会一体化教育的新格局。其次，社区教育优化了学校德育的社会环境。社区教育注重社区文化建设，帮助社区居民提高道德水准，建立文明、健康、科学的生活方式，积极创造人际交往的和谐空间，并有目的地抵制低级趣味的文化因素渗入社区，从而形成一种良好的社区文化氛围，净化和优化了社区环境。

三、家庭环境与学校德育

家庭是社会的基本细胞，是个体生活、发展的基本背景。与宏观的社会政治经济文化背景以及中观的学校环境相比，家庭环境的影响具有特殊性。

（一）家庭环境影响的特点

1. 家庭环境的影响具有先主性

所谓先主性，指的是家庭环境的影响在一个人的成长过程中起着某种先入为主的定式作用，它使得受教育者继后接受其他影响时形成一种“准备状态”，即奠定了他接受教育的基础。先存的优良环境，对个体可以形成一种身心健康的“保护层”，对后来的积极影响加以吸收，对不良影响进行抵御，甚至化消极因素为积极因素。家庭的环境影响之所以具有先主性，首先是因为家庭能给个体提供赖以安身的基本生活条件，能够较全面地满足个体的物质和精神需求，给个体的品德形成提供心理上必需的安全感、依恋感和归属感等。其次，在时间顺位上，家庭环境的影响在儿童道德发展过程中是第一位的，父母总是先于学校的教师对子女进行教育，产生影响。另外，从绝对的时间角度来讲，家庭环境的影响明显优于学校。从这个意义上说，家庭环境是学校德育的基础。

2. 家庭环境的影响具有深刻性

相对于学校而言，家庭中家长和子女的互动方式是非正式和高频度的。由于家庭成员之间面对面互动频繁，思想情感可以直接传递，彼此非常熟悉，关系相当亲密。在这样的环境中，家长对子女的了解全面而细致，有利于家长对子女教育的针对性，也有助于子女对家庭德育影响的正确理解和吸收。而且在家庭中，由于教育与生活的一致性，使得家庭德育影响具有连续性和潜移默化的性质，过程上相对有趣，效果上相对较好，不容易产生正式的德育影响下受教育所可能产生的心理上的冷漠和逆反，所以，家庭环境对个体的道德的影响直接、持久、经常、深刻。

3. 家庭环境与学校德育的互补性

首先，这种互补性体现在教育内容上，一般来说，学校德育比较系统、规范，多从大处着眼，理论性强，而家庭环境中对孩子的道德教育则具有具体、生动、现实性强的特征。[①] 其次，这种互补性体现在教育方式上。在学校中教师对学生的调控方式主要通过认识和规则的纽带而实现的，更多的与理性认识有关。而在家庭环境中，父母对子女的调控方式主要是通过情感和经济辅助的纽带而实现的，更多的与情感、行为相关。

（二）家庭环境对个体道德发展的影响

1. 家长的职业类型及其影响

首先，尽管家长的职业类型与子女品德成长的关系不存在必然的联系，但具有一定的相关性。由于家长在职业类型上的不同，使得家庭教育和家庭生活都受到不同程度的影响，如职业习惯带来不同的生活方式、工作方式，由此形成了不同的家庭环境、家庭气氛。不同职业类型的家长对家庭教育的自觉程度和教育方式上均存在差别，他们的职业道德、职业修养也不同，这种种差异最终会影响到子女的学习成绩和道德面貌，影响他们的心智和个性品德发展的状况。

2. 家长的文化程度及其影响

家长的文化程度，是以家长所接受的学校教育水平为指标的。这对子女品德的发展存在着可能性的影响，家长的文化程度对子女品德的发展主要表现在家庭教育方式上。有研究表明，文化程度高的家长为子女提供的学习条件、学业及品德上的指导优于文化程度较低的家长，他们多采用民主型的教养方式，对子女的期望值、文化素质及行为规范的影响也高于后者，后者多采用放任型、溺爱型或专制型的教养方式。[②] 但是，家长文化程度的差别对子女品德发生影响的机制，还是一个尚待研究的复杂问题。

3. 家庭的经济状况及其影响

家庭的经济状况是家庭社会处境的反映。而社会处境对人的品德发展有直接的影响。国外关于社会处境不利儿童的研究认为，社会处境不

① 檀传宝：《德育原理》，北京师范大学出版社2007年版，第290页。

② 鲁洁主编：《教育社会学》，人民教育出版社1996年版，第477页。

利儿童的特点首先是经济上的贫穷。由于经济处境不利导致了居住拥挤、住房紧张、无适当的医疗照顾、发病率高、营养不良、家庭生活不稳定、环境不卫生、较多地接触有毒物质、麻醉品的使用率高、少年过失及城市犯罪等状况的发生。① 在我国，20 世纪 90 年代有学者认为"绝大多数家庭的经济状况都可以满足其子女正常地接受教育从事学习的一般需求。同时由于我国家庭在经济收入上的相对平均，家庭经济状况这一因素对教育所发生的实际差异影响并不显著"。② 但进入 21 世纪，虽然上述结论总体上反映了我国家庭经济环境的特征，但随着我国市场经济的发展，收入差距的增大，家庭经济对家长、儿童和青少年的成长、学业及心理的影响将不断增强。

4. 家庭的自然结构及其影响

在不同的家庭结构中，由于家庭成员的组合方式不同，在对儿童品德发展的影响上，也表现出不同的特点。

就家庭的自然结构而言，依据家庭的规模，可分为核心家庭和主干家庭。核心家庭和主干家庭对子女道德教育方面的影响各有利弊。核心家庭的优点是家庭人口较少，序列简单，家庭运转机制容易协调，家庭成员的关系较为亲密，父母对子女比较了解，子女也容易接受父母的教诲。亲子关系是强有力的教育纽带。核心家庭在子女教育上也有其不利的方面，主要是目前我国的核心家庭大部分又是双职工家庭，父母的工作紧张，家务负担重。一些父母难以了解孩子的全面情况，也难以控制和了解孩子的活动与交往范围，难免会对孩子放任自流，使其受到社会上的不良影响。主干家庭的特点是家庭规模大，人口多，人际关系比较复杂。在这样的家庭中生活，几代人的教育优势可以互补，教育影响比较全面，有利于培养孩子的角色意识、尊老爱幼的品德、对环境的适应能力等。但是，主干家庭在家庭教育中也容易出现问题，由于家庭成员层次较多，人与人之间的关系不同，教育者在年龄、精力和思想观念等许多方面都存在较大的差异，容易在教育观念、教育方式上出现矛盾和冲突。

就家庭结构的完整性而言，可分为常态家庭和非常态家庭。非常态家庭包括单亲家庭、重组家庭等。对于非常态家庭的儿童，一种比较流行的

---

① 姜学清：《国外对社会处境不利的儿童研究》，《心理发展与教育》1991 年第 3 期。

② 鲁洁主编：《教育社会学》，人民教育出版社 1996 年版，第 501 页。

观点认为，由于家庭缺损、缺乏关怀而导致儿童出现心理创伤。美国的休格和麦克德·莫特等人的调查发现，离异家庭儿童在个性上往往表现为抑郁，敌对，富于破坏性，易激怒，孤独，悲伤，易闯祸甚至自杀等。调查发现，美国违法犯罪青少年中30%～60%来自离异家庭。[①] 这表明，家庭结构对儿童品德发展的影响同样是复杂的。

5. 家庭的教养方式及其影响

教养方式是亲子关系性质的反映，亲子关系是以血缘关系和共同生活为基础，以抚养、教养和赡养为基本内容的自然关系和社会关系的统一。人们通常把教养方式划分为四种类型。

权威型教养方式。权威型父母对儿童温暖而严厉，对儿童的行为有明确的规定和要求，并严格执行。同时，他们对儿童的期望与儿童的需要和能力相一致，高度重视儿童自主性发展和自我管理，鼓励亲子间的双向交流，能听取与接受儿童的意见，同时又承担管教儿童的根本责任。权威型父母以一种合理的、问题导向的方式来对待儿童，在有关纪律的问题上常与儿童进行讨论并作出详细解释。

专制型教养方式。专制型父母高度重视儿童的服从和遵从，常爱使用惩罚的、专断的和强硬的纪律措施，很少进行言语讨论。他们深信儿童应该无条件接受父母所制定的规则和标准。他们不鼓励儿童的独立行为，总是限制儿童的自主性。

溺爱型教养方式。溺爱型父母在纪律问题上以一种接受、和蔼甚至有些顺从的方式对待儿童。他们较少对儿童的行为作出要求，赋予儿童高度的按照自己意愿行动的自由。溺爱型父母更可能认为控制是对儿童自由的侵犯，它会妨碍儿童的健康发展。他们不是积极地塑造儿童的行为，而是可能把自己看做是儿童利用或不利用的资源。

忽视型教养方式。忽视型父母总是尽可能减少在与孩子一起活动的时间和精力。在极端的情况下，忽视型父母对儿童可能置之不理。他们对儿童的活动和去向知道的很少，对儿童在学校或与朋友一起时的经历也不感兴趣，很少与儿童谈心，在做决策时很少考虑儿童的意见。忽视型父母“以父母为中心”，而不是按照有利于儿童发展的信念来抚养儿童，他们主要围绕自己的需要和兴趣来建设家庭生活。

---

① ［美］黄刚：《独生子女的人际关系及社会意义》，《心理发展与教育》1990年第2期。

四、大众传媒与学校德育

(一) 大众传媒及其特点

大众传媒是大众传播媒体的简称。大众传媒是指面向大众传播一定社会信息的媒体。按不同的传播介质，可分为纸质传媒、声像传媒、互动传媒。所谓纸质传媒，指书籍、报纸、杂志等出版物。所谓声像传媒，则指广播、电视、电影等。所谓互动传媒，指网络、多媒体等。

如果把当今这个时代称作传媒时代，一点也不为过。大众传媒是现代人无处不在、无时不有、无法逃避其影响的“社会空气”。孩子们从出生刚一睁开眼，就被各种各样的现代传媒信息所包围。当他们还不会独自跨出家门的时候，已经学会从电视中来认识这个世界；当他们还没有踏上社会的时候，已经能够通过互联网与世界沟通。据中国儿童中心 2001 年对中国少年儿童素质状况的抽样调查显示，就全体平均时间而言，城市青少年儿童周一到周五每天平均接触四种媒介，大约花 867 分钟。其中，看电视、听广播平均为 578 分钟；阅读课外书 22.7 分钟；电脑游戏 62 分钟。周末则时间更长，大约花 149.3 分钟。农村青少年儿童周一到周五每天平均接触四种媒介，大约花 88 分钟。其中，看电视、听广播平均为 57.1 分钟，阅读课外书 15.1 分钟，电脑游戏 16 分钟，周末大约花 122.8 分钟。教养理论的创始者乔治·格伯纳提出，现代人的一生，从摇篮到坟墓，都在接受媒介的教化，其影响是深入骨髓的。①

大众传媒是一种“拟态环境”。如果说社会政治、经济、文化、社区和家庭等是作为环境实体发挥作用的话，那么大众传媒的影响主要是作为直接的信息状态而发挥作用的。传播学界把它称为“拟态环境”。所谓“拟态环境”是指大众传媒通过对象征性事件和信息进行选择和加工，重新加以结构化向人们提示的环境。在现代社会中，由于现实环境变得错综复杂，远非个体所亲身能经历的，这时，大众传媒把不可触、不可见、不可思议的虚拟环境传递到人们的面前，为人们提供一个可感可知，并仿佛也能亲身经验的间接环境，即拟态环境。拟态环境虽以客观现实环境为母体，但不是现实环境的简单复制和再现，而是以特定的技术和手段，经过滤选择，将现实环境再“建构”呈现给人们的。由于其面向大众的直观、感性的包装特征，往往比其他环境因素更易于对青少年产生影响。

① 方建移，张芹：《传媒心理学》，浙江大学出版社 2004 年版，第 91－130 页。

(二) 大众传媒对学校德育的影响

1. 大众传媒影响德育对象

如前所述，现代青少年儿童的成长深受大众传媒的影响。大众传媒增加了儿童获取知识、信息、娱乐的途径。现代社会的青少年儿童不仅向成人，而且也向大众传媒学习新的知识和观念。而且大众传媒所带来的知识、信息、娱乐往往比学校课本更新的频率更高，速度更快。面对多样化的、不断更新的知识和观念，青少年儿童有了选择的可能，他们可根据自己的兴趣或需要从大众媒介中选择“原始”的、并非经过成人“过滤”过的信息；可通过大众传媒了解了成人尚未掌握的信息，甚至了解了成人反对接触的信息。由于能较自由地接触信息，青少年儿童有了比较分析成人提供的信息的可能。应该说，有选择是一种社会进步，因为只有赋予青少年儿童更多的选择，他们才可能拥有更独立的判断能力和思考能力。当然，大众传媒也可能给青少年儿童带来某些心理损伤、负面影响和消极作用。

2. 大众传媒影响师生关系和德育模式

在传统社会，青少年儿童主要的道德信息来源是教师、家长及有限的书刊、电影。青少年儿童接收道德信息的基本模式是：师长提供信息，青少年儿童接受信息。可以说，青少年儿童接收的信息是经过师长过滤的有限的信息。师长垄断着信息，并处于一种权威的地位。师生关系是一种居高临下的单向关系。但在现代社会，青少年儿童接收信息的基本模式已经变为：师长和大众传媒共同提供信息——青少年儿童比较选择信息——青少年儿童决定是否接受信息。这不仅意味着青少年儿童可以多接触一些信息、知识，而且也赋予了青少年儿童选择接收或接受某种信息的权利，促进了信息流通的民主化。在获取信息和娱乐资源方面，青少年儿童开始处于与成人平等的地位，与成人共享信息，成人则逐渐丧失了信息垄断地位，因而也丧失了一定的教育权威，当然，这又有利于民主平等师生关系的建立。

3. 大众传媒影响德育手段和方式

从教学手段的角度看，多媒体教学的出现实际上是大众传媒在学校德育中的直接运用。随着电化教学、计算机辅助教学的发展，学校德育将越来越多地运用电视、录像、计算机等媒体，以增强学校德育信息传播的广度和力度。

(三) 几种主要的大众传媒及其影响

关于大众传媒的类型及其影响十分广泛，研究资料也极为丰富，现选取三种典型媒体作一综述。

1. 纸质媒体及其影响

在今天人们的日常生活中，报章杂志等纸质媒体仍发挥着重要的作用。从传统的观念来看，一般认为，报章杂志等纸质媒体的正效应大于电视、网络等。电视、录像、网络则较多地成为人们的攻击对象。有学者认为，“儿童接触不同的媒介种类与其道德观念和行为显著相关，其中，儿童经常接触印刷媒介与其道德得分有显著正相关，经常接触电子视像媒介有显著负相关。”[①] 除此以外，印刷媒体优于电子媒体的优势尚有：①家庭、学校易于控制印刷媒体。如家长买哪些书、学校推荐哪些书在一定程度上决定青少年儿童的阅读范围。此外，青少年儿童也拥有控制阅读内容、速度、时间、地点等的主动性，不同于他们在电子媒体面前的被动地位。②使用印刷媒体既有年龄和文化程度上的限制，又反过来刺激青少年儿童阅读能力及道德思维能力的提高。印刷媒体可按不同年龄和文化层次的儿童、青少年心理发展实际设计，成为适合并推动德育对象心理发展的刺激物，而电子媒体尤其是电视则往往在同一时间播放同一层次的节目内容，无法涉足需求各异的青少年儿童的心理发展。③印刷媒体信息量大，易于阅读及检查，利于青少儿童年对一些严肃命题和感兴趣的问题进一步思考和研究。[②] 当然，在实际生活中，由于纸质媒体类型众多，内容往往泥沙俱下，比如对暴力事件过于详细的报道往往会对儿童青少年产生一定的负面影响。由此看来，纸质媒体对儿童青少年产生影响的机制主要通过其刊载的信息发生作用的，不能一概而论。

2. 电视及其影响

电视是当代最时兴的大众传播媒体之一。它集音响、图像、动作、色彩于一身，以直观生动、鲜活刺激、声情并茂等特点吸引了人们的注意力，引发人们对它的兴趣。据央视“2007 年全国电视观众抽样调查”结果显示，目前全国 99.89％的观众家庭都拥有电视机，其中 70.03％的观众家庭拥有一台电视机，25.41％的观众家庭拥有两台电视机。电视观众总量已经超过 12 亿。[③] 在这个庞大的群体中，青少年儿童受众是重要的一部分。

提到电视的影响，人们莫衷一是。一般来说，人们认为电视对青少年

---

① 卜卫：《大众媒介对儿童的影响》，新华出版社 2000 年版，第 249 页。

② 檀传宝：《德育原理》，北京师范大学出版社 2007 年版，第 299 页。

③ 李扬：《我国电视观众逾 12 亿》，《文汇报》2007 年 12 月 20 日。

儿童的积极影响主要表现在：首先，为他们提供关于社会、自然和自我的知识。中小学阶段是青少年儿童学习适应社会的重要阶段，在这个阶段，他们特别需要关于社会的知识。与上一代青少年儿童不同，他们不仅依靠父母、老师了解世界，也依靠大众传媒构筑人类世界的生活景象和模型，青少年儿童依靠传媒了解现在、描述过去和预测未来的人们的文化和事件。同时，这个阶段也是青少年儿童形成个性特征的关键阶段，他们也特别需要理解自我。青少年儿童利用传媒信息来解释、扩充和维持个人信念、行为、自我意识和个性特征。其次，缓解青少年儿童焦虑，帮助他们“放松”，以恢复到愉快的状态。当青少年儿童面临生活中不愉快的情境时，或感到疲劳的时候，看电视可以起到调节他们的情绪的作用。

但电视对青少年儿童的消极影响不容忽视，已有研究表明，电视对青少年儿童的消极影响主要表现在以下几点：首先，易引发青少年儿童的惰性、肤浅和其他技能的缺乏。对青少年儿童来说，看电视是一种惬意、轻松的消遣，久而久之就会养成一种习惯：每天守着电视机消磨时光，不愿或不能踏实努力，滋长了其惰性心理，妨碍了语言表达、阅读写作、数字运算等综合能力的发展。其次，电视是以光影为刺激的视觉文化，它是利用摄像机对事物进行忠实的复原，因此会消解现实的深度而留于现象的表层。电视对现实的简要化和叙事的模式化、复制化影响青少年儿童对世界的洞察和判断，削弱他们创造和想象的抽象能力，使青少年儿童易于依赖本能直觉，而抛弃了追求精神之路。再次，削弱了人际关系。由于青少年儿童对电视的依赖，减少了与人接触的社会化机会，导致孤独感和自我中心意识增强。再加上对电视主人公情感的认同，将电视里的离奇生活等同于现实生活，以致产生错觉，认为生活就是这样，使自己处于麻木、冷漠的情感中，往往拒绝对正义、真诚、热情的认同，长此以往，导致价值观、公众导向、道德舆论的改变。另外，有些电视节目如暴力色情的内容则具有直接的负面影响。当然，电视对青少年儿童的影响往往和他们收看电视节目的内容、时间的长短有很大的关联。

3. 互联网及其影响

当下，互联网对人类的影响已深入到生活的方方面面。尤其是对青少年群体的影响，更是不容忽视。一般认为，对青少年来说，网络的积极影响主要有：首先，网络拓宽了青少年获取知识和信息的渠道。网络信息的及时性和迅捷性，缩短了人们求知的路径和时间，大大降低了获取知识的成本，在一定程度上减少了各种知识的垄断性和独占性，增加了青少年获取自己需要知识、信息的机会。其次，有利于形成青少年的平等意识和自主意识。网络以前的传统媒体往往是单向的信息资源，而网络信息传播是多向的，交互参与的，这种特性将打破信息垄断，扩大参与和选择的机会，营造出一个平等自主的氛围，有利于青少年平等意识和自主意识的养成。互联网的消极影响主要有：其一，影响青少年的身心健康。长时间的上网本身对人的视力、身体具有一定的危害性，特别是不少青少年选择的上网场所是网吧，许多公共网吧条件简陋，环境卫生条件较差，长时间处于这样的环境下身体难免会受到危害。个别青少年将网络世界当做现实生活，脱离时代，与他人没有共同语言，从而出现孤独不安、情绪低落、思维迟钝、自我评价降低等不健康的心理症状。其二，网络上的“黄、黑、毒”等问题直接对青少年产生负面的影响。“数字化生存之父”尼葛洛庞蒂关于互联网的“黄、黑、毒”的分析指出，互联网成为地球上最肮脏的地方，因为“黄泛区”无边无际，无孔不入；“黑客”已成为数字化时代的“心腹大患”，他们多数是电脑天才加法盲；网络计算机病毒尤为令人心悸。这些因素直接对青少年产生影响。其三，融入社会障碍。虽然网络便利了人与人之间的交流，但是也增加了青少年自我封闭和离群索居的趋势，他们不善或不愿在面对面的情况下交流思想，只有在计算机网络世界里才肯展示真实的自我，长期以往，可能给青少年融入社会生活造成严重障碍。

综上所述，可以发现，大众传媒对青少年儿童的道德发展都有正负两个方面的影响，关键是在于成人社会应对大众传媒的影响负起调控的主要责任，着眼于创造有利于学校德育的传媒环境。

第三节　社会环境的当代变革与学校德育环境的优化

一、社会环境的当代变革对学校德育的挑战

当前，随着知识经济和信息化时代的到来以及我国改革开放的深入发展，尤其是社会主义市场经济体制的确立，带来了一场前所未有的全方位的社会大变革，这种社会环境的变革，势必影响到学校德育。

（一）德育环境宏观系统的变迁及其对学校德育的冲击

就宏观系统的社会经济、政治环境来看，我国正在不断大力推进经济、政治体制改革的进程。应当说，社会主义市场经济体制的确立，是我国社会环境最核心的内容。

1. 市场经济的功过是非

市场经济建立在肯定人们追求自利的基础之上，它之所以有非凡的活力，关键在于追求自利的巨大动力。我们选择市场经济作为经济改革的目标，就必须肯定追求自利是正当行为。肯定自利的正当性使得德育不排斥个体的正当利益，避免了德育的空洞性和虚幻性。因为，生活在社会中的人，既有精神性，又有生物性，人的生物性就决定了人无法脱离衣食住行这些最基本的生存条件。市场经济肯定了人有正当的利益要求，这是历史的进步，当前实现的市场经济有多方面的作用，而最根本的就是解放人的作用。但是，我们也应当看到这种追求自利的动机又容易陷入拜金主义、享乐主义的泥潭。这使得学校德育处于一种挑战与机会并存、冲击与生机共有的复杂局面之中。

2. 价值体系的多元和冲突对学校德育的挑战

改革开放的深入、经济成分和经济利益的日趋多样化，必然导致价值体系的多元，价值体系的多元带给人的将是令人晕眩的价值冲突和道德相对主义以及价值选择的困难。一方面，利益主体的多元和价值体系的多元使主体性道德人格的构建成为可能，因为，主体性正是体现为人在社会实践中摆脱了依附性、服膺性、不自由性后的独立自主与自立自为；主体性意味着，人从异己的、依附的和受压制的状态下解放出来。但由于历史和现实的原因，这时人的独立性是“以物为基础的人的独立性”，换言之，利益支持是人的独立性的保证，是主体性人格的前提。另一方面，面对纷繁的价值冲突和价值多元，传统的德育目标、内容和方法必须作出调整，否则，就可能使学生无所适从，陷入道德相对主义甚或道德虚无主义的泥潭。如何针对这些问题开展德育工作，也是当前在新的环境下必须面对的时代课题。

3. 转轨时期负面的社会问题增加

目前我们正处于新旧体制的转轨时期。新旧体制间的冲突、脱节、真空、无序和失范现象导致许多社会问题频频发生。国内有学者对此作了归纳：①社会失调。这类社会问题是社会结构变迁直接引发的，它是工业化、城市化过程中某些强有力的客观因素推动所致，如人口膨胀、失业待业、贫困、民工潮、环境污染问题。②社会颓风。这类社会问题主要是价值观念变化而引发的，涉及道德冲突、规范失效，主要是指有悖于民族道德风尚方面的社会问题，如公费吃喝、关系网与行业不正之风、毁坏公物、假冒伪劣盛行、家庭失调问题。③社会病态。这是指社会生活中产生的违背道德或违反法规的某些畸形的、丑恶的社会现象，如卖淫嫖娼、贩卖淫秽物品、赌博、拐卖妇女儿童、吸毒贩毒、封建迷信活动。④社会犯罪。这是直接侵犯个人财富或生命安全、侵犯社会财物，触及刑律的社会问题，如青少年犯罪、黑社会势力。⑤社会风险。这是由于在利益分配中的不合理而引发的涉及社会公平方面的问题，如贫富分化、官员腐败。① 这些负面社会问题既构成学校德育的环境因素，同时对它们的认识、解释和防范又是学校德育不能回避的内容。

（二）变革中的社区环境空前复杂，给学校德育带来新的冲击

作为中观系统的社区也正处在变革的涡流之中。就中国的社区的状况而言，由于历史原因，我国传统社区结构由以户籍制度为核心的一系列社会政策与社会制度划分为界限分明、城乡截然不同的两个世界。现在，由于政治经济体制改革深入和社会流动的加快，大批剩余劳动力向大中城市转移，全国各大都市涌动着农民工潮。农村地区（尤其沿海地区）迅速崛起一批中小城镇，就地消化了一部分农村剩余劳动力，产生了大量介于农民与市民之间的边缘性群体，成员社会身份变化迅速。无论是从生存空间还是生活方式上，都出现了彼此交错的局面，城乡差别、工农差别有逐步缩小的趋势，但也随之产生了一些社会问题，如人口问题、就业问题、污染问题、犯罪问题等。转型期社区环境的变化必然给学校德育带来全新的影响，使学校德育同社区一起进入转型期的调试过程之中。

（三）家庭问题的增多使学校德育面临更加复杂的家庭环境

家庭作为学校德育的重要外部环境也正处于巨变中。首先是家庭结构的改变，核心家庭已经成为现代家庭的主体，同时家庭类型更加多样化，单亲家庭、隔代抚养的家庭、空巢家庭开始大量出现。其次是家庭功能的改变。随着社会变迁，家庭的功能日趋减少，而为社会机构所取代，如娱乐、经济、教育甚至养育照护等功能逐渐被营业场所、学校及社会福利等制度或组织所取代。最后是家庭关系的变化。家庭的变化给家庭生活所带来的影响是巨大的。家庭传统功能的弱化使家庭成员在日常生活中的相互依赖程度减少，维系家庭关系的纽带日益单维化，而且社会变迁使人们的家庭观念开始淡化，越来越难以把家庭群体的利益和自身应当为家庭承担的义务和责任放在首位。因此，处于社会变迁中的家庭不再是传统意义上的个人生活的宁静港湾。大量家庭问题开始出现，人们正面临着一场世界

---

① 朱力：《正确认识社会问题》，《江海学刊》1999年第2期。

性的“家庭危机”。其具体表现为：离婚率大大提高了，以妇女为户主的单亲家庭大量增加，婚外情增多，未婚同居，未婚先孕增加，家庭本身的伦理建亟待加强。家庭的小型化、家庭意识的淡化及家庭功能的转型等可能有利于儿童的主体性发展，但社会关系和家庭关系的缺损又带来了不利影响。目前，这两种影响都正趋于强化过程中，学校所负担的德育任务显然是十分沉重的。家庭作为学校德育的外环境亟待在现代文明不断进步的基础上加以整合和优化。

（四）大众传媒的迅猛发展给德育带来新的问题

1．大众传媒商业化趋势明显，很多内容与学校德育的影响相抵触

现代社会的大众传媒集新闻性、商业性、娱乐性和教育性于一体，不加区分地向社会各类成员传递信息。为了扩大收视率和发行量，相当多的媒体采取感官刺激的手段吸引受众，结果导致娱乐性、商业性冲击了教育性。表现为：其一，在传播内容上，健康的内容和不健康的内容混杂在一起，正面的反映社会主义意识形态主导性的内容和负面的容易产生思想混乱的内容混杂在一起，出现了舆论环境的复杂性。其二，在传播的时段上，没有考虑到受众的年龄差别，在青少年可能看电视的时间内播放不适宜他们观看的节目，产生了许多不良影响。其三，职能分工上，教育职能的传媒太少，即使现有的教育传媒，影响力和吸引力也远远不够。这些问题都不可忽视。

2．互联网的出现和迅猛发展，给学校德育带来了新的挑战

当前，互联网正以异乎寻常的速度迅猛发展，使得人们的生活方式和工作方式都发生了深刻的变化。互联网的发展使得现代社会的信息传播不仅在渠道或媒介上，而且在手段、方式、水平及渗透性和影响力诸方面与传统社会有了很大区别，呈现出很多特殊性。必须正视互联网的发展给德育带来的影响。客观地讲，一方面，网络环境给学校德育带来了机遇；另一方面，也使学校德育面临前所未有的挑战。从机遇方面讲，①互联网为学校德育提供了更加丰富的教育资源。互联网具有信息量大、信息更新及时及信息资源共享等特点，人人都可以成为网上信息的提供者、获得者和拥有者，任何社会群体、个人都可以通过网络实现信息资源共享。这样，为不同社会、不同地域的学校德育组织提供了信息资源交流和共享的渠道。由于网络的开放性和自由性，受教育者可以主动在网上接触和寻找相关教育资源，打破了受教育者以往接触教育资源的被动性和有限性，增加了自我教育的机会，也凸显了网上学校德育资源的丰富性。②互联网为学校德

育方法和手段的创新提供了条件。互联网有既能传播文字，又能传播声音和图像的优势，不仅为学校德育提供了声、像、文字相结合的教学课件来辅助教学，使教学手段直观化、形象化、现代化，增强了学校德育的感染力，而且网络信息容量大、速度快、覆盖范围广，可使学校德育内容在网络上进行全方位、多层次的传输，从而增强学校德育的快捷性和影响力。③互联网突破了传统学校德育居高临下的“填鸭式”说教模式，使得学校德育的互动性加强。在这个不论地位、身份、年龄，人人一律平等的网络世界中，一切交流都是交心讨论式的，这就有可能使最内向的学生也毫无顾忌地敞开心扉发表见解，人际心理距离缩到最短，各种观点和情感交流更具有真实性、直接性。在网络中，教师与学生是完全平等的。网络的这种交互性沟通，带来的将是互动式、引导式学校德育的变革。

从消极方面来看，互联网的发展给学校德育带来了巨大挑战，其表现主要体现在三个方面：一是网络的开放性动摇着学校德育在学生成长中的主导地位。数量巨大而且来源广泛的信息凭借网络直接到达学生身边，使学生的注意力分散，德育有效影响学生世界观、人生观、价值观的难度空前加大。二是网络的不可控性使德育媒介环境变得空前复杂。通过网络，西方国家的意识形态和价值观念更易渗透和传播，这势必引发学生人生观、价值观的冲突与失范。三是互联网的隐蔽性使道德行为的自由度和灵活性显著增强，为青少年网民放弃道德责任提供了可能，等等。这些问题都使得学校德育面临严峻的挑战。

二、学校德育社会环境的优化

优化学校德育的社会环境，需要发挥学校、政府及社会三方面的主体作用。

(一) 学校应充分利用自身的资源优势，主动参与到优化学校德育环境的活动中

论及学校德育与社会环境的关系，学者们从不同角度作出了观点各异的理解，但大部分都强调在优化环境中学校自身的重要作用。具体说起来，学校应采取如下措施：

1. 加强学校内部建设，形成积极向上的校风和良好的学校形象

学校是社会环境的一部分，加强学校的自身建设有利于德育的顺利进行和学生的健康成长。同时，学校的良好形象对社会环境的改善也能起促进作用。因而学校首先应将加强内部建设，提高自身素质，形成积极向上的校风和良好的形象放在首位。

2. 充分利用学校自身的资源优势，积极主动参与社会环境的建设与发展

相比较于其他社会组织，学校有其自身的知识、文化资源优势，它是文化尤其是先进道德文化的讲坛和舆论阵地，可以辐射影响周围的社会环境，学校的德育活动可以对社区乃至社会进行正面的价值引导。

3. 积极拓展校外德育空间，实现由封闭式德育向开放式德育的转变

面对社会主义市场经济的发展和人的价值观念趋向多样化的现状，学校德育应该从社会现实和当代学生思想特点出发，不再把学生置于“世外桃源”中，而应该把学校教育与社会实践结合起来，引导学生走出校门，接触社会，把学到的知识应用于社会，积极参与优化社会环境的活动。

（二）政府应发挥主导作用，为学校德育营造一个良好的宏观环境

1. 发挥政府的宏观调控力量

政府作为社会改革的组织主体，其对社会的调控能力是其他任何社会组织所不能比拟的，它对社会发展目标的选择在宏观上起调控作用。在这个过程中，应该将构建一个有利于学生健康成长的德育环境的理念贯彻其中，从而使德育环境价值的实现得到强有力的保障。政府应通过进一步推进改革，完善各种配套制度，减少或消除改革过程所带来的震荡，营造一个良好的社会政治经济环境，为学校德育改革与实践创造根本的条件。

2. 运用行政法律手段，为德育环境的优化提供制度保障

德育环境的优化是一个动态的长期的过程，它的真正实现离不开制度上的保障，否则，就会陷入“运动式”或“一阵风式”的尴尬境地。政府应从舆论导向、立法及制度上对优化学校德育环境作出明确规范，制定相关法律法规，以保障学校德育环境的质量。

3. 整合各环境子系统，形成学校德育的合力

如前所述，德育环境是一个复杂的大系统，良好的德育环境离不开各个子系统之间的协调一致，政府特有的社会调控功能决定了其应在整合各环境子系统形成学校德育的合力方面发挥独特的作用。当然，学校本身也可以成为连接社会的力量，但学校自身的作用有限，需要一个强有力的外部黏合力来整合各种环境子系统以形成合力，推动学校德育的发展。政府特殊的性质及其地位决定了政府应充分发挥其组织协调监控作用，使学校德育环境各要素在方向上一致，形成合力。

（三）社会应进行精神实体的重建，构筑起坚强的民族精神支柱

这是社会德育环境优化的核心内容。如果没有一种健康进步的社会精